제4차 산업혁명시대에 필요한

창의적인 사고와 혁신적 비즈니스 모델링

CREATIVE THINKING AND Innovative Business Modeling

김광용 장기진

도서출판 청람

머리말
preface

인터넷기반으로 탄생된 스마트폰이 대중 속으로 빠르게 개방성과 활용성이 증가되었다. 이에 따라 사람들의 생활패턴과 기업 업무환경의 변화뿐만 아니라 사회 전반의 여러 분야가 변화되고 있다. 언제 어디서나 스마트폰으로 실시간 정보검색이 가능해져 TV에서 나온 맛집을 찾거나 모르는 길을 쉽게 찾아갈 수 있게 되었다. 스마트폰 애플리케이션을 통하여 다양한 기능을 접하고 있는 것이다. 예를 들어 등산을 갈 때 날씨관련 앱을 통해 그날의 날씨를 조회하여 우산과 우비를 챙기는 현상이 자연스럽게 이루어지고 있으며, 여행을 가는 데 지도와 더불어 맛집 앱을 실행시켜 원하는 맛집정보를 찾을 수도 있다. 또한 대중교통 알림 앱을 통하여 버스와 지하철시간을 체크하는 것은 당연한 일이 되었다. 같은 제품이라도 가장 저렴하게 있는 할인매장을 이용하는 쇼핑문화, 은행 창구에 가지 않고도 은행 거래가 실시간 모바일로 이루어지는 등 거의 모든 분야에서 활용되고 있다. 스마트폰은 개인과 개인을 연결해주는 매개체 역할을 하면서 이전에 없었던 새로운 사회적 관계도 형성한다. 장소에 구애받지 않고 트위터, 카카오톡, 페이스북 등 다양한 소셜네트워크(SNS)를 통해 빠르고 긴밀한 소통이 가능해졌기 때문이다. 스마트폰은 개인과 기업의 다양한 곳에서 영향력을 발휘하고 있다. 향후 스마트폰을 통한 변화는 정치, 사회, 문화, 기업, 정부 어느 곳이든 적용되지 않은 곳이 없을 정도로 그 규모와 성장속도는 매우 크다고 할 수 있다.

한편 우리가 살고 있는 사회가 어떤 방향으로 어떤 모습으로 변화할지 정확하게 예측하기는 힘들다. 그러나 분명한 사실은 미래의 사회는 더욱 빠르게 변화하고, 복잡해지고, 융합화되고, 지능화되고, 다양화된다는 것이다. 이 같은 사회 변화에 따라서 기업의 경영환경도 혁명적 수준으로 급격하게 변화하고 있다. 급격한 경영환경 변화 속에서 기업들이 생존하고 성장하기 위해서 창조와 혁신을 해야 하는데, 이를 수렴하기 위한 가장 중요한 핵심동력은 창의적 관점의 문제해결능력을 키우는 것이다. 창의적 문제해결능력을 키우기 위해서 우선적으로 아이디어경영을 실천하여야 한다. 아이디어경영은 기업의 중요한 자산으로 평가받고 있다. 기업은 자산가치를 창출할 수 있는 아이디어를 발굴하고 활용하기 위한 체계적인 전략을 수립하여야 한다. 글로벌적인 기업환경이 급변하면서 과거에 경험하지 못한 새로운 패러다임의 문제와 기회를 적절하게 해결하기 위하여 기업구성원 전체가 각 영역에서 이들 창의적인 문제들을 스스로 찾아내어 해결하기 위하여 노력하여야 한다. 그러기 위해서는 모든 기업조직원들이 복잡한 문제들과 기회들을 합리적으로 올바르게 선택할 수 있도록 미래기업활동의 영향력을 키우기 위하여 문제해결능력과 의사결정능력을 갖추도록 지원해야 한다.

패러다임과 생산양식의 전환적 혁신을 수행할 수 있는 창조적 파괴능력은 경쟁력의 또 다른 요체다. 과거의 경쟁이 기존 패러다임과 생산양식 내에서 새로운 것을 찾아내는 일이었다면 현재의 경쟁은 패러다임의 전환적 혁신을 기반으로 한다. 그러므로 기업은 경쟁에서 승리하기 위하여 모방이나 점진적인 개선이 아니라 창조적 파괴를 할 수 있는 창의력을 가져야 한다. 글로벌기업환경에서 경쟁력을 갖기 위해서는 모든 직원들이 창의적 아이디어를 갖추고 문제를 해결할 수 있는 환경을 만드는 것이 필요하다. 이것이 창의적인 혁신이다. 그러므로 글로벌기업의 생존과 경쟁력 확보를 위해서는 창조적 파괴를 행할 수 있는 창의성을 가진 개인을 선별하고 이들을 정점으로 조직에서 수행할 수 있는 혁신을 신속하고도 단호하게 뒷받침할 수 있는 인프라를 조속히 사내에 구축해야 한다.

본서는 저자들이 대학에서 창조와 혁신, 경영정보관리, 전략적인 모델링 관점 등을 연구하고, 프로젝트의 경험과 몇 학기에 걸쳐 창의적인 사고와 혁신적 비즈니스모델링 관련 과목을 강의하면서 준비한 자료와 결과를 정리한 것이다. 아무쪼록 본서가 새롭게 등장하고 있는 혁신과 비즈니스모델링에 대한 체계적인 방법론 활용에 기본서로 쓰일 수 있기를 바랄 뿐이다.

본서는 크게 2개의 파트로 구성되어 있다.

제1부에서는 창의적인 사고와 혁신적 비즈니스모델링의 의미에 대하여 소개한다. 여기에서는 창조와 경제사회의 등장부터 창의성 구현에 대한 기본역량, 창의적인 주

체인 뇌와 창의성인간, 창의성발상을 위한 문제점 발견과 의사결정, 경영에서의 창의성, 지식경영과 시스템, 혁신과 프로세스, 제4차 산업혁명에서 전략과 미래정보전략, 창의적인 사고와 새로운 유형 등을 자세히 제시하였다.

제2부에서는 창의적인 사고기법을 이용한 혁신적 비즈니스모델의 설계 및 활용에 초점을 맞추었다. 여기서는 비즈니스모델의 환경과 캔버스, 새로운 비즈니스모델의 구성요소, 혁신적 비즈니스모델링의 방법론, 전통적인 사고기법과 제품혁신을 위한 TRIZ 사고기법, 디자인씽킹을 통한 사고혁신, 사업계획과 비즈니스모델 등의 다양한 창의적 비즈니스모델링 실습을 통하여 이해의 폭을 넓히도록 하였다.

따라서 이 책은 창의적인 아이디어를 도출하여 보다 체계적인 사업모형으로 구체화시키는 방법론을 제시함으로써, 기초적이면서 원론적인 수준을 공부하고자 하는 모든 이에게 좋은 길잡이가 될 것이라고 믿는다. 특히 혁신적인 사업모형을 만들고자 하는 많은 이들에게 실질적인 도움이 되도록 쓰여졌다. 본서는 대학의 창조와 혁신, 사업계획과 비즈니스모델, 비즈니스모델링 방법론 등을 학습하고자 하는 학과에서는 모두 적용가능한 것이 주요 특징이며, 기초적인 것에서 전문적인 영역으로 학습과정을 전개시키기 위한 강의에 맞게끔 구성되어 있다.

아직도 미진한 부분이 많을 것이라고 생각이 든다. 빠른 시일 내에 내용을 수정 · 보완한 개정증보판을 발간할 것을 약속드리며, 독자들의 비평을 기대한다.

끝으로 부족한 저자들이 이 책을 완성하기까지에는 실로 여러 사람들의 헌신적인 도움이 컸다. 특히 각 대학의 관련 교수님들의 배려와 격려는 저자들에게 큰 힘이 되었다. 또한 어려운 출판환경 속에서 여러 가지 지원을 해주신 도서출판 청람의 이수영 대표와 임직원 여러분께 감사의 말씀을 전한다.

2018년 2월

김광용(gygim@ssu.ac.kr)

장기진(kjjang@kdu.ac.kr)

차 례
contents

PART 01 창의적 사고와 혁신적 비즈니스모델링의 의미

PART 01

창의적 사고와 혁신적 비즈니스모델링의 의미

CHAPTER 01

제4차 산업혁명의 도래와 창의적 혁신

1800년대 증기기관차가 산업혁명을 일으키며 새로운 부가 창출되었으며, 산업혁명 이후 앨빈 토플러가 주장한 정보화사회, 즉 제2의 산업혁명이 이루어졌다. 그리고 현재 지식정보화사회는 스마트혁명을 기반으로 하는 새로운 창조와 경제사회시대가 도래하고 있다. 한편 세계 경제포럼(WEF)은 2016년 1월 스위스 다보스에서 제4차 산업혁명을 주제로 개막하면서 향후 새로운 산업이 나타날 것이라고 예측하였다.

인공지능(AI), 로봇공학, 사물인터넷(IoT), 자율주행차, 나노기술, 바이오기술, 3D 프린팅, 핀테크, 블록체인 등 제4차 산업의 혁명적인 새로운 기술들이 출현하게 될 미래 변화를 예고한 것이다. 이러한 환경 속에서 컴퓨터관련 기기와 인터넷관련 융·복합분야가 확대되고, 스마트 모바일환경으로 인한 사회적인 환경이 급속도록 변화하고 있다. 본장에서는 이러한 제4차 산업환경에 맞추어 새롭게 등장하고 있는 새로운 창조와 창의적 사고에 대한 정의, 구성, 혁신관련 방향을 제시하고자 한다.

1.1 창조적인 경제사회로의 등장

새로운 형태의 혁명은 근본적인 변화를 의미한다. 과거 혁명은 신기술과 새로운 관점의 경제체계와 사회구조를 완전히 변화시킬 때 발생하였다. 초기의 농경생활의 혁명은 생산, 운송, 의사소통을 목적으로 인간이 농경생활 속에서 보다 높은 향상된 노력의 결과로 한층 질 높은 삶을 이루었다. 이 결과로 소도시가 형성되기도 하였다. 이러한 1차 농업혁명 이후 2차 산업혁명이 발생하였다. 즉 인간의 노동력과 기계의 힘과 더불어 전기와 생산조립라인의 출현이 대량생산을 가능하게 하였다. 이후 컴퓨터와 인터넷, 모바일기기 등의 디지털혁명이라고 하는 3차 정보혁명을 기점으로 현재는 점점 새로운 형태의 제4차 산업의 시작점에 있다고 할 수 있다, 디지털혁명을 기반으로 한 제4차 산업혁명은 21세기의 시작과 동시에 출현하였다고 할 수 있다. 모바일기기 및 다양한 형태의 앱프로그램 구동, 규모 면에서 작고 강력하면서도 값이 저렴한 각종 센서들, 인공지능과 각종 학습프로그램 구현 등이 주요 특징이며, 향후에는 모든 사물과 사물, 사물과 인간 간의 초연결된 지능사회로 바뀌고 있다.

이는 최근의 스마트환경이 기본이 되는 사회로서 미래사회 변화의 거대한 폭풍전야로 돌입하고 있는 실정이다. 급속도로 변화하는 사회 변화 속도는 과거 100년에 걸쳐 이루어진 변화를 미래 10년 안에 이루어지게 할 것이다. 인터넷의 연결이 곧 혁명이었다면 자동화된 로봇이 자유자재로 움직이는 제4차 산업의 혁명 또한 조만간 이루어질 것이다. 사물인터넷(IoT)의 급속한 발전과 동시에 인공지능이 자유자재로 연결된 지능사회가 초연결 지능경제사회시대로 접어들기 시작하였다. 미래 창조경제사회는 아날로그사회와 근본적으로 사상이 다른 구조이다. 아날로그사회는 원자로 이루어진 물질세계로 자원의 한계로 인하여 한계비용이 감소하는 소유의 시대이며, 디지털사회는 비트를 기본으로 이루어진 한계비용이 증가하는 공유의 시대이다.

스마트폰의 출현 이전까지 우리가 정보기술(IT)을 통해 세상에 접속하는 수단은 오로지 직장과 집에 있는 컴퓨터로, 이는 유일하게 정보를 얻는 도구였다. 컴퓨터, 즉 PC를 통한 외부 세계와의 접속을 통하여 대략적으로 원하는 정보를 얻었지만 지금의 현실은 스마트폰을 가지고 원하는 정보를 실시간으로 얻고 있다. 얼마 전까지만 해도 PC를 통해서 온라인과 오프라인을 구분하여 원하는 정보를 얻었지만 현재는 그 구분 영역이 희미해지고 있다. 언제 어디서나 항상 정보에 접속되어 있는 스마트폰 이용자에게 온라인과 오프라인의 경계영역 구분은 거의 사라지고 한편으로 이러한 경제 구분은 이제 의미 없게 되었다. 이러한 경제영역의 구분을 없애는 기기가 바로 모바일 스마트기기이다.

원래 정보기술(IT)이란 어떤 조직에 필요로 하는 정보기반의 목적과 지원, 작업을 위하여 사람들에게 의미 있는 전달을 제공하는 컴퓨터기반의 툴로서 정의한다. 일반적으로 기업환경에서 정보기술이란 기업이 비즈니스 목적을 이루기 위하여 사용하는 하드웨어와 소프트웨어로 구성되어 있다. 여기서 비즈니스 목적을 달성하는 것 이외에 포괄적으로 적용하면 하드웨어는 컴퓨터관련 자동화된 기계, 디스크 드라이브를 갖춘 기기, 휴대폰, 태블릿, 스마트기기뿐만 아니라 MP3, 전자적 장치인 기계(세탁기, 냉장고, 기타 가전기기 등) 등이 포함된다. 반면에 소프트웨어는 윈도우프로그램, 자바프로그램, 응용프로그램 및 아이폰 운영체제(iOS)와 안드로이드 운영체제(OS)뿐만 아니라 이를 사용하는 각종 앱(app)관련 프로그램들이 전 세계를 하나의 세상으로 만들어 스마트폰 사용자들이 모바일라이프를 함께 하고 있다. 제4차 산업혁명에서도 스마트기기와 각종 앱들의 프로그램 활성화는 지금보다 현저히 빠르고, 값싼 프로그램과 인간에게 편리하고 신뢰할만한 구동장치로 보다 더 효율적이고 응집력 있게 실현될 것이다.

또한 정보기술의 변화가 급변하고 있는 상황하에 정보와 지식을 기반으로 하는 초연결 스마트사회로의 역할 변화가 매우 빠르게 진행되고 있다. 즉 정보와 지식을 기반으로 하는 스마트사회로서 컴퓨터와 정보통신기술(ICT)의 발달로 가치 있는 정보를 창출하여 보다 유익하고 윤택한 생활을 영위하는 인간중심의 사회로 변화될 것이다. 또한 창의적인 아이디어가 성장동력이 되는 차세대 창조산업과 미래 먹거리산업의 중심에 제4차 산업혁명이 핵심 키워드로 자리 잡아가고 있다. 즉 사회의 구조가 복잡해지고 빠르게 변화하는 오늘날에는 필요한 정보를 신속하게 얻어서 정확하게 처리하여 필요로 하는 곳에 전달하는 일이 매우 중요하다. 창조적인 변화를 통하여 국가, 대학,

기업, 사회 등이 건강하고 지속가능한 발전을 하려면 조직변화와 더불어 사회습관 메커니즘을 통해 변화를 확산시키고 변화의 체인을 잘 형성함으로써 창조적 변화의 시너지효과를 극대화하여야 한다.

이처럼 인간이 현대사회에 적응해서 살아가는 데 필요한 정보를 수집 · 생산 · 가공 · 저장하는 과정을 통해 정보의 유통을 확산시켜 나가고 이러한 행위가 사회 및 비즈니스 전반에 보편화되어 사회에 통용되고 있는 것이다. 이러한 정보의 가치가 증대되어 정보가 물질이나 에너지보다도 더 큰 가치를 갖는 사회를 정보의 가치중심사회라 하며, 이와 함께 창의성이 강조되어 산업 전반에 기업의 규모와 상관없이 새로운 생각, 새로운 방식, 새로운 개념, 새로운 비즈니스모델, 새로운 기술의 융 · 복합 등이 나타나고 있다.

한편으로 우리 사회는 전통사회에서 산업사회, 산업사회에서 정보와 지식이 병행된 사회 그리고 스마트환경의 기기들이 기반이 되는 스마트혁명사회와 산업에서도 스마트환경이 기반이 되는 제4차 산업혁명으로 점점 변화되고 있다. 창조적 변화는 제4차 산업혁명의 기반이 되는 필수불가결한 선택이다. 초기의 인류는 직립보행을 하여 손이 자유로워지고 지능이 발달함에 따라 도구와 불을 이용하여 자연을 정복해 나갔다. 수렵과 채집생활을 하던 구석기인들은 유목생활에서 농기구의 발달로 인한 농업혁명을 통해 정착생활로 그 생활방식을 바꾸었다. 18세기 중엽 영국에서 시작된 기술혁신과 이에 수반하여 일어난 사회 · 경제구조상의 변혁인 산업혁명이 일어났다. 이의 원동력이 되었던 제임스 와트의 증기기관은 수력 · 풍력 · 축력(畜力) · 인력 등 농업사회의 기본동력을 능가하는 것으로서 동력혁명(動力革命)을 가져왔다. 면직물 공업에서의 기계화를 선두로 시작된 산업혁명은 대량생산을 가능케 하고 교통 · 통신의 발달은 산업의 발달을 촉진시켰다.

사회의 역사를 발전단계적으로 보는 경우, 선진국에서는 산업혁명(産業革命)에 의하여 성립하고 발전해온 공업사회가 성숙하고 고도화되어 '탈공업사회'에서 '정보사회'라고 불리는 새로운 단계로 전환되고 있다. 이 새로운 전환이 태동하고 있는 동향을 산업혁명이라는 말과 대응시켜 정보혁명이라고 부른다. 구체적으로 차례차례 전개되는 기술혁신에 의하여 사회의 산업구조가 변화하고, 시장은 국제규모로 확대되고, 국내적으로는 다양한 대중소비경제가 한층 진전됨으로써 사회 · 경제 · 정치의 모든 면에서 대량 · 신속 · 적절한 정보가 요구되는 정도가 매우 높아졌다.

그리고 컴퓨터의 발달로 인하여 이론과 기술적 수단이 준비됨으로써 컴퓨터에 의해 뒷받침된 정보처리기술은 생산 · 사회 및 비즈니스 등의 모든 영역으로 이용이 확대되고, 정보혁명이라는 말이 어울리는 사회 및 비즈니스적 현상이 일어나고 있다. 최근에는 창조혁명의 기반이 되는 제4차 산업혁명이라는 미래발전에 새로운 기틀이 되는 영역으로 발전하고 있다.

이렇듯 인류는 기술 변화의 관점에서 농업혁명, 산업혁명, 정보혁명, 제4차 산업혁명으로 발전해왔다. 앨빈 토플러는 이런 변화를 제1의 물결, 제2의 물결, 제3의 물결이라고 말하고 있다. 그는 현재 우리는 제3의 물결인 정보혁명으로 물질중심의 산업사회에서 지식중심의 정보사회로 바뀌는 과정에서 정보기반의 중추로서 물질자원, 에너지, 공해 및 환경 등의 문제를 해결하고, 더 나아가 풍요로운 삶을 인류에게 제공할 것이라고 주장하였다.

정보기술은 초연결 인터넷을 통한 정보공유가 기반이 되면서 스마트폰이 급속히 확산되고 소셜 네트워크가 생활 속에 파고들면서 기존의 패러다임의 변화가 시작되었다. 정보화사회를 이끌어오던 정보기술시스템, 인터넷에서도 유선에서 무선으로 연계되는 스마트기기의 급속한 변화와 더불어 기존에 온라인과의 연결성이 없던 사물들을 무선인터넷과 결합하면서 사물인터넷(IoT)의 세계가 촉발되고 있다. 최근에는 세계 모든 정보기기들이 손쉽게 하나의 망으로 연결되고 이용자 및 이용자와 콘텐츠 간 직 · 간접적인 네트워크효과를 통해 그 가치가 폭발적으로 증가하는 ICT(정보통신기술)가 기반이 되는 제4차 산업혁명이 도래하고 있다. 즉 기업이나 기관 등이 주도해오던 정보화사회가 아니라 모든 사람과 사물들이 연계되고 이동통신 유통이 활발해지면서 변화하지 않는 것이 있다면 '변화에 능동적으로 대처하는 자만이 생존할 것'이라는 새로운 창조경제사회시대가 만들어지고 있는 것이다.

일반휴대폰이 스마트폰으로 변화되고, PC와 노트북 등이 태블릿PC로 변화되고, 일반TV가 스마트TV로 대체되면서 이제 사람들은 24시간 스마트기기(스마트폰과 태블릿PC)들을 활용하면서 생활하고 있다. 이러한 사회가 바로 스마트사회(smart society)

이다. 미래에는 정보와 지식이 병행되어 우리뿐만 아니라 전 세계적으로 관심을 받고 세상을 놀라게 할 것이라는 것은 누구도 부인하지 않는 자명한 이치이다. 이러한 놀라운 세상이 모든 사물이 인터넷으로 연결되고 오프라인과 온라인이 융합되는 사회이고, 더불어 새로운 창조경제사회이다. 향후 미래사회는 중추적인 핵심의 스마트기기들 간의 무한한 연결과 각종 수많은 데이터들이 분석을 통하여 새로운 유형의 산업, 즉 제4차 산업의 핵심인 초연결의 사회를 도래하게 한다. [표 1-1]은 인류사회의 변천 흐름도를 보여준다.

표 1-1 | 인류사회의 흐름도

구분	농경사회시대 (~1800년대)	산업사회시대 (1800년대~ 1957년대)	정보사회시대 (1957년대~ 20세기)	지식사회시대 (21세기)	창조경제시대 (미래사회)
변화주체	농업혁명	산업혁명	정보혁명	지식혁명	창조와 혁신 및 초연결 공간혁명
주도인력	농부	공장노동자	정보노동자	지식노동자	네트워크, 스마트노동자
파트너	인간과 땅	인간과 기계	인간과 인간	인간과 자동화	사람, 사물, 컴퓨터
활용도구 및 기술	손도구	기계	정보기술	지식 및 자동기술	융·복합 사물정보화

과거에는 한정된 곳에서의 물물교환, 비둘기를 통한 편지전달, 파발, 연기로 신호를 보내는 봉화 등이 정보전달의 중요한 수단이었다. 이렇듯 과거 정보수단은 현재와는 너무도 많은 시간과 정보의 양에서 차이가 있다. 산업사회시대의 산업혁명은 대량생산체제, 농업인구에서 도시인구로의 변화, 국가 간의 무역확대, 운송수단의 급속한 발전, 치열한 국내외 경쟁체제 돌입, 산업노동 등이 인류사회에 지대한 영향을 가져왔다. 향후 초연결사회는 모든 사물들이 인터넷으로 연결되고 우리 주변의 유형, 무형의 사물들이 지능화되어 사물인터넷으로 대화하고 의사소통하는 날이 올 것이다. 이는 창조경제사회의 결정체이자 앞으로 벌어질 미래사회의 창조혁명으로 중추적 기술

이 될 것이다.

이러한 산업사회를 기반으로 한 정보사회의 정보혁명은 산업혁명보다 더 많은 변화를 불러일으켰으며, 관련 변화의 물결 또한 상상 외로 큼을 알 수 있다. 정보가 노동과 자본 이상으로 중요한 역할을 수행하면서 풍부한 양의 정보가 신속하게 생산 · 가공 · 유통되어 모든 사회구성원이 손쉽게 접근할 수 있게 되었다. 또한 이러한 활동영역의 관련 산업에서는 어느 한 가지의 기술이 아니라 다양한 기술들이 서로 융합되어 나타난다. 이것이 제4차 산업의 핵심이 될 것이다.

한편 향후 전개될 초연결사회는 사람과 사물 등 모든 것이 연결되는 환경을 기반으로 하는 새로운 형태의 창조경제사회가 다가옴을 느끼고 있는 것은 누구나 짐작하고도 남을 것이다. 미국의 경영학자인 피터 드러커는 "다음 사회(next society)는 우리가 본 20세기 후반의 사회 모습과는 상당히 다를 것이고 대부분의 사람들이 기대하는 것과도 다를 것이다. 다음 사회의 구성의 중추적인 핵심은 모든 것이 초연결 지식으로 통하는 사회가 될 것이다. 미래사회는 지식이 다가올 새로운 초연결 경제사회의 핵심 자원일 것이고, 근로자 또한 노동력 가운데 지배적인 창조적인 집단이 될 것이다"라고 하였다.

그리고 대부분의 스마트디바이스가 확산되고 이들이 연결되면서 대규모로 자동화된 데이터처리 또한 가능해질 것이다. 이러한 자동화된 스마트기기들과 정보화의 결합을 통하면 일하는 방식 또한 변화가 이루어질 것이다. 모든 사람이 반드시 직장으로 출근해서 일하는 것이 아니라, 사물 간 통신, 사물과 사람, 사물과 사물 간의 제3의 공간에서 자유롭게 일하는 초연결 창조경제사회(hyper-connected creation society)로의 변화가 감지되고 있다. 초연결 창조경제사회는 ICT(정보통신기술)를 이용하여 시간과 장소의 제약 없이 업무를 보는 방식으로, 자동화, 즉 아날로그와 디지털의 융합이 자유롭게 이루어지고 모든 환경들이 유무선이 믹스되어 사물과 사람, 제품과 제품, 사물과 사물 간의 통신이 이루어지는 서비스가 이루어진다.

향후 초연결의 의미를 가지게 될 창조와 경제사회는 모든 분야에 단순히 인터넷의 연결을 통하여 정보를 얻고, 분석하고 모니터링을 하는 것의 차원이 아닌 다른 데이터를 바탕으로 어떤 사건을 미리 예측하고 예방하는 수준까지 발전할 가능성이 존재한다.

결론적으로 초연결의 창조와 경제사회에서는 최근에 화두가 되고 있는 제4차 산업의 핵심적인 역량으로 시장 자체를 이끌어가는 모형이 끝이 없이 발전되어 미래의 창조적인 관점과 비즈니스사업모델링을 적절하게 대처한 기업만이 살아남을 수 있기 때문에 지속적인 혁신이 이루어져야만 한다.

1.2 미래사회를 위한 창조와 혁신으로의 변화

인터넷기반으로 탄생된 스마트폰이 온 세상을 바꾸어가고 있다. 스마트폰은 손안의 컴퓨터로 불리며 사람들의 생활패턴과 기업의 업무환경의 변화, 사회 각층의 요소들에까지 영향력을 미치면서 '걸어 다니는 백과사전'으로 불리기도 한다. 이 같은 변화의 물결은 전세계적으로 스마트폰 가입자가 폭발적으로 증가함으로써 이제는 스마트폰을 이용하지 않는 사람이 거의 없을 정도로 세계적으로 정보통신시대로 접어들고 있다.

스마트폰으로 실시간 정보검색이 가능해져 TV에서 나온 맛집을 찾아갈 수 있고 길을 잃어 목적지에 도착 못하는 사례는 없으며 스마트폰의 애플리케이션을 통하여 다양한 기능을 우리는 접하고 있다. 예를 들어 등산을 갈 때 날씨관련 앱프로그램을 통해 그날의 날씨를 조회하여 우산과 우비를 챙기는 현상이 자연스럽게 이루어지고 있으며 지역여행을 가는데 맛집 앱프로그램을 가동하여 원하는 맛집정보를 상세히 알려주는 코너에서 만족을 표시하거나, 약속장소를 위하여 버스와 지하철 시간을 체크하는 것은 당연한 일이 되었으며, 가장 저렴한 브랜드가 있는 할인코너를 이용하는 쇼핑문화, 기존 오프라인 은행창구를 통해 이루어지던 거래활동이 모바일로 이루어지는 등 거의 모든 분야에서 활용되고 있다.

수많은 앱의 종류만큼이나 사용자의 목적에 맞는 정보활용이 이용되고 있다. 스마트폰은 개인과 개인을 연결해주는 매개체 역할을 하면서 이전에 없었던 새로운 사회적 관계도 형성했다. 장소에 구애받지 않고 트위터, 카카오톡, 페이스북 등 다양한 소셜네트워크(SNS)를 통해 빠르고 긴밀한 소통이 가능해졌기 때문이다. 실시간으로 변하고 있는 각종 여론을 청취하기 위한 정치인 및 연예인, 기업 등도 이 같은 수단을 이용해 소통에 나서고 있다. 스마트폰은 개인과 기업의 어느 곳에서도 영향력을 발휘하고 있다. 소규모 상공인들은 스마트폰으로 경영 및 매장관리정보를 실시간으로 얻고 이를 통해 사업에 적극적으로 활용하여 적용하고 있다. 기업도 스마트폰기반으로 모바일 오피스를 구축하여 내부적인 전자결재, 회계처리 등의 업무뿐만 아니라 현장관리, 자금 및 설비관리, 영업관리 등에 이용하고 있다. 특히 모바일을 통한 은행서비스가 전통은행과의 차별화된 서비스로 고객이용객의 눈높이를 맞추어가면서 빠르게 고객을 끌어들이고 있다. 향후 스마트폰을 통한 활용분야는 정치, 경제, 사회, 문화, 기업, 정부 어디든 적용되지 않은 곳이 없을 정도로 그 규모와 성장은 매우 크다고 할 수 있다.

한편 우리가 살고 있는 사회가 어떤 방향으로 어떤 모습으로 변화할지를 정확하게 예측하기는 힘들다. 그러나 분명한 사실 중 하나는 미래사회는 더욱 빠르게 변화하고, 더욱 복잡해지고, 더욱 융합화되고, 더욱 지능화되고, 더욱 다양화될 것이다. 이 같은 사회 변화에 따라서 기업의 경영환경도 혁명적 수준으로 급격하게 변화하고 있다. 급격한 경영환경 변화 속에서 기업들이 생존하고 성장하기 위해서 창조와 혁신을 해야 하는데, 이를 수렴하기 위한 제1의 핵심동력은 기업임직원들이 창의적 관점의 문제해결능력을 키우는 것이다.

창의적 문제해결능력을 키우기 위해서 우선적으로 아이디어경영을 실천해야 한다. 아이디어경영은 기업의 중요한 자산으로 평가받고 있다. 기업들은 자산가치를 창출할 수 있는 아이디어를 발굴하고 활용하기 위한 체계적인 전략을 수립하여야 한다. 예를 들어 직원들에게 교육훈련 기회를 제공해서 창의적 아이디어를 만들 수 있는 능력을 갖게 해주고, 이들이 적극적으로 양질의 아이디어를 만들 수 있는 환경을 조성해주고 아이디어들을 구체화하기 위한 창조와 혁신정신으로 문제해결도구를 이용하여 성공가능하도록 자금지원이 요구된다.

물론 기업임직원들과 일부 관리자들의 창의적 문제해결능력이 우선적으로 이루어져야 한다. 기업환경이 급변하면서 과거에 경험하지 못한 새로운 패러다임의 문제와 기회를 적절하게 해결하기 위하여 기업의 임직원 모두가 각 영역에서 이들 문제들을 스스로 찾아내어 해결하도록 노력하여야 한다. 그러므로 기업의 모든 임직원들은 복잡한 문제들과 기회들을 합리적으로 올바른 선택이 이루어지도록 미래 기업활동의 영향력을 키우기 위하여 문제해결능력과 의사결정능력을 갖추도록 지원해야 한다. 단지 임직원들이 복잡한 문제와 기회들을 더 많이 부딪치고 해결해야 한다는 차이가 있을 뿐 단지 임직원들만의 문제가 아니라 기업 전체가 창의적인 아이디어 문제해결을 위하여 공동의 노력을 기울여야 한다.

한 기업의 경쟁력이 급격히 높아지고 난공불락이라고 여겨졌던 기업이 갑자기 쇠퇴하는 이유는 기술혁신에 대한 미대응과 글로벌 초경쟁이 초래한 패러다임과 생산혁신의 급변과 고객들이 하루가 다르게 요구하는 제품주기 단축에 대한 기업의 대응능력 차이 때문이다. 정보통신기술(ICT)의 혁명은 인터넷, 컴퓨터, 방송, 신문, 영화, 게임은 물론 자동차, 금융, 항공, 부동산, 조선, 철도 등 각기 다른 영역이던 산업의 상상조차 할 수 없는 컨버전스, 즉 융합과 재편을 이끌어냈다. 이에 따라 기업은 세계적 규모의 패러다임 전환적 기술혁신 경쟁을 전개하고 있다. 현재의 상황이라면 경쟁의 최종승자가 누구일지 아무도 모를 정도로 불확실성이 매우 크다.

창의적인 기술혁신과 변화야말로 경쟁우위를 확보하고 이윤을 가져온다. 이러한 변혁이 자주 일어나서 제품주기는 더욱 짧아지고 있다. 이러한 경쟁환경에서 기업이 승자가 되려면 패러다임 변화의 대처와 생산양식 전환을 주도하는 기술혁신과 이에 수반되는 위험과 도전을 감수할 신속하고도 단호한 의사결정이 필수불가결한 요소이다. 회사의 운명이 걸린 프로젝트 추진을 신속하고도 단호하게 결정하고 집행할 추진능력을 가진 리더십은 기업 경쟁력의 핵심이다.

패러다임과 생산양식의 전환적 혁신을 수행할 수 있는 창조적 파괴능력은 경쟁력의 또 다른 요체다. 과거의 경쟁이 기존 패러다임과 생산양식 내에서 새로운 점을 찾아내는 일이었다면 현재의 경쟁은 패러다임의 전환적 혁신에 기반한다. 그러므로 기업은 경쟁에서 승리하기 위하여 모방이나 점진적인 개선이 아니라 창조적 파괴를 할 수 있는 창의력을 가져야만 한다. 생산현장의 창의적인 아이디어는, 예를 들어 원가절감, 작업환경 개선 등의 목적 이외에 회사와 직원의 소통 여부를 측정할 수 있는 척도가 될 수 있으며, 아이디어를 제안받아 이를 활용한다는 것은 직원들의 의사결정에 귀를 기울이고 있다는 방증이 되기 때문일 수 있다.

글로벌기업환경에서 경쟁력을 갖기 위해서는 직원들의 창의적 아이디어와 비즈니스사업모델링이 항시 준비되어 있는 환경을 만들어야 한다. 이것이야말로 창의적인 혁신이다. 그러므로 글로벌기업의 생존과 경쟁력 확보를 위한 도전은 창조적 파괴를 행할 수 있는 창의성을 가진 개인을 선별하고 이들을 정점으로 조직에서 수행할 수 있는 혁신을 신속하고도 단호하게 뒷받침할 수 있는 인프라를 조속히 사내에 구축하는가에 달려있다.

1.2.1 창의적인 디지털화의 수렴방향과 이행

미래 디지털사회가 어떤 방향으로 전개될 것인지를 예측하기는 어렵다. 분명한 사실은 인터넷을 기반으로 하는 사회는 대혁명을 넘어 현재는 제4차 산업혁명으로 진행하고 발전되어가고 있으며, 계속해서 발전해나갈 것이다. 지금까지 인터넷을 중심으로 이루어진 디지털사회의 모습은 과거 산업혁명 초기에 증기기관이 부분적으로 활용되던 모습에 불과할지도 모르기 때문이다. 현시점에서 디지털사회의 발전방향을 전망한다는 것은 당시에 지금과 같은 진보된 자동차와 공장시스템을 예견하는 것과 같다. 실제로 앞으로 수십 년 후에는 공상과학소설이나 영화에서 볼 수 있던 지능형 로봇이나 전화처럼 간편한 정보단말기가 나타날 수도 있고, 지구촌 전체가 하나의 새로운 경제사회의 초연결사회로 연계 및 통합되면서 새로운 사회구조상과 인간 유형의 로봇과 서비스 등이 등장할 수도 있다. 하지만 현시점에서 분명히 예견할 수 있는 것은 대체로 세 가지로 요약할 수 있다.

첫째, 컴퓨터, 인터넷, TV, 통신기기 등이 하나로 융합되면서 사용이 간편한 정보단말기가 계속해서 지능화되어 개발되고 있다. 이 지능형 정보단말기는 휴대성이 강조되어 이동 중에도 이용할 수 있는 스마트기기 형태로 발전하고, 다른 한편으로는 가정에서 사용되면서 모든 전자, 정보, 통신기기들을 통제하는 멀티미디어 혹은 시스템 형태로 발전하게 될 것이다. 둘째, 현재의 인터넷을 기반으로 하는 훨씬 고도화된 네트워크가 형성되어 이들 정보단말기를 초고도로 연결시킴으로써 디지털사회의 영향이 일상생활에까지 깊숙이 침투하게 될 것이다. 셋째, 현재와 미래의 변화가 창조경제 활동의 패러다임을 근본적으로 바꿈으로써 개인뿐만 아니라 사물과 사람, 사물과 사물, 그리고 정치, 경제, 사회, 문화, 그리고 삶의 행태까지도 초연결사회로 전환될 것이다. 개인은 새로운 범주를 넘어서 스마트와 컴퓨터와 상호 연동된 디지타이징비즈니스(digitizing business)시대로의 전환이 급속히 진전될 것이다.

정보통신기술로 인한 비즈니스 변화가 계속해서 진전될 경우 다양한 형태의 창조경제형태의 플랫폼이 존재할 것이며 이에 대한 콘텐츠를 공유할 수 있는 기술로의 발전

그림 1-1 새로운 비즈니스모델 창출 관점의 비즈니스 변화

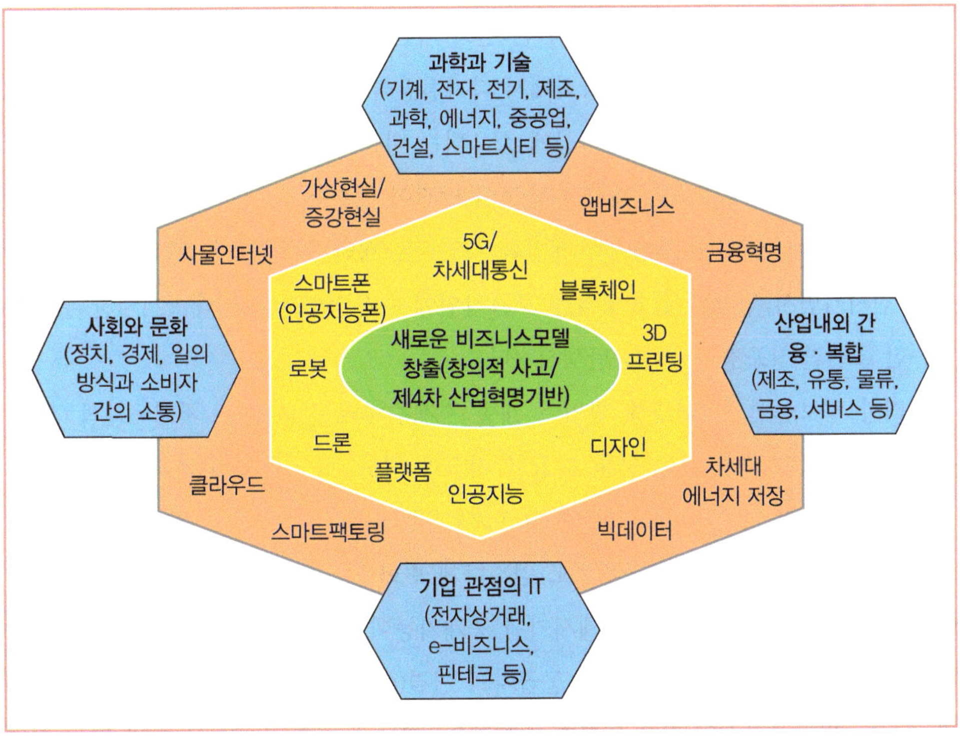

이 이루어질 것이다([그림 1-1] 참조).

이처럼 창조경제를 플랫폼 관점으로 보는 것이다. 플랫폼은 기존에 존재하는 것을 새로운 차원의 비즈니스모델로 창출할 뿐만 아니라 반복되는 부분을 통합하여 서비스를 제공함으로써 창의적인 비즈니스모델이 발현되는 역할을 수행하는 것이다. 즉 창조경제의 플랫폼은 기술발전과 인프라의 차원을 넘어 사회의 핵심기반으로 자리매김할 것이다. 새로운 비즈니스모델 및 창조경제를 위하여 플랫폼하에서 가상현실/증강현실, 소셜네트워크, 모바일 및 앱비즈니스환경, 사물인터넷, 클라우드, 빅데이터기술, 스마트팩토링 등이 초유의 기반인프라가 될 것이다. 이 기술들을 독립적으로 개발하는 것이 아니라 상호 종속적인 결합관계를 기반으로 하는 플랫폼적으로 발전할 것이다. 현존하는 콘텐츠, 비즈니스거래, 산업 간의 융합기술 등의 비즈니스 변화 가속화를 진행시킬 것이며, 향후 모든 비즈니스관련 기술뿐만 아니라 사회, 문화에 깊은 영향을 행사할 것이며, 과학과 기술분야, 산업과 업종별로도 기업환경의 정보기술구축에 대하여 매우 큰 영향력을 행사할 것이다.

지난 과거 인류문명에 있어서 가장 큰 변화 가운데 하나는 신호와 정보의 처리 · 전송 · 가공 · 활용방식이 아날로그방식에서 디지털방식으로 변환된 것이다. 그리하여 정보의 처리 · 저장 · 재생 · 전송 · 가공에 소요되는 비용과 속도는 물론 무한 반복 및 재현, 접근의 용이성 등의 측면에서 비약적인 발전이 이루어졌다. 또한 인터넷 등 정보통신기술(ICT)의 발전은 기업 간, 개인과 기업 간, 개인 간 정보시스템의 네트워크화를 촉진시키면서 인간의 활동영역을 오프라인에서 온라인으로 확대, 24시간 활동이 가능한 초연결 창조경제사회를 탄생시켰다.

이러한 정보통신기술혁명에 힘입어 개별 경제주체의 정보획득 · 처리 · 분석 · 활용능력이 활용도가 커진 것은 물론 다양한 지식과 정보, 유 · 무형 물적 재화형태의 상품에 이르기까지 디지털화되어 인터넷상에서 유통 · 거래 · 확산되는 새로운 경제환경이 끊임없이 변화되고 있고 향후로도 엄청나게 변화될 것이다. 또한 기존의 가치사슬(value chain)의 각 단계들을 연계시키던 중개기능이 사라지고 새로운 산업구조가 형성되고 있다. 중개기능은 소비자와 공급자의 연결(matching)은 물론 거래당사자의 증명, 금융 · 법률서비스와 같은 원활한 거래지원, 거래에 대한 위험공유 등과 같은 서비스를 포함하는 형태로 발전할 것이다.

이와 같은 디지털경제의 출현은 다른 한편으로는 지식 및 정보가 경제활동, 산업구조, 생활양식 등 사회 각 부문의 변화에 미치는 영향이 급격히 증대하는 것을 의미한다. 결과적으로 개인이나 기업, 국가의 성장과 경쟁력의 원천이 전통적인 물적 자원중심에서 지식 · 정보 등 무형의 지식자원중심으로 전환되는 소위 지식기반 경제로의 이행을 보다 가속화시키는 요인으로 작용할 것이다. 기술과 아이디어가 차별적 부가가치를 창출하게 될 것이며, 시스템과 상품의 디지털화가 촉진되고 생산성의 비약적인 향상은 물론 지식과 정보가 융합되는 새로운 경제사회혁명이 나타나게 될 가능성이 높다.

이에 따라 제조업 · 금융 · 유통업 등 다양한 산업에서 새로운 부를 창출하는 원천으로서 지식과 정보의 역할이 더욱 확대될 것으로 보인다. 산업구조도 소프트웨어, 콘텐츠, 광고, 오락, 게임 등의 온라인 지식산업이 주도가 되고 제조업 등 오프라인산업이 지원하는 형태를 취하는 새로운 형태의 창조경제시대로 변화될 것이다. 특히 수많은 다양한 로봇 등이 인터넷과 컴퓨팅기능을 탑재하는 것이 보편화될 것이며, 지금까지 경험하지 못한 가장 거대하고 파괴력을 지닌 또 하나의 인류혁명이 다가올 것이다. 사람 · 단말기 · 기계 · 사물 · 환경이 공기처럼 우리의 생활 전체를 에워싸는 지능환경으로 바뀌어나갈 것이고 네트워크, 인프라구조, 다양한 산업 간의 재발견과 재구축을 통하여 우리가 꿈꾸어왔던 공상과학과 같은 세계가 실현되는 사회가 될 것이다.

1.2.2 정보기술의 트렌드의 변화와 향후 창조적인 미래기술의 동향

현재의 인터넷은 인류가 만들어낸 최고의 기술 중 하나이고 인터넷이 도입된 이래 거의 30여 년 동안 인류생활에 커다란 영향을 미쳤다. 개인, 기업, 정부, 정치 및 경제 사회의 모든 영역에 영향력을 행사하면서 성장 · 발전하고 있다. 이처럼 인터넷의 발전과 동시에 매일 끊임없이 팽창하면서 거대한 영향력을 증대시키고 있는 현대 정보기술(IT)혁명의 역사는 생각보다 짧다. 1960년대 IBM은 1세대의 진공관을 대체한 2세대 트랜지스터인 계산기에서 3세대인 집적회로(IC)를 개발하면서 이는 컴퓨터의 계보를 잇는 역사적 계기가 되었다. 이후로 1981년 최초로 PC가 개발되면서 이 시대의 컴퓨터는 IBM이 거의 표준인양 독점하는 시대였다. 이 시대의 컴퓨터는 네트워크에 연결되지 않았지만 점진적으로 운영체제와 장비들을 서로 연결할 수 있는 SNA(Systems Network Architecture)프로토콜을 사용함으로써 모든 데이터를 한곳에서 처리하는 중앙집중식 비즈니스로 항공사, 은행, 카드회사, 보험사 등에서 사용하였다.

1990년대 들어오면서 PC와 네트워크의 융합시대로서 IBM 메인프레임 전성시대에서 클라이언트, 서버시스템으로 움직이기 시작하였다. 이때 UNIX, TCP/IP, RDBMS가 등장하여 가격 면에서 저렴하였다. IMS(Information Management System) DB보다는 관계형 데이터베이스관리시스템(RDBMS)이 기존 것보다 프로그램개발이 수월하였다. 또한 TCP/IP라는 인터넷 표준지향의 통신프로토콜이 등장함으로써 장소와 구분 없이 네트워크 장비가 사용될 수 있었다. IBM의 SNA는 오직 자회사에만 사용하였

| 표 1-2 | 정보기술의 흐름도와 비즈니스의 변화

시대	주요 비즈니스 키워드	IT기술	정보처리방식	주요 기업
1980년대 이전	중앙집중식 비즈니스	IBM 메인프레임, SNA, IMS DB	중앙집중식	IBM
1990년대	다운사이징	분산처리, ROB, TCP/IP, UNIX, RDBMS, PC	분산처리식	오라클, 시스코, HP, MS, 인텔
2000년대	전자상거래(e-비즈니스)	인터넷, ERP, CRM, SCM	중앙집중식	오라클, SAP
2010년대	디지털화된 비즈니스/초연결 창조경제/사이버 물리시스템	SNS, 빅데이터, 클라우드, 사물인터넷, 스마트팩토링, 인공지능, 핀테크, 3D프린팅, 가상현실, 다양한 센서기술 등	분산과 집중의 혼재된 방식, 블록체인기술의 혼재 등	구글 애플, 아마존, 삼성전자, 제4차 산업혁명의 기반 기업

자료 : 장동인, 빅데이터로 일하는 기술, 한빛미디어, 2014, 저자 수정보완.

기 때문에 장비 간에 호환성 문제로 사용하기 힘들었고, 특히 유닉스(UNIX)라는 중형 컴퓨터의 운영체계가 표준으로 자리 잡으면서 중앙집중식 비즈니스처리방식이 분산처리방식으로 전환되었다. 비록 PC가 1980년대 중반에 개발되었지만 PC의 전성시대인 1990년에서는 개인이 컴퓨터를 사용할 수 있는 환경을 제공한 것뿐만 아니라 하드웨어의 성능향상과 다양한 프로그램개발, 인터넷과의 연계를 통한 컴퓨터의 활용능력은 개인능력을 향상하는 데 좋은 도구로 인식되었다. 특히 윈도우(window)라는 PC형 운영체제는 개인들이 쉽게 컴퓨터의 조작을 가능케 한 것으로 PC 사용을 증폭시켰다. 뿐만 아니라 익스플로러가 개발되어 초고속 인터넷기반의 비즈니스시대가 열렸다. 특히 인터넷 도입시기에 비즈니스에서는 고객과 보다 가까운 곳에서 비즈니스를 처리하는 다운사이징방식이 도입되었고, 이에 따라 오라클, 시스코, HP 같은 회사들이 분산처리방식과 다운사이징방식으로 최고의 성장을 할 수 있었다.

2000년에는 국내에서 IT열풍이 불었으며, 특히 비즈니스에 큰 영향을 주었다. 웹을 통한 검색과 브라우저를 통하여 다양한 형태의 비즈니스를 이행하였으며 쇼핑몰을 통하여 고객이 시간과 장소에 구분 없이 상품을 구매할 수 있는 환경을 제공하였다. 인터넷으로 기업의 상거래활동이 바뀌면서 혁신적인 비즈니스 변화의 한 틀에서 전자상거래/e-비즈니스시대가 도래하였다. 특히 인터넷관련 검색, 광고, 홍보 등을 하는 업체들이 인터넷비즈니스의 핵심으로 자리 잡았다. 이 시기에는 인터넷플랫폼으로서 PC 독점환경에서 탈피하여 휴대전화, PDA, IPTV 등이 인터넷에 연결되면서 플랫폼 간 경쟁환경을 맞이하게 되었다. 특히 초고속인터넷과 3세대 통신망의 보급으로 언제 어디서나 인터넷에 접속하는 계기가 되었다. 또한 이 시기에는 기업의 업무비즈니스의 형태는 단순히 전산시스템 차원이 아닌 전체적인 통합 관점을 주도하는 ERP, SCM, CRM기술들이 본격적으로 기업에 도입되었고, 정보처리방식도 분산된 데이터를 각각 관리하는 것이 아니라 중앙집중식으로 호스트개념을 도입하여 일관된 정보처리가 가능하게 되었다. 대표적인 기업인 오라클과 SAP이 주류를 이루었다.

2010년대에 들어오면서 인터넷 버전업 출현과 고도의 비즈니스가 이루어지는 사이에 애플의 아이폰 출현으로 모바일혁명이 일어났다. PC는 물론 스마트폰, 태블릿 PC, TV, 카메라 등이 스마트환경으로 바뀌면서 거의 모든 디바이스가 인터넷이 기본적으로 탑재되는 단말기로 혁신 및 발전하고 있다. 스마트폰의 등장으로 새로운 창조경제와 혁신의 비즈니스 출현을 예고하였다. 고객들은 이동하는 중에도 스마트폰을 꺼내 앱프로그램에서 바로 물건을 검색하고 가격비교를 통하여 구매한다. 소셜쇼핑과 같은 앱에 실시간으로 간편하고 편리하게 정보를 얻고 구매활동을 시작하는 모빌리티(mobility)시대가 도래했다는 의미이다. 또한 스마트폰으로 소통하고 SNS(Social Network Service)를 통하여 정보를 커뮤니케이션한다. 휴대폰으로 찍은 사진이 바로 스마트폰의 위치정보와 함께 노출된다. 페이스북과 트위터, 카카오톡 같은 SNS도구들을 사용하여 순식간에 수천 명의 사람과 수시로 서로 통화할 수 있게 된 것이다. 이러한 다양한 정보로 체계적인 관리와 분석을 통하여 새로운 비즈니스형태의 응용력이 가능한 빅데이터가 자연스럽게 나타나고 있으며 모바일 이후 향후 사람과 사물, 사물과 사물 간의 정보교환이 자연스럽게 이루어지는 만능인터넷시대가 도래할 날이 점점 오고 있는 것이다. 그리고 하루하루가 변화해가는 정보화에 대한 투자와 비용에 대한 효율을 높이기 위하여 기존 방식의 구매보다는 각 기업이 필요할 때 원하는 장소와 구분 없이 사용가능한 양만큼 사용하고 비용을 지불하는 클라우드형태의 비즈니스가 유행하고 있다.

최근에는 디지털, 물리학, 생물학 등 경계가 없어지고 융합되는 제4차 산업혁명이 부각되고 있다. 특히 속도, 범위, 영향력 등 측면에서 기존 산업혁명과 차별화되고, 인류가 한 번도 경험하지 못한 새로운 시대를 접하게 되는 창조경제가 나타나고 있다. 미래성장의 원동력으로 부각됨에 따라 각국의 나라들은 산업경쟁력 강화방안을 추진하고 있다.

또한 스마트폰에 PC기능과 인터넷기능이 탑재되면서 향후 텔레비전, 자율형 주행차, 게임기, 내비게이션, 블록체인/핀테크, 교통신호와 가로등에도 다양한 형태의 센서기술의 진화로 새로운 형태의 인공지능형 로봇과 서비스가 등장할 것이다. 향후 인간형태의 로봇 작동의 대표적인 분야가 센서(sensor)분야로, 예를 들어 자동차의 다양한 데이터를 전송해주는 위치 및 동작센서, 사람을 알아보는 인지, 지문 및 시각센서, 사물을 알아보는 이미지와 식별센서, 사람의 쾌적한 상태나 음식물 등의 보관과 활용을 위한 온도, 습도, 날씨센서, 가전제품이 인터넷으로 연결되는 스마트센서, 의료기기와 연결된 케미컬센서, 압력, 부피, 밀도센서, 바이오센서, 음향 및 초음파센서, 광 및 방사선센서, 화학 및 환경센서 등 다양한 센서기술들이 보편화되면서 다양한 인간과 인간, 인간과 사물, 사물과 사물 간의 관련 애플리케이션의 연동이 개발되고 있다. 향후 이러한 연동센서와 애플리케이션 등이 빅데이터와 연계된다면 정보를 쉽게 분석 · 가공하여 새로운 유형의 비즈니스가 나타날 것이다.

1.3 창조와 창의성의 정의, 구성, 가치

인간의 뇌는 과거에 없던 새로운 것을 만들어내는 창조적 활동을 지속적으로 이행한다. 우리가 살고 있는 가정, 사회, 직장에서도 서로 다른 분야가 연결되어 끊임없는 창조적 혁신을 이행하면서 살아간다고 할 수 있다. 그러나 한편으로 이러한 창조적 혁신활동은 기존에 존재하고 있는 사물이나 생명체의 변이로서 볼 수 있으며 완전체의 창조적 발견은 없다고 할 수 있다. 약간의 변이활동으로도 창조적 변이와 의미를 함께 한다고 볼 수 있다. 때로는 가치 있는 새로운 산업이 탄생되기도 하고 수많은 기술들이 융 · 복합과정을 거쳐 새로운 혁신기술이 나오기도 하고 사회적 현상들이 접목되기도 한다.

1.3.1 창조와 창의성의 정의와 구성

창조(create)를 정의함에 있어서 국어사전에서 세 가지로 분류하여 정의를 내린다. 첫째, 전에 없던 것을 처음으로 만든 것으로 정의를 내린다. 이는 그들은 새로운 유행패턴의 창조로 소비자들은 물론 업계의 비상한 관심을 끌고 있다. 과학자들의 창조는 무에서 유를 얻는 것이 아니라 새로운 방식으로 조합하는 것이다. 둘째, 신(神)이 우주

만물을 처음으로 만든 것으로 생명창조의 신비, 창세기에 의하면 인류의 창조는 모든 창조 뒤에 이루어졌다. 셋째, 새로운 성과나 업적, 가치 따위를 이룩하는 것이다. 민족 문화창조의 역군, 역사창조의 원동력으로 그들은 과거의 것을 그대로 답습하는 것이 아니라 전통 속에서 새로운 창조의 가능성을 찾고 있다라고 정의 내린다. 또한 라틴어에서 창조란 "앞으로 나아가게 하다"는 뜻으로 성장하다는 의미로 해석되며 더 높은 가치실현을 이야기한다. 결론적으로 창조의 정의를 내렸지만 창의성을 경영, 산업, 경제에 도입하기 위해서는 창조보다는 창의성의 관점에서 정의를 내린다.

한편 창의성(creativity)의 국어사전의 의미를 살펴보면 다음과 같다. '새롭고, 독창적이고, 유용한 것을 만들어내는 능력' 또는 '전통적인 사고방식을 벗어나서 새로운 관계를 창출하거나, 비일상적인 아이디어를 산출하는 능력' 등 창의성의 개념은 매우 다양하다. 창의성은 주로 유창성, 융통성, 독창성, 정교성을 포함하는 확산적 사고의 관점에서만 연구되었으나, 그 후에는 수렴적 사고와 확산적 사고를 포함하는 다양한 지적 능력, 인성, 지식, 환경의 총체적인 관점에서 연구되고 있다. 창의성은 의식적 사고, 노력뿐만 아니라 무의식적인 사고와 노력(부화, 통찰)의 영향을 받아 발현되기도 한다. 창의성은 비판적 사고, 창의적 사고, 초인지적 사고, 의사결정사고 등과 같이 여러 가지 사고 유형의 하나로 간주되기도 하고, 모든 사고 유형이 총체적으로 결합되어 나타나는 가장 고차원적인 사고능력으로 간주되기도 한다. 더욱이 창의성은 ICT 융합의 발달에 따라 수평화, 개방화되면서 그 개념과 가치가 크게 확장되고 있다.

창의성의 연구는 주로 심리학, 교육학 등에서 소개되어왔다. 연구범위는 첫째, 신비주의의 관점으로 새롭고 신기한 것을 낳는 요소로 보며, 둘째 상업적으로 창의성을 접근하는 방식, 셋째 교육적 차원의 창의성의 연구, 넷째 공학적 차원의 창의성의 접근방식, 다섯째 경영학 차원에서 조직과 관리의 창의성을 야기한다. 창의성은 "새로운 것을 만들어내는 능력이나 아이디어를 창출하는 특성이다." 결론적으로 창의성은 특정한 아이디어의 산출물이 사회, 문화, 경제 속에서 새로운 가치를 창출하고 실현가능해야 함을 의미한다. 과거 독창적이고 혁신적인 아이디어라도 사회적, 경제적, 문화적 차원과 결합하지 않아 사장된 예가 무수히 많다. 독창적이고 독특한 아이디어라도 한 개인의 머리에서 나오는 것이 아니라 여러 가지를 조합하여 어우러지는 복합적인 형태를 띠는 상호 상승작용을 야기한다.

상호 상승작용하기 위해서는 세 가지 영역(사람, 사회, 문화)으로 상호적 관계가 중요하다. 사회(society)영역은 다양한 지식과 지위, 경험을 가진 전문가들의 네트워크로 구성됨을 의미한다. 네트워크는 개인과 개인, 개인과 조직, 조직과 조직 간의 구조와 관계를 의미한다. 이러한 전문가들이 어떻게 하는가에 따라서 새로운 아이디어나 창의적인 작업이 창출되거나 인정받고 확산될 수 있다. 문화(culture)영역은 사람들이 다양한 분야에서 활용될 수 있는 가치가 있는 것으로 과거 및 현재, 미래에 대한 콘텐츠를 말한다. 대부분의 창의적인 문화영역은 완전 새로운 형태이거나 현재의 지식관련 정보를 추가하여 기존 자료를 수정 · 보완, 삭제하는 창의적인 요소로 표현될 수 있다. 이러한 형태는 본래 지식내용에 대한 체계적인 시스템적 관점으로 해석될 수 있다.

UN무역개발회의(UNCTAD, 2008)는 창조경제의 창조성이 요구되는 분야는 과학, 기술, 문화 등 다양하여 국가를 지탱하는 사회, 인력, 문화, 제도와 시스템 등과 창조성과의 상호작용을 통해 산업의 부가가치를 높이고 국민의 삶의 질을 향상시킨다는

그림 1-2 창의성의 상호작용

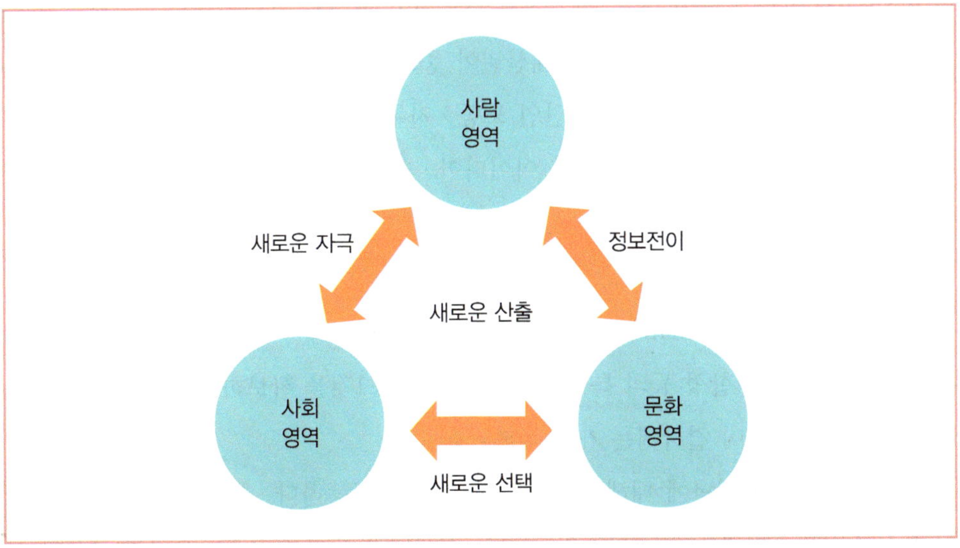

자료 : 김기현 · 김현식, 창조경제의 창조산업, 범한, 2013.

점을 부각시켰다. 그리고 창조경제는 예술, 문화, 기술, 거래와 같은 지적 자본을 핵심 요소로 하여 재화와 용역의 창조-생산-분배를 아우르는 개념과 기술, 수요, 관광 등에 적용하는 동력으로 설명된다. 결론적으로 창조경제는 시장상황에서 경쟁력 있는 아이디어를 통합하고 재조합해내는 능력을 말한다. 경영분야에서 창조성의 경쟁력의 원천은 협업을 가진 조직적 차원의 접근방식이다. 차별화된 상품과 서비스, 프로세스, 혁신 등을 창조한다. 지속적인 혁신과 모든 구성원들의 창조적인 아이디어를 지속적으로 제안하고 실천할 수 있는 제도와 시스템이 갖춰졌을 때 조직에서의 창의성이 발현되고 진정한 의미의 창조기업이 될 수 있다.

1.3.2 창의성의 가치

창의성과 경제는 공공, 민간영역 모두에서 창의성(creativity)이 혁신(innovation)의 중심이 되는 변화의 흐름에 있다고 할 수 있다. 따라서 창의성과 경제는 창조적인 아이디어를 구현하는 비용과 시간을 줄이고 그에 따른 혁신을 쉽게 이룰 수 있는 시스템을 만드는 것이 매우 중요하다. 여기에서 창의성이 혁신의 본질이 되고, 경쟁력을 좌우하며, 창의성을 자산화하는 지적 재산권이 중요해진다. 따라서 창의성과 경제시스템은 투입 측면에서 기존의 유형자산인 노동 · 자본에서 무형자산인 창의성으로 바뀐다. 노동 · 자본중심의 요소투입에서 아이디어 · 창의성기반의 혁신에 의한 성장으로 전환하는 것이다. 기존의 전통산업경제에서는 노동과 자본 등 유한한 요소투입형 생산이 일어나는 것이 일반적이었다. 그러나 정보와 지식을 넘어서는 아이디어와 창의성을 갖춘 인적 자본(human capital)이 가치(value)창조의 주요 원천이 된다. 인적 자본은 비희소성, 비경합성 등의 특징을 가지고 있고, 그것을 확보하는 능력보다는 창출하기 위한 혁신능력이 결국에는 가장 기본요소이다.

그런데 창의성의 개념에 대해서는 다양한 해석이 가능하다. 창의성은 '새로운 생각이나 산물을 만들어내는 것', '기존의 정보를 끌어내고 새롭게 조절함으로써 유용한 어떤 사물이나 아이디어를 만들어내는 능력', 혹은 '새로움에 이르게 하는 개인의 사고 관련 특성' 등으로 정의된다. 그러나 창의성이 무에서 유를 만들어내는 완전히 새로운 것만을 의미하지는 않는다. 창의성은 특정한 아이디어나 산출물이 사회 · 문화 속에서 가치를 인정받고, 실현가능할 때 주어진다.

따라서 창의성에 대한 이해는 독창성, 가치, 실현성의 세 요소를 포함하는 것으로 볼 수 있다. 독창성이 창의성으로 발현되기 위해서는 새로운 가치를 창출해야 하며, 실현가능해야 한다. 우리 사회와 역사에 독창적이고 혁신적인 아이디어는 무수히 많이 등장하였으나 사회적, 경제적, 문화적 차원과 결합되지 않아 사장된 사례가 많이 있다. 독창적이며 창의적인 아이디어가 그 사회에서 실현될 때 비로소 창의성이 구현된다고 말할 수 있다.

1.3.3 창의성과 정보통신기술 융합

최근에 창의적인 요소들의 성공사례가 매우 많이 나타나고 있다. 특히 인터넷을 기반으로 하는 모바일 관점의 정보통신기술(ICT) 융합의 발달에 따라 창의적인 사고가 수평화, 개방화되면서 그 개념과 가치가 크게 확장되고 있다. 수평화란 개인과 개인 간 연계, 개인과 기업 간 연계, 기업과 기업 간 연계 등의 네트워크를 통한 다양한 연결이 이루어지는 것을 말한다. 여기서 수평적인 네트워크가 중요해진다. 이것은 네트워크에 수평적이라는 성격이 추가되어 각종 연결이 특정한 권위를 통해 조직된 위계질서가 존재하지 않고, 차별 없이 연결되어 형성되는 것을 의미한다. 이러한 수평적 네트워크에서 비롯되는 네트워크적 사고는 미래사회의 가장 핵심특징으로 미래지식기반사회에서 새로운 지식을 창출하는 데 사용되는 가장 유용하고 강력한 방법이다. 많은 양의 정보들을 주체의 의지에 따라 연결, 해체, 재정립하는 네트워크적 사고방식으로 '새로운' 지식들이 생산되는 것이다.

또한 ICT 융복합이 가져다주는 개방된 환경은 창의성을 발휘하는 데 크게 작용하였다. 기본적으로 창의성은 기존의 관습과 권위들에서 자유로워지는 것에서 시작하므로 개방적 사고는 필수요건이라 할 수 있다. 따라서 '창의성'을 개인이나 집단이 새롭고 가치 있는 아이디어에 도달하는 과정으로 보고, 개인이나 집단이 다중지성 또는 집단지성을 발휘하는 현상이 나타난다. 따라서 창조경제시대의 창의성은 단순한 개인의 성과가 아니라 **집단지성**의 발현으로 나타나는 것이다.

집단지성이란?

다수의 컴퓨터 이용자 간의 상호 협동적인 참여와 소통이 만들어내는 결과물, 집합적 행위의 결과물, 판단과 지식의 축적물 혹은 그 과정을 말한다. 집단지성은 편재성, 지속성, 실시간 상호 조정성, 실천성이라는 특성을 지닌다. 이러한 집단지성은 전자 미디어에 의해 본격적으로 나타나게 되었다. 집단지성은 가장 빠른 시간에 최적의 결과물에 도달할 수 있는 새로운 인간활동 유형이다. 집단지성은 인터넷으로 서로의 생각을 나누고 공유하는 데서 한 걸음 더 나아가 현실에서의 집합행동으로 연결되기도 한다.

집단지성의 대표적인 예로 위키피디아의 발전과정은 지식 · 정보의 생산자나 수혜자가 따로 없이 누구나 생산할 수 있고 모두가 손쉽게 공유하면서도 정체되지 않고 계속 진보하는, 집단지성의 특성을 보여준다.

자료 : 백욱인, 디지털 데이터 · 정보 · 지식, 커뮤니케이션북스, 2013.

창의성이란 단번에 어떤 기발한 아이디어를 내는 것이 아니다. 여러 사람들이 모여서 다양한 문제들을 해결해나가는 탐구활동이다. '창의성은 숫자 놀이'라는 말이 있다. 가치 있는 아이디어를 창안하는 창조의 과정에서 수많은 성공과 실패를 경험한다. ICT 융합시대에는 더욱 많은 사람들의 네트워킹과 협력이 창의성을 낳는다. 개방형 혁신은 그래서 창의성 증진에 필수이다. 이를 위해 융합 네트워크 인프라는 보다 원활히 시간과 공간을 넘어 가능하게 하는 기반이다.

창의성은 혁신을 이끌며, 창조적인 아이디어가 산업 전반으로 전환될 때 비로소 새로운 먹거리산업이 창출된다. 창조산업을 '새로운 아이디어를 경제적인 가치로 실현하는 것'으로 정의를 내리는 것이 향후 우리의 미래산업의 핵심으로 받아들일 수 있는 것이다. 지적 재산이 물적 재산보다 가치가 있는 새로운 전환을 경험하는 것이다. 지적 재산을 보호하면서도 또한 널리 활용할 수 있을 때 창의성은 그 가치를 가지고 창조경제를 만들어낸다. 따라서 지식경제는 창의성과 혁신, 지적 재산을 통해 창조경제로 진화하는 필요조건을 갖추게 된다.

1.4 창의성 구현에 필요한 기본역량과 세 가지 구성요소

1.4.1 창의성 구현에 필요한 기본역량

치열한 글로벌 경영환경의 도래로 국내 기업들은 세계적인 기업들과 경쟁해야 하고 그 경쟁에서 이기기 위하여 선도적인 기술을 소유할 뿐만 아니라 상황에 맞는 기술대처능력을 위한 아이디어가 가미된 창의적인 요소가 절대적으로 필요하다. 기업은 새로운 기술확보를 위한 노력과 더불어 창의적으로 무장된 팀워크를 조직하거나 창의적 요소가 많은 직원을 새롭게 육성하는 전략이 절대적으로 필요하다. 기존에 없던 새롭고 독창적인 제품과 서비스관련 아이디어를 효과적이고 지속적으로 발굴하기 위해서는 창의적 구현에 필요한 기본역량인 연상력, 연관련, 공감력을 갖추어 추진하는 것이 타당하다. 창의성 구현에 필요한 기본요소는 개인이든 조직이든 아이디어 역량에 국한되며, 빠른 시간 내에 제품과 서비스에 있어서 아이디어를 발굴할 수 있는 능력을 의미한다.

그림 1-3 창의적 구현에 필요한 기본역량

자료 : 김원우, CEO 창조경영, KT중앙연구소, 2009.

1) 연상력

연상력은 개인이나 조직에 가장 기초가 되는 능력으로 개인의 아이디어가 많을수록 연상력이 높은 것이다. 관련 분야에 얼마나 많은 수의 아이디어를 낼 것인가, 남들이 하지 못하는 상상력이 독특하고 차별적인 요소가 존재하는가 등이 연상력으로 표현할 수 있는 것이다.

2) 연관력

연관력은 자유분방한 활동영역 또는 제한적인 내에서 연상력이 뛰어나다고 하여 연관력이 풍부하다고 할 수 없다. 연관력은 관련 분야에 여러 가지가 연계되어 상상할 수 있는 창의적인 요소가 효율적이면서 효과적으로 연계됨을 의미한다. 기존 제품과 서비스를 개선할 뿐만 아니라, 새로운 것을 만들어내기 위하여 관련 영역 내에서 원하는 최고의 목표를 달성할 수 있는 능력으로 평가할 수 있다.

3) 공감력

공감력은 고객이 유형이든 무형이든 제품과 서비스에 대하여 지불할 의사가 있는가를 고객의 입장에서 공감하는 능력이라고 말할 수 있다. 기업은 고객이 원하는 제품과 서비스를 만들 것을 요구받고 있지만 이를 실천한다는 것은 매우 어려운 일이며, 설상가상으로 만들었다고 하더라도 내가 주인의식을 가지고 최선의 노력을 해야만 고객감동을 이끌어낼 수 있다. 고객 입장을 충분히 살펴서 제품과 서비스를 개발한다면 기업 입장에서는 히트상품이 끊임없이 양산될 것이다.

1.4.2 창의성 구현에 필요한 세 가지 구성요소

모든 개인이나 조직에 있어서 창의적 구현에 필요한 모델은 세 가지 요소, 즉 창의적 발상도구, 지식과 경험, 동기부여이다. 창의적 사고와 행동이 이루어지기 위하여

그림 1-4 창의적 구현에 필요한 3가지 구성도

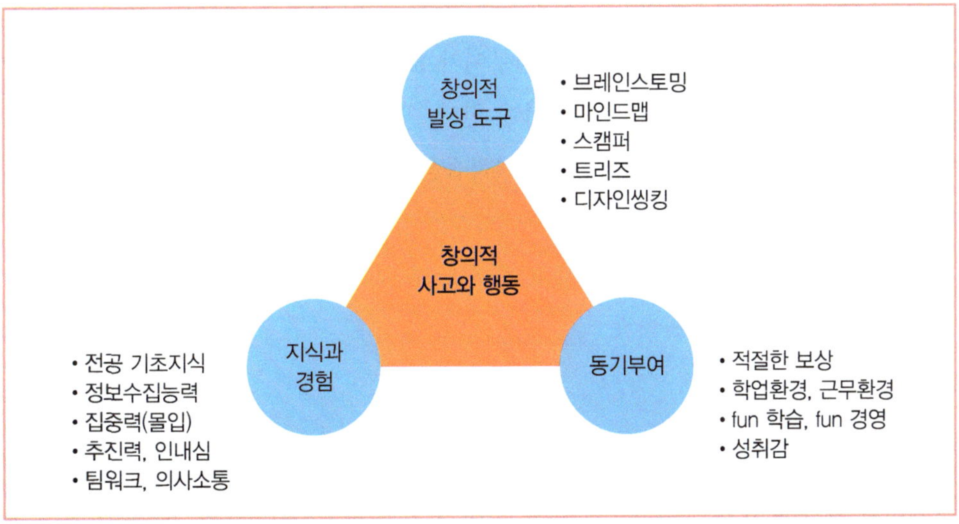

자료 : 김은경, 창의적 공학설계, 한빛출판사, 2016.

우리는 지식과 경험, 동기부여가 바탕이 되면서 이에 대한 사고와 행동을 키우기 위하여 방법론적인 창의적 발상도구가 분석되어 있음을 유의할 필요가 있다.

1) 지식과 경험

창의적이기 위하여 먼저 전문영역의 지식이 반드시 필요하며 오랫동안 한 분야를 연구한 사람만이 그 영역의 창의적인 결과를 도출한다. 지식과 경험이 부족하면 창의성을 발휘하기가 매우 어렵다. 특히 창의성의 도출분야를 나타내기 위해서는 그 분야의 전공기초 지식이 필수적이어야 하며 그 분야의 관련 정보수집능력도 관심거리이다. 그리고 집중력을 통하여 창의성이 나오기 위해서는 선택과 집중력의 몰입이 지나쳐도 될 만큼의 노력이 요구된다. 또한 여러 사람 간의 의사소통과 팀워크도 창의적 사고와 행동을 나타내는 기본적인 밑거름이다.

2) 동기부여

동기부여는 개인이든 조직이든 창의적인 활동을 지속적으로 이루기 위하여 적절한 보상이 이루어져만 하는 활동이다. 동기부여가 없다면 창의적으로 활동하기가 애매하고 작업환경과 근무환경이 뒷받침되어야 한다. 만약 대학생이라면 창의적인 활동의 동기부여를 위하여 재미있는 학습과 경영학습을 통하여 그들의 성취감이 고취되도록 지도해야만 한다. 특히 개인적인 열정과 노력을 통해서 금전적인 외적 보상보다는 더욱 창의적인 활동이 이루어지도록 상호 간의 노력이 요구된다.

3) 창의적인 발상도구

창의적 사고와 발상을 위한 도구로는 여러 가지가 존재한다. 특히 창의적인 활동의 특성에 맞는 다양한 창의적인 발상도구로는 전문가들과 상호의견을 교환하는 브레인스토밍, 공학적인 발상도구인 트리즈, 그리고 스캠퍼와 마인드맵, 최근에 각광을 받고 있는 디자인씽킹 등이 있다. 대표적인 발상도구인 브레인스토밍은 일정한 창의적인 관련분야 테마에 관하여 회의형식을 채택하고, 구성원의 자유발언을 통한 아이디어의 제시를 요구하여 발상을 찾아내려는 방법이다.

트리즈(TRIZ)는 문제가 발생된 근본모순을 찾아내 이를 해결할 수 있는 방안을 모색하는 방법론을 말한다. 1940년대 옛 소련의 과학자 겐리히 알츠슐러 박사가 동료들과 150여만 건에 이르는 전세계의 창의적인 특허를 뽑아 분석한 결과로 얻은 40가지 원리를 응용한 것이다. 트리즈는 주어진 문제에 대하여 얻을 수 있는 가장 이상적인 결과를 정의하고, 그 결과를 얻기 위해 관건이 되는 모순을 찾아내어 그 모순을 극복할 수 있는 해결책을 생각해내도록 하는 방법에 대한 이론이다. 예를 들어 전사품질관리(TQM)나 6시그마와 같은 기존 혁신기법은 주로 품질개선과 원가절감에 초점을 맞추고 있는 반면, 트리즈는 제품구성이나 생산라인, 작업시스템 등을 통째로 바꾸는 창조적 혁신을 추구한다.

스캠퍼(SCAMPER)는 창의력 증진기법으로 아이디어를 얻기 위해 의도적으로 시험할 수 있는 7가지 규칙을 의미한다. S=Substitute(기존의 것을 다른 것으로 대체해보라), C=Combine(A와 B를 합쳐보라), A=Adapt(다른 데 적용해보라), M=Modify, Minify, Magnify(변경, 축소, 확대해보라), P=Put to other uses(다른 용도로 써보라), E=Eliminate(제거해보라), R=Reverse, Rearrange(거꾸로 또는 재배치해보라) 등을 뜻한다.

마인드맵이란 문자 그대로 '생각의 지도'란 뜻으로 자신의 생각을 지도 그리듯 이미지화해 사고력, 창의력, 기억력을 한 단계 높이는 두뇌개발기법이다. 간혹 어떤 문제에 대하여 창조적으로 사고하고 있을 때, 시간이 흐르거나 연속적인 사고의 연상이 진행되면서 그 사고한 내용의 일부는 잃어버리게 되고 재생하기가 어렵다. 마인드맵은 유기적으로 연결되는 일련의 생각을 훌륭하게 상기시켜준다. 학습법과 기억력뿐만 아니라 기업 업무능력 향상 등에도 효과가 있는 것으로 알려져 각국의 학교, IBM, 골드만삭스, 보잉, GM 등 우수한 기업체들이 마인드맵이론과 교재를 사원교육에 활용 중이다.

디자인씽킹(design thinking)은 점점 더 높은 삶의 질을 추구할 뿐만 아니라 소비자들에게는 제품의 품질이나 기술수준보다 디자인과 브랜드가 더욱 중요해지고 있다. 처음에는 단순히 제품의 외양에만 적용되던 디자인이 이제는 고객을 만족시킬 수 있는 모든 것에 적용되고 있다. 즉 제품개발단계뿐만 아니라 제품의 기획, 마케팅, 관련 서비스 등 전 과정에 걸쳐 디자이너들의 감수성과 사고방식이 적용되고 있다는 것이다. 이것이 바로 창의적인 디자인적 사고기법이다.

1.5 창조와 창조적인 산업의 변화

창조적 변화는 인간의 창조적 노력으로 자연적 변화나 사회적 변화를 예방하거나 선도하기 위해 새로운 아이디어나 상상력으로 가능성의 변화를 선도하거나 창조하는 것이다. 사람이 자연적인 요소들을 이용해 수많은 새로운 제품이나 상품을 만들기도 하고 사회, 경제, 정치, 문화, 예술 등 다양한 분야에서 새로운 시스템을 만드는 과정들이 창조적 변화이다. 원래 창조란 현재 지구상에 없는 것을 새롭게 만들거나 고안해 내는 과정이지만 대부분 우리가 접하고 있는 상황은 창의성, 즉 기존의 제품과 상품을 변형하거나 시스템적인 개선을 말한다. 이러한 창조적인 변화보다는 스마트한 환경에 맞는 창의적인 변화를 인지하는 것이 오히려 바람직할 것으로 판단되나 창의성의 변화는 창조를 바탕으로 전개되기 때문에 창조성의 개념을 정의하고자 한다.

그러나 기술적 창조성을 설명하는 것은 심리학적으로 매우 어려운 일이다. 창조가 인간의 고유의 특성인지 아니면 인간의 아이디어나 상상력으로 생기는 것인지에 대한 합의가 명확하지 않다. 어떠한 산물을 창의적이라고 부르는 데 있어서 가장 중요한 요소는 그것이 새로워야 한다는 것이다. 만일 누군가가 자신이 전에 생산했던 무언가를 생산한다면, 그 산물은 창의적인 것이 아니다. 이러한 창의적인 과정이나 창의적 사고

그림 1-5 현대경제에서의 창조성

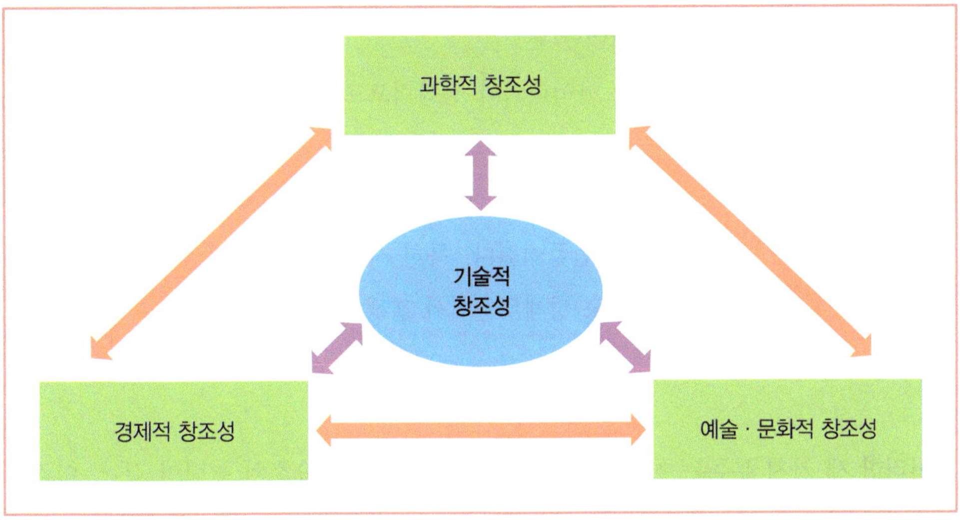

자료 : UN, 창조경제 UN보고서, 2013.

는 한 개인에게 새로운 산물을 가져다주는 사고과정들로 이루어진다. 즉 창의적인 산물은 한 개인에게 새로운 산물이고, 창의적 인물은 그러한 산물을 생산하는 사람이다. 인간의 노력과 관련된 창조성의 특징을 과학적 창조성, 경제적 창조성, 예술 · 문화적 창조성으로 나누어 설명한다.

- 과학 · 기술적 창조성은 독창적인 아이디어나 상상력으로 자연계 및 사회계에 존재하는 원리와 법칙을 찾아내거나 새로운 기술 및 상품을 개발하는 능력이다. 실생활에서 존재하는 전기의 발명과 통신의 발명뿐만 아니라 자연적인 법칙, 예를 들어 뉴턴의 만유인력법칙, 상대성이론, 질량보존의 법칙, 진화론 같은 무수히 많은 법칙들이 과학적 원리에 의해 만들어졌다. 기계, 전기, 전자, 컴퓨터, 자동차, 각종 소프트웨어 등은 과학적 원리와 법칙에 근거하여 기술적 창조성에 의해 개발되었다.
- 예술 · 문화적 창조성은 독창적인 아이디어나 상상력으로 사물, 현상을 새롭게 해석하거나 구상해놓은 텍스트, 음성, 이미지로 표현하는 사람의 능력이다. 무수히 많은 새로운 작품들의 예술과 문화적인 면에서 창의성이 나타난다. 음악, 미술,

뮤지컬, 영화, 디자인, 도자기, 시, 소설, 공연, 춤 등 다양한 분야가 예술 및 문화적인 창의성으로 새롭게 태어난다.

- 경제적 창조성은 독창적인 아이디어와 상상력으로 상품과 서비스의 생산, 분배, 유통, 소비과정에서 최소의 비용으로 최대의 효과를 낼 수 있는 새로운 시스템과 소프트웨어 등을 개발하는 능력이다. 현행 시장경제의 원리도 이러한 경제적인 창조 및 창의성을 바탕으로 만들어졌다. 특히 사업, 기술, 마케팅, 홍보, 광고 등의 혁신을 유도하는 과정으로 경제무문에서 경쟁우위 확보와 밀접한 관련이 존재한다.

이러한 세 가지 분류는 창조적이든 창의적이든 기술적 요소와 관련이 깊다. 이러한 창조적인 관점은 창조경제와 창조산업의 범위를 정의하는 데 매우 중요한 요소라고 할 수 있다.

창조산업은 다양한 부문의 상호작용을 이루기 때문에 보다 광범위할 수 있다. 유엔무역개발회의에서 분류한 창조산업분류표(표 1-3)에서 대분류로 유산, 예술, 미디어, 기능적 창조물의 네 가지로 구분한다. 유산은 모든 형태의 예술, 문화, 창조산업의 정신으로 정의한다. 또한 유산은 문화와 결합되어 창조성에 영향을 미치는 다수의 유산재와 서비스가 문화활동의 기본이 된다. 예술은 순수한 예술과 문화를 기반으로 하는 창조산업이다. 미디어는 대규모 청중과의 의사소통을 위해 창조콘텐츠를 생산하는 것으로 정의한다. 기능적 창조물은 기능적인 목적이 있는 재화와 서비스를 생산하는 수요중심의 서비스기반산업으로 정의한다.

창조산업을 위한 가장 기본적인 인프라가 정보통신기술(ICT)이다. 모든 분야에 창조적 변화나 창조적 산업을 이끌어갈 때 컴퓨터, 인터넷, 정보통신기술이 사용된다. 농업, 공업, 관광, 제조업, 서비스업, 연구, 과학, 사회, 의료, 문화, 정치, 재난, 정치, 경제 등 창조적 활동의 기반기술이 정보통신기술이며 이를 통한 융합을 통해서 끊임없이 창조적 활동을 하게 되는 것이다. 정보통신기술(ICT)이 경제사회의 거의 모든 분야에서 창조성을 실현하는 데 필수적으로 요구되는 기반기술이다. 개방플랫폼, 빅데이터, 클라우드서비스 등이 발달하면서 창조경제 및 창조산업의 기술적 생태계가 더

| 표 1-3 | 유엔무역개발회의의 창조산업분류표

대분류	중분류	소분류
유산	전통문화 표현	공예품, 축제 및 기념행사 등
	문화현장	유적지, 박물관, 도서관, 전시회 등
예술	시각예술	회화, 조각, 사진 및 골동품
	행위예술	라이브음악, 연극, 춤, 오페라, 서커스, 인형극 등
미디어	출판 및 인쇄매체	도서, 언론, 기타 출판
	시청각	영화, TV, 라디오, 기타 방송
기능적 창조물	디자인	인테리어, 그래픽, 패션, 보석, 장난감
	뉴미디어	소프트웨어, 비디오게임, 디지털화된 창조적 콘텐츠
	창조서비스	건축, 광고, 문화 및 여가, 창조연구개발, 디지털, 기타 관련된 창조적 서비스

자료 : UN, 창조경제 UN보고서, 2013.

욱 튼튼해지고 있다. 이러한 기술적 생태계를 이끌 대표적인 사항이 콘텐츠, 플랫폼, 네트워크, 디바이스이다.

콘텐츠(contents)는 미디어의 내용물을 뜻한다. 즉 콘텐츠를 "그 장르가 영화든 문학이든 학습이든 뉴스든 오락이든 간에 기획이나 창작 혹은 가공이나 개발을 누가 했는지가 분명하게 나타나서 추후에 저작권을 주장할 수 있는 모든 종류의 원작"으로 정의할 수 있다. 콘텐츠의 종류와 범위가 매우 넓어 구분하기 어렵고 단지 플랫폼을 통해 소비자에게 공급된다. 콘텐츠를 만드는 생산자, 콘텐츠를 유통시키는 유통업자, 콘텐츠를 소비하면서 동시에 생산하는 프로슈머형태로 생산되기도 한다. 일반적으로 대부분의 소비자들은 다양한 콘텐츠를 접한다. 창조적인 활동의 콘텐츠가 없다면 모든 영역에 기술적인 생태계의 역할을 못할 것이다.

플랫폼(platform)이란 컴퓨터시스템의 기본이 되는 특정 프로세서와 하나의 컴퓨터 시스템을 바탕으로 하는 운영체제를 말한다. 정보통신기술의 급속한 발전 때문에 과거의 방식으로는 더 이상 경쟁에서 살아남기 힘들어지고 있다. 최근 구글, 애플, 페이스북, 그리고 아마존이 자신들만의 강점을 가진 플랫폼을 통해 각자의 영역에서 절대

강자로 부상하면서 비즈니스업계에 플랫폼에 대한 관심이 집중되고 있다. 플랫폼이 기업의 성패를 좌우하는 핵심요인으로 등장한 것이다. 최근에는 콘텐츠를 유통시키는 유통콘텐츠가 플랫폼의 핵심으로 자리 잡으면서 사이버장터로 애플앱스토어, 구글플레이, 국내는 올레마켓, SK T스토어, LG U+스토어 등 다양하다.

네트워크(network)는 서로 다른 여러 장비들이 하나의 일을 할 수 있도록 정해진 체계 안으로 묶어주는 것으로 정의할 수 있다. 대표적인 네트워크가 인터넷이며, 계속해서 빠른 속도로 진화해가고 있다. 최근에는 사물인터넷으로 확산되면서 향후 창조산업의 핵심으로 자리 잡을 것이다.

디바이스(device)는 디지털콘텐츠 소비를 위한 인터페이스로 컴퓨터, 노트북, 스마트폰, 태블릿PC, 스마트워치, 구글글라스 등 다양하다. 디바이스는 하드웨어적인 개념으로 삼성, 애플과 같은 대기업에 의해 생산되어 공급된다.

소비자들은 매일 나타나는 콘텐츠를 컴퓨터, 스마트폰, 등 다양한 디바이스를 이용해 정보를 검색하고, 웹서핑, SNS를 하고 뉴스, 날씨, 동영상 등을 본다. 즉 디바이스를 이용해 콘텐츠를 소비하고 있는 것이다. 우리가 디바이스를 통해 접하는 모든 콘텐츠는 네트워크를 통해 플랫폼에서 다운받아 소비된다. 이러한 네 가지 상승작용이 없다면 창조적 변화와 창조적 진화를 거듭할 수 없다.

1.6 창의적인 혁신과 모방

다양화 · 고도화되는 고객 니즈의 변화를 제대로 만족시키기 위해서는 기존 제품 · 서비스로는 한계가 있어 혁신의 필요성이 증가한다. 치열해지는 경쟁환경에서 남을 따라가는 전략인 벤치마킹으로는 진정한 1등 기업이 될 수 없다는 비판이 일고 있다. 물론 벤치마킹을 통하여 보다 체계적이고 독특하게 차별화한다면 혁신이 가능하다. 하지만 비즈니스세계에서 그리 쉬운 것만은 아니다. 그리하여 모방전략을 통하여 창의적인 활동의 혁신의 의미를 가지고 모방경영의 가치를 살펴본다. 원래 혁신의 유형은 창조적인 혁신(innovation of creative)과 창의적인 혁신(innovation of recombination)으로 나누어 볼 수 있다. 창조적인 혁신은 지금까지 존재하지 않던 것을 새롭게 만들어내는 것이고, 창의적인 혁신은 이미 존재하던 것들을 혁신적으로 재조합하는 창의적인 것을 의미한다. 기술 성숙과 경쟁의 첨예화 등으로 기존에 없는 완전히 새로운 제품 · 서비스의 창출은 힘들어지고 있으며, 추진과정에서 비용이 많이 들고 성공 확률도 낮다. 반면 다양한 산업 · 사업에서 이미 검증된 기술, 아이디어 등을 창의적으로 재조합하여 새로운 가치를 창출하는 것이 보다 효과적인 혁신방안이며, 이러한 비즈니스적인 요소가 변경되기 위하여 창조와 창의적인 혁신에 있어서 모방의 필요성을 강조하고자 한다.

하버드경영대학원의 마이클 포터 교수는 세계지식포럼에서 한국과 일본기업이 한 단계 더 높이 도약하려면 '창조' 혹은 '독창성'을 통한 성장을 이루어야 한다고 주장했다. 글로벌기업의 전략을 복제하거나 벤치마킹하는 것은 뒤따라가기만 할 뿐 절대 글로벌 스타를 탄생시키지 못한다는 것이다. 최근 들어 국내외적으로 선진기업의 베스트 프랙티스를 벤치마킹하고 이를 개선, 적용시켜 발전해온 경제의 성장방식보다는 창의적인 모방을 강조하는 것이다.

모방에서의 성공률 자체도 높지 않으므로 보다 경쟁력 있는 기업이 성공하기 위하여 기업마다의 역량이나 문화적 특성에 따라 차이가 존재하기도 한다. 모든 기업이 동일한 전략지점으로 귀결하는 경우는 단순한 소모품의 복제가 아닌 이상 흔하지 않다. 특히 정말로 가치 있는 부분이나 그것을 만드는 방법은 모방하기 어려운 경우가 많다. 또한 후발 진입이 전략적으로 유효한 기간이 짧아진 만큼 모방하는 쪽의 기술도 체계화되어 모방기간이 단축되고 있다. 한 예로 출시시점에 따라 가격 상한선이 다른 복제의약품시장에서 모방역량이 있는 기업들은 혁신제품의 만료가 끝나자마자 기존보다 개선된 제품을 보다 저렴한 가격에 출시한다. 이들은 특허 만료가 다가오는 시장성 있는 제품의 발굴, 특허가 만료되었을지라도 모방과정에서 발생할 수 있는 법적 문제에 대한 대응력, 그리고 기존 제품을 개선할 수 있는 개발역량과 스피드 등을 갖추고 재빠른 후발주자가 되는 것이다.

끝으로 만년 꼴찌는 있어도 영원한 1등은 없는 경쟁상황에서 선두기업 또한 계속해서 시장의 변화와 경쟁사의 동향을 예의주시할 필요가 있다. 모방은 현재 처해있는 경쟁적 위치에 따라 다른 시사점을 주기도 하기 때문이다. 모방에 성공한 창의적인 사례들을 보면 종종 혁신적인 기업보다는 기존에 유통이나 자금력 등에서 우위에 있던 선두기업들이 많다. 월마트의 샘 월튼은 그의 자서전에서 "내가 한 일의 대부분은 다른 사람의 것을 베낀 것이다"라고 술회하고 있다. 실제로 창고형 할인매장사업에서 후발주자인 월마트는 사업이 전국적으로 성장할 때 신속히 매장을 확장할 수 있는 재무능력으로 선발자인 프라이스클럽을 제칠 수 있었다. 코카콜라도 타사 제품을 통해 시장성을 확인한 후 자사의 강력한 유통과 마케팅력을 활용해 기존에 없는 새로운 형태의 창의적인 관점으로 혁신을 이끌어 후발주자로서 시장을 탈환하는 전략을 활용해왔다.

1) 모방과 혁신의 경제적 가치

모방은 혁신보다 더 적은 비용으로 더 빨리 시장에 진입할 수 있다. 맨스필드, 스와르츠, 와그너의 연구에 따르면 모방기업이 제품을 시장에 내놓는 데 걸리는 시간은 혁신기업의 70% 정도라 한다. 또한 화학, 처방약품, 전자 및 기계산업의 48개 제품혁신에 대해 연구한 결과, 평균적으로 모방비용이 혁신비용의 65%밖에 되지 않는다는 것을 발견했다. 특히 이들이 연구한 제품의 대부분이 강력한 특허를 가지고 있어 모방비용이 상대적으로 높은 산업이었다는 점을 감안하면 평균적으로 모방을 통한 비용절감효과는 이보다 더 클 것이다. 모방이 모든 제품과 서비스를 복제하는 것이 아니라 창의적인 요인을 가미시키는 양념과도 같은 것이다.

모방을 하는 이유 중 검증된 시장에 들어감으로써 불확실성을 줄일 수 있다는 것이다. 불확실한 시장에 대한 위험을 줄이고, 적합한 타이밍에 시장에 진입해 단순한 카피 이상의 역량으로 우위를 점하는 경쟁전략으로, 모방의 가치를 말하고 있다. PC시장에서의 IBM, 컴퓨터 운영시스템에서의 마이크로 소프트 등 우리가 최고라고 기억하고 있는 기업들도 사실은 영리하게 선도기업을 모방하여 세계최고의 기업이 된 후발

주자들이다.

2) 창조적 모방과 혁신

결국 성공하지 못하는 모방은 있을 수 있지만, 모방이라는 것 자체가 전략으로서의 의미를 상실했다고 볼 수는 없다. 단순한 복제나 차별성 없는 개선이 아니라 기존 역량과 결합해 새로운 가치를 낼 수 있는 전략은 창조에 버금가는 힘을 발휘할 수 있다. 단순한 복제나 소폭의 개선과는 다른 경쟁적 모방을 우리는 '창조적 모방'이라고 부른다.

산업 초기 서구기업을 충실히 벤치마킹하여 성장한 일본기업들의 모방에 대한 가치관을 창의적 모방이라 할 수 있다. 즉 일본인에게 배운다는 것은 철저한 모방에서 시작되고 배움의 궁극적 목표는 창조이다. 기업전략에서도 모방을 통한 궁극적 지향점이 창조여야 한다는 역설과 의미가 일맥상통한다.

창조적 모방은 사실 말 그 자체가 모순이다. 모방은 원본이 아니기 때문에 그 자체가 창조적일 수는 없다. 하지만 앞서 그것을 했던 사람보다 더욱 '독창적'으로 최초의 혁신을 이해하고 그것을 발전시켰기 때문에 '창조적'일 수 있다.

혁신에 대한 노력의 대부분은 제품개발에 집중되어 왔다. 이때 후발주자로서 가치를 줄 수 있는 부분이라면 대개 기술적 완성도나 상업적 가치가 미흡한 초기 제품을 대중적으로 끌어올려 혁신을 완성하는 것이다.

때로는 선발 진입자가 자신의 제품이나 기술이 가진 가능성을 충분히 파악하지 못하는 경우가 있다. 창조적 모방자들은 제품력의 큰 개선 없이도 초기 혁신자들이 미처 몰랐던 혁신의 활용가능성을 발견하는 것만으로 가치를 높이기도 한다.

새로운 시장의 초기에는 제품의 기술적인 측면이 강조된다. 그리고 이러한 기술의 상당부분은 공급자중심이라는 함정에 빠지기 쉽다. 창조적 후발주자는 공급자중심의 초기 혁신을 고객중심으로 바꾸어 상업성을 높인다. 초기의 혁신을 능가하는 차별점이 없다면 후발주자들이 업계 리더를 공략하여 '창조적 모방'이라고 할 수 있는 단계에 이르기는 어렵다. 따라서 이미 지배적 디자인이 존재하고 게임의 규칙이 확립된 시장이라면 뒤따르는 후발기업들은 업계에 통용되는 게임의 룰을 바꾸는 전략을 도입해야만 한다.

사람들은 '최초'라는 말을 좋아한다. 최초는 이후의 수많은 반복과 아류 속에서 그 존재를 특별하게 하고, 동네에 하나쯤은 붙어 있을만한 '원조' 음식점 간판처럼 종종 '최고'라는 의미로 받아들여지기도 한다. GE의 잭 웰치 전 회장이 국내포럼에서 말한 한국제품의 독창성에 대한 비판은 되새겨볼만하다. 그는 "한국은 아이팟같이 독창적이고 혁신적인 제품이 나오는 것을 본 적이 없다"라고 꼬집었다. 이에 많은 사람들은 MP3 플레이어도 사실 한국에서 최초로 만들었고 반도체, 휴대전화 등의 첨단제품에서 매년 혁신적인 디자인과 기술적 도약을 이루어내고 있다는 사실을 열거하며 그의 지적을 못마땅해 했다. 하지만 세계적 경영자가 정작 비판하고 싶었던 것은 최초로 세상에 나온 독창적이고 혁신적인 제품이 없는 것이 아니라, 최고로 남은 독창적이고 혁신적인 제품의 부재가 아닐까? "세상은 1등만을 기억한다"라는 말에서의 1등은 최초가 아니라 최고라고 보는 것이 더욱 정확할 것이다. 삼성전자가 세계 1위 기업이었던 소니전자를 모방하여 새로운 형태를 만들어냈듯이 후발주자들은 선도기업, 즉 1등기업을 모방하면서 보다 좋은 제품과 서비스에 주력하면서 1등을 좇아가고 언젠가는 1등기업이 된다. 이에 1등기업을 수성하기 위해서는 얼마나 많은 노력을 경주하느냐가 궁극적으로 우리가 나아가야 할 길이다. 우리가 진정 고민해야 할 것은 창조이든 모방이든 최고가 되기 위한 가장 효율적인 목표달성의 길이 무엇인지 찾는 것이다.

사례연구 1

더 나은 제품과 가격으로 혁신을 완성하다

많은 사람들은 P&G의 팸퍼스가 최초의 일회용 기저귀제품이라고 생각한다. 물론 일회용 기저귀를 시장이라 부를 수 있을 만큼 대중화시킨 것은 P&G이다. 하지만 사실 일회용 기저귀라는 제품 자체는 존슨앤드존슨(Johnson & Johnson)의 계열사인 치커피밀즈(Chicopee Mills)에 의해 처음 만들어졌다. 최초의 일회용 기저귀 척스(Chux)는 제품력이나 가격 어느 면에서도 기존의 기저귀를 대체할 만큼 만족스럽지 못했다. 따라서 장거리 여행과 같은 특수한 경우에만 어쩔 수 없이 사용하는, 전체 시장점유율 1%에 불과한 대행품일 뿐이었다. P&G는 광범위한 연구개발 노력 끝에 초기제품보다 품질은 뛰어나면서도 가격이 저렴한 제품을 출시하는 데 성공했다. 단순히 비슷한 제품의 가격을 낮추는 것만으로 혁신제품이 되기는 부족하다. P&G의 성공비결은 일회용 기저귀라는 제품에 대한 기본적인 아이디어는 차용하되 훨씬 높은 수준의 제품을 만들어 결과적으로 혁신적 아이디어를 혁신적 사업으로 완성시킬 수 있었던 기술력에 있었다.

자료 : LG 주간경제 CEO 리포트, 중앙일보, 중앙시사매거진

사례연구 2

새우깡도 빼빼로도 '짝퉁'이었다

'펌'과 '베끼기'가 디지털의 특성만은 아니다. 저작권자의 동의와 인지 없는 무단복사가 횡행하는 곳이 온라인 세계만은 아니다. 창작과 아이디어의 멀고 어려운 길 대신 '손쉬운 베끼기'의 유혹은 언제나 가까이 있다. '모방의 왕국'이라는 평가를 받는 일본이 한국을 향해서 "우리도 모방을 통해 발전한 나라지만 이 정도까지는 아니었다"고 꼬집었다.

다른 분야 아닌 국민의 입맛이 모방의 대상이었다.

한국의 '새우깡'과 일본의 '에비센' 가운데 어느 것이 먼저 개발된 것일까?

30년 넘게 한국인의 입맛을 붙잡아온 '새우깡'이 일본과자를 베낀 제품이라는 사실이 알려지면서 네티즌들이 '나라망신'이라고 씁쓸해 하고 있다.

일본 'TV도쿄'(http://www.tv-tokyo.co.jp)는 해외 경제뉴스 프로그램인 '월드 비즈니스 새털라이트(World Business Satellite)'를 통해 한국 제과업계의 일본과자 베끼기 관

행을 10여 분에 걸쳐 방송했다. '산업경쟁력의 원천/지적재산'이라는 제목을 내건 이 방송은 "한국 과자류의 상당수가 일본 것을 그대로 무단 도용했다"며 "일본도 모방을 통해 발전한 나라지만 이 정도까지는 아니었다"며 한국 내 모방제품 현황을 출시연도와 함께 일목요연하게 소개했다.

TV도쿄는 이 근거로 농심 새우깡(1971년 출시)과 일본 가루비의 갓빠 에비센(1964년 출시), 롯데 빼빼로(1988)와 일본 글리코 포키(1966), 오리온 초코송이(1984)와 일본 메이지제과의 기노코노야마(1975), 해태제과 칼로리바란스(1995)와 일본 오스카제약의 칼로리메이트(1983)를 사례로 꼽았다.

한국제과업체 "똑같아도 줄 하나 더 있으면 한국선 모방제품 아니다"

또 최근 모방논란이 일었던 해태음료 아미노업과 기린 아미노서플리, 크라운제과 마이츄와 모리나가 하이츄를 비롯 한국의 몇몇 스낵과자와 캐러멜을 소개하며, 누가 봐도 한국과 일본의 두 상품은 이름만 달랐지, 상품의 디자인이나 맛에서 비슷하다고 방송했다.

TV도쿄는 이날 방송에서 "한국인이라면 대부분 알 수 있는 한국 과자에 대해 일본의 맛과 포장이 비슷하다"고 전한 뒤 거리의 한국 사람들에게 일본 과자를 먹고 무엇인지 맞춰보라고 했고, 이를 맛 본 한국 사람들이 일본 과자가 아니라 '베낀' 한국 과자의 이름을 말하는 모습을 그대로 내보내기도 했다.

TV도쿄는 또 한국의 한 제과업체 관계자가 "도용이 아니라 벤치마킹"이라고 해명한 내용과, 한국 음료업체의 일본인 임원이 "똑같아 보여도 줄 하나가 더 들어가 있으면 한국에서는 모방제품이 아니다"라고 설명하는 내용도 함께 내보내 '모방'에 대한 한국 내의 느슨한 인식을 꼬집기도 했다.

'과자 모방' 의혹은 지난해부터 인터넷상에 알려지기 시작했다. 칸쵸, 홈런볼, 카라멜콘과 땅콩, 칼로리바란스 등의 제품을 일본제품과 비교한 사진이 블로그 등을 통해 떠돌았다. 방송이 나가기 전만 해도 네티즌들은 일본 과자와 한국 과자의 포장지를 비교한 게시물을 보며, 일본이 우리나라의 과자를 표절했다는 의혹을 제기했었다. 실제 네이버 블로그에는 "따라쟁이 일본! 일본은 완전 베껴가지고 자기들 것으로 만든다"라는 비난글이 올라오기도 했었다.

국내 제과업체들은 두 나라 업체 사이의 오랜 관행일 뿐 우리 쪽의 일방적인 베끼기가 아니라는 반응이다. 특히 정작 일본업체들은 잠자코 있는데 방송이 나서서 문제를 제기하는 것에 의도성이 있는 것으로 의심하고 있다.

농심 최호민 홍보팀 차장은 "우리 제품이 일본의 에비셍이라는 과자와 비슷한 건 사실이지만 따라한 것은 아니다"라며 "여러 제품을 참조하는 과정에서 비슷한 제품이 나올 수는 있지만 우리 제품은 나름대로 특징이 있다"고 말했다. 또 "수십 년이 지난 얘기를 이제 와서 들추는 건 일본에 불고 있는 한류열풍을 견제하려는 '한국 깎아내기'로 보인다"고 덧붙였다.

해태제과 홍보팀 소성수 과장은 "제품을 기술이전한 것이 아니라 아이디어 차원에서 가져와 자체적으로 개발한 것이기 때문에 벤치마킹으로 봐야 한다. 방송에 대한 대응은 다른 업체들의 대응수위를 봐서 결정하겠다"고 밝혔다. 롯데제과 홍보팀 안성근 계장은 "일본에도 우리나라 제품을 베낀 것이 돌아다닌다"며 "일본 해당 업체에서 문제제기를 한 적도 없는데, 언론이 이를 트집 잡은 것은 한류열풍에 대한 반감이 아닌가 의심이 든다"고 말했다.

자료 : 한겨레 온라인뉴스부, 김미영 기자(kimmy@hani.co.kr); http://www.naokis.net

연습문제

01 창조와 경제사회의 의미를 설명하시오.

02 미래사회를 위한 변화를 정보통신기술 관점으로 해석하시오.

03 창조, 창의성의 정의와 구성, 가치를 설명하시오,

04 스마트환경과 창조적인 산업을 설명하시오.

05 창조와 모방에 대하여 설명하시오.

06 제품과 서비스 중에 모방을 통해 창의제품으로 성공한 사례를 조사하시오.

CHAPTER 02

창의적 주체의 본질

창의성의 주체는 인간 혹은 개인일 수 있고, 기업의 팀조직, 전체 기업조직이 될 수 있다. 그러나 가장 기본적인 창의성의 주체는 인간이다. 인간의 뇌는 신경세포로 이루어져 있으며 보통 정상성인의 뇌는 1.2kg~1.5kg, 14억 개의 신경세포와 그 세포에 영양을 공급하는 1,000억 개의 교세포로 구성되고 이것들이 가지를 이루어 그 조합의 가능성은 약 10조 개로 표현된다. 특히 상상력, 새로운 것에 대한 반응률, 직관적인 표현, 시 · 공간적인 판단력, 뇌의 순간적인 정보처리능력 등을 하는 우뇌적인 기능은 창의성을 발휘하는 데 매우 중요한 역할을 담당한다. 본장에서는 창의성의 주체로서의 인간의 뇌기능과 이에 대한 우뇌훈련을 함께 설명하고자 한다.

2.1 인간의 뇌와 창의성 주체

20세기 접어들면서 사람의 뇌에 대한 기억력, 사고력, 문제해결, 창의적인 연구 등의 고차원적인 뇌의 연구가 활발하게 진행되었다. 인간의 뇌를 두개골로 잘라보면 대뇌와 소뇌, 그리고 간뇌, 중뇌, 연수로 구성된다. 이러한 뇌의 각 부분의 역할은 [표 2-1]과 같다.

그림 2-1 인간의 뇌의 구조

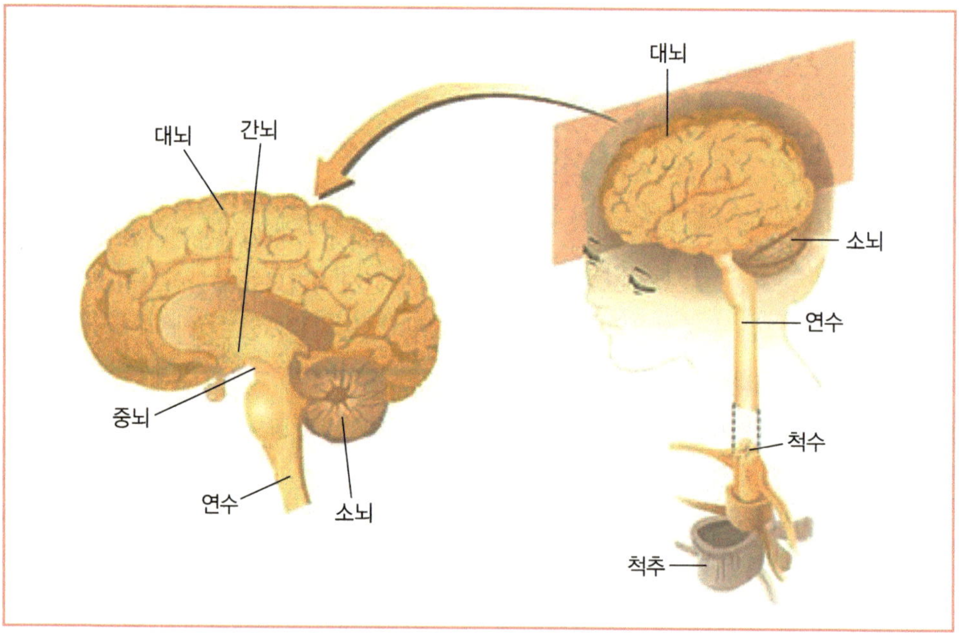

한편 대뇌는 뇌 전체 무게의 80%를 차지하며, 좌반부(좌뇌)와 우반부(우뇌)로 구분되며, 네 개의 엽, 즉 전두엽, 두정엽, 측두엽, 후두엽으로 이루어진다. 좌우반구의 정보는 이 뇌량을 통하여 1초에 수만 번의 상호 교류를 함으로써 양쪽 뇌가 하나의 통합된 기능을 수행하게 되는 것이다.

| 표 2-1 | 인간 뇌의 구조와 각 부분의 역할

뇌의 구조	내 용
대뇌	여러 가지 자극을 감각하고 그에 대한 반응을 명령한다. 기억, 판단, 감정, 창조 등의 정신활동도 담당한다.
중뇌	눈동자의 운동과 홍채의 수축과 이완을 조절한다.
간뇌	체온조절, 체액의 성분을 일정하게 유지하도록 조절한다.
소뇌	대뇌의 명령에 따라 팔과 다리의 운동을 조절하며, 몸의 자세와 균형을 유지하도록 한다.
연수	척수와 연결되어 있으며, 호흡운동, 심장박동, 소화운동 등을 조절하며 재채기, 기침, 하품 등의 반사 중추가 된다.

- 전두엽 : 주로 인격 및 태도, 고차적 정신활동 수행(의식, 학습, 추리, 창의적인 사고, 문제해결, 판단 기억, 의지력과 사회도덕, 윤리)과 관련된 기능을 한다. 또한 호흡이나 위장계활동, 심장맥관계의 반작용 및 정서적 반응과 같은 자율기능에 대한 고위중추로서의 역할을 담당한다.
- 두정엽 : 읽기, 청각, 후각수용, 시각 정보처리에 관여하며 대상물체의 크기, 형태, 무게, 짜임새, 치밀도 및 유사한 두 물체의 구별을 인지한다.
- 측두엽 : 피부감각 수용, 몸의 위치나 자세 감지, 주위 물체와의 공간적 관계인식을 하며 청각중추가 있어 말의 의미를 이해한다.
- 후두엽 : 시각중추와 관련되며 문장의 이해를 담당한다.

그러나 뇌의 기능분화에 관한 창의성연구, 즉 1950년대 마이어스(Myers)와 스페리(Sperry)의 분할뇌 연구결과 좌뇌와 우뇌로 구분되며 각기 다른 기능을 수행하고 있다는 것을 밝혔다. 이러한 연구가 반구이론의 기반이 되어 상호작용 및 좌 · 우뇌의 기능차이를 구분하게 되었다. 여러 가지 문헌적인 참고를 바탕으로 좌뇌기능과 우뇌기능을 나열하면 [표 2–2]와 같다.

| 표 2-2 | 좌뇌와 우뇌의 기능적인 비교

좌뇌기능	우뇌기능
언어적, 논리적, 계열적, 계획적, 분석적, 완벽성 · 세밀함. 합리적 · 계산적, 규칙적, 수리적, 추론적 사고 등	통합적, 상징적, 호기심, 변화지향적, 즉흥적 · 충동적, 심상적, 직관적, 전체적, 시 · 공간적, 창의적 사고 등

특히 창의성을 언급한 다이아몬드(Diamond, 1972)는 좌뇌는 직선적이며 언어에 기초를 두고 논리적인 사고와 규칙적, 순차적, 논리적, 분석적, 계획적, 그리고 완벽하고 세밀함을 강조하고 합리적이고 계산적이며 추론적인 사고를 갖는 데 반하여 우뇌는 직관적이고 공간적, 전체적, 즉흥적 · 충동적, 그리고 시각능력과 호기심, 이미지 연상, 변화지향적인 정보를 선호하며, 특히 인지적인 처리에 있어서 비직선적이고 비순차적이며 상상력과 관련이 있고 부분을 전체로 통합하는 인지처리에 관여한다고 한다. 우뇌의 무의식이 새로운 생각이나 창의적 문제해결에 중요한 역할을 한다고 한다. 즉 좌뇌보다 우뇌의 분석력이 창의적인 사고에 가깝다고 결론을 내리고 있다.

2.2 인간의 뇌기능과 창의적 훈련

인간의 뇌와 창의적인 사고를 연계하기 위한 다양한 연구가 실시되었다. 상상력, 새로운 것에 대한 탐구력, 직관적 사고, 시 · 공간적인 사고, 호기심적인 정보처리를 하는 것으로 알려진 우뇌의 기능이 창의적의 발현과 매우 밀접하게 연관되었다고 인식하는 학자들이 매우 많다. 창의적인 사람일수록 우뇌활동이 활발하다는 특성을 갖는다고 알려져 있다.

한편 우뇌가 창의성의 시발을 제공하지만 창의성은 좌우뇌가 통합하지 않으면 약화된다고 한다. 즉 창의성은 새로운 생각에만 멈추는 것이 아니라 새로운 생각을 구조화하고 실현시키는 것이 바로 좌뇌의 역할을 강조한다. 이렇듯 좌 · 우뇌의 비대칭이 존재하는 것이 분명하지만 좌 · 우뇌의 상호작용이 모든 사고 전반에 걸쳐 중요하다고 한다. 예를 들어 새로운 노래를 작곡할 때 노래 전체의 흐름이나 인상을 인식할 때는 우뇌가 작용하지만 음계나 박자 등 분석적인 측면에서는 좌뇌가 작용한다. 그래서 좌 · 우뇌의 결합 없이는 새로운 노래의 창조는 불가능하다고 주장하는 사람도 있다.

그러나 인간의 잠재능력을 키우고 개화시키는 데 필요한 우뇌개발 및 훈련은 무엇인가? 논리와 언어를 주로 다루는 것이 좌뇌라면 이미지와 공간, 전체를 파악하는 예술과 창조적인 활동에 관계되는 역할은 우뇌인데 일반적인 사람이라면 우뇌의 몇 % 정보밖에 그 기능을 사용하지 않는다. 우뇌를 100% 잘 다룰 수 있고 활용할 수 있다면 엄청난 기억력을 발휘하여 한 번 기억하면 다시는 잊지 않게 되므로 어려운 난제를 쉽게 해결가능하고, 엄청난 자릿수의 숫자도 계산기 등을 사용하지 않고 즉시 계산할 수 있게 된다. 또한 모든 일에 즉시 전체를 파악하고 결단할 수 있기 때문에 삶의 템포가 굉장히 빨라진다. 순간적으로 정확한 판단이 가능해져 스포츠만능이 된다. 인간 누구든지 우뇌를 개발하면 믿을 수 없을 정도의 초인이 될 수 있으며, 우뇌개발이 극에 달하면 신의 영역에까지 도달할 수 있다는 것이다. 이런 점에서 인간 개개인의 무한한 창조적인 가능성이 재인식되어야 한다. 어떤 사람도 초인이 되고 신의 영역에 도달할 수 있으며 잠재능력이 최고가 될 수 있다. 이처럼 우뇌개발에 엄청난 잠재력과 가능성이 있기 때문에 우리는 우뇌훈련을 보다 체계적으로 학습할 필요성이 있다.

일반적으로 우뇌의 개발을 위해 사용되는 훈련방법은 패턴인식향상훈련, 오감훈련, 심상훈련, 연상훈련, 긴장과 이완훈련, 운동, 음악감상, 자기확신, 교육훈련 등이다. 보다 자세한 내용과 훈련방법은 [표 2-3]에 제시한다. 추가적으로 제시된 우뇌훈련방법은 다음과 같다.

- 냄새를 맡아보고 이야기해보도록 한다.
- 맛을 보고 여러 가지 맛에 대하여 이야기해보게 한다.
- 눈으로 한 번 본 것을 기억하게 한다.
- 책을 읽고 다음 내용을 꾸며보게 한다.
- 안아주고, 보듬어주는 스킨십을 많이 해준다.

| 표 2-3 | 우뇌개발을 위한 훈련기법

훈련기법		내용	훈련방법
패턴인식력 향상기법	형태	언어나 그림으로 표현된 사물의 전체 형태를 이끌어내는 개념	구별, 기억, 바둑, 체스, 장기
	도형	추상적 개념이나 구체적인 사물을 평면적으로 도형화하는 개념	표어와 포스터, 그림, 도표
	공간	어떤 사물의 모양, 위치, 방향을 평면적으로 도형화하는 개념	디자인, 설계, 여행, 블록쌓기
오감훈련		시각, 후각, 청감, 미각, 촉각의 감각 훈련	예술작품감상, 음악감상, 탐험, 꽃키우기
심상훈련		상상이나 이미지 등을 마음속으로 그리는 능력	과거회상, 미래예측, 지도그리기, 긍정적 태도, 유머
연상훈련		직관, 통찰, 갑자기 떠오르는 것과 연계되어 나타나는 자유로운 생각	상상스케치, 아이디어 연상
긴장과 이완훈련		좌뇌보다는 우뇌를 활성화하는 활동	명상, 신체이완
운동		다양한 운동으로 신체를 움직여 뇌에 자극을 주는 활동	손을 움직이는 놀이, 손가락운동, 글씨쓰기
음악감상		여러 종류의 음악관련 감상, 클래식이 우뇌를 활성화	클래식음악
자기확신		공상이나 상상으로 자기확신을 가지는 활동	자기암시, 예방법
교육훈련		좌뇌와 우뇌를 훈련시키는 교육훈련	그림을 그리게 하여 의미부여

자료 : 강호감, 창의력개발을 위한 두뇌개발, 생활지혜사, 2001.

- 상대방을 도와주는 훈련을 한다.
- 음악을 많이 들려주고, 연주하고 노래를 불러보게 한다.
- 어떤 모양이나 모습을 신체를 통해 표현해보도록 한다.
- 상대방의 감정을 읽어보는 훈련을 한다.
- 깊이 명상을 하게 한다.
- 친구와 어울려 놀게 한다.
- 귀로 듣고 표현하게 한다.

- 프로젝트훈련을 한다.
- 좌측 신체를 많이 쓰도록 한다.

창의성이 중요하다는 것은 우리 모두 아는 사실이다. 학자들에 의하면 우리는 뇌가 가진 능력의 3% 정도만을 사용한다고 한다. 그렇다면 어떻게 해야 할까? 관련 분야, 특히 체육관련 전문가들이 훈련방법을 개선하고 조직적인 훈련을 통해 큰 성과를 얻어내는 것처럼, 뇌를 효과 있게 훈련시킴으로써 무한한 잠재력을 끌어내고 기존의 문제를 해결하고 새로운 형태의 제품과 서비스활동을 이루기 위한 창의적인 수행방안절차는 [그림 2-2]와 같다.

어떤 사람이 창의적이라는 것은 그 사람의 어떤 한 가지 영역이나 학문분야이든 비학문분야이든지 간에 또는 관련분야의 기술에 대해서만 의미 있다는 것이다. 전체적으로 완전한 창조적이라거나 비창조적이라고 말할 수 없다. 또 창조적 개인은 처음으

그림 2-2 좌 · 우뇌훈련을 통한 문제해결절차

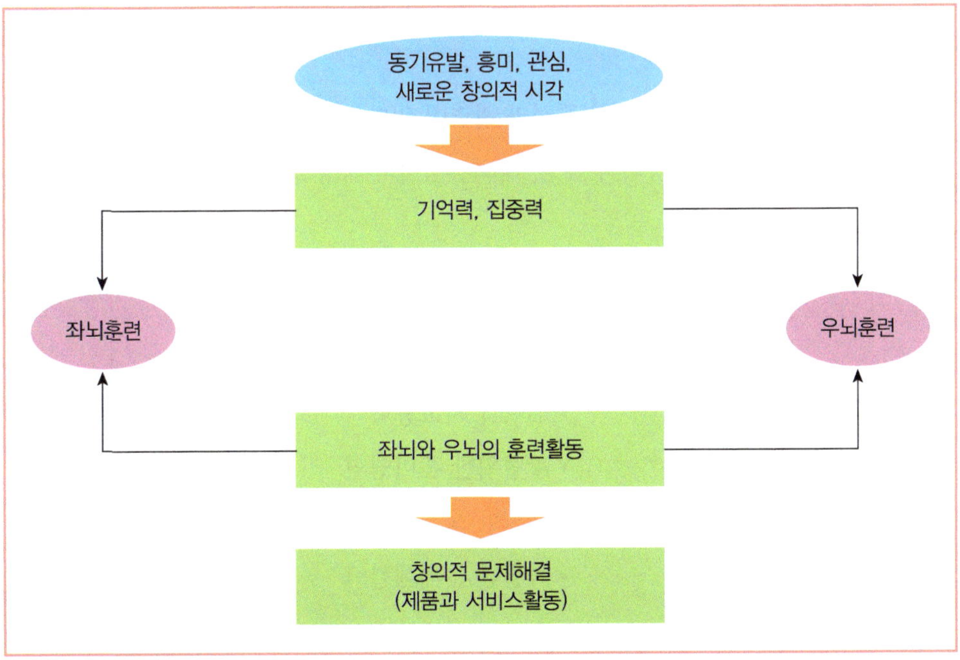

자료 : 신건권, 창의적 경영과 인물탐구, 도서출판 청람, 2015.

로 새로운 무언가를 개선하려고 하지만 단지 완전 새롭다는 것만으로 인정받기가 매우 힘들 수 있다. 그러나 새로운 차원으로 뭔가를 다른 방식으로 한다는 것은 쉽게 접근가능하다. 창조적 행동이나 인간을 정의하는 것은 그보다는 오히려 그 새로운 것이 결국에 창의적 문제해결능력에 수용되었는지의 여부에 달려있다고 할 수 있다.

창의적 문제해결능력을 높이고 기업에서 새로운 제품과 서비스를 제공하기 위해서는 좌뇌와 우뇌의 적절한 교육훈련을 받으면 오히려 쉽게 해결될 수 있다. 창의적 문제해결을 위하여 관심분야에 대하여 동기유발, 흥미, 관심을 가져야 하며 새로운 창의적 시각이 필수적이다. 이에 대해 적절히 집중력을 키우고 메모와 기억력을 가지고 있어야 한다. 그리고 적절한 좌뇌와 우뇌훈련을 거쳐서 새로운 문제해결을 위하여 방법론 및 분석력을 이용하여 창의적 문제해결을 이루어낼 수 있다.

2.3 인간의 지능(IQ)과 감성지수(EQ), 창의적 고찰

인간의 창의적 특성은 개개인의 특성과 관련이 있다. 일반적으로 지능지수가 높은 영재의 특징을 인지적 특성, 창의적 특성, 사회 · 정서적 특성으로 나열하면 다음과 같다.

1) 인지적 특성

- 높은 수준의 언어발달
- 풍부한 지식 보유
- 비상한 기억력
- 뛰어난 학습능력
- 뛰어난 사고능력
- 광범위한 흥미영역
- 탁월한 성취능력
- 탁월한 문제해결력

2) 창의적 특성

- 뛰어난 상상력
- 뛰어난 관찰력
- 높은 호기심
- 민감성
- 유머감각

3) 사회 · 정서적 특성

- 탁월한 지도력
- 탁월한 과제집착력
- 긍정적인 자아개념
- 높은 독립심
- 도덕 · 윤리적 가치관
- 높은 동기유발

2.3.1 지능과 지능지수

지능(intelligence, 知能)이란 문제해결 및 인지적 반응을 나타내는 개체의 총체적 능력을 나타내는 지표라고 정의한다. 지능은 학자에 따라 다르게 정의되고 있다. L.M. 터먼은 지능을 "추상적 사상을 다루는 능력"이라고 정의하였고, D. 웩슬러는 "유목적으로 행동하고, 합리적으로 사고하고, 환경을 효과적으로 다루는 개인의 종합적 능력"이라고 정의하고 있다.

지능과 관련된 이론들로는 지능을 한 개의 일반적 요인과 여러 개의 특수요인으로 구성되어 있다고 보는 C.E. 스피어만의 2인자설과 여러 개의 특수요인이 기초 정신능력이라고 보는 L.L. 서스톤의 중다요인론이 있다. 근래에 J.P. 길포드는 지능이 120개의 요소로 구성되어 있다는 복합설을 제안하였다.

IQ(Intelligence Quotient)는 지능발달 정도를 나타내는 검사결과이다. 결과에서 나타내는 수치를 지능지수(知能指數)라고 하며, 다음 식에 의하여 산출된다.

$$IQ = (정신연령 \div 생활연령) \times 100$$

지능검사 창시자 중의 한 사람인 프랑스의 A. 비네는 검사의 결과를 정신연령(지능의 발달 정도가 일반 생활연령으로 몇 살, 몇 개월 되는 사람의 평균지능에 상당하는가를 표시하는 것)으로 나타냈는데, 이 방법으로는 피검사자의 생활연령과의 관계 여하에 따라 지능의 양부(良否)에 대한 평가가 달라지게 된다.

연령대별로 구분된 계산력, 기억력, 어휘력 등 일련의 문제들로 테스트하는데, 실제 나이보다도 정신연령이 크면 IQ는 100보다도 큰 수치로 나타나 표준을 넘게 된다. 유전적 요인보다도 교육, 환경, 훈련, 자극 등에 의해 계발가능성이 훨씬 크다.

한편 지능지수가 어떤 사람의 지적인 능력을 적절히 표현해주는가에 대해서 많은 논란이 있어 왔다.

2.3.2 EQ

EQ(Emotional Quotient, 感性指數)는 감성지수 또는 감정적 지능지수라고도 하며 지능지수(IQ)와는 질이 다른 지능으로, 마음의 지능지수라고 할 수 있다. 심리학 저술가인 대니얼 골맨(D. Goleman)이 저서 '감성지능(*Emotional Intelligence*)'에 제시하면서 대중화되었다. 주요 내용으로는 첫째, 자신의 진정한 기분을 자각하여 이를 존중하고 진심으로 납득할 수 있는 결단을 내릴 수 있는 능력, 둘째 충동을 자제하고 불안이나 분노와 같은 스트레스의 원인이 되는 감정을 제어할 수 있는 능력, 셋째 목표 추구에 실패했을 경우에도 좌절하지 않고 자기자신을 격려할 수 있는 능력, 넷째 타인의 감정에 공감할 수 있는 공감능력, 다섯째 집단 내에서 조화를 유지하고 다른 사람들과 서로 협력할 수 있는 사회적 능력 등을 들 수 있다.

EQ는 자신과 다른 사람의 감정을 이해하는 능력과 삶을 풍요롭게 하는 방향으로 감정을 통제할 줄 아는 능력을 의미한다. EQ가 높은 사람은 갈등상황을 만났을 때 그 상황을 분석하고 자신의 처지를 정확하게 인식할 수 있는 능력을 갖추고 있다. 감정적 대응을 자제함과 동시에 다른 사람에 대한 공감적인 이해를 나타낸다.

특히 감성지수는 지능만을 검사하는 지능지수와는 달리 조직에서 상사나 동료, 부하직원들 간에 얼마나 원만한 관계를 유지하고 있으며, 개인이 팀워크에 어느 정도 공헌하는가를 평가하고 있어 기업인들의 많은 관심을 끌고 있다. 실제로 일본 IBM은 감성지수를 바탕으로 직속상관뿐 아니라 동료와 부하직원도 평가작업에 참여하는 방식을 관리직의 인사고과에 도입해 눈길을 끌었다.

개략적으로 IQ+EQ+MQ+PQ+DQ+GQ의 6Q에 대하여 알아보도록 한다.

- IQ : 보통 지능지수라 불린다. 그러나 여기에서는 단지 지능지수를 가리키는 말이 아니라 아이디어와 창의성지수로서의 IQ를 말한다. 자유로운 사고를 할 수 있는 지적 유연성을 가진 아이로 키워야 한다는 뜻을 내포하고 있다.
- EQ : 감성지수로 EQ가 높으면 감정이입능력이 올라간다. EQ가 높을 때 타인의 감정에 이입하는 능력이 커진다. 원만한 대인관계는 EQ가 바탕에 깔려 있어야 한다.
- MQ : 도덕성지수로 양심에 어긋나지 않게 행동하는 것을 말한다. 쉽게 말해 '준법성'인데, MQ는 자녀가 부모에게서 가장 큰 영향을 받는 부분이라 할 수 있다. 부모가 양심적이면 자녀의 MQ가 올라가고, 부모가 비양심적이면 자녀의 MQ는 떨어진다.
- PQ : 열정지수로 강렬한 의지의 근간이 되는 것이 PQ지수다. Personality Quotient의 약자로, 풀이하자면 인간성지수라고도 한다.
- DQ : 디지털에 대한 이해력지수이다. 단순히 컴퓨터기술만을 잘하는 게 아니라 정보기술 체계에 대한 전반적인 이해력이 필요하다.
- GQ : 글로벌지수로 세계인으로서의 양식과 올바른 가치관을 가지는 것이다. 지구촌시대를 살아가는 우리나라 젊은이들은 한국인인 동시에 세계인이라는 분명한 자의식이 있어야 한다.

보편적으로 특정 지능지수의 수준이 올라갈수록 더 창의적이지만, 개인이 어느 업무영역을 잘 수행해낼 수 있는 정도의 지능지수(IQ)를 가지고 있다면 나이와 상관없고, 영재만이 창의적인 내용의 아이디어를 더 많이 내는 것은 아니다. 지능지수(IQ)에 근거해서 누가 더 창의적인 행위를 할 것인가를 예측하기는 어렵다고 한다. 지능지수는 창의성에 필수요소이지만 지능지수가 높다고 반드시 창의적인 것은 아니라는 것이다. 결론적으로 인간은 단일지능을 갖는 것이 아니라 복합적인 지능을 가지고 있다. 최근에는 사회 및 직장에서 복합적인 것을 요구하기 때문에, 창의적인 영역에서 경험 및 훈련과정을 지속적으로 습득할 수 있다면 개인의 창의력은 최고로 발휘할 수 있을 것이다.

2.4 창의적인 인간

개인이든 기업이든 창의적인 활동을 이루기 위해서는 제품과 서비스관련 조직적인 팀구성과 역할을 필요로 한다. 창의적인 사람은 활동부터 새로운 것을 만들어내는 생각과 사고력, 실천하는 행동요령 등 여러 가지가 구비되어 가치 있는 것을 만들어내는 창조적인 활동을 한다. 그리고 보편적으로 창의적인 사람들의 성격특성에는 여러 가지가 복합적으로 작용한다.

- 창의적인 사람은 경험에 비해 개방적이어서 풍부한 인식, 민감성, 이해성 및 비판적 사려성이 있다.
- 창의적인 사람은 인습적인 속박이나 궁지로부터 탈피하여 어려운 문제를 해결하고자 하는 도전성이 있으며, 자기주장이 강하고 융통성이 있다.
- 창의적인 사람은 자신의 행동에 대해 독립적인 판단을 내리며 자신감과 자발성 및 성취욕구가 강하다.
- 창의적인 사람은 내향적이며 더 수용적이고 안정되어 있으며 사색적이고 인내심과 자제력이 있다.

• 창의적인 사람은 호기심이 강하고 탐구적이며 모험적인 대담성을 지닌다.
• 창의적인 사람은 지배성과 공격성이 있다.
• 창의적인 사람은 선입견이 적고 타인에 대한 객관성과 관용성이 있다.

이러한 창의적인 사람들의 성격을 한마디로 표현하면 복합성이라고 할 수 있다. 그들은 서로 반대되는 특성들을 함께 갖고 있다. 흰색이 스펙트럼의 모든 빛깔을 포함하고 있듯이 그들은 내면적으로 인간이 지닐 수 있는 모든 특성들을 함께 결합하고 있다. 이는 우리가 보통 좋다, 나쁘다라고 생각하는 모든 잠재적 성향들을 표현하는 것이다.

그러나 복합적인 인격이란 중립이나 평균을 의미하지 않는다. 그것은 양극 사이의 중간 지점 어딘가에 위치한다는 의미가 아니라 경우에 따라 한쪽에서 다른 쪽으로 극단적으로 움직이는 능력을 갖고 있다는 뜻이다. 창의적인 사람들은 분명 양극을 달리면서 아무 갈등도 느끼지 않고 똑같은 강도로 두 가지를 모두 경험한다. 이를 좀 더 쉽게 이해하기 위해 열 가지 양면성을 예로 들어 설명해보자.

① 창의적인 사람들은 의욕적인 활력을 갖고 있으면서 또한 조용히 휴식을 취하는 것을 좋아한다

창의적인 사람들은 활기차고 의욕적인 분위기로 오랜 시간을 몰두하면서 일하는 것을 좋아한다. 이는 유전적으로 유리한 신체조건을 타고났음을 의미하며, 창의적인 사람들의 힘은 유전적인 혜택보다는 몰두하는 정신에서 나온다고 할 수 있다. 그러나 창의적인 사람들이 언제나 힘이 솟는 초인은 아니다. 그들은 달력이나 시계나 외부적인 시간표에 의해서가 아니라 스스로 힘을 조절한다. 그래서 필요할 때 힘을 한군데로 집중하고 다시 충전한다. 그들은 게으름이나 명상 뒤에 찾아오는 활력을 매우 중요하게 생각한다.

② 창의적인 사람들은 순진하면서 한편으로는 천진난만하다

1921년 스탠포드 대학교의 심리학자 루이스 터만의 정신능력에 관한 연구결과에 따

르면 IQ가 높은 이들이 성공한다는 것은 어느 정도 사실이지만 어느 선부터는 IQ가 더 이상 현실적인 성공과는 관계가 없다고 한다. 대부분의 연구자들은 IQ 커트라인을 120 정도로 제시하고 있다. 120 이하의 IQ로는 창의적인 작업을 하기 어려울 수 있지만 120 이상에서는 IQ가 높은 만큼 더 창의적인 것은 아니라는 말이다. IQ가 높은 사람은 기존의 규칙을 배우고 따라 하는 것이 너무 쉽기 때문에 기존 지식에 대해 질문하고 의심하고 개선하고자 하는 동기를 느끼지 못할 수 있다. 괴테는 "순진함이 천재의 가장 중요한 속성"이라고 말을 했으며, 하워드 가드너는 20세기에 창의적 업적을 남긴 천재들에 관한 연구에서 정서적으로나 정신적으로 미성숙한 사람이 오히려 심오한 통찰력을 가질 수 있다고 말하기도 했다.

③ 창의적인 사람들은 책임감과 무책임이 혼합된 성향을 갖고 있다

물리학자인 존 휠러는 "나는 항상 이것저것 건드려보면서 과학에서 재미를 느낀다. 진짜 장난을 하는 것은 아니지만 그런 식의 가벼운 기분을 갖고 있다. 그러다 보면 아이디어가 떠오른다"와 같은 새로운 접근법으로 창의성을 강조한다. 그러나 이러한 장난기는 그와 반대되는 끈질김, 인내, 집착하는 성향이 없다면 멀리 가지 못한다. 새로운 아이디어를 완성시키고 장애물들을 넘기 위해서는 많은 노력이 필요하다.

④ 창의적인 사람들은 현실과 상상 속을 상호 교차하면서 나타난다

아인슈타인은 예술과 과학이 인간이 만들어놓은 현실로부터 도피하는 가장 위대한 형식이라고 했다. 그러나 예술과 과학의 공통점은 우리가 현실적이라고 생각하는 것을 넘어서 새로운 현실을 혁신하면서 창조하는 것이다. 이러한 도피는 비현실적인 상상의 나라로 들어가는 것이 아니다. 새로운 아이디어가 창의적이 되기 위해서는 처음에는 낯설게 보이지만 결국에는 진실 속에 인정받을 수 있어야 한다.

⑤ 창의적인 사람들은 외향적이면서 동시에 내향적이다

창의적인 사람들은 글을 쓰거나 그림을 그리거나 실험실에서 연구를 하기 위해 혼자 지내는 시간이 많다. 간혹 청소년기에 혼자 있는 것을 참지 못하면 능력 또한 개발

되지 않는다는 것을 알 수 있었다. 음악연주나 수학공부는 사람들이 두려워하는 고독을 요구한다. 따라서 혼자 있는 것을 참을 수 있는 아이들만이 어떤 영역의 상징을 터득할 수 있는 기회를 갖는다. 그러나 창의적인 인물들은 또한 사람들을 만나는 것이 필요하다. 다른 사람들의 이야기를 듣고 생각을 서로 교환하고 다른 작품과 생각을 이해해야 한다. 창의적인 사람들은 내향적이면서 뭔가에 집중적으로 활동하는 외향적인 성향도 함께 지닌다.

⑥ 창의적인 사람들은 매우 겸손하면서 동시에 자존심이 강하다

창의적으로 성공한 사람들은 의외로 소심하고 수줍어하는 경우가 많다. 캐나다의 예술가인 마이클 스노우는 끊임없는 실험정신으로 수많은 성공을 거둘 수 있었던 이유가 혼란감과 불안감 덕분이라고 말한다. 과거를 돌아보지 않고 미래만 생각한다는 것이다. 동시에 그들은 아무리 겸손하다고 해도 자신이 뭔가를 이루어냈다는 자신감과 자부심을 강하게 의식하고 있다. 발명할 때 필요한 것은 그것을 성공할 수 있다는 자신감과 강한 의지이다.

⑦ 창의적인 사람들은 전형적인 남성적 혹은 여성적인 역할에서 벗어나 있다

젊은이들에게 남성적인지 여성적인지 테스트하면, 창의적이고 재능을 가진 소녀들은 다른 소녀들보다 좀 더 지배적이고 강인하며, 창의적인 소년들은 다른 소년들보다 좀 더 감성적이고 덜 공격적인 것으로 나타난다. 심리학적으로 양성적인 사람은 현실에 두 배로 반응하면서 세상을 좀 더 풍요롭게 경험하고 다양한 기회를 가질 수 있다.

⑧ 창의적인 사람들은 개혁적인 동시에 보수적이다

창의성을 발휘하기 위해서는 먼저 어떤 문화의 영역을 자기 것으로 소화해야 한다. 한 영역의 규칙을 배우기 위해서는 그 영역의 중요성을 인식해야 하며, 따라서 어느 정도 전통주의자가 될 필요가 있다. 그렇다고 해서 단지 전통에 따르기만 한다면 해당 영역을 변화시킬 수 없다. 즉 어떤 학문에 대한 과거의 평가에 끊임없이 도전하지 않는다면 진보로 인정될 수 있는 새로움을 발견할 수 없다.

⑨ 창의적인 사람들은 자신의 일에 매우 열정적인 동시에 객관적이다

애착과 초연함 사이의 갈등에서 나오는 에너지가 그들의 일에 중요한 역할을 한다. 정열이 없다면 힘든 작업을 하면서 금방 흥미를 잃게 된다. 그러나 객관적이 되지 못한다면 그릇된 길로 빠지거나 사실성이 부족해질 수 있다. 따라서 창조과정은 음양의 조화라고 일컫는 이러한 두 극단 사이를 오간다.

⑩ 창의적인 사람들은 개방적, 감성적 성향으로 인해 즐거움뿐만 아니라 고통을 겪기도 한다

감수성이 예민한 사람일수록 다른 사람들보다 모욕감과 불안감을 느끼기 쉽다. "발명가들은 쉽게 고민한다. 모든 것이 그들을 괴롭힌다." 라비노의 이 말에 대부분 동의할 것이다. 선구적인 분야에 홀로 서 있는 자 또한 불안하고 상처받기 쉽다. 유명세에는 가끔 비판과 심술궂은 공격이 따라온다. 예술가가 몇 년을 투자해서 만든 조각품이나 과학자가 몇 년을 걸려 수립한 이론을 아무도 주목하지 않는다면 절망할 수밖에 없다. 아마도 창의적인 사람이 가장 견디기 힘든 것은 여러 가지 이유로 인해 성공하지 못할 때 경험하는 상실감과 공허감일 것이다. 특히 창의성이 사라져가고 있다고 느낄 때는 더할 나위 없이 고통스럽다.

이상과 같이 창의적인 사람들이 가장 일반적으로 갖고 있는 중요한 성향은 창조 및 창의적인 과정 자체를 즐기는 능력이다. 그러한 성향이 없다면 시인들은 이상을 포기하고 상업적인 시를 쓸 것이며, 경제학 교수들은 대학 대신 은행에서 일할 것이며, 물리학자들은 기초학문을 하는 대신 기업에 입사할 것이다.

사례연구

정보마인드 : 우뇌훈련

세계적으로 유명한 골프선수 잭 니클라우스는 시합에 나가 샷을 하기 전에 모든 힘을 다하는 이상적인 이미지를 그린다고 한다. 선명한 이미지를 그릴 수 없으면 한 번 더 시도해보고 일단 이미지를 그리고 난 후엔 그 이미지가 사라지기 전에 샷을 하여 좋은 결과를 얻을 수 있었다고 한다.

어느 보험회사의 최우수 영업사원은 자신의 영업 성공의 비결에 대해 "고객을 만나기 전에 미리 이미지훈련을 한 결과"라고 설명하였다. 그는 고객이 할 것 같은 질문을 미리 예측하여 실제로 머리 안에서 만나는 장면을 선명하게 그렸다고 한다. 또한 계약을 하고 그 계약서에 인감을 찍는 장면을 이미지로 그리는 것을 매우 좋아했으며, 그 결과 자신도 놀랄 만큼 많은 계약을 할 수 있었다고 한다.

이러한 것을 '이미지 리허설'이라고 하는데, 위에서 살펴보았듯이 골프 외에 탁구, 정구, 자동차경주 선수 등 스포츠뿐만 아니라 보험사원, 항공기 조종사 등의 비즈니스에서도 이미지 리허설을 활용하고 있다고 한다.

우리 부대원들이 경호경비에 동원되어 임무를 받았을 때 멍하니 있지 말고 현장에서 우발적으로 발생할 수 있는 상황장면을 이미지로 그리면서 그때 자신이 해야 할 일들을 사전에 머릿속에서 이미지로 그려봄으로써 예상되는 문제를 미리 발견하고 즉각 대응할 수 있게 하기 위해 우발사태계획을 강조한다.

이와 같은 이미지훈련을 반복하면, 이미지로 생각하는 우뇌의 기능을 활성화시킬 수 있다.

자료 : 박정학, 네이버블로그, 정보마인드 2. 우뇌훈련

연습문제

01 창의적인 주체인 뇌에 대하여 설명하시오.

02 좌뇌와 우뇌를 비교설명하시오.

03 우뇌훈련기법을 설명하시오.

04 IQ와 EQ를 비교설명하시오.

05 어떠한 사람이 창의적인 인간인지 설명하시오.

CHAPTER 03

창의적 문제해결과 의사결정

창의적인 발상을 위하여는 현재의 상태나 초기상황에서 목표수준의 차이를 극복하는 일이 창의적 문제점 발견에 대한 인식과 해결책을 만들어내는 매우 중요한 사항이다. 창의적인 제품과 서비스를 개선하기 위한 현재의 상태를 면밀히 살펴보고 개선방향을 도출하는 방안수립을 세우는 것이다. 본장에서는 문제의 정의와 문제인식을 통하여 문제의 해결방향에 어떻게 접근해야 하는지를 설명한다. 아울러 문제해결방안에 대한 방법론적인 도구를 설명하고 이러한 해결방안 수립에 의사결정을 통하여 보다 창의적으로 문제를 발견 및 개선하는 접근성을 설명하고자 한다.

3.1 문제와 문제인식

문제(problem)란 현재상태와 목표상태 간에 차이가 존재하는 것으로 초기상태와 목표로 하는 차이(간격, 괴리)를 의미한다. 차이가 발견되면 문제가 발생되는 것이다. 따라서 현재상태가 만족되면 문제는 안 생길 것이고 현재상태가 부족하든 과하든 그것의 인식, 즉 차이에 의해서 문제는 발생 혹은 발생하지 않는 것이다.

'문제'는 여러 가지 뜻을 나타내는데, 즉 바람직하지 않은 사건이나 상태로 부정적인 측면에서 말하기도 하고 사사롭고 개인적인 문제일 수도 있다. 예를 들어 회사에서 판매가 작년보다 떨어지면 회의를 주제하면서 문제가 무엇인지부터 찾는다. 대부분 '문제'는 '해결하기 어렵거나 난처한 대상, 또는 그런 일'을 뜻한다. 따라서 문제란 현재상태와 목표상태 간의 차이점을 인식해서 문제를 해결하는 문제인식의 본질을 이해하는 것이 매우 중요하다.

그림 3-1 문제의 정의

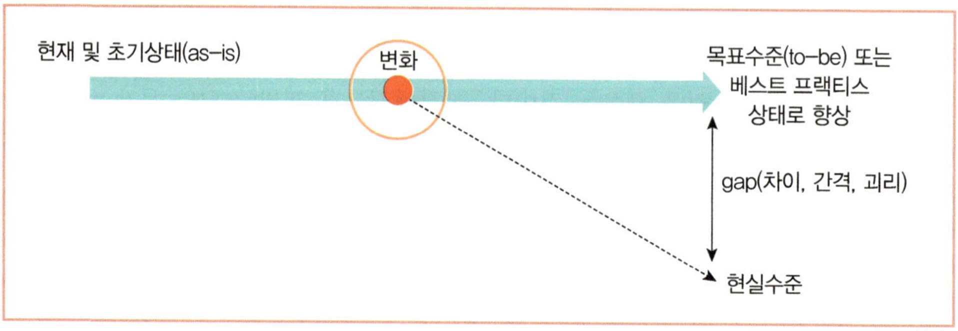

어떠한 상황과 환경이든 간에 문제를 정확하게 인지하는 것이 매우 중요하다. 즉 문제가 무엇인가?, 문제가 기대되는 상태는 무엇인가?, 문제가 어디에서 왔는가?, 문제가 미치는 영향은 무엇인가? 등의 문제에 대한 실체, 문제의 해결목표, 문제의 원인, 문제로 생기는 결과 등을 종합하여 원인제거를 위한 창의적인 아이디어 혹은 혁신을 통한 문제의 해결이 필요하다.

즉 문제해결을 보다 진보적인 상태에서 바라보기 위한 문제인식(problem awareness)이란 어떠한 상황에서 문제가 아닌 것을 문제로 인식하여 보다 새롭게 문제를 개선하는 과정을 말한다. 창의적 문제에서 해결하는 첫 번째 중요한 요소이다. 기업 입장에서 제품과 서비스를 완전 새롭게 만들거나 개선하는 일련의 과정으로 출발한다고 할 수 있다. 이렇듯 문제인식은 이미 존재하고 있는 것을 개선하는 동시에 기술의 진보에 따라 완전 새롭게 만들어내는 일련의 프로세스로 볼 수 있다.

기업 입장에서 정말 새로운 블루오션형 제품과 서비스를 만들기 위해 노력하고 있지만 새로운 제품과 서비스를 만들기 위해서는 먼저 문제를 찾아내야 한다. 남들보다 먼저 문제를 발견하고 창안해서 새로운 제품과 서비스를 개발해야만 현재의 글로벌기업과 경쟁에서 살아남을 수 있다. 따라서 21세기에 문제인식능력을 키우는 것이야말로 매우 중요한 능력이라고 할 수 있다. 기업이 이러한 창조적인 블루오션형에 매진할 때 전문가들도 차별화된 제품과 서비스를 만들기 위해서는 창의적인 관점에서 문제인식을 발견하고 오로지 혁신적인 아이디어를 제안할 수 있는 전문지식과 창의성, 그리고 실행에 옮길 수 있는 추진력과 인내심 등이 요구된다. 즉 남들보다 앞장서 문제점을 발견하고 나아가서는 문제를 새롭게 만들어낼 수 있는 능력을 갖추어야 경쟁에서 살아남을 수 있는 것이다.

기업은 여러 가지 문제의 복합적인 요인들이 나타날 것이다. 즉 어떻게 하면 타회사보다 우리 회사 제품과 서비스가 잘 팔리는 전략을 개발할 수 있을까?, 국내외 시장에서 우리 회사 제품과 서비스를 통한 시장점유율을 높일 수 있을까?, 물류와 유통비용, 정보처리비용을 줄이기 위해서는 어떠한 문제를 해결하면 좋을까?, 경영진에게 투자안건을 승인받기 위해서는 어떻게 해야만 하는가?, 미래사업 방향을 놓고 현재의 구조조정을 어느 수준까지 축소할까?, 해외로 공장이전 시 종업원의 임금은 어떻게 결정할까? 등등 여러 가지 문제인식과 더불어 해결하는 본질을 이해하는 것이 매우 중요하다.

소비자의 욕구를 충족시키고, 새로운 소비를 유도시킬만한 제품과 서비스를 연구개발하여 시장에서 고객에게 사랑받기 위해서는 제대로 된 문제인식하에 문제를 해결하는 것이야말로 타기업과의 경쟁에서 살아남는 것이다. 특히 소비자의 요구사항 및 미래기술이나 트렌드의 변화를 정확히 예측하여 대비하여야 한다.

3.1.1 일상적 문제와 문제인식의 방법

개인, 기업, 정부 등 많은 사람들이 인식하고 있는 일상적인 문제를 해결하는 관점에서 문제를 찾아낸다. 우리가 매일 직면하고 있는 문제가 작은 것일 수도 있고 복잡한 것일 수도 있다. 이러한 일상적인 문제는 만족스럽게 해결되어야 하며, 한두 가지 해(solution)를 가지고 해결해나간다. 첫째, 문제를 해결하기 위한 노력의 결과가 무엇인가를 개선하려는 것이다. 일상적인 문제, 예를 들어 서울에서 부산까지 여행을 가기 위해서 교통수단, 즉 비행기, 기차, 버스, 자가용 등을 이용하여 목적지까지 빠르게 가기 위한 것인지, 시간이 걸리더라도 비용절감을 고려하는지에 대한 여러 가지 대안의 기회로 인식하는 것이다. 둘째, 현재상태에 대한 불완전성을 불식시키고자 문제를 인식하며, 미래상황의 혁신적인 개선가능성에 대하여 문제해결을 하는 것이다. 이러한 개선요구사항을 충족하며 미래에 달성가능성이 높을 때 문제해결에 도전하는 것으로 해결이 될 수 있다. 현재보다는 가까운 미래의 문제해결가능성에 더 무게를 두는 것이다.

| 표 3-1 | 개인, 기업, 정부의 일상적인 문제발생

구분	일상적 문제
개인	1일 24시간 시간배분, 식사 메뉴 정하기, 대중교통 이용하기, 친구 간의 우정, 경제적 문제, 아르바이트 정하기, 주말 레저 보내기 등
기업	고객요구사항의 처리, 배송처리, 주문처리, 원자재 주문, 생산계획 수립, 판매실적관리, 판매부진, 불량품 발생, 고객서비스, 고객불만 등
정부	민원처리 유무, 교통사고 및 관리, 당해년도 예산 수립 및 집행, 인력 선발 및 배치, 민원서비스 불만처리상황 등

문제를 인식하는 구체적인 방법은 매우 다양하다. 문제를 인식하는 방법은 분야마다 다르게 나타나는 특징을 갖지만 문제를 새롭게 창안하는 것과 기존의 문제를 해결하려는 혁신적인 관점으로 구분한다. 기본의 문제에 한정하지 않고 완전 새롭게 창안하는 것은 새로운 제품과 서비스, 새로운 경제환경과 시장진입, 새로운 프로세스와 가치를 만들어내는 창조적인 관점의 문제를 인식하는 것이다. 반면에 기존의 문제를 해결하려는 혁신적인 관점은 시장 및 고객의 요구사항에 맞는 분석력을 통하여 창의적인 혁신활동을 통해서 문제를 해결하는 발견의 관점으로 보면 타당하다.

3.1.2 문제정의과정

문제를 잘 정의하는 것은 쉬운 일이 아니므로 인식된 최초 문제를 정의한 다음 여러 차례 수정을 거쳐 문제정의를 다듬어야 진정한 문제를 정의하는 것이다. 또한 정의한 문제가 해결할만한 가치가 있는 것인지, 또한 주어진 여건에서 해결가능한 문제인지를 점검하는 것도 시행착오를 줄이는 과정이다. 문제가 잘 정의되기 위하여 제대로 된 질문을 던지는 것은 아무리 강조해도 지나치지 않는다. 그러나 그것을 해내는 것은 말만큼 쉽지는 않다. 문제가 발생하는 상황에 대한 충분한 관찰이 기반이 돼야 하고, 다양한 관점으로 문제가 발생하는 상황을 바라볼 줄 아는 포용력이 전제가 되지 않으면 불가능하다. 일반적인 문제정의과정은 [그림 3-2]와 같다.

문제정의를 내리기 위하여 현실적 상황을 잘 파악하는 것이 무엇보다 중요하다. 무엇이 문제이고 개선할 여지가 있는지, 아니면 완전히 무시하고 새로운 차원에서 문제를 바라볼 것인가 등등 여러 가지 현실적인 상황을 파악하는 것이 무엇보다도 중요하다. 그 다음은 관련 문제에 대한 정보수집단계이다. 정보수집은 데이터와 관련 정보를 수집하는 단계로 다음과 같이 데이터가 존재한다. 데이터는 문서, 그림, 지도, 음향, 애니메이션 등을 포함하여 사용 전후에 다양한 방법으로 저장되고 조직화될 수 있다. 많은 정보기술분야에서 요약 또는 추출된 데이터를 사용한다. 데이터는 크게 일반적

그림 3-2 일반적인 문제정의와 정보수집과정

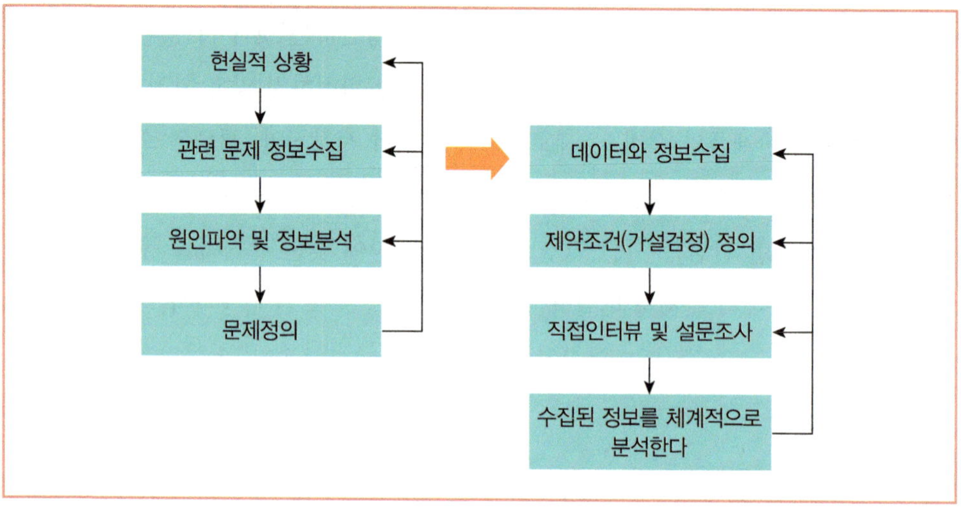

및 개인적인 데이터, 내부 데이터, 외부 데이터로 분류될 수 있다. 일반적인 데이터는 의사결정이 최종적으로 이루어지기 위하여 다양한 비즈니스영역, 정부, 공공기관, 개인 등에서 정보의 근원이 되는 중요한 데이터를 수집한다.

1) 내부적인 데이터

경영에서 내부 데이터(internal data)는 사람, 제품, 서비스, 프로세스에 관한 것이다. 이러한 데이터는 한 개 이상의 장소에 저장될 수 있다. 대부분의 비즈니스영역과 정부기관, 공공기관 등은 컴퓨터에서 매우 폭넓은 다양한 정보를 수집하고 있다. 고객에게 보다 나은 제품과 서비스를 제공하기 위하여 내부적인 데이터를 보다 체계적으로 관리분석하는 작업이야말로 일반적인 문제정의 수립에 획기적인 개선의 기회가 될 것이다.

2) 일반적인 데이터 및 개인적인 데이터

일반적인 데이터(generated data)는 조사서, 개인적 인터뷰, 실험적 데이터, 그룹화, 연구보고서 등과 같이 다양한 기법을 사용하여 회사나 정부기관 등에서 수집한다. 예를 들어 새로운 제품에 대하여 안전성, 내구성, 효율성과 효과성 등에 대한 정보를 수집한다. 소비자에게 관련 제품에 대한 전략적 관점에서의 선호도와 새로운 광고 캠페인에 대한 의견을 요청한다. 경우에 따라서 회사나 자체 기관에 의하여 데이터는 수집되기도 한다. 또한 정보는 대학 또는 마케팅 연구기관과 같은 외부자원에 의하여 수집되기도 한다.

기업, 공공기관, 정부, 연구소, 대학 등 다양한 분야에서 정보기술에 기반을 둔 시스템 사용자들 또는 다른 종업원들은 개인적인 데이터를 생성하여 그들의 전문지식을 문서화할 수 있다.

3) 외부적인 데이터

외부 데이터(external data)는 상업적 데이터베이스에서 인구조사와 사회적 조사 환경, 협력업체 간의 데이터까지 많은 자료적인 원천을 가지고 있다. 또한 정부관련 각종 보고서 또한 외부 데이터의 원천으로 매우 중요하다. 데이터는 USB메모리, CD-ROM, 인터넷서버, 이미지, 동영상, 음성 등과 같은 것도 사용이 가능하다. 이미지와 다이어그램, TV 등도 외부 데이터의 또 다른 원천이다. 수천 수백 개의 조직이 우리에게 충분한 데이터를 가진 그들의 웹서버 데이터에 공개적으로 접근가능하도록 하고 있다. 대부분의 외부 데이터는 어떠한 하나의 영역에서는 관련성이 없다. 기업이든 다른 조직이든 외부 데이터와의 상호작용이 원활히 이루어지지 않는다면 기업관련 미래전략에 지대한 영향을 끼칠 것이며 이를 체계적으로 관리하기 위하여 측정되고 획득되어야 한다.

정보의 외부적인 데이터는 상당수 많이 인용된다. 그리고 의사결정에 가장 중요한 요인으로 접근하기 위하여 외부적인 데이터가 인용되어야만 한다. 어떠한 데이터는 컴퓨터가 접근할 수 있도록 구성되었지만 모든 데이터가 정형화되어 있지는 않다. 가장 많이 이용할 수 있는 데이터로는 정부기관, 연구기관, 통계기관, 마케팅조사기관 등에서 나오는 데이터들이다.

최근에는 이러한 방대한 양의 외부 데이터에 접근하기 위하여 인터넷이 많이 이용된다. 그러나 데이터들은 너무도 방대하고 정확하고, 완벽하게 시기적절하고 일관성이 있어야 하며 접근가능하고 관련성이 높고 구체적이어야 한다. 이때 보다 방대하고 구체적인 자료의 체계적 · 전략적인 접근을 위하여 우리는 빅데이터에 대한 이해도를 높여야 한다.

3.1.3 문제정의를 지원할 자료수집

데이터와 정보수집과 더불어 실질적인 인터뷰와 설문조사를 통한 조사를 병행한다. 인터뷰와 설문조사는 데이터와 정보기반으로 이루어지긴 하나 보다 체계적인 문제정의 수립을 위하여는 제약조건 혹은 가설검정을 통한 통계적인 방법을 이용하는 것도 문제정의 개념을 이해하는 데 도움이 된다.

창의적인 연구문제를 설정한 후 통계를 활용해 연구모델을 분석하려면 먼저 측정도구를 이용해 연구하는 데 필요한 자료를 수집해야 한다. 그러므로 연구문제를 진행할 때 측정도구를 어떻게 작성하고 적용할 표본을 어떻게 선정하느냐가 아주 중요한 요소가 되다. 따라서 창의적인 연구초기부터 연구자가 정확한 방법으로 자료를 수집해야 원하는 결과를 얻을 수 있다. 여기서는 측정을 통한 자료수집과 설문을 통한 자료수집을 소개한다.

1) 측정을 통한 자료수집

창의적인 연구를 위하여 연구자는 자신의 연구를 위해 데이터를 수집하는데 이러한 자료들을 1차 자료와 2차 자료로 구분한다. 1차 자료는 조사자가 직접 수집한 데이터를 의미한다. 2차 자료는 1차 데이터를 타인이나 기타 기관이 정리해놓은 것을 의미한다. 여기서는 자료를 수집하는 방법에는 관찰법과 서베이법(문답법)이 있다.

관찰법(observation method)은 연구자가 응답자의 행동이나 반응을 직접 조사하고 분석하는 방법으로 현장연구라고도 한다. 행동이나 특성에 관한 자료를 수집할 때 유용하며, 관찰자가 직접 자료를 작성한다. 관찰법의 장점으로는 특정 정답이 없는 경우에도 관찰자가 직접 답을 정의하면서 자료를 수집할 수 있다. 동물의 행동을 조사하거나 실험결과를 측정하는 등의 경우에 유용하다. 그러나 비용이나 시간적인 한계로 인해 자료를 수집할 수 있는 표본수가 제한적이며, 관찰자의 주관에 따라 결과의 해석이 달라질 수 있는 것이 단점으로 지적된다.

서베이법(survey method)은 전체를 대상으로 하는 전수조사 혹은 표본을 선정해 진행되는 표본조사에서 쓰이는 방법으로 다수의 응답자들을 대상으로 미리 작성된 설문지를 이용하여 질의와 응답을 실시한다. 서베이법의 장점으로는 연구자의 의지에 따라 대규모 조사를 실시할 수 있다. 대규모 조사를 실시해도 비용이 많이 들지 않고, 수집한 자료에 대한 계량의 분석이 용이하다. 그러나 응답률이 낮은 경우가 종종 발생하는 단점이 있다. 응답자가 모두 이해할 수 있으면서도 동시에 연구목적에 적합한 설문지를 작성하기 쉽지 않다. 또한 불성실한 응답을 완전히 배제할 수 없고, 복잡한 질문을 할 수 없다. 그럼에도 불구하고 서베이법이 가장 많이 사용되는 이유는 연구자가 자료를 관리하기가 편리하고 응답자가 느끼는 부담감이 적으며, 데이터를 이용한 양적 분석을 통해 객관화하는 데 유리한 수치를 제공하기 때문이다. 대표적인 서베이법은 대인면접법, 전화인터뷰, 우편조사법, 전자우편법 등이 존재한다.

2) 설문을 통한 자료수집

통계분석을 사용해 창의적인 연구를 진행하는 경우에는 설문지가 일반적인 측정도구가 될 것이다. 설문지를 통해 연구주제와 대상 및 분석방법에 대한 것까지 응답자가 모두 이해할 필요는 없다. 그러나 최소한 응답자가 설문을 읽은 후, 질문을 제대로 이해하고 자신이 생각하는 답을 정확하게 표시할 수 있어야 한다. 그래야 응답자의 주관적인 생각을 자료화하여 얻는다는 목적을 달성할 수 있다. 하지만 설문내용에 특수한 영향력이 미치거나 특정 변수가 발생해 결과가 왜곡된다면 실제와 동떨어진 엉뚱한 결과가 도출되므로 연구의 의미가 없어진다.

3.1.4 문제의 원인파악 및 정보분석

문제를 정의하는 일반적인 절차에서 나타나는 문제점은 다음과 같다. ① 자신만의 시각을 고집하며, 다양한 시각으로 문제를 재구성하지 못하는 점, ② 가설과 검증과정, 그리고 소비자들의 반응을 피드백받는 과정을 소홀히 하여 정확한 해결책을 내오지 못하는 점, ③ 자기역량만을 고려하여 해결책을 한정함으로써 사회적 영향력의 확장을 이끌어내지 못한 점이다. 이러한 문제정의도 한 단계 더 깊이 들어가면 자신만의 시각을 고집하는 원인과 가설과 검증이 제대로 이루어지지 못하는 원인들이 있을 것이고, 자기(단체)역량만을 고려하는 원인들도 제각각 다를 것이다. 현상이 나타나는 근본원인을 제대로 찾기 위해서는 이렇듯 연속된 질문을 던지고 그 답을 찾아가는 과정을 거친다. 여러 가지 수집된 정보를 다각도로 분석해서 문제의 근본원인을 파악하기 위해 자주 사용되는 몇 가지 방법을 소개하고자 한다.

1) 벤치마킹

기업에서 경쟁력을 제고하기 위한 방법의 일환으로 타사에서 배우는 혁신기법이 벤치마킹(benchmarking)이다. 그러나 복제나 모방과는 다른 개념이다. 벤치마킹은 단순히 경쟁기업이나 선도기업의 제품을 복제하는 수준이 아니라 장 · 단점을 분석해 자사의 제품을 한층 더 업그레이드해 시장 경쟁력을 높이고자 하는 개념이다. 이러한 벤치마킹은 오늘날 특정한 분야뿐 아니라 거의 모든 산업분야에서 활용되고 있다.

벤치마킹의 핵심은 기업 내부 프로세스에 시장 개념을 도입해 비교하는 데 있다. 즉 기업 간 경쟁은 시장에서 이루어지며, 그 경쟁의 결과는 품질, 가격, 시간, 서비스 등의 경쟁력으로 결정된다. 벤치마킹에서 중요한 것은 그러한 품질과 가격, 시간, 서비스 등에서 경쟁력을 경쟁기업이 어떻게 달성했는지 알아내는 것이다. 따라서 경쟁기업의 품질수준이 뛰어나다면 그것이 인적 자원이 뛰어나서인지, 정보시스템이 탁월해서인지 그 요소를 밝혀내고 그 요소를 우리 기업과 비교해 차이(gap)를 파악하는 것이 기본이다. 이와 같은 차이를 파악하고 극복하는 대안을 마련하는 과정에서 정보기술의 활용이 필수적으로 요구된다.

그림 3-3 DMAIC 흐름도

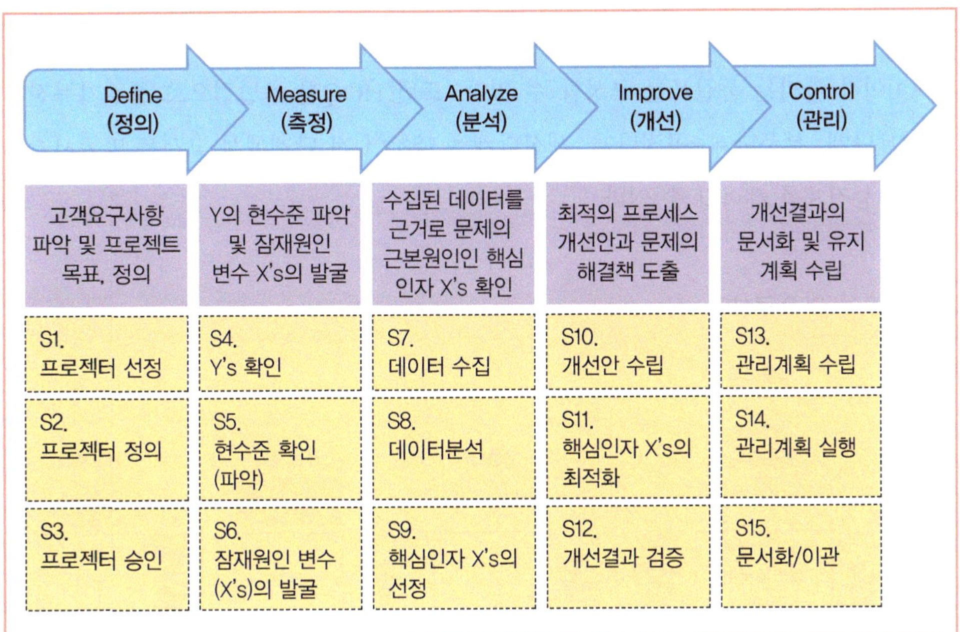

2) QFD

QFD(Quality Function Deployment)는 '고객의 소리'를 제품개발과정으로 통합시키기 위한 구조적 접근방법으로 소비자의 요구사항을 제품의 설계특성으로 변환하고 이를 다시 부품특성, 공정특성, 최종적으로 생산을 위한 시방으로 변환하는 것이다.

QFD 구조의 핵심은 고객이 요구하는 '무엇(what)'과 고객의 요구를 충족시키기 위해서 제품과 서비스를 '어떻게(how)' 설계하고 생산할 것인지?, 즉 목적과 수단을 서로 관련시켜 나타내주는 매트릭스를 이용하여 구조화하는 것이다(목적-수단의 매트릭스). 이를 통하여 제품설계 → 부품계획 → 공정계획 → 생산계획에 이르기까지 각 단계에서 소비자의 요구가 제품이나 서비스에 충분히 반영되도록 하여 고객만족을 최대화하는 것이다. QFD 구성으로는 목적-수단의 매트릭스를 이용하여 고객의 요구(목적)와 기술적 특성(수단) 및 경쟁력 평가를 나타낸 품질의 집(House of Quality : HOQ)이라 불리는 품질표를 구성할 수 있다. 또한 HOQ를 출발점으로 품질기능전개는 설계단계, 부품단계, 공정단계, 생산단계로 나누어 전 단계에서 고객을 만족시키기 위한 기능전개를 해나갈 수 있다.

그림 3-4 QFD 구성도

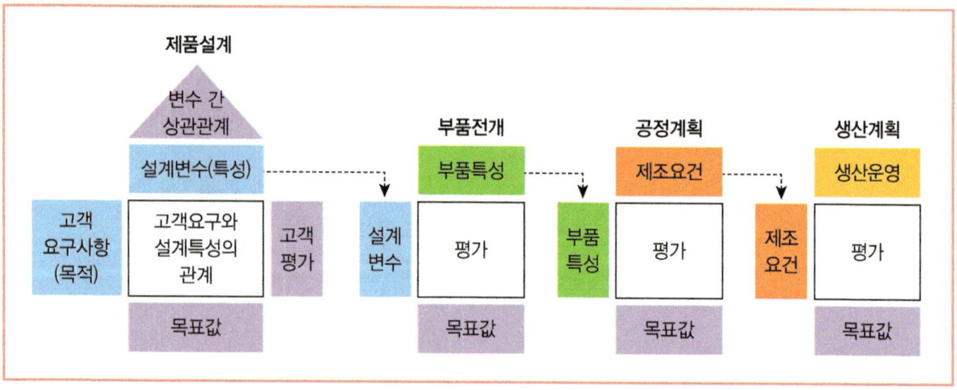

3) 5Whys

5Whys는 특정문제의 원인이 되는 인과관계를 탐색하는 데 사용되는 반복적인 의문문기법이다. 이 기술의 주된 목표는 '왜?'라는 질문을 반복함으로써 결함 또는 문제의 근본원인을 파악하는 것이다. 각 답은 다음 질문의 기초를 형성한다. 이름의 '5'는 문제를 해결하는 데 필요한 반복 횟수에 대한 관찰에서 파생된다. 이 기법은 도요타에 의해 공식적으로 개발되었으며 제조방법론의 진화과정에서 도요타자동차에서 사용되었다.

모든 문제가 단일 근본원인이 아니다. 여러 근본원인을 밝히기를 원하면 매번 다른 순서의 질문을 반복해야 한다. 이 방법을 사용하면 탐색할 질문의 문항 또는 추가 근본원인을 찾기 위해 얼마나 오랫동안 계속해야 하는지에 대해 엄격하고 신속한 규칙을 제공하지 않는다. 따라서 방법을 면밀히 따를지라도 결과는 여전히 관련된 사람들의 지식과 끈기에 달려 있다.

'왜'(5개가 좋은 경험법칙임)라는 질문을 반복적으로 제기함으로써 문제의 근본원인으로 이어질 수 있다. 종종 문제에 대한 표면적인 이유가 다른 질문으로 이어진다. 이 기술을 '5Whys'라고 부르지만, 문제와 관련된 문제를 찾기 전에 5번보다 몇 번이나 더 많이 질문할 수 있다.

① 5가지 이유의 장점

- 문제의 근본원인을 파악한다.
- 문제의 근본원인 간 관계를 결정한다.
- 가장 간단한 도구 중 하나이며, 통계분석 없이 쉽게 완료할 수 있다.

② 5가지를 완료하는 방법

- 1단계 : 특정문제를 적어 둔다. 문제를 작성하면 문제를 형식화하고 완전히 설명하는 데 도움이 된다. 또한 팀이 동일한 문제에 집중하는 데 도움이 된다.
- 2단계 : 문제가 발생하는 이유를 묻고 문제 아래에 답을 적는다.

- 3단계 : 방금 제공한 답이 1단계에서 적어 둔 문제의 근본원인을 식별하지 못하면 다시 질문하고 답을 적어 둔다.
- 4단계 : 문제의 근본원인을 확인한 팀이 동의할 때까지 3단계로 되돌아간다. 다시 말하지만 이것은 5개의 Whys보다 더 적거나 많을 수 있다.

예를 들어 직장에서 집으로 퇴근하는 길에 도로 중간에 자동차가 갑자기 멈춘다고 하자. 5Whys를 활용하여 자동차가 갑자가 멈춘 근본원인을 질문과 응답으로 찾아가는 과정을 요약하면 다음과 같다.

질문과 응답의 내용을 살펴보면 최종이유는 자동차의 고장이 아니라 개인이 조치를 취할 수 있는데도 취하지 못한 근본원인으로 문제점을 해결하는 것이다.

| 표 3-2 | 5Whys를 활용한 자동차가 멈춘 근본원인을 찾는 과정

순서	질문	응답
1	왜 자동차가 멈췄는가?	가스가 떨어졌기 때문에
2	가스가 부족한 이유는 무엇인가?	아침에 출근할 때 주유하지 않았기 때문에
3	오늘 아침에 가스를 사지 않은 이유는 무엇인가?	돈이 없었기 때문에
4	왜 돈이 없었는가?	지난 밤 지갑을 잃어버렸기 때문에
5	어젯밤 지갑을 왜 잃어버렸는가?	기분 좋은 일이 있어 과음을 하였기 때문에

4) 파레토기법

파레토(Pareto)의 법칙 또는 80/20법칙은 오랜 기간 동안 비즈니스의 황금률로 자리 잡아 왔다. “80%의 효과는 20%의 노력으로 얻어진다”, “회사 매출액의 80%는 20%의 핵심고객으로부터 나온다”는 식의 믿음이 대표적이다. 이러한 믿음은 ‘선택과 집중’이라는 또 한 가지의 신념과 결합되어 기업전략의 중요한 축을 형성하게 된다. 즉 20%의 핵심고객이나 핵심제품을 선별하여 거기에 역량을 집중하자는 것이다. 핵심

20%를 찾아내는 것은 기업의 전략부서와 마케팅부서의 핵심목표 중의 하나라고 해도 과언이 아니다. 예를 들어 20%의 고객이 백화점 전체 매출의 80%에 해당하는 쇼핑현상을 설명한다.

파레토기법은 상위 20%에 해당하는 중요원인을 해결하면 문제의 80%가 해결될 수 있음을 그래프로 표현하는 방법이다. 모든 원인을 해결하는 대신에 상위 20%의 원인을 해결하는 데 집중하는 것이 효율적임을 의미한다. 설문조사를 통해서 수집한 문제의 원인을 중요도 순서대로 표현하고 모든 원인을 해결하는 대신 상위 20%의 중요한 원인해결에 집중한다. 예를 들어 컴퓨터의 고장원인에 대해 50명을 무작위로 추출한 설문조사 결과표를 요약하면 다음과 같다. 여기서 고장 응답자수는 고장원인을 토대로 작성한 도표이다.

그림 3-5 파레토 도표

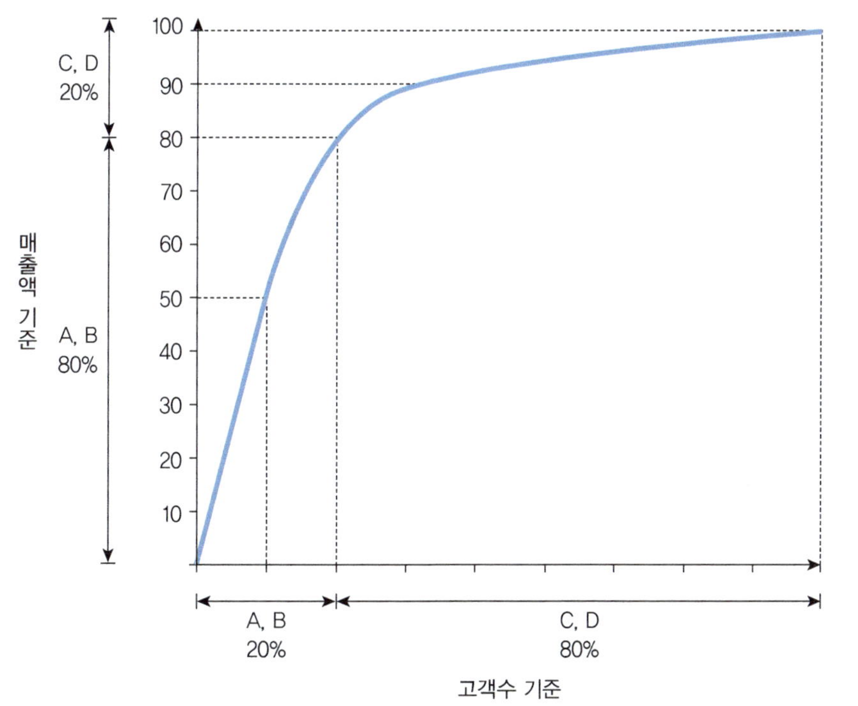

| 표 3-3 | 컴퓨터의 고장원인에 대한 설문조사결과

구분	고장원인	응답자수(명)	응답비율(%)
1	운영프로그램(OS)	25	50
2	CPU	15	30
3	메모리	5	10
4	그래픽카드	3	6
5	모니터	2	4

위의 표에서 예를 들어 컴퓨터의 고장 응답자수가 50명이라고 가정할 때 응답자수를 고려하면 고장원인 중 운영프로그램과 CPU가 전체 고장원인 80%를 차지하는 것을 알 수 있다. 물론 이는 백화점 매출의 적은 규모의 인원이 전체매출액 80%를 차지하는 것과 같은 원리이다.

5) 원인과 결과기법

인과관계(因果關係)는 원인과 결과(cause and effect)의 관계를 말한다. 하나의 사건(원인)이 다른 사건(결과)을 일으킬 경우 둘의 관계를 인과관계라 한다. [그림 3-6]은 어떤 문제, 즉 어떤 일의 결과와 그것에 영향을 미치는 원인을 체계적으로 표현한 그림이다.

이러한 원인과 결과의 기본도표에 의한 분석의 장점은 다음과 같다.

- 문제 전체를 관찰할 수 있다.
- 문제를 결정하기 전에 모든 원인을 열거할 수 있다.
- 결과를 나타내기 전의 원인 간의 연관성과 상대적인 중요도를 파악할 수 있다.
- 복잡하게 얽혀있는 문제를 도표로 표현하여 단순화가 가능하다.
- 어떠한 문제가 원인이 되었기에 새로운 창의적인 문제에 쉽게 접근가능하다.

그림 3-6 원인과 결과의 기본도표

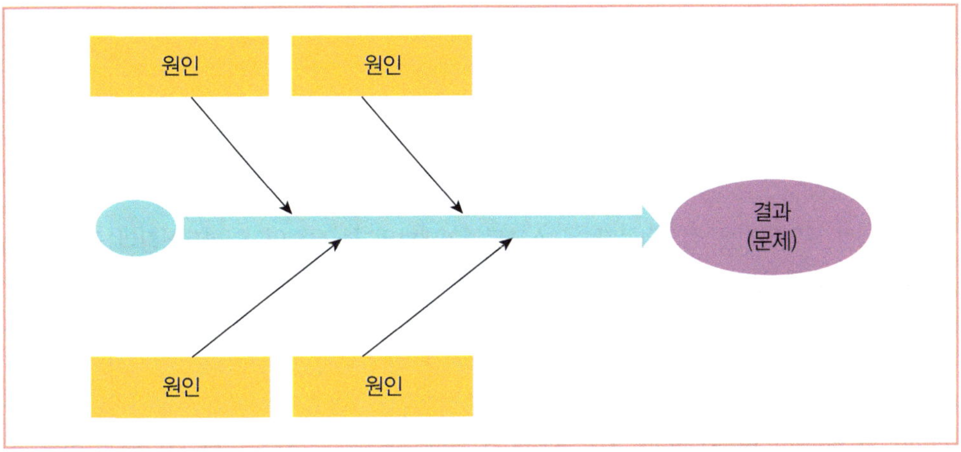

원인과 결과를 이용한 간단한 사례를 살펴보면 다음과 같다.

고객은 우리 상점의 커피 맛에 불만이 있다. 그 원인을 도표로 나열하면 다음과 같다.

그림 3-7 원인과 결과의 예(맛없는 커피)

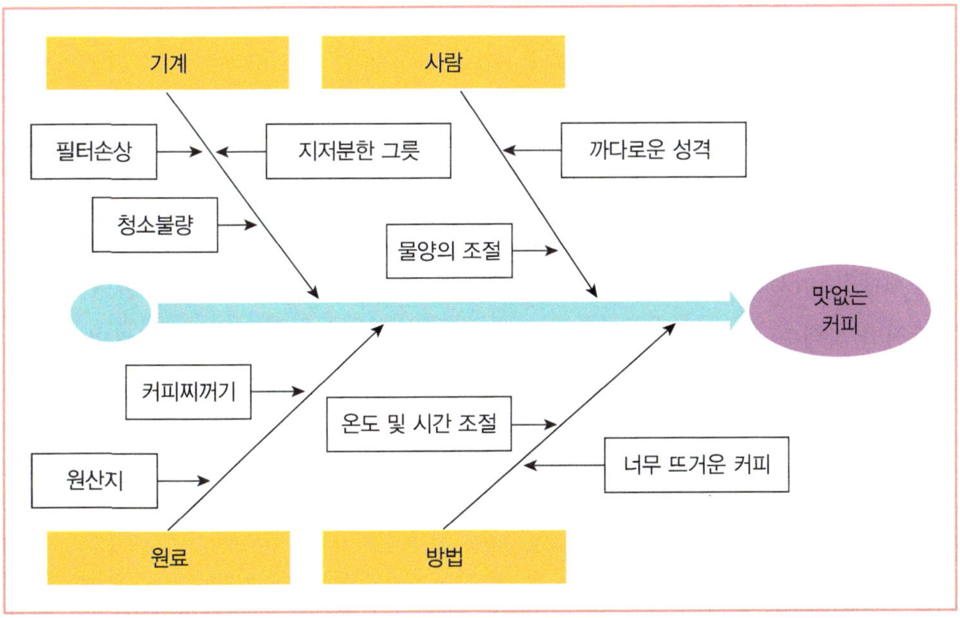

고객에게 맛없는 커피를 제공하는 것은 분명 원인이 존재하므로 여러 가지 원인에 초점을 맞추어 개선하는 것을 요구한다.

문제의 정의 : 소프트웨어개발 첫 단계

문제가 무엇인지를 정의하는 것은 소프트웨어개발의 첫 작업이다. 현재상황과 구현될 시스템의 목표 및 제약조건 등을 포함해 무엇을 개발할 것인지 명확히 정의하고, 개발범위를 결정한다. 이는 프로젝트의 초기 타당성과 초기 계획을 작성할 수 있는 기초가 된다.

문제를 정의하려면 개발하고자 하는 영역의 배경 지식이 필요하다. 예를 들어 금융관련 업무 프로젝트를 수행할 계획이라고 가정해보자. 사전에 금융기관에서 사용하는 용어뿐 아니라 전체 업무흐름을 어느 정도 파악하고 있어야 현장 담당자들과 면담할 때 더 많은 정보를 얻을 수 있을 것이다. 따라서 타금융기관의 유사한 프로젝트를 개발한 경험이 있는 분석가가 참여하는 것이 도움이 된다. 또한 문제를 파악하기 위해 현재 운영 중인 시스템을 사용해보고, 실무 담당자와 면담하여 자료를 수집한 후 면밀히 분석해보는 것이 필요할 것이다.

자료 : 김치수, 쉽게 배우는 소프트웨어 공학, 한빛아카데미, 2015.

3.2 문제해결과 문제해결기법

문제해결(problem solving)이란 현재상태와 목표상태 사이의 차이를 줄여 최적의 바람직한 상태(best practices)로 만들어가는 과정을 말한다. 다시 말해 일련의 계획적이고 체계적인 인지과정이나 전략, 노력, 활동을 통해서 설정된 목적을 달성하는 과정이다. 일반적으로 문제해결은 문제인식, 해결책의 모색, 해결책의 선정 및 수행, 평가의 과정을 거친다. 문제해결과정에는 지식과 인지전략, 정서, 신체적 활동, 환경의 요소가 복잡하게 상호작용하며, 수렴적 사고와 확산적 사고, 의식과 무의식도 영향을 미친다. 문제해결은 문제에 대한 해결책이나 답을 모색해가는 과정이지만 동시에 문제해결과정을 통해서 새로운 문제를 낳기도 한다.

창의적 문제나 일반적인 새로운 제품과 서비스를 제공하기 위한 보다 나은 문제를 해결하려면 다음과 같은 고려사항을 제시한다. 첫째, 해결해야 할 영역의 문제에 대한 분명한 정의(definition)가 존재해야 한다. 해결되겠지 하고 막연하게 생각하면 문제가 엉뚱하게 풀어질 가능성이 존재하고 시간, 비용이 많이 걸릴 수가 있다. 또한 광범위하거나 너무 세분화하여 정의를 내리다 보면 문제해결이 점점 어려워질 수 있다. 바람직하게 잘 정의된 문제는 보다 빠르게 문제를 해결하기 위한 과정이므로 명확한 정의를 설정할 필요가 있다. 둘째, 현재의 상황을 이해하고 문제가 잘 정의되었다면 여러 가지 종류의 정보와 지식을 이용하여 잘 수집되고 분석 또한 잘 이루어져야만 한다. 머릿속에만 존재하는 문제나 쉽게 정보를 가지고 있지 못하면 해결할 사항이 어렵기 때문에 정보와 지식을 이용하여 빠르고 쉽게 문제해결이 이루어지도록 노력해야 한다. 셋째, 해결해야 할 바람직한 목표(goal)를 분명하게 인식해야 한다. 모든 문제해결의 주요사항은 능력과 훈련된 사고로 문제를 해결할 수 있다. 부정적인 마인드보다는 긍정적인 마인드로 과제를 적극적으로 파악하여 개선책을 추구하는 창의적 사고가 절대적으로 요구되는 것이다.

3.2.1 문제해결기법

문제해결기법은 문제해결을 위해 사용되는 방법으로 대표적인 방법으로는 시행착오, 통찰, 알고리즘, 휴리스틱방법을 많이 사용한다. 어떻든 문제해결방법은 딱 정해진 방법은 아니며 상황에 따라 최적의 문제해결방법을 사용한다.

1) 시행착오

시행착오(trail and error)는 한 가지 가능한 해결책을 시도해보고 나서 해결되지 않으면 차례로 다른 해결책을 시도해보는 것으로 약간의 반복성을 강조한다. 또 다른 조건 부족 등으로 문제해결의 확실한 순서를 모를 경우에 적당하다고 생각되는 순서를 택하여 시험하고, 잘못이라고 생각되면 순서에 따라 적당하다고 생각되는 순서를 선택하여 시험하는 방법이다. 순서대로 택한 차례를 어떻게 정하는가에 따라서 해결의 능률이 달라진다. 수치해석, 시뮬레이션 등에도 사용되고 있다.

2) 통찰

통찰(insight)이란 자신이 처한 상황 또는 자기문제의 본질을 이해하는 능력이나 행위를 말한다. 또한 상황을 파악하여 순간적으로 문제를 이해하고 해결하는 것이다. 기본적인 지식들이 가능한 상태로 준비되어 있어야 하며, 독특한 지식적인 경험을 체험하는 경우를 말하기도 한다. 역동적 요소들을 이해함으로써 갈등해결에 기여하는 깨달음이라는 의미로 사용되고 있으며, 따라서 치료적 변화를 위해 필수적인 요소로 간주된다. 역동적 요소들에 대한 이러한 이해는 일정수준의 자유연상, 자기관찰, 숙고, 객관적일 수 있는 환경 안에서의 분별력 등을 필요로 한다. 이런 것들은 자아기능이 종합되고 통합됨으로써 얻어지는 산물이다.

일반적인 사용에서 통찰은 직접적으로 이루어지는 명료하고 즉각적인 이해를 의미한다. 순간적인 소위 '아하' 경험이라 불리는 섬광과 같은 인식이나 이해로 간주되는데, 이러한 통찰을 통해서 사고 혹은 행동의 결정요인과의 연결관계 또는 개인적인 사고방식과 감정의 형태가 지닌 보다 보편적인 측면들을 하나의 커다란 관점 안에서 바라볼 수 있게 된다. 보다 일반적으로 통찰은 자기자신에 관한 지식이 서서히 그리고 점진적으로 축적되는 것을 통해서 이루어진다.

3) 알고리즘

알고리즘(algorithm)은 주어진 문제를 논리적으로 해결하기 위해 필요한 절차, 방법, 명령어들을 모아놓은 것이다. 넓게는 사람 손으로 해결하는 것, 컴퓨터로 해결하는 것, 수학적인 것, 비수학적인 것을 모두 포함한다. 유한한 길이의 조작으로 주어진 문제를 확실히 해결하는 절차나 방법을 말한다. 수학적 알고리즘은 잘 정의되고 명백한 규칙들의 집합 또는 유한한 길이의 단계 내에서 문제를 풀기 위한 과정이다. 또한 컴퓨터 알고리즘은 어떤 문제의 해결을 위해 컴퓨터가 사용가능한 정확한 방법을 말한다. 프로그램을 만드는 전체과정에서 볼 때, 알고리즘을 짜는 것은 '계획'단계라고 할 수 있다. 프로그램이 어떻게 행동할지를 결정해주는 이 계획이 완성되면(알고리즘 계획) 그것을 프로그램 언어로 작성하여 소프트웨어를 완성한다.

컴퓨터에서 자주 사용하는 알고리즘(algorithm)에 대하여 알아보기

어떤 문제의 해결을 위해 컴퓨터가 사용가능한 정확한 방법을 말한다. 알고리즘은 여러 단계의 유한한 집합으로 구성되는데, 여기서 각 단계는 하나 또는 그 이상의 연산을 필요로 한다. 이때 컴퓨터가 각 연산들을 수행하기 위해서는 다음의 조건을 만족해야 한다.

알고리즘은 다음 조건을 만족해야 한다.

① 입력 : 외부에서 제공되는 자료가 있을 수 있다.

② 출력 : 적어도 한 가지 결과가 생긴다.

③ 명백성 : 각 명령들은 명백해야 한다.

④ 유한성 : 알고리즘의 명령대로 수행하면 한정된 단계를 처리한 후에 종료된다.

⑤ 효과성 : 모든 명령들은 명백하고 실행가능한 것이어야 한다.

자료 : 네이버 지식백과

4) 휴리스틱

시간이나 정보가 불충분하여 합리적인 판단을 할 수 없거나, 굳이 체계적이고 합리적인 판단을 할 필요가 없는 상황에서 신속하게 사용하는 어림짐작의 기술을 말한다. 사람들은 논리적 추론보다는 경험적 · 직관적 사고체계를 이용해 단순하고 빠르게 의사결정하는 단순화전략을 더 많이 사용한다. 이런 전략을 휴리스틱(heuristic)이라고 하며 우리의 일상적 선택행동에 강한 영향력을 행사하고 있다. 휴리스틱은 인간의 제한된 인지 자원에서 비롯된 성향이며 원시 조상들로부터 내려온 생존전략이다.

많은 문제에서 탐색작업을 축소시키기 위하여, 항상 옳은 것은 아니지만 대부분의 경우에 잘 맞는 경험에 의한 규칙(rules of thumb)들을 사용한다. 경험적 정보를 사용하여 탐색작업을 효율적으로 진행하는 방법을 휴리스틱 탐색방법(heuristic search methods)이라 한다. 이때 사용되는 정보를 휴리스틱이라 한다.

3.3 문제를 해결할 의사결정에 대한 유형

3.3.1 의사결정의 이해

의사결정(decision making)은 창의적인 문제해결과 일상적인 일이나 기업경영활동에서 핵심으로 자리 잡을 수 있다. 우리는 평소 하루에도 수없이 많은 의사결정의 연속적인 판단 속에 살아가고 있다. 그렇기 때문에 여러 분야의 학자들이 의사결정에 대한 연구를 지속적으로 하고 있다. 창의적인 문제를 해결하기 위하여 의사결정에 대한 과정 및 유형에 대하여 학습하고자 한다.

의사결정이란 어떤 문제를 해결하기 위해 여러 대안 중 가장 적합한 대안을 선택하는 과정을 말한다. 즉 의사결정을 하기 위해서는 먼저 해결해야 할 문제가 무엇인지 확인하는 것이 가장 중요하다. 그다음으로 문제와 관련된 사실적 정보를 수집하고 가치갈등 내역을 분석한 후 가능한 대안을 선택하는 것이다. 대안을 판단할 수 있는 기준을 세우고 각 대안의 긍정적 측면과 부정적 측면을 분석하여 기준에 따라 각 대안에 대한 점수를 매겨서 판단의 근거를 마련한다. 마지막으로 가장 적합한 대안을 선정하고 선정된 대안을 실행에 옮길 행동계획을 수립한다. 의사결정과정에서 주의할 점은 모든 대안을 신중하게 검토한다. 일단 대안을 선택하고 나면 다른 대안들은 포기해야 한다. 또한 의사결정과정에는 찬성과 반대뿐만 아니라 타협의 과정도 있다는 것을 생각한다.

3.3.2 의사결정과정

사이먼(Simon)의 합리적인 의사결정은 1947년 '*Administrative Behavior*'에 게재된 박사학위논문에서 처음으로 발표되었지만 수년에 걸쳐 업데이트되면서 의사결정과정의 기반이 되었다. 의사결정의 핵심은 인간이 합리적 선택, 즉 결정을 내리는 행동 및 인지과정이다. 사이먼의 정의에 따르면, 운영 행정 결정은 정확하고 효율적이어야 하며, 조정된 수단으로 구현하는 것이 현실적이어야 한다. 사이먼은 행정이론이 주로 인간 의사결정이론이며 경제학과 심리학을 기반으로 해야 함을 인식하였다. 사이먼은

그림 3-8 합리적인 의사결정과정

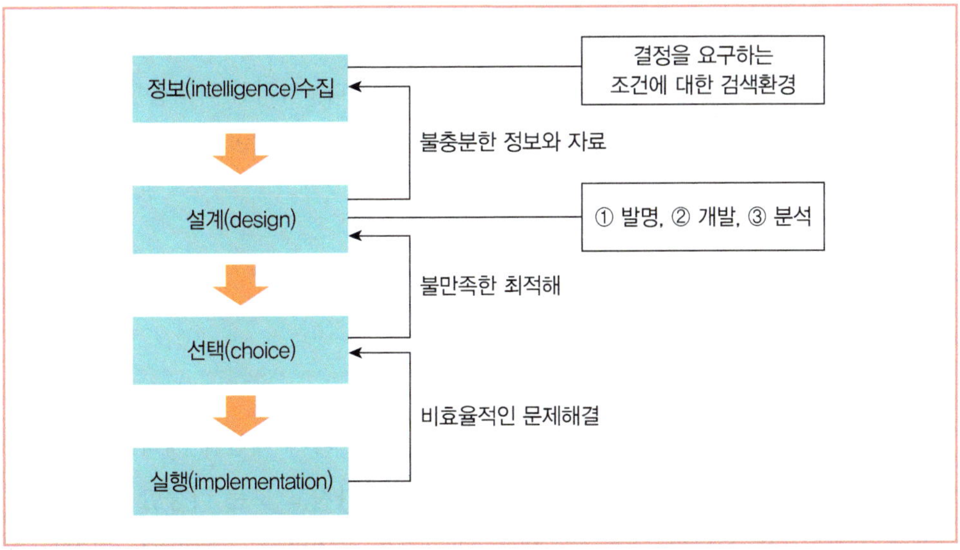

자료 : H.A. Simon, *The New Science of Management Decision*, Haper & Row, New York, 1960.

'호모 경제'의 고정관념과는 달리 대안과 결과가 부분적으로 알려지고, 수단과 목적이 불완전하게 차별화되거나, 불완전하게 관련되거나, 상세하게 묘사되지 않을 수 있다고 주장했다. 합리적인 의사결정기준은 대안에 대한 결정을 요구하는 조건에 대한 검색환경, 즉 정보를 수집하는 것에서 시작된다. 그리고 가능한 설계과정에 대한 발명과 개발, 그리고 분석이 이루어지는 과정이 설계단계이며, 세 번째 단계는 특별한 과정을 선택하는 단계이다. 마지막 단계는 실제로 대안을 실행하는 단계이다.

1) 정보탐색

정보(intelligence)를 탐색하는 단계는 문제를 인식하고 관련 문제에 대한 정보와 자료를 수집하는 단계이다. 문제해결에 의사결정을 이루기 위해서는 우선적으로 의사결정자가 그 문제에 대한 의사결정의 필요성을 인식하여야 한다. 그 문제에 대한 필요성의 인식은 문제의 발견과 기회의 탐색이 반복적으로 이루어진다. 문제의 발견은 어떠한 창의적인 개선 및 수정, 삭제 등 다양한 상황에서 목표로 하는 여건, 즉 규범, 기술적인 차이, 표준, 오류 등과 같이 맞지 않는 것을 찾아내는 과정을 의미한다. 또한 기회의 탐색은 의사결정자가 문제의 발견에서 오는 획기적인 이익, 즉 경제적인 부를 증대시킬 수 있는 어떤 문제상황을 추구하는 과정을 말한다. 이러한 과정을 통해 문제가 인식되고 나면 창의적인 문제해결을 위해 자료를 수집하고 처리하는 과정을 거치게 된다.

2) 설계

설계(design)단계는 창의적인 문제해결을 위한 여러 가지 대안을 계획하는 단계이다. 설계단계는 탐색단계에서 수집된 정보와 자료를 가지고 모든 가능한 해결방안을 모색하는 과정뿐만 아니라 어떤 기준에 의해 각각의 해결방안을 평가하는 과정을 포함하고 있다. 설계단계에서는 문제해결에 대한 발명(invent) → 개발(develop) → 분석(analyse)과정을 거친다. 그리고 이 과정에서 의사결정자가 불충분한 정보와 자료라고 인식하면 이전단계, 즉 정보탐색단계로 넘어가 자료와 정보를 분석한 후 설계단계를 진행시키게 된다.

3) 선택

선택(choice)단계는 창의적인 문제해결방안 중 하나를 선택하는 단계이다. 선택단계에 있는 의사결정자는 여러 가지 창의적인 문제해결 대안 중 하나를 반드시 선택하는 중대한 입장이므로 많은 고민과 어려움을 결정할 수 있는 과정이다. 이는 창의적인 문제해결에 있어서 선택은 미래에 대한 현황이 어떻게 펼쳐질지도 모르며, 미래상황에 나타나는 여러 가지 새로운 기술, 응용현황 등이 시시각각 변하기 때문에 더욱 어려운 과정이다. 불확실한 상황하에서의 의사결정은 매우 어렵기 때문에 이전단계인 설계단계로 돌아갈 뿐만 아니라 탐색단계로까지로 뒤돌아가는 상황도 발생한다.

4) 실행

실행(implementation)단계는 선택된 대안을 실행하는 단계로서 성공적인 실행이 되기 위해서는 보다 적극적인 대안을 심사숙고하여 결정할 필요성이 있다. 물론 선택된 것이 실행하여 성공하는 것보다 오히려 실패할 확률이 많다. 특히 기업경영활동분야에서 이루어지는 문제해결의 대안선택으로 인한 실행은 여러 가지 요인들에 의해 쉽게 선택하기가 힘들다. 이러한 문제를 해결하기 위하여 조직적 차원에서 창의적인 문제해결에 기업의 사활을 걸고 팀을 구성하여 보다 체계적이고 전략적인 접근으로 모두가 일치되어 추진하여야 성공가능성이 높다.

3.3.3 의사결정의 유형

의사결정 유형은 몇 가지 대안선택으로 이루어진다. 대개 모든 자료와 규칙 등이 존재하는 확실한 상황에서 의사결정이 이루어지며, 의사결정자가 자료와 정보분석을 통한 확률적인 차원의 위험한 상황에서 의사결정이 이루어진다. 또한 새로운 문제이고 정보와 자료가 부족하여 의사결정자의 판단과 경험, 통찰에 따라 이루어지는 불확실한 상황에서 의사결정이 이루어진다. 최근에는 창의적인 문제해결을 위해 빅데이터(big data)와 같은 분석적인 기술이 필요한 위험한 상황에 초점을 맞춘다. 이러한 위험한 상황에서 의사결정은 최적의 대안을 찾기 위하여 기존의 데이터와 정보를 기반으로 분석 후 대안을 선택하는 의사결정이 존재한다. 의사결정에는 사전에 설정된 대안의 존재 유무에 따라서 의사결정 유형이 결정되며, 여기에서는 구조화된 의사결정과 비구조화된 의사결정으로 나눈다.

1) 구조화된 의사결정

구조화(structured)된 의사결정은 어떠한 창의적인 문제해결의 다소 어려운 문제가 아니라 일상적이고 반복적인 특징을 갖는 평이한 의사결정과정이다. 표준해결책의 반복적인 문제와 정해진 순서를 의미하기도 한다. 주로 확실한 상황에서의 의사결정의 유형으로 단순하고, 일상적이고, 반복적인 것이 특징이다. 쉽게 해결책을 획득하기 위한 절차와 방법이 알려져서 의사결정이 쉬운 것으로 알려졌다. 그 해결책이 적당한 재고수준을 파악하든, 최적의 투자전략을 결정하든, 해결책의 선택기준은 분명히 정의되었다.

2) 비구조화된 의사결정

비구조화(un-structured)된 의사결정은 불확실한 상황에서의 의사결정을 내릴 때 해결안이 정해지지 않는 상황에서 대안을 선택하는 것으로 매우 어려운 의사결정이라고 할 수 있다. 이러한 상황에서 의사결정은 자신의 과거경험과 지식, 통찰에 의해서 내려지는 의사결정으로 정성적 의사결정이라고도 한다. 주요 미래사건에 관심이 있으며, 사실적인 범위가 넓으며, 조직의 내부적인 활동뿐만 아니라 외부적인 활동에도 관심을 갖는다. 이는 문제정의 등이 명확하지 않고, 미리 결정된 해결책이 없는 복잡한 구조이다. 이러한 구조적인 문제는 차년도 프로젝트개발과 연구범위 선택, 중역진의 고용, 새로운 서비스 제공계획, 창의적인 미해결책 등을 포함하지만 최고경영자의 판단이 매우 중요한 역할을 담당한다.

3.4 전략적인 의사결정

전략적인 의사결정은 미래지향적인 문제에 관한 의사결정을 말한다. 예를 들어 새로운 기술은 어느 영역에 사용될까? 즉 현재의 기술에 앞서 향후 나타날 미래지향적인 접목기술이 미칠 상황을 말하기도 한다. 현재의 모바일기술이 미래에 사용자에게 어떻게 영향을 미칠까? 현재는 음성과 앱프로그램을 구동하여 각종 편의적인 활용을 이루고 다양한 분야에서 신속하게 정보에 접근하고 있다. 더욱 빠르고 정확한 정보검색을 통하여 사용자에게 매우 편리한 상황으로 전개되는 기술 또한 미래지향적이라고 할 수 있다. 만약 어느 회사가 모바일관련 비즈니스를 하고자 한다면 과연 고객지향적인 비즈니스를 어떻게 설정하여 기술과 프로그램을 개발할까를 생각하면 어려운 상황을 맞이할 수 있다. 기존 은행들이 모바일은행보다는 전통적인 창구형 은행을 지향한다면 과연 미래에는 고객을 기존 은행으로 유치가 가능할까 등을 결정하는 것은 미래지향적인 전략적 의사결정이라고 할 수 있다. 지금까지의 상식을 바꿀 노력과 시도가 진행되어야 한다.

스스로 운전하는 자율주행차가 영화 속 이야기만은 아니다. 실제 나타날 미래의 기술이다. 은행을 통한 결제, 융자, 해외송금 등이 기존 금융의 수익원이었다면, 스마트폰에서 모든 은행거래가 이루어지고 수수료 또한 거의 들지 않는 인터넷은행으로 영역을 넓히지 않으면 전통 은행은 점점 위험해지는 상황을 어떻게 말해야 하는가? 자신의 취향에 맞는 옵션과 도색을 한 자동차를 일반판매 자동차와 똑같은 가격과 납기일에 제공해주는 자동차업체가 등장할 것이며, 지금까지의 주문이력을 바탕으로 그 사람의 취미와 기호를 분석하여 추천상품을 소개해주는 온라인 쇼핑서비스가 등장할 것이다. 또한 은행의 예금잔고나 카드회사의 결제 예정정보를 인터넷과 연결하여 자동으로 가계부를 써주고 인공지능이 자금조달을 조언해주는 서비스 등은 향후 기업 비즈니스영역에 전략적인 의사결정을 결정짓는 대표적인 사례이다.

이러한 전략적인 의사결정의 특징을 정리하면 다음과 같다.

- 장기적인 관점으로 창의적인 문제해결을 다룬다.
- 미래의 불확실성을 대비한다.
- 전체를 파악하는 능력을 갖춘다.
- 가장 중요한 기준에 주목하고 세밀한 사항은 과감히 버린다.
- 전례에 구애받지 않고 복수의 대체안을 준비한다.

지금 자신이나 자신이 속해 있는 조직이 직면한 문제를 확실히 파악하고 적절히 대응하는 의사결정이 이루어져야 한다. 전략적인 의사결정은 불확실성을 전제로 할 수밖에 없다. 이러한 상황에서 지향해야 할 전략적 의사결정은 무조건 성공확률을 높이는 것이다. 물론 어디까지나 확률적인 판단이므로 거의 100% 성공은 있을 수 없는 일이지만 최대한 확률을 높이는 노력을 경주하는 것이다. 기업환경에서 어떠한 기술선택 고려 시 최소한의 실패를 위한 의사결정을 하게 되는데 경쟁관계에 있다면 더욱더 그렇다. 두 회사가 수소자동차시장에 뛰어들었다고 가정해보자. 앞으로 수소자동차를 만들기 위한 연구개발비와 시장상황이 어떻게 전개될지에 대하여 아무도 모른다. 그러나 미래 수소자동차시장은 포기할 수 없다. 시장이 급격히 확대된 뒤에 후회해도 소용없기 때문이다. 또한 시장이 거대한 만큼 확대되지 않더라도 경쟁 상대 역시 같은 입장이므로 그럭저럭 위로가 된다. 이러한 상황에도 위험을 줄이기 위하여 우선적으로 소규모로 연구개발비를 투자하는 것이 오히려 타당하다. 시장이 엄청나게 확대될 것이라는 막연한 예측만으로 의사결정을 하는 경우에는 아무리 조심하더라도 실패할 가능성이 높다. 그럼에도 불구하고 많은 기업들은 후회할 확률을 최소화하는 의사결정을 한다.

성공할 확률을 최대한 높이고자 하는 전략적 의사결정이란 실패할 확률을 최소화하는 상황과 같다. 예를 들어 퇴직금을 활용하는 문제가 있다. 퇴직금을 연금으로 매월 일정액을 평생 받을 것인가?, 아니면 퇴직금을 일시불로 받아서 전원주택을 구입하는데 융자를 받아 구입할까?, 아니면 작은 규모로 융자 없이 구입 시 기존 퇴직금을 저축, 투자, 주식, 채권 등에 어떻게 활용할까?, 구입 시 전원주택을 어떻게 활용할까?, 퇴직금을 활용하기 위하여 여러 가지 투자하는 많은 선택지 가운데 어떠한 것을 고를까?, 이러한 고민을 해결하기 위해 실패할 확률을 낮추고 합리적인 결론을 이끌어내는 방법을 알아야 한다.

합리적인 의사결정을 하기 위한 의사결정방법은 대체적으로 합리성(논리와 적합), 가치성(수익모델, 윤리성), 미래지향성(감정, 성향)의 세 가지 관점으로 이루어진다.

합리적인 의사결정기준에서 첫째, 합리성은 논리적이고 이치에 맞는 적합한 기준을 제시하는 것이다. 일반적으로 합리적인 사고는 논리적인 방법인 연역법과 귀납법을 사용한다. 연역법과 귀납법은 어느 창의적인 문제해결에 대한 합리성에 결론이 도달되는 현상으로 "사리에 어긋나지 않는다"라고 말한다. 합리성은 논리와 적합성을 검증하는 것이고 이치에 맞고 보편적이고 다른 사람과 인식을 공유하는 것이다. 합리성의 이점은 누구나 공감하는 명쾌하게 이해할 수 있는 것이다. 지구는 태양주변을 돈다. 숫자 10은 1보다 크다와 같이 쉽게 이해당사자 간의 합의에 이를 수 있는 것들을 말한다. 창의적인 문제를 해결하는 데 합리적인 기준이 기술적인 요소인지, 마케팅적인 요소인지, 아니면 이익적인 문제인지를 판단하는 기준이 제시되어야 한다. 창의적인 경영에서 손실과 이익을 수치로 표현하거나 목적에 부합하는 정도를 수치로 표현한다면

그림 3-9 합리적인 의사결정기준

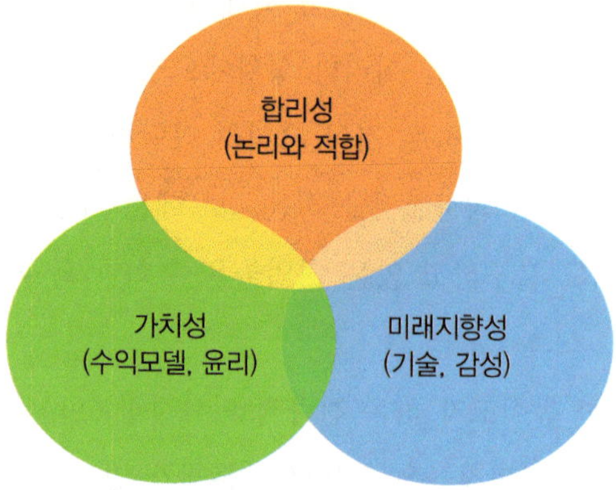

평가하기 쉬워질 것이다. 그러나 합리성만으로 의사결정을 내리는 것은 아니며 설상가상으로 그렇게 되면 담합과 윤리성에 문제가 발생할 여지가 존재한다. 남들 모르게 관계자들끼리 모여 자신들의 이익에 따라 결정을 내리는 것을 합리적이라고 보고 판단하면 과오가 나타날 수 있다. 이것은 가치성의 윤리에 어긋나기 때문이다.

둘째, 가치성은 절대로 빠져서는 안 되는 수익모델과 윤리가 존재하여야 한다. 의사결정의 판단기준은 무엇보다도 비즈니스모델이 정형화되어야 하고 거기에 관련 수익모델이 존재하여야 한다. 물론 가치성과 윤리가 가미된 도덕적인 면모를 갖춰야 한다. 의사결정이 잘 이루어지기 위해서는 비즈니스모델을 찾아내고 지속적이고 차별화된 경쟁요소를 발굴하는 것이야말로 가치성을 높이는 성과이다. 아무리 좋은 가치성이 있다고 하더라고 도덕적인 감각을 상실한 비즈니스모델을 만들어내서는 안 된다.

셋째, 미래지향적인 기술과 감성을 갖춰야 한다. 창의적인 문제해결에 가장 중요한 미래지향적인 의사결정을 하는 것이다. 아무리 획기적인 기술이라도 향후 미래에 적용될 기술이어야 하고 그러한 기술이 차별적인 요인이 갖춰져야 의사결정이 쉽게 이루어지는 것이다. 가끔 인간의 판단기준이 기술적인 요소보다는 감성에 쉽게 동화되어 판단하는 경향이 있다. 그러나 감성보다는 성공확률을 높이는 기술이 더 중요한 판단기준이다.

가치성은 의사결정에 중요한 판단기준이며, 감성 또한 스스로 조절할 수 없다. 따라서 의사결정기준에 대한 올바른 가치성을 갖춘 비즈니스요소의 수익모델을 갖추도록 노력하며, 자신의 습관적인 감성을 이해하고, 바람직한 성향이 되도록 계속적인 변화가 시도되어야 한다.

귀납법(inductive method)

개별적인 특수한 사실이나 원리로부터 그러한 사례들이 포함되는 좀 더 확장된 일반적 명제를 이끌어내는 것을 귀납(歸納, induction)이라 하며, 이러한 귀납적 추리의 방법과 절차를 논리적으로 체계화한 것을 귀납법이라 한다. 예를 들어 "사람은 죽는다", "까마귀는 검다", "내일도 해가 뜬다" 등과 같이 많은 경험에서 보편적인 원리를 발견하는 것을 귀납법이라고 한다. 경험은 새로운 발견을 하게 하는 원동력이지만, 때로는 편견을 만들기도 한다.

연역법(deductive method)

이미 증명된 하나 또는 둘 이상의 명제를 전제로 하여 새로운 명제를 결론으로 이끌어내는 것을 연역(演繹, deduction)이라 하며, 이러한 연역적 추리의 방법과 절차를 논리적으로 체계화한 것을 연역법이라 한다. 연역법은 번뜩이는 생각에 대해 수학적(논리적)으로 논증하는 방법이다. 그래서 연역법의 가장 큰 특징인 전제가 참일 경우 결론도 100% 참일 수밖에 없다.

결론적으로 귀납법은 개개의 사실이나 명제에서 일반적 결론을 이끌어내는 추론법인 반면, 연역법은 보편명제에서 특수명제를 이끌어내는 추론법이다.

3.5 창의적 문제를 해결하는 방안 수립

비즈니스에서 가장 고심하는 것은 문제를 해결하는 것이 아니라 문제가 무엇인지 파악하는 것이다. 그리고 창의적인 솔루션은 거의 언제나 대체 설명이나 문제의 재구성에서 비롯된 것이다. 재구성의 요점은 '진짜' 문제를 찾는 것이 아니라 문제를 해결하는 것이 더 나은지를 확인하는 것이다. 여기서는 네 가지 방법을 간략히 설명한다. 새로운 상품, 프로세스 그리고 심지어 사업개발 시 대부분의 회사는 그들이 해결하려고 하는 문제를 정의할 때와 왜 그 이슈들이 중요한지를 명시화할 때 충분히 심사숙고하지 않는다.

① 관련 문제의 솔루션에 대한 필요성을 확립하라 : 문제를 명확히 하라

- 기본적으로 필요한 것이 무엇인가?
  바로 해결하려 하지 말고, 필요한 것이 무엇인지 명확하고 간결하게 정한다. 즉 윤활유를 찾는 것과 새로운 제조과정을 찾는 것은 분명히 다르다.
- 원하는 결과가 무엇인가?
  고객과 수익자의 시점에서 이해하고 특정한 해결책에 빠지는 유혹을 피해야 하고, 원하는 결과는 가능하면 정성적 · 정량적으로 표현되어야 한다.
- 누가 이익을 얻게 되고 왜 그러한가?
  모든 잠재적인 고객과 수익자들을 고려해야 한다. 이것은 윤활유문제를 해결하는 것이 기술자를 위한 것인지 생산담당자를 위한 것인지 이해하는 단계이다.

② 관련 문제에 대한 필요성을 정당화하라 : 왜 조직이 문제를 해결하려고 하는지 설명하라

- 우리의 전략과 노력이 같은 방향을 향하고 있는가?
  그렇지 않다면 다시 생각해봐야 한다. 또한 그 문제가 기업의 우선순위에 부합하는지 고려해야 한다.
- 회사가 원하는 이익이 무엇이며 그것을 어떻게 측정할 것인가?

영리기업에서 바라는 이익은 목표수익 도달, 특정 시장 점유 또는 특정 순환주기 개선을 얻는 것이다.

- 해결방안을 어떻게 시행할 것인가?

  해결방안을 찾으면 이를 실행시킬 사람이 필요하다. 문제를 다루는 기존 매니저, 연합부서 또는 새로운 부서가 될 수도 있다. 해결방안 시행은 임원회의에서 결정되고, 시기상조일 수 있다. 왜냐하면 문제는 정의되는 중이고, 해결방안들이 너무 방대하기 때문이다.

③ 관련 문제를 맥락화하라 : 과거의 노력을 검토한다면, 시간과 자원을 절약하고 혁신적인 생각을 얻을 수 있다

만약 산업 전체에 걸쳐 문제가 퍼져있다면, 왜 시장이 그것을 다루는 데 실패했는지 이해하는 것이 중요하다.

- 우리가 시도한 접근법은 무엇인가?

  조직 내에 이미 존재했던 해결책을 찾고 반박된 것을 확인하는 것이 목적이다.

- 다른 이들이 시도하는 것은 무엇인가?

  여러 국가를 대상으로 솔루션에 대한 조사를 수행하였다.

- 솔루션을 시행하는 데 내부적 · 외부적인 장애요인은 무엇이 있는가?

  조직의 공약과 자원에 대한 문제를 다시 확인해야 하고, 또한 다양한 이해관계자와 전문가의 상담을 받아야 한다.

④ 관련 문제 진술서를 작성하라 : 이것은 솔루션을 찾기 위한 필요조건이다

- 문제가 실제로 많은가?

  복잡하고 풀리지 않을 것처럼 보이는 문제들을 개별적으로 분화한다면 접근하기 수월하다.

- 솔루션의 필요조건은 무엇인가?

  솔루션이 그렇게 방대할 필요는 없다. 작은 기업에서도 해결할 수 있게 작을 수도 있다.

- 어떤 해결사와 우리는 일을 해야 되는가?
- 어떤 정보와 언어가 문제 진술서에 포함되어 있어야 되는가?
  넓고 다양한 분야에서 온 해결사들을 얻기 위해서는 문제 진술서는 아주 구체적이지만 불필요하게 기술적이지 않아야 된다.
- 해결사들은 무엇을 제출해야 하는가?
  제안한 솔루션에 대해 조직이 투자하기 위해 필요한 정보는 무엇인가?
- 해결사들에게 어떠한 인센티브가 필요한가?
  문제해결을 위해 동기부여를 확실히 한다. 내부 해결사에게는 직무기술서에 기술되거나 승진, 보너스를 제안하는 것이 될 수 있고, 외부 해결사에게는 보상금이 될 수 있다.
- 어떻게 솔루션이 평가되고 성공이 가능할 것인가?
  명확함과 투명성은 실현가능한 솔루션을 얻는 것과 평가과정이 공정하고 엄격하다는 것을 확실히 하는 데 중요하다.

비판적으로 분석하고 문제를 명확하게 정의하는 것은 높은 수준의 혁신 솔루션을 가져올 수 있게 한다. 조직은 이러한 단순한 콘셉트를 적용하고 기술을 개발하고 더 나은 질문을 위해 훈련하며 전략적 이득을 만들 수 있는 더욱 정교한 문제들을 정의하여, 획기적인 혁신을 만들며 더 나은 비즈니스를 이끌어낼 수 있어야 한다. 더 나은 질문은 더 나은 결과를 가져다준다.

사례연구 1

IBM을 재건한 루 거스너

세계적으로 존경받는 기업 중 하나였던 IBM은 1990년대 초 심각한 위기에 직면했다. 주력사업의 성과가 3년 사이에 절반수준으로 하락했을 뿐만 아니라, 회사 안팎에서는 IBM의 몰락을 예견하기도 했다. 패전 위기상황에 구원투수로 등장한 루 거스너는 저조한 실적에 앞서 관료적 문화로 대표되는 심각한 대기업병이 현 IBM의 가장 큰 문제라고 진단하고 이를 치유하기 위해 많은 노력을 기울였다.

실제로 거스너 이전에는 다른 부서가 협조를 요청해도 관행적으로 협조를 하지 않는 경우가 빈번했다. 부문별로 내부에서만 이해가능한 전문용어를 만들어 쓰다 보니, 다른 부서 사람들은 서류만 봐서는 쉽게 이해할 수 없었다. IBM의 관료주의적 문화는 부서 간 장벽을 더욱 높게 만들고 있었다. 업무처리절차의 각 단계마다 형식적인 규정들이 복잡하게 얽혀 있었다.

이처럼 회복 불가능한 것처럼 여겨졌던 IBM을 재건하기 위해 거스너는 조직문화 혁신에 초점을 맞추었다. 우선 보상의 체계를 바꾸어 조직 간에 벌어지는 이기적인 행동을 줄이는 데 힘을 기울였다. 거스너는 IBM 전체의 실적에 맞추어 부서와 개인의 인센티브를 결정하는 체계를 도입하였다. 부서의 이익이 아닌 전체의 이익을 높이기 위해 부문 이기주의를 버리고 서로 협력해야 한다는 시그널을 구성원들에게 알린 것이다. 이 때를 두고 거스너는"팀활동에 보상하는 문화를 어떻게 만들 것인가, 그 고민을 해결하였다. 우리는 이제 인센티브제도를 바꾸어 조직문화를 변화시키는 노하우를 터득했다"고 회고하였다.

다음으로 IBM의 부활을 위해 거스너가 실행에 옮긴 것은 다시 고객을 중시하는 풍토를 만드는 것이었다. "1993년 봄, 내가 했던 가장 큰 일은 시장에 다시 관심을 집중시키는 것이었다. 이것만이 성공의 척도라고 생각했다. 나는 만나는 사람마다 붙잡고, 고객이 IBM을 운영하는 것이고, 고객 관점에서 IBM을 재건설해야 한다고 재차 주장했다"고 거스너는 강조하였다.

자료 : 피터 드러커, '의사결정의 순간' 중에서

사례연구 2

듀폰에 새로운 길을 제시한 잭 크롤

1991년 당시 듀폰의 CEO였던 잭 크롤에게 한 통의 편지가 날아들었다. 편지는 "듀폰과 거래를 하다 보면 우리도 망할 것 같기 때문에 20여 년 동안 유지해오던 거래관계를 청산해야 되겠다"는 내용으로 시작하고 있었다. 게다가 "듀폰은 계층이 너무 많아 클레임을 제기해도 해결될 기미를 보이지 않는다"는 말로 마무리하고 있었다. 크롤은 심각한 위기의식을 가지고 듀폰의 미래를 위해 혁신을 추진해야 하겠다는 다짐을 하게 되었다.

오랫동안 안정된 성장을 지속해오던 듀폰은 심한 인사 적체로 인해 중간관리층이 비대해졌고, 고객의 목소리가 경영층에까지 전달되는 데 많은 시간이 걸렸다. 사업부마다 재무, 엔지니어링, 인적자원관리가 다른 방식으로 이루어지고 있어 일하는 방식이 다르다 보니, 부문 간 협력은 기대하기 힘든 상황이었다. 크롤은 관료적 문화를 혁신하기 위해 우선 조직의 군살빼기부터 착수하였다. 이후 대대적인 인력 구조조정 프로젝트가 추진되었다. 이를 통해 듀폰은 생산성을 높일 수 있었을 뿐만 아니라 고객에게 대응하는 속도를 획기적으로 높일 수 있었다.

크롤은 이에 만족하지 않고 더 나아가 고객에게 책임감을 갖는 기업문화를 만들어내는 데 초점을 두었다. 사업부문과 개인이 달성한 생산성이나 이익을 토대로 인센티브의 60%를 지급하는 보상체계를 도입하였다. 이전에는 전직원이 회사의 성과를 동일하게 공유했던 데 비해 부서와 개인이 책임을 다하면 더 좋은 보상을 받을 수 있다는 메시지를 받게 된 것이다. "우리는 이제 완전히 다른 세상에 살게 되었다"는 직원들의 말처럼 고객의 불만에서 비롯되었던 조직혁신을 통해 듀폰은 기업병을 치료할 수 있는 기회를 맞이하게 되었던 것이다.

자료 : 피터 드러커, '의사결정의 순간' 중에서

연습문제

01 문제를 정의하고 기업이 당면한 문제를 설명하시오.

02 개인의 하룻동안 나타나는 생활패턴을 설명하고 어떻게 문제해결을 풀어갈까 설명하시오.

03 일반적인 문제정의와 정보수집과정을 설명하시오.

04 여러 가지 수집된 정보를 분석해서 문제의 근본원인을 파악하는 방법을 설명하시오.

05 문제해결기법을 설명하시오.

06 문제를 해결할 의사결정과정을 설명하시오.

07 창의적 문제를 해결할 방안 수립을 사례를 통해서 정의하시오.

CHAPTER 04

창의적 기업과 혁신경영

소비자 니즈가 급격하게 바뀌고 파워가 점점 증가하고 있는 최근의 경영환경 변화는 기업으로 하여금 창의적인 활동과 경영혁신의 패러다임을 바꾸게 하고 있다. 과거에는 품질혁신, 원가절감 등 효율성이 중심이 되는 경영혁신이 유행했다. 그러다가 제조업보다 서비스업이 대두하고 소비자의 요구가 까다로워지면서 단순한 제품 품질보다 새로운 고객가치를 창조하는 것이 중요해졌다. 효과성이 보다 중요해지게 된 것이다. 따라서 경영혁신 패러다임도 실행중심에서 창조가 바탕이 된 창의적인 경영활동 중심으로 바뀌고 있다. 우리 기업들도 이제 새로운 패러다임을 받아들여 창의적으로 경영을 변화시켜야 한다. 과거 실행중심의 비즈니스모델에서 벗어나지 못한 기업들이 서서히 힘들어하는 모습을 보이고 있다. 물론 실행중심의 경영혁신을 완전히 버려야 하는 것은 아니다. 그렇지만 경영활동 전반에서 창조가 가미된 창의적인 경영중심의 경영혁신을 적극 받아들여야 한다.

4.1 경영환경 변화와 경영패러다임의 발전

오늘날은 농업혁명, 산업혁명, 정보혁명을 넘어 디지털혁명으로 발전하고 있으며 최근에는 글로벌국가들조차도 제4차 산업혁명을 통한 새로운 경영패러다임이 빠르게 진행되고 있다. 전통적인 경쟁우위요소인 생산성이나 품질에 대한 경영의 중요성이 상대적으로 떨어지고 있으며, 지속적인 변화와 혁신을 통한 새로운 지식의 창의성이 중요한 경쟁우위요소로 부상하고 있다. 이에 따라 기업들은 치열한 경쟁에서 생존하기 위해서 새로운 혁명의 경영패러다임에 대한 대책을 수립하지 않으면 경쟁에서 살아가기 힘든 시대에 있다.

최근의 기업경영과 관련된 변화의 속도가 과거와 비교할 수 없을 정도로 무척 빨라지고 있다. 기업이 그만큼 다급해졌다는 의미다. 기업은 제품을 만들면 팔리던 황금시절도 있었지만 대부분의 영역에서 소비자들에게 저울추가 넘어갔다. 이에 따라 급격하게 바뀌는 소비자들의 요구에 대응하기 위해 기업은 끊임없이 새로운 제품과 서비스를 만들어내고 있다. 민첩하게 혁신하지 않은 기업은 더 이상 살아남을 수 없다.

기업경영환경이 이처럼 크게 어려워지고 있는 가운데 이제 경영혁신의 패러다임도 과거와는 달라지고 있다. 과거에는 방향이 명확한 상태에서 누가 빨리 실행하느냐에 경영혁신의 초점이 맞추어져 있었지만, 지금은 누가 남과 다르게 생각하고 방향을 설정하느냐가 더 중요해졌다. 경영혁신의 초점이 '실행'에서 '창조'로 바뀌고 있는 것이다. 앞으로 창의성과 혁신을 기업경영의 최대목표로 삼아야 한다. 창의성을 기반으로 한 지식우위가 기업의 전반적인 경쟁력을 좌우하고, 기존의 생산성과 품질에 중점을 둔 경쟁우위는 글로벌시장에서 성장하기에는 한계가 따른다. 제4차 산업혁명시대가 나타나면서 미래지향적인 경영자들은 기존 산업에서의 제품과 서비스를 한 차원 다른 영역의 가치로 만들어내야 하며 21세기 미래지향적인 창의적 사고로 탈바꿈하지 않으면 시장에서 도태될 것이다. 조직과 개인은 창의적인 역량을 갖추지 않으면 살아가기 힘들기 때문에 서둘러 기업환경이나 개인의 창의적인 요소로 경쟁력을 키움으로써 향후 새로운 유형의 기업형태가 가능해질 것이다.

한편 전통적인 기업환경의 초점인 실행에서 창조로 경영혁신의 화두가 전환하고 있다는 사실은 미국의 대표기업인 GE의 경영기조 변화에서도 읽어낼 수 있다. GE는 이미 2000년 말 CEO를 교체하면서 이러한 변화를 먼저 감지하고 잭 웰치(Jack Welch)의 후임 CEO로 실행보다는 창조의 시대에 걸맞은 인물로 평가받아온 제프리 이멜트(Jeffrey Immelt)를 선임하였다. 잭 웰치 스스로 실행중심이었던 자신의 경영방식을 개혁할 사람을 선택한 것이다. 사실 잭 웰치의 방식은 IMF 외환위기 이후 한국기업의 경영혁신에 있어 역할모델(role model)로 작용했다. 한국기업들은 복잡한 사업구조를 잘 꾸려가면서 수익을 동반한 고성장을 구가하고 있는 GE를 벤치마킹하려고 애썼다. 최근 10여 년간 잭 웰치의 방식은 한국기업에게 경영혁신의 모범답안이었다. 그러나 이제는 이러한 모델의 효용성이 한계에 봉착한 시대로 접어들고 있다. 그냥 단순한 혁신보다는 창의적인 경영환경을 완전히 바꿈으로써 경영자들의 인식 또한 매우 높아짐에 따라 환경변화에 적극적인 역할을 하려는 움직임이 감지되고 있는 것이다. 이러한 적극적인 움직임이 창조가 가미된 창의적인 경영으로 환경을 바꾸는 것이다.

전통적인 경영환경은 수동적인 경향이 많이 존재하였다. 이제 과거와는 상황이 크게 달라졌다. 대부분의 산업은 수요가 포화되어 성숙기에 있는 경우가 많다. 품질의 발달 속도가 빨라 제품 성능이 소비자가 원하는 수준을 넘어서고 있다. 그래서 많은 산업에서 제품이 범용화되고 있다. 이러한 환경에서 새로운 유형의 창의적인 융·복합적 기술개발이 이루어지지 않으면 국제적인 환경에서 경쟁력을 확보하기 애매하다. 컴퓨터를 예로 들어보자. 높은 사양의 게임을 즐기는 소수의 사용자를 제외하고는 컴퓨터 속도가 느려서 불만인 사람들은 별로 없다. 저장 용량도 과거에는 상상할 수 없을 정도로 커졌다. 이제는 소비자가 원하는 수준을 넘어선 기능을 제공하는 제품이 아주 많다. 범용화된 환경에서는 후발기업도 선도자만큼 좋은 제품을 만들 수 있기 때문에 선도자 우위가 쉽지 않다. 그래서 이제는 제품의 제조 경쟁력만으로는 승부에서 이기기 어렵다. 마케팅, 디자인, 사업모델 등 소프트한 면이 점점 중요해지고 있는 이유도 이 때문이다. 또 산업 간 경계가 허물어지고 있어 어느 곳에서 경쟁자가 출현할지 모르는 상황이다. 즉 새로운 형태의 경쟁력을 갖추는 기술적인 창의적 요소개발이 요구되고 있는 것이다.

창의적 요소개발은 기업 내에 구성원들이나 기업이 유용하고 혁신적인 아이디어를 창출하고 그 성공적인 실행을 위해서 창의적인 행위를 하도록 유도하고, 창의적인 문제해결이 이루어지도록 경영시스템 내 제반 특성과 조건이 맞는 사항을 개발하는 것으로 볼 수 있다. 창의적 요소개발은 기대하지 않는 개선과 혁신을 적극적으로 증진시킬 수 있는 방법을 만들어내는 것이다.

4.2 창의적 경영의 기본프레임

21세기 디지털혁명시대와 제4차 산업혁명이 점점 가시화되는 입장에서 조직 내의 창의성이 기업경쟁력의 가장 중요한 핵심요소라고 할 수 있다. 기업경영에서도 자기의 아이디어는 없고 남의 것을 베끼거나 모방만 해서는 앞서가는 기업을 절대로 따라잡을 수 없기 때문에 독창성과 창의성은 매우 중요하다. 특히 경영자가 창의성경영을 성공적으로 실천하기 위해서는 기업 내외에서 창의성을 활성화시키기 위한 노력을 경주하여야 한다.

오늘날 경영자의 중요한 임무 중 하나인, 회사 내의 두뇌력(brain power)을 개발하고 활성화하는 것뿐만 아니라, 외부의 두뇌를 채용하는 것이 아닌 현재 조직 내의 직원들의 잠재적인 지적 능력(intellectual capital)이 최대한으로 발휘되도록 지원하는 것이야말로 향후 기업경쟁력을 확보하는 것이다.

21세기 디지털시대에 기업의 성패는 구성원의 창의성을 동기부여하는 능력에 달려 있다고 해도 과언이 아니다. 기업에서 다양한 창의성이 발현되는 것은 소수의 천재들만에 의해서라기보다 많은 사람들의 생각과 아이디어가 녹아 이루어진 협업의 산물인 경우가 많다. 창의성은 다른 업무나 능력과는 달리 금전적 보상 등 외재적 보상으로 쉽게 활성화되지 않는다. 창의성은 위험을 감수하는 모험적 대담함이 필요하면서 또한 치밀한 준비와 집요한 끈기가 필요하다. 때로는 우연한 작은 사건에 의해 큰 발

그림 4-1 ⟫ 창의적 경영의 기본프레임

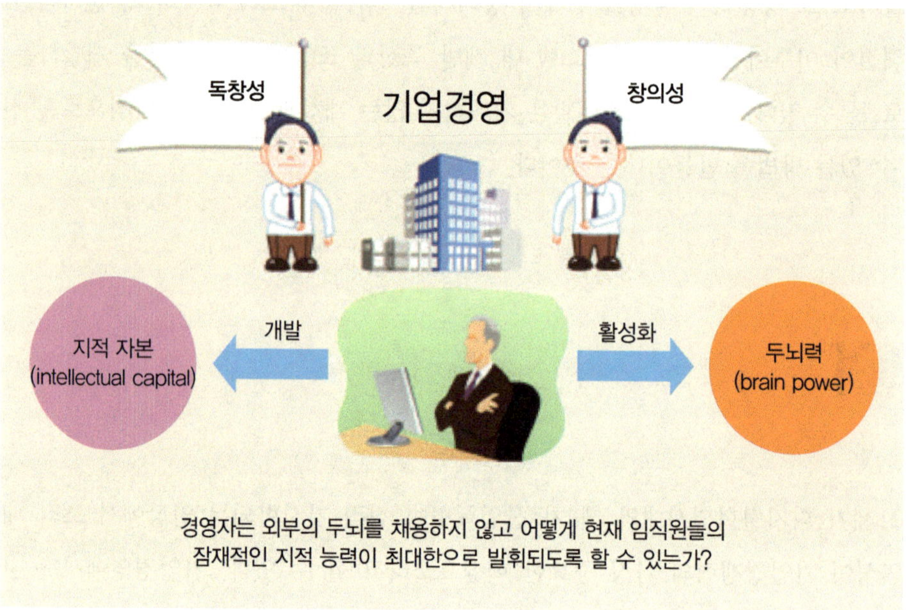

견이 이루어지기도 한다. 따라서 창의성을 높이기 위해서는 다양한 원인으로 창의성이 발현될 수 있는 환경을 조성하는 것이 필요하다. 그러기 위해서는 구성원의 할 일을 구체적으로 정리해놓은 직무기술서와 같은 것은 버리는 것이 좋다. 즐겁고 자율적인 직장 분위기, 다양한 기질과 연령, 재능, 배경을 가진 사람들이 서로 머리를 맞댈 수 있는 환경은 창의성 발현의 좋은 토양이 될 수 있다. "나는 인간의 창의성을 경영한다는 것이 무엇을 뜻하는지 모르지만, 상상력이 신경제시대 가치창출의 주요 근원이라는 것만은 분명히 알고 있다." 톰 피터스(Tom Peters)의 말이다.

지금까지 국내의 기업들은 어깨 너머로 선진기업의 아이디어와 기술을 배우고 이를 독한 근성으로 더 싸게 제공하는 방법으로 성공을 거둬왔다. 그러나 앞으로는 그렇게 해서 성공할 수가 없다. 더 싸게 제공하는 주변국, 특히 중국이라는 경쟁자 때문이다. 이제는 우리가 먼저 보고 더 빨리 움직여서 시장과 고객에 더 효과적으로 대응해나가야 한다. 쉽게 말해 사업 패러다임이 바뀌어야 한다. 그러기 위해 조직 관점에서 필요한 것은 무엇일까? 바로 기업의 창의성이고, 이는 구성원의 아이디어로부터 출발한다. 창의가 발휘되고 혁신이 촉진될 수 있도록 조직의 DNA가 바뀌어야 하는 것이다.

4.2.1 경영과 창의성

창의성이란 문제를 해결하거나, 타인과 의사소통을 하거나, 자신이나 타인들을 즐겁게 해주는 데 유용한 아이디어나 대안 또는 가능성을 생성하거나 인식하는 경향성으로 정의할 수 있다. 먼저 창의성이 문제를 해결하는 아이디어만을 의미하지는 않는다는 뜻이다. 그렇다면 유명한 그림이나 소설과 같은 창작물이 더 이상 창의적 결과물이 아니게 될 것이다. 창의성이 남들과 다른 일종의 개인적 성격 특성이라기보다는, 모든 이들이 발휘할 잠재력을 가진 아이디어의 산출로 이해되어야 한다는 의미이다. 아울러 창의적 아이디어를 내는 것뿐 아니라, 그것을 인식할 수 있는 능력도 포함하고 있다. 장미가시를 보고 철조망을 만들거나, 주름치마를 보고 콜라병을 만드는 것도 창의적 능력 때문이다.

기업에서 창의성은 소수의 천재들의 전유물이 아니다. 창의성에 대한 매우 오래된 고정관념 중 하나는 '외로운 영웅적 발명가(lone heroic inventor)'에 관한 선입견이다. 이러한 고정관념은 발명가들의 전성시대에 형성되었고, 이후 위인전과 대중매체 그리고 때로는 학술적 노력에 의해 더 강화된 것이다.

예를 들어, 1800년대 후반 전화기를 발명한 알렉산더 그레이엄 벨(Alexander Graham Bell)이나 전구를 비롯해 수많은 발명을 한 토머스 에디슨(Thomas Edison) 등이 이러한 생각을 갖게 만든 대표적인 인물들이다. 이들 뛰어난 발명가들의 업적과 영향력은 의문의 여지없이 대단한 것이다. 하지만 다시 생각해볼 부분 역시 존재한다. 기존의 성공모델이 오늘날에는 성공적으로 작동하기가 어렵다. 오늘날의 발명과 창조는 옛날과 전혀 다른 방식으로 일어난다. 지식과 정보의 폭증, 분야별 전문화 그리고 혁신이 발생하는 과정과 절차의 복잡성 증가 등으로 인한 것이다.

또 하나, 세상의 많은 중요한 발명들은 개인이 아닌 집단의 협력에 의한 산물이다. 에디슨의 발명 뒤에는 수많은 연구조수들의 노고가 숨어 있다. 이런 인식에서 포럼이나 워크숍, 브레인스토밍 등이 집단의 창의성을 제고하기 위한 방법으로 추천되고 있는 상황이다. 따라서 이제는 기업 창의력의 단편만을 봐서는 안 되며, 잠재된 전체의 모습을 인식하려는 노력을 기울여야 한다. 기업 창의성을 제고시키려면 창의적인 몇 사람을 찾아내는 게 아니라, 대다수 구성원이 각자 자신의 업무현장에서 창의적 아이디어를 찾아낼 수 있도록 자극해야 한다. 모험뿐만 아니라 치밀함이 있어야 창의성이 성공적으로 발현된다.

우리는 흔히 실패를 용인하고 모험을 장려하는 조직이 되어야 한다고 이야기한다. 그래야 구성원의 창의가 제대로 발휘될 수 있다고 생각하기 때문이다. 그러나 실패와 모험 감수가 창의성과 함께 한다는 주장은 잘못 받아들여지게 되면 기업 차원에서 상당히 해로운 것일 수도 있다.

창의성은 모험을 함으로써만 나타난다는 일반인들의 생각은 역사와도 관련이 있다. 대개의 경우 매우 '모험적인' 행위를 한 사람들이 역사적 기록에서 주목을 특히 많이 끌게 되므로 그런 내용이 다소 과장되어 받아들여지게 되는 경향이 있다. 그러나 창조적인 사람들이 특별한 사람이라는 생각은 대부분의 평범한 사람들이 잠재적으로 갖고 있는 창의성을 간과하게 만들 우려가 크다. 사실 창의적인 결과를 만들어내는 대부분의 사람들은 오히려 무모하기보다는 조심스럽고 치밀하다.

1992년 바르셀로나올림픽 개막식에서는 활로 성화를 점화하는 극적인 장면이 있었다. 신궁의 나라로 알려진 한국도 88올림픽에서 시도하지 않은 새로운 방식으로 점화를 하는 것을 보며 아쉬움을 느꼈던 기억이 있다. 당시 개막식은 안토니오 레볼로라는 장애인 궁사가 단 한 번에 멋지게 점화를 성공시켜 역대 최고의 점화 장면으로 기억되고 있다. 만약 우리나라에서 누군가 성화를 활로 점화를 하자고 의견을 냈다면, 실패할 경우의 책임문제를 회피하기 위해 큰 반대에 부딪혔을 것이다. 여기서 중요한 것은 이 궁사가 점화식을 위해 수천 번 이상 바람의 방향과 강도를 감안해 연습을 하며 사전에 충분히 준비를 했을 뿐만 아니라 만약의 실수를 대비해서 자동점화장치까지 준비하는 치밀함이 있었다는 점이다. 모험적인 제안 못지않게 그 실행을 위한 준비가 있었던 것이다.

창의성의 발현에는 비록 모험 감수가 필요하지만, 기업 창의성의 경우에 있어서는 모험 감수를 정당화시켜줄 치밀함 또한 중요한 부분이다. 외재적 보상이 반드시 창의성을 높이지는 않는다. 일반적으로 구성원들의 바람직한 행동에 대해서는 보상을 하고, 그렇지 않은 행동에 대해서는 보상을 하지 않아야 한다. 비록 보상이 어떤 상황에서도 잘 통하는 도구이긴 하지만, 불행히도 창의성의 경우에는 그다지 효과적이지 못하다. 오히려 반대의 효과를 만들어 창의성을 감소시킨다는 분명한 증거들도 있다. 창의성연구의 대가인 테레사 아마빌(Teresa Amabile)은 보상이 아동, 예술가 그리고 과학자 모두에게서 창의성을 감소시킨다는 연구결과를 발표한 적이 있다. "창조적인 사람들은 매수해봤자 효과가 없다"라고 한 피터 드러커의 말을 새삼 떠올리게 된다.

그러나 정해진 알고리즘에 의해 이루어지는 업무인 경우에는 외재적 동기부여가 더 효과적이라는 사실은 오늘날 심리학자들 간에 널리 받아들여지고 있는 부분이다. 또한 최초에 내적 동기를 유발시키기 위해 적절하게 사용하는 것도 필요하다. 따라서 외재적 동기부여방안은 상황에 따라 신중하게 사용되어야 한다.

결론적으로 내재적 보상과 외재적 보상 간의 관계에 대해서는 우선, 보상이 반드시 내적 동기유발에 부정적 영향을 끼치는 것은 아니다. 둘째, 특정 목표와 기준을 달성했을 때 그 대가로 보상이 주어지는 것은 효과가 있다. 셋째, 그럼에도 불구하고 내재적이고 상징적인 보상이 물질적인 보상보다 더 효과적이다.

4.2.2 창의성은 계획과 우연의 복합적 산물

우리는 흔히 창의적인 아이디어가 우연한 발견에 의한 것이기보다는 체계적인 조사의 결과라고 믿고 싶어 한다. 그러나 많은 사례를 보면 뛰어난 창조의 시작은 우연히 발견한 작은 사건에서 출발한다. 일본의 유제품회사인 유끼지루시유업의 사례를 살펴보자. 이 회사의 호리 도모시게(Hori Tomoshige)라는 연구원은 어느 날 실험실을 나가면서 우유를 담은 플라스틱 용기에 열선 전류를 끄는 것을 잊고 말았다. 다시 돌아왔을 때, 우유는 응고되어 있었고 온도측정기 기록상에는 재미있는 변화가 기록되어 있었다. 우유가 열에 의해 응고되는 시점에 큰 온도 변화가 발생한 것이다. 그는 이 현상을 요구르트 제작에서 우유 응고통의 전원을 끄는 가장 적당한 시점을 계측하는 자동화기계를 만들 수 있는 아이디어로 발전시켰다. 그 이전까지는 숙련공이 경험과 직감에 의해 언제 중단할지를 결정하는 방식을 적용하고 있었다. 때로 너무 일찍 중단하여 질이 떨어지거나, 너무 늦게 중단하여 좋지 않은 향이 나는 경우가 발생하기도 했다. 오늘날에는 일본뿐 아니라 전 세계의 치즈 제조업체가 호리가 우연히 개발한 기술을 활용해서 치즈를 생산하고 있다. 소위 '기대하지 않은 기원'이 경시되는 경향은 우리 주변에서도 흔히 발생한다. 대부분의 창의적인 아이디어가 미리 예견될 수 없다는 사실을 인정하기가 힘들기 때문이다.

4.2.3 기업 창의성을 높이기 위한 환경 만들기

기업 창의성을 관리하고 동기를 자극하는 방법에 대한 견해와 접근방법은 다양하다. 일부는 기존의 질서와 관료체제 속에서 직원들이 투입하는 시간을 가장 중요시하는 방식을 취한다. 다른 일부는 성과를 평가하는 시스템을 도입하여 직원의 창조성을 이끌어내려고 한다. 반대로 일부 회사들은 이런 인위적인 방법으로는 창조성을 관리할 수 없다고 믿는다. 선마이크로시스템즈(Sun Microsystems)는 창조성을 관리하고 끌어내려는 시도에 있어 무간섭주의를 택했다. 즉 최고 엔지니어를 고용하고 이들 유능한 사람들에게 작업의 일반적 개요를 설명해준 후 혼자 일하게 내버려두는 것이 최선이라고 생각했던 것이다.

그러나 대개의 조직은 양극단을 취하기보다는 이들 방법을 적절히 섞어서 활용하고 있다. 예를 들어, 마이크로소프트는 조직 차원의 관리, 자발적 동기의 유발, 동료의 압력을 적절히 혼용하고 있다. 이상의 창의성에 대한 이해와 논의를 바탕으로 우리 기업들이 창의성을 관리하기 위한 주요 포인트에 대해 살펴보고자 한다.

4.2.4 창의성을 높이기 위한 동기부여

1) 직무기술서를 버려라

구성원의 창의를 이끌어내기 위해 제일 먼저 선행되어야 할 것은 목표를 명확히 하고 이를 구성원과 공유하는 일이다. 구성원들을 시키는 일만 하는 수동적 구성원으로 인식하기보다는 스스로 조직 목표달성에 필요한 일을 찾아서 하는 능동적인 주인으로서 인식하는 것이다.

동서양의 기업에 있어 극명하게 차이 나는 부문이 '직무기술서(job description)'이다. 서구기업에서는 구성원의 책임과 역할에 대해 직무기술서를 작성하고, 이에 기반하여 행동중심의 관리를 한다. 그래서 먼지를 줄이려고 도로에 물을 뿌리는 일을 하는 직원은 비 오는 날에도 물을 뿌리는 행동을 한다. 자기의 입장에서는 의무와 책임을 다하고 있는 것이지만, 우리가 보기에는 납득하기 어렵다.

한국기업에서는 서구기업의 직무기술서 같은 것이 없다. 대신 왜 하는지를 알려주고 스스로 알아서 필요한 방식으로 일을 하도록 하는 목적기반의 관리를 한다. 그러다 보니 해외에 진출한 기업들은 흔히 현지 인력들이 "지시가 모호하다"고 불평하는 상황을 경험하게 된다. 반면에 우리 주재원들은 현지 인력들이 말귀를 못 알아듣는 사람들이라고 답답해한다. 하나부터 열까지 가르쳐주지 않으면 스스로 알아서 열정을 갖고 일을 하는 헌신적인 모습이 아쉽다는 것이다.

GE의 전 회장인 잭 웰치도 "대기업에 작은 기업을 심는 것이 나의 임무"라고 한 바 있다. 이 말 속에는 관료화된 조직운영방식으로는 더 이상 곤란하다는 통찰이 전제되어 있다고 봐야 한다. 구성원의 아이디어를 살릴 수 있고 환경에 유연하게 적응할 수 있도록 하려면 작은 조직처럼 구성원이 하나의 부품이 아니라 스스로의 판단에 따라 주인처럼 움직일 수 있어야 한다. 그리고 그 전제는 물론 목표를 공유하는 것, 가슴이 뛰게 하는 꿈을 공유하는 일이다.

2) 자율을 부여하라

자율이 중요한 이유는 창의성의 본질을 살펴보면 쉽게 이해할 수 있다. 창의성의 본질이 결국 자율을 바탕으로 하고 있기 때문이다. 사전적 의미에서 자율이란 "남의 지배나 구속을 받지 아니하고 자기 스스로의 원칙에 따라 어떤 일을 하는 것"을 뜻한다. 남의 지배나 구속을 받지 않으니 "자유롭다"는 의미를 일단 가지고 있다. 그러면 왜 '자유'라고 하지 않고 '자율'이라고 하는가? 그것은 '원칙'에 따르는 것을 의미하기 때문이다. 원칙은 스스로 만들기도 하지만, 조직 내에서라면 전체 조직이 공유하고 있는 가치를 전제로 해야 한다. 자율은 조직이 원하는 방향하에서 구성원이 자유롭게 자신의 일을 할 수 있도록 하는 것이다. 목표의식 그리고 그 꿈을 이루기 위한 창조적 긴장감을 공유하는 것은 창조성경영에 있어 가장 강조되어야 할 핵심 포인트이다.

조직구조에 있어서는 계층 위주의 수직적 조직을 파괴하고 소규모 인원으로 구성된 프로젝트팀 조직으로 전환할 것을 제안하고 있다. 여기서 말하는 프로젝트중심의 조직은 자율적 책임 아래 스스로를 관리하고 통제하면서 일을 수행해나가는 조직을 의미한다. 이렇게 함으로써 모든 구성원들도 자율적 책임 아래 자신의 상상력과 창의력을 최대한으로 발휘하게 된다.

3) 다수 구성원의 참여를 유도하라

기업에 있어서 아이디어는 새로운 상품이나 서비스를 개발하기 위해서도 기획 담당자만이 아니라 기업구성원 전체가 아이디어를 내는 것이 중요하다. 오히려 이들의 참신한 아이디어가 성공할 가능성이 높다. 사원 전체의 아이디어를 모아 경영하는 상향식 의견(bottom-up)방식은 오늘날 많은 기업에 도입되어 있다. 잘 알려진 것처럼 도요타 자동차의 경쟁력도 구성원들의 '지속적 개선'활동에 힘입은 바 크다. 도요타의 조직구성원들은 무엇이 불필요한 낭비요소인지 끊임없이 찾아내고 그 개선방법에 대한 아이디어를 고민하여 제안한다.

유명한 코카콜라의 주름 잡힌 병이 만들어진 것도 한 평범한 직원의 아이디어에서 나온 것이다. 이 아이디어를 제안한 카플만 루트는 유리병 제조회사의 현장직원이었다. 어느 날 그는 애인과 데이트를 하게 되었는데, 그날 여자친구가 입고 온 옷이 주름치마였다고 한다. 그 예쁜 모습에 매혹된 그는 순간 "저런 모양으로 유리병을 만들면 되겠다"는 발상을 하게 되었고, 이후 그 아이디어로 인해 회사는 대성공을 거두고 자신도 갑부가 되었다.

4) 다양성을 포용하라

우리는 다양한 기질과 연령, 재능을 가진 사람들과 협력해야만 한다. 그것이 창의성을 증가시킨다고 보기 때문이다. 우선 나이에 대한 편견을 버려야 한다. 일반인들은 나이가 들어가면서 창의성이 떨어진다고 생각한다. 물론 경험이 많은 이들일수록 상황인식이나 대응방식에 있어서의 패턴화도 많아짐에 따라 때로 사고의 유연성이 떨어지는 부작용이 나타날 수도 있다.

최근 심리학자들의 대체적인 견해도 나이가 들더라도 창의성이 줄어드는 것은 아니라는 쪽으로 모아지고 있다. 중년 이후의 사람들은 풍부한 지식과 경험을 갖고 있고, 복잡한 자료와 정보를 처리할 수 있는 능력을 바탕으로 매우 높은 수준의 창의성을 유지한다고 한다.

한 가지 연령에 따른 차이점은 창의를 자극하는 동기가 나이에 따라 변해간다는 사실이다. 젊었을 때는 다양한 기회를 탐색하고 경험하는 데 집중하는 반면, 중년이 되면서는 경력개발 면에서 실용적인 도움이 되는 일에 더 관심을 가지는 식이다.

또한 지능에 있어서도 서로 상이한 강점을 갖고 있음을 인정해주어야 한다. 이전 연구에 의하면 지능은 일정한 수준을 넘어서면 창의성과는 무관하다고 알려져왔다. 그러나 최근에 와서 가드너(H. Gardner) 교수의 연구에 의하면 사람의 지능은 음악지능, 신체운동지능, 언어지능, 논리수학지능, 자기인식지능과 타인인식지능, 자연관찰지능 등 여러 가지로 나뉠 수 있으며 각 지능별로 당연히 개인차가 있다고 한다. 그리고 그림이나 심리학 등 특정 분야에 있어서의 창의성과 이들 세부지능과 관련이 있다고 한다. 사람들 각자의 재능과 관심을 인정하고 잘 살려주는 것이 개인 나아가 조직 전체의 창의성에 효과적일 것이다.

사람들은 매우 참신한 생각을 갖고 있는 경우에도 그것이 주변 사람들과 조직에서 수용되지 않는 것이라면 남들에게 배척되는 것이 두려워서 지레 포기를 하는 경향이 있다. 특히 조직 내 소속감이나 관계형성 니즈가 강한 사람들에게서는 이런 성향이 두드러지게 된다. 따라서 관습과 전통적인 관점에서 벗어나 자유로운 생각과 시도를 가능하게 하는 분위기가 전제되어야 한다. 그리고 이는 리더 한 사람의 노력으로 되는 것이 아니라, 팀 동료들이 서로를 존중하고 배려해주는 팀워크가 형성되어 있어야 가능하다.

5) 즐거운 직장 분위기를 조성하라

창의성이란 우리가 사물을 새롭고 다양한 방식으로 재배열하거나 재결합하는 과정이기 때문에 일종의 재미있는 놀이라고 볼 수도 있다. 창의성 연구자들도 창의적인 사람들은 마치 아이들과 비슷한 성향이 있다고 한다. 또한 사람들의 감정이 긍정적일 때 더 창의적인 경향이 있다고 한다. 긍정적 감정이 사고를 촉진시키는데, 특히 새로운 방법으로 사물을 조합하고 다양한 자극 간의 관계를 볼 수 있는 경향성을 증가시킨다는 의미다. 뇌연구에서 밝혀진 바에 의하면, 긍정적 감정상태가 되어 도파민수준이 높아지면 뇌에서도 도파민수준이 높아져서 인지적 융통성이 증가하게 된다고 한다. 결과적으로 다른 방식으로 사물을 볼 수 있게 된다는 것이다.

마치 놀이를 하는 것과 같은 상황에서 사고가 활성화된다고 할 수 있고, 이를 심리학에서는 행동이 활성화되는 메커니즘의 일환으로 파악하고 있다. 그리고 반대로 불안이나 위협을 느낄 때는 행동억제 메커니즘이 작용하여 창의성을 제약한다고 한다. 조직의 관점에서 해석하면, 많은 구성원들이 창의적이지 못한 이유를 조직 분위기에서 찾아볼 수도 있다는 얘기다. 마치 놀이를 하는 것과 같은 즐거운 상태와는 거리가 먼 조직이라면 구성원들의 참신하고 창의적인 아이디어를 기대하기 힘들다는 말이다. 조직 창의성을 제고하려면 먼저 즐거운 직장 분위기를 만들기에 힘을 기울이는 것이 바람직하다.

4.3 경영과 창의적인 혁신의 조건

기업들이 창의적 경영혁신에 성공가능하기 위한 조건을 생각해보자. 기업조직의 창의성연구에 전념해온 전문가들에 의하면 창의적 혁신은 두 가지 조건하에 나타난다고 한다.

첫째, 기업성과에 대한 요구나 납기 준수, 재고 최적화 등에 대한 압박 등 혁신활동에 대한 압력이나 관리의 최적수준이 존재한다고 한다. 압력이 없이 너무 풀어놓아도 안 되고, 너무 많은 압력을 주어도 안 된다는 것이다. 그래서 조직이든 개인이든 기업성과에 대한 요구 등 압력을 어느 정도 줄 때까지는 창의적 혁신에 대한 성과가 올라가지만 압력이 어느 수준을 넘어서면 성과가 다시 하락한다는 것이다. 하버드대학의 경영학 교수였던 테오도르 레빗(Theodore Levitt)은 기업에서의 혁신(business creativity)은 아이디어와 전통적인 실행이 결합되어야 완성된다고 주장하였다. 실행의 결과는 압력이 있어야 나타나는 특성이 있다. 우리의 뇌는 긴장을 해야 무언가를 만들어내기 때문이다. 혁신은 아이디어와 실행이 동시에 결합되어야 하는데 이처럼 아이디어와 실행은 압력에 대해서 서로 반대 방향으로 작동하기 때문에, 압력이 적절한 수준이 되어야 한다는 것이다. 그래서 창의적 경영혁신에 성공하려는 기업에서는 이 최적 포인트를 찾는 것이 중요하다.

둘째, 창의적 혁신은 서로 다른 영역의 경계에서 발생하는 경우가 많다. 상이한 영역의 논리나 메커니즘이 유추에 의해서 오랫동안 풀지 못한 문제를 해결하거나 막막했던 방향에 대해 길을 제시해주는 현상이 나타나는 것이다. 현대 경영학과 조직이론에서는 인간과 조직의 행동을 연구하기 위해서 경제학, 정치학, 인류학, 심리학 등 다양한 영역에서 연구가 이루어졌다. 다양한 영역의 지식들이 모여 우연히 의도하지 않은 혁신적 제품이 나타나고, 이는 서로 다른 영역의 경계에서 창의적 혁신이 나타난 사례이다. 파이자(Pfizer)의 비아그라, 3M의 포스트잇, 듀폰(DuPont)의 나일론, 캘로그(Kellogg)의 시리얼, HP의 잉크젯 프린터, 심지어 인류 최대의 발견이라고 하는 페니실린 등이 모두 우연한 발견을 통해 사업으로 성공한 대표적인 예이다. 우연에 의한 혁신은 한 분야의 연구를 다른 분야에 적용했을 때 효과를 본 데서 이루어진다. 한 영역에서는 실패였지만 다른 영역에서는 성공이 되는 이러한 발견이나 제품은 서로 다른 영역을 넘나들지 않으면 그대로 사장되었을 것이다. 최근에는 정보활용의 일환으로 다양한 영역에서 우연보다는 필연적인 융합, 복합적인 요소가 창의적인 혁신의 일환으로 발전하고 있다.

4.3.1 창의성을 위한 파괴

창의적 혁신이 나타나는 상황을 이해하면 기업에서 어떻게 창의적 경영혁신에 성공할지 생각할 수 있다. 창의성의 특성을 이해하고 기획이나 실행, 지원 등 경영의 모든 분야에서 체계적인 관리를 주도하기 위한 몇 가지 단계를 설명하면 다음과 같다. 우선 기획단계에서는 일의 결과는 강하게 요구하되 실행과정의 계획에 대해서는 자율성을 부여할 필요가 있다. 사람은 목표달성에 대한 압력이 없이 너무 풀어주어도 일을 제대로 안 하고, 너무 강하게 조여도 탈진하여 생각을 안 하게 되기 때문이다. 이행단계에 있어서도 압력이나 관리의 최적 포인트를 찾는 것이 중요하다. 보다 자세히 설명하면 초기에는 압력을 많이 주지 말고 자율성에 맡기다가, 시간이 지날수록 압력의 수준을 높이는 것이 현명하다. 즉 일의 결과를 너무 조급하게 요구하지 말아야 하지만 아이디어가 구체화되기 시작하면 결과에 대한 압박을 주어야 한다. 마찬가지로 초기에는 돈을 아끼지 말고 투자하지만 사업화가 시작되면 예산을 관리하는 것이 좋다. 그리고 어떠한 과제를 수행할 때 서로 다른 분야의 담당자들로 팀을 구성하여 다양한 영역의 논리나 법칙이 결합되어 창의적 혁신이 발현되도록 하는 것이 바람직하다. 동기부여방식도 '실행'중심의 활동에는 금전보상 등 외적 보상이 효과적이지만 창의중심의 활동은 일을 즐기게 만드는 것이 중요하다.

창의적인 기업조직을 만들거나 창의적 경영혁신을 하는 방법에 대해서는 추후 심층적인 고찰이 있어야 할 것이다. 하지만 핵심은 창의적 경영혁신을 위해서는 단순히 혁신과 관련된 방법만 바꿔서는 안 된다는 것이다. 다른 경영시스템도 이에 맞추어 연계시켜야 한다. 전략을 수립하는 과정, 리더십, 성과관리, 보상 등 모든 영역이 연계되어야 한다. 창의적 경영혁신이 중요하다고 기존 조직의 시스템과 어긋나는 행동을 촉진하다가는 원래보다도 못한 결과를 얻을 수 있다. 슘페터가 이야기한 '창조적 파괴'라는 말이 이러한 상황을 잘 설명해주고 있다. 새로운 것을 창조하기 위해서는 기존의 것, 과거의 것을 파괴해야 한다. 한국기업의 경영혁신은 주로 과거를 거부, 파괴하기보다는 기존의 것을 기반으로 개선하는 것이었다. 그러나 이제는 과거를 파괴할 줄 알아야 한다. 경쟁사보다 먼저 실행하는 시대가 지나가고, 경쟁사와 다르게 창조하는 시대가 도래하고 있기 때문이다. 물론 창의적인 혁신을 위해서는 과거의 경영시스템 전체를 파괴해야 할지도 모른다.

4.3.2 조직 내의 창의성 경영혁신모델

기업들은 조직 내 창의성 제고를 위한 노력이 절대적으로 필요함을 인식하고 있다. 그렇다면 조직 내 창의성을 높이는 것이 가능한 것인지, 아니면 조직 내 어떠한 환경이 창의성수준을 결정하는 요인인지를 구현하는 전략이 필요하다. 조직 내의 창의성

· 경영혁신모델을 구현하기 전에 조직 내 창의성이 기업에 주는 차별적인 속성을 지적해보자. 첫째, 창의성은 특별한 변화인가? 대부분의 창의성영역모델에서 창의성은 혁신의 특수한 경우이고 혁신은 다시 변화의 특수한 경우이다. 즉 혁신은 어떤 새로운 제품이나 서비스, 프로세스, 아이디어 또는 절차를 채택해 조직 내로 도입하는 것을 의미한다. 즉 조직 변화 중에 그 조직에 새로운 것만이 혁신으로 분류된다. 반면 창의성은 그 정의상 발명이어야 한다. 즉 조직 내부에서는 물론이고 외부에도 없었던 새롭고 유용한 것을 생산하는 것이어야 한다. 둘째, 창의성 향상을 위해서는 새로운 역량이 필요한가? 창의성은 기업에게 지금까지와 다른 새로운 역량을 요구한다. 지금까지는 변화에 대한 신속한 적응과 도전적 혁신이 당면 임무였기 때문에 필요한 능력 역시 일반적인 것이었다. 그러나 창의성을 향상시키기 위해서는 매우 특수하고 세분화된 지식과 스킬이 필요하다. 일반적인 능력이 필요하지만 이러한 능력은 창의성을 지원하고 성과를 연결시키는 역할에 한정한다. 셋째, 창의성은 새로운 경영 관점을 요구하는가? 조직 내의 사람이 창의성을 관리하려고 해서는 안 된다는 것이다. 창의적인 경영 리더들은 창의성을 관리하는 대신에 창의성을 위한 관리를 해야 한다고 조언한다. 전자가 창의성 자체를 직접 통제하려는 입장이라면 후자는 창의성이 발현될 수 있도록 지원하는 태도라고 할 수 있다.

기업환경의 조직 창의성모델은 개인의 창의성모델과 집단 창의성모델, 개인과 집단 창의성의 발현을 촉진하는 근무환경의 세 가지로 구분하여 설명한다.

1) 개인 창의성모델

개인 창의성은 개인의 창의적 성격, 전문지식, 인지적 스킬, 과업 수행에 대한 내재적 몰입이라는 4개 요소의 영향을 받는다. 여기서 인지적 스킬은 질문하기, 연결하기, 관찰하기, 실험하기, 네트워킹을 말한다. 또한 내재적 몰입은 과업 자체에 대한 흥미와 재미 때문에 과업을 더 열심히 하고자 하는 의욕이며, 과업의 특성과 상사의 리더십에 영향을 받게 된다. 직무가 복잡할수록 내재적 동기부여가 증가하고 이것이 창의적인 산출물을 만들어낸다고 할 수 있다. 직무특성, 즉 직원들이 일에 흥미를 느끼도록 직무를 설계함으로써 창의적인 성과를 촉진시킬 수 있다는 것이다.

2) 집단 창의성모델

집단 창의성은 집단의 특성, 집단이 수행하는 과업의 특징, 집단에 발생하는 사고프로세스의 영향을 받아 산출물이 나온다. 이 개인과 집단 창의성의 특성은 개인 또는 집단 내부에서 발생하는 것이기 때문에 내적 요소라고 할 수 있다. 주요 특징으로 다양성, 응집성, 협력, 신뢰, 갈등 등을 포괄한다. 다양성은 특정 조직에 속한 구성원 간의 차이 정도로 정의된다. 창의성은 다양한 관점에 노출되었을 때 발현될 가능성이 높기 때문이다. 다양성은 한편으로 부정적인 영향도 줄 수 있다. 응집성은 집단구성원이 자신이 속한 집단에 남아 있으려 하는 동시에 자신의 집단에 전념하는 현상을 말한다. 응집력이 높으면 상대적으로 창의성이 높게 나타난다고 할 수 있다. 구성원 간의 갈등은 과업갈등과 관계적 갈등으로 대별되나 중간 정도의 과업갈등이 발생할 때 창의성이 가장 높다고 할 수 있다.

3) 리더십 및 창의적 조직시스템모델

개인과 집단의 외부에서 영향을 미치는 문맥적 요소로 창의적 리더십과 조직구조, 전략, 자원, 문화와 같은 조직시스템을 포함한다. 조직 창의성은 개인이 조직 내에서 발휘하는 창의성이다. 리더십은 개인의 상사, 팀의 팀장 등 창의적 프로세스에 직접적 역할을 하는 경우와 조직 전반의 방향과 정책을 제시하고 주도함으로써 창의성에 간접적으로 영향을 미치는 경우로 구분할 수 있다. 조직구조는 창의성과 조직 간의 혁신적인 변화관계를 나타낸다. 조직 차원의 전략적인 창의성과의 관계에서 새로운 기회포착을 중요한 사업전략으로 삼기 때문에 조직의 기술역량이나 관리스타일이 창의성의 효과적 지원을 강조한다. 자원은 조직이 창의적인 혁신을 수행하는 데 필요한 결정적인 요소이다. 잉여자원이 중간지점에 적절할 때 창의적인 혁신이 가장 활발하다고 한다. 잉여자원은 조직이 더 많은 실험을 할 수 있게 허용한다는 측면에서 혁신에 긍정적이나, 반면 지나칠 경우 오히려 조직의 규율과 절제를 떨어뜨려 혁신에 부정적인 영향을 준다는 것이다. 그리고 창의적 조직문화 혹은 조직풍토는 아이디어 시간, 위험 감수, 도전, 자유, 아이디어 서포트, 갈등, 논쟁, 유머와 장난기, 신뢰, 역동성과 생기 등의 요소로 구성한다. 창의적 조직문화 및 풍토는 일과 직접적으로 연관된 측면이 있지만 작업 수행태도 이상의 광범위한 분위기도 포함한다.

기업환경의 창의성모델은 다음과 같은 장점이 존재한다. 첫째, 창의성모델을 내적 요인과 외적 요인으로 구분하였기 때문에 개인이나 집단 내부의 영향요인과 환경적 영향요인을 명확히 구분한 후 적절한 관리방안을 모색할 수 있다. 상호작용모델도 매우 구체적으로 드러나는데 환경적 영향력이 개인과 집단 창의성 발현을 촉진하는 데 영향을 미쳐 개인 창의성모델과 집단 창의성모델이 창의성 발현을 촉진하는 환경과 상호작용하고 있음을 보여준다. 둘째, 집단 창의성에 영향을 주는 요소들, 즉 집단의 다양성, 응집성, 협력, 신뢰, 갈등 등을 포괄하고 이에 맞는 기업의 관리 포인트를 찾아낼 수 있다. 셋째, 조직의 영향력 부분을 별도의 영역으로 구분하여 기업의 체계적인 관리를 지원한다. 넷째, 기업의 리더십 역할을 별도로 강조한다. 개인이나 집단의 내부 영향력뿐만 아니라, 이들에게 직접적으로 영향을 주는 리더십의 역할을 부각시킴으로써 기업의 창의성을 개발하고 관리하는 포인트를 강조하고 있다.

4.4 기업 창의성과 경영혁신의 특징

4.4.1 문화중시

창의적 경영혁신의 첫 번째 특징은 변화관리나 조직문화혁신이 중심이 된다는 점이다. 선진기업들도 변화관리를 중시하지만 국내기업은 그 정도가 훨씬 심해서 구성원들의 정신무장이나 변화 분위기 조성 등을 경영혁신의 처음이자 마지막으로 생각한다. 또 조직에 변화 분위기를 불어넣을 수 있는 사람은 CEO가 유일하기 때문에, 경영혁신에서 CEO가 중심이 된다.

장기 파업으로 부도 위기를 맞았던 A기업의 경영혁신 사례에서 이러한 특징을 엿볼 수 있다. A기업은 사장을 전문경영인으로 파견하여 대대적인 경영혁신활동을 시작하였다. 사장이 가장 먼저 한 일은 위기의식으로 회사를 무장하는 것이었다. 구성원들에게 위기의식을 고취시키기 위해 회사의 상황을 있는 그대로 알려주기 시작했다. 회사의 경영정보를 공개함으로써 구성원들이 경영자가 가지고 있는 고민을 나누게 되었다. 심지어 사원 가족에게까지 경영실태를 설명했다. 모든 일에 사장 스스로 솔선수범했다. 운전기사를 없애고 골프회원권을 팔았으며 항상 공장에 주재하는 등 모범을 보임으로써, 회사 내에 팽배한 불신풍조를 사라지게 했다. 이러한 과정에서 직원들의 공감대를 형성할 수 있게 되었고 회사는 혁신에 성공한다.

변화관리 전문가인 코터(John Kotter)는 위기의식을 불어넣는 것이 조직문화를 바꾸는 출발점이라고 말했다. A기업도 사장이 회사의 위기를 구성원들과 공감하는 활동부터 시작했다. A기업뿐만 아니라 많은 국내기업들은 경영혁신에 있어 조직문화나 구성원들의 마인드혁신을 강조한다.

4.4.2 목표지향적인 활동

창의적 경영혁신의 두 번째 특징은 "하면 된다" 식의 실행이 중심이 되는 창의적 혁신활동이다. 대부분의 한국기업은 달성가능한 수준보다 훨씬 높은 목표를 세워놓고 일단 뛴다. 국내기업은 전략목표를 실행하는 과정인 혁신의 방법론보다는 목표달성을 더 중요하게 생각한다. 심지어 자원이나 역량수준에 대한 고려 없이 무조건적으로 높은 목표를 설정하고 실행한다. 이것은 후발기업으로서 선진기업을 보다 빨리 따라

잡아야 하는 상황에서 나타난 관행이다. 이러한 관행으로 인해서 요즈음에도 국내기업은 사업계획 수립 시 목표를 과도하게 높게 잡는다. 연말에 차년도 계획을 세울 때 CEO로부터 가장 평가를 잘 받는 사업부장이 바로 목표를 높게 세운 사람이라고 한다.

지금은 1등이 된 반도체, 휴대폰사업도 이러한 과정을 통해서 발전했다. 불가능할 것 같은 목표를 설정하고 실행에 집중해서 어떻게든 목표를 달성하는 방식으로 선진기업을 따라 잡은 것이다. 국내기업이 성장하면서 취했던 이러한 방식은 아직도 우리 기업의 경영에 남아있다. 지금도 경영혁신은 "무슨 일이 있어도 목표를 달성하는 것"이라고 생각한다. 창의적인 경영혁신 또한 목표지향적인 경영목표를 세워 추진되고 있다.

4.4.3 개선중시

창의적 경영혁신의 세 번째 특징은 운영효율성 확보나 원가절감 등 기존의 것을 개선하는 활동이 중심이 된다. 후발기업으로 선진기업의 기술이나 설비를 받아들여 그들의 수준이 될 때까지 노력하는 과정에서 나타난 관습이다. 새로운 것을 창조하기보다는 선진기업의 제품과 생산방식을 모방하여 가능한 한 다르지 않게 실행하는 것이 목표였다. 그래서 새로운 것을 창조하는 것보다 남의 것을 가지고 와서 개선하거나 과거의 것을 조금 발전시키는 활동에 익숙해진 것이다. 향후 기업발전을 위해서는 창의적인 혁신이 매우 중요하다고 할 수 있다. 단순히 개선중시가 아닌 혁신적인 개선을 통한 운영효율성 향상을 의미한다.

사례연구 1

기업혁신은 현재진행형

"한 치 앞도 내다볼 수 없는 불확실한 시대에 생존하기 위해서는 과거의 성공방식이나 관행에서 벗어나 변화의 흐름에 맞춰 끊임없이 변신해야 합니다."

아주그룹은 내부의 기업혁신활동을 'ANT경영'으로 부르기로 했다. 현재 그룹 내 다양한 혁신활동이나 기업문화 캠페인 등을 통칭하는 대명사로 쓰이며 그룹경영 전반에 활용되고 있다.

ANT경영은 일본 교세라그룹의 이나모리 회장이 창안한 경영기법인 아메바경영에서 빌려왔다. 각각의 조직구성원들이 창의적이고 자발적으로 일할 수 있는 조직을 만들겠다는 의미로 내부적으로 브랜드화했다.

일례로 아주산업은 아주식 아메바경영을 도입해 광명 등 일부 사업소에서 부문별 독립채산제방식을 시범적으로 운영해왔다. 이를 통해 지금까지 약 60여 개의 채산조직 관리지표를 개발했다.

유연하고 수평적인 조직체계도 갖춰가고 있다. 2013년에는 부장, 과장 등의 수직적 직급체계를 파괴하고 호칭을 '매니저'로 단일화했으며 재작년에는 회의문화를 개선하고 자율출퇴근제를 들여왔다. 직원들의 사기 진작을 위한 다양한 교육관련 인센티브시스템도 실행 중이다.

'창업 DNA 심기' 역시 혁신활동 중 하나다. 사내 벤처제도를 도입하고 아주그룹 계열사 아주호텔앤리조트를 통해 공유오피스 '스파크랩'에 투자한 것도 이 같은 일환에서다. 오래된 기업 이미지를 탈피하고 스타트업을 육성하고 도우며 '젊은 아이디어'를 공유하겠다는 의도가 담겨있다.

문규영 아주그룹 회장은 최근 10여 년간 기업혁신운동을 전사적으로 추진해왔다. 올해로 입사 35년차인 문규영 회장은 20여 개 계열사를 거느리며 그룹경영을 총괄하고 있다. 건자재사업을 시작으로 금융 · 부동산 · 호텔 · 물류 등으로 포트폴리오를 다각화하며 기업 체질을 지속적으로 개선해왔다.

최근에는 선택과 집중전략을 택했다. 지난달 주력 계열사였던 아주캐피탈과 아주저축은행을 매각하고 레미콘사업에 역량을 모으기로 결정했다. 이와 함께 매각자금으로 또 다시 새로운 성장동력을 찾기 위한 고민을 하고 있다.

문 회장에게 혁신은 기업가치의 핵심이다. 100년 기업으로 지속성장하기 위해서는 끊임없이 도전해나가야 한다는 경영철학이 깔려있다. 1960년대 국내에 해외 콘크리트 제조기술을 처음 들여와 맨손으로 레미콘산업을 일궈온 선대회장인 문태식 창업자의

'개척자정신'을 이어 받았다.

직원들이 직접 새롭게 준비 중인 도전활동과 성공적인 혁신실천사례 등을 발표하고 공유했다. 이날 문 회장은 "끊임없이 도전하며 격의 없이 소통할 수 있는 수평적인 기업문화를 구축하는 데 앞장서 달라"고 강조했다.

문 회장은 올해 한국중견기업연합회의 수석부회장으로 취임했다. 중견기업의 위상 강화와 대한민국 산업발전방안을 모색하는 구심점 역할을 충실히 수행하겠다는 다짐이다. 혁신과 올바른 기업문화가 기업의 성장을 좌우한다는 그의 신념이 산업 전반에도 널리 퍼지길 기대해본다.

자료 : 머니투데이방송 MTN, 박수연 기자(tout@mtn.co.kr)

사례 연구 2

IT 융합시대 발맞춘 창의적 도전 '결실'

IT산업은 독립되고 독특한 분야처럼 보이기도 한다. IT를 게임이나 그래픽 같은 프로그래밍으로 한정해 생각하면 제조나 금융 같은 분야와 너무 달라 보이기 때문이다.

하지만 곰곰이 따져보면 공장은 물론 은행, 병원, 백화점까지 전산시설이 없는 산업현장은 드물다. 사실상 IT기술이 필요하지 않은 산업현장은 없다. 모든 산업과 연계돼 있고, 그래서 IT기술의 발달은 산업계 전반의 생산성 향상으로 이어질 수 있다.

"서버와 네트워크관리 같은 메인사업부터 드론 제작까지 다채로운 사업을 함께 하고 있습니다. IT분야는 확장성이 높은 편인데, 그게 바로 융합이라고 할 수 있죠."

부산 사상구 주례동 유비시스㈜는 지역의 대표적인 정보통신기술(ICT)기업이다. ICT는 정보(IT)와 통신(CT) 설비를 다루거나 관리하는 분야로, 주로 서버와 네트워크 구축 관련 회사가 많다. 기업이 쉽게 생겼다가 소멸하는 일이 잦은 게 시장 특성이다 보니, 창업 10년째를 맞는 유비시스는 자연스레 지역 ICT기업의 선두에 서 있게 됐다.

이희중(48) 대표는 2007년 이 회사를 설립했다. 다니던 지역 서버관리회사가 쓰러지면서, 부하 직원들과 함께 아예 새로운 회사를 차린 것이다. 이 대표는 "20대부터 기업에서 서버 쪽 관리일을 해왔다"며 "급하게 창업을 해 영세기업의 서러움을 많이 겪을 수밖에 없었다"고 말했다.

다행히 유비시스는 창업 첫해에 지역 대형병원 서버 및 네트워크를 구축하는 사업으로 2억 원가량의 매출을 올렸다. 이후 부산 신항 전산망 구축을 비롯해 금융 · 의료기관,

일반기업 등에서 네트워크와 서버관련 시스템 설계 실적을 꾸준히 쌓았다. 기술력을 인정받으면서 계약이 늘어난 것이다.

회사의 안정화는 기술력 향상이 바탕이 되었지만, 영업도 중요했다. 한 번 찾은 고객이 다시 찾는 서비스와 감동을 주고자 노력했다고 한다. 경영의 기본속성은 어떤 산업이든 비슷한 셈이다.

이 대표는 "영업은 업과 업을 연결하는 지속적인 관계라는 철학을 갖고 있다"며 "고객이 힘들 때도 어떤 식으로든 도와주려 했고, 그 덕에 계속 우리 회사를 찾는 기업이 많다"고 말했다.

물론 IT분야는 창의성이 강조되는 산업이다. 2010년부터 유비시스는 서버 구축 외에도 데이터베이스를 바탕으로 다양한 제품개발을 시도하며 창의적인 도전을 해왔다.

그 덕에 최근엔 학습용 드론 제작, 빅데이터 바탕의 교육프로그램 '글사유'개발, 해양내비게이션개발 등 다채로운 분야로 진출하고 있다. 동명대 LINC+사업단의 스마트 융복합 산학협력협의회 등 인적 네트워크 확보를 위한 꾸준한 활동으로 기술 축적 및 새로운 시장 진출 기회를 쌓아왔기에 가능했던 일이다. 교육프로그램 '글사유'의 경우 경상남도 바우처 지급 대상이 돼 본격적인 매출 향상이 기대된다.

이 대표는 "해양내비게이션이나 글사유 같은 프로그램도 기존 우리 업무와 무관한 게 아니다. 빅데이터 자료를 활용하려면 서버, 네트워크기술이 바탕이 되어야 한다"며 "기술력만 바탕이 된다면 창의적 아이디어가 매출 창조로 이어질 수 있다"고 말했다.

유비시스의 사업 확장을 이 대표는 일종의 IT융합이라고 설명했다. 일반 제조분야는 물론 해양이나 교육에도 데이터분석기술을 창의적으로 적용해 시너지효과를 내는 일이기 때문이다. 이것이 바로 기술융합이자 현재 진행되고 있는 4차 산업혁명의 한 사례라는 것이다.

이 대표는 "기술융합은 기업의 장기적인 생존전략이지만, 직원들의 상상력을 현실화시킬 수도 있어 무척 즐거운 일이다"며 "다른 산업에도 IT융합을 통해 생산성이 올라가고 창의성이 더해지는 효과가 있다"고 말했다.

자료 : 부산일보, 김백상 기자(k103@busan.com)

연습문제

01 경영환경 변화의 의의를 창의적인 관점으로 설명하시오.

02 창의적인 경영에서의 기본프레임을 설명하시오.

03 경영혁신과 창의적인 혁신을 비교설명하시오.

04 기업에서의 창의성이 강조되는 이유를 설명하시오.

05 기업 창의성과 경영혁신의 특징을 설명하시오.

CHAPTER 05

지식경영과 지능혁명

미국의 미래학자인 앨빈 토플러는 1980년에 출판된 자신의 대표작 '제3의 물결(*The Third Waves*)'에서 미래사회는 정보화사회가 될 것이라고 주장하고, 제1의 물결인 농업혁명은 수천 년에 걸쳐 진행되었지만, 제2의 물결인 산업혁명은 300년밖에 걸리지 않았으며, 제3의 물결인 컴퓨터와 인터넷을 기반으로 하는 정보통신혁명과 지식혁명이 진행될 것이라고 주장하였다. 한편 2016년 다보스포럼에서 제4차 산업이 핵심키워드로 소개되면서 미래 창의적인 변화에 지식과 관련된 변화가 급격히 이루어질 것으로 전망했다. 미래사회는 제4차 산업의 핵심사항인 지식과 관련된 지능혁명시대로 성장해가고 창조와 혁신혁명에 인공지능적인 변화의 물결이 다가오며, 향후 인공지능이 미래 방향의 핵심으로 자리할 것이다. 여기서는 가장 기본이 되는 창의적인 정보와 지식, 창의적인 지식경영, 지능혁명의 관점에 대하여 설명하고자 한다.

5.1 정보의 의미와 특징

창의적인 정보는 우리가 살아가는 데 보고 듣고 느끼고 경험한 많은 사실들이나 자료들 중에서 어떤 일을 하는 데 필요한 자료들만을 모아놓거나 정리한 것이다. 일반적으로 작업장의 관리자는 모든 부문의 정보를 다룬다. 고객에게 최대한 서비스를 제공하기 위하여 정보를 필요로 한다. 회사에 최대한 관심을 가지기 위하여, 적절한 인센티브를 만들기 위해 그리고 적절하게 훈련하기 위해 고용인에 대한 정보를 사용한다. 호텔을 예로 들어 설명하면, 관리자는 친절한 호텔서비스를 제공하여 고객들이 편안하게 머무르도록 하기 위하여 직원들에게 인센티브를 제공하거나 새로운 시스템으로 꾸며야 한다. 여기에 시설, 객실수에 대한 가격, 부가서비스를 제공할 뿐만 아니라 또 다른 새로운 호텔을 세우기 위해서 정보를 사용한다.

우리는 인터넷을 '정보의 바다'라고 한다. 그러나 실제 인터넷에서 얻을 수 있는 자료들은 많은 부분이 아직 가공되지 않은 상태의 단순한 데이터이며, 이 데이터를 특정의 목적과 문제해결에 도움이 되도록 수집하고 가공한 것을 정보라고 한다. 그리고 이러한 정보를 체계화하고 의미를 부여하여 장래에 일반적으로 사용되도록 한 것을 지식이라고 한다.

정보는 그 수신자(소비자 측면)에게 의미가 있는 형태로 처리된 자료(data)로서, 현재 또는 미래의 행위(behaviour)나 의사결정(decision making)에 실제적(real) 혹은 지각된 가치(perceived value)를 가지고 있다고 정의내릴 수 있다. 수신자에게 의미있는 정보는 일반적으로 언어, 데이터, 약속된 부호 등의 수단을 통해 전달된다. 전달과정은 암호화, 해독, 통신, 인터넷 채널 및 기타 타 매체를 통한 전달 등으로 구분한다. 전달과정에 정보오류 혹은 기술적인 문제로 원래 의도된 내용이 정확하게 의사결정을 못하는 경우가 간혹 나타나기도 한다. 따라서 정보전달과정에 있어서 발생할 수 있는 오류를 극대화하기 위하여 수신자에게 의미 있는 형태로 전달하는 것이 매우 중요하다. 만약 정보가 전혀 전달되지 않거나, 그릇된 정보가 전달된다면 의는 의사결정에 무익할 뿐만 아니라 심지어는 심각한 부작용을 초래할 가능성도 있다. 정보가 점점

그림 5-1 데이터, 정보, 지식 간의 연계도

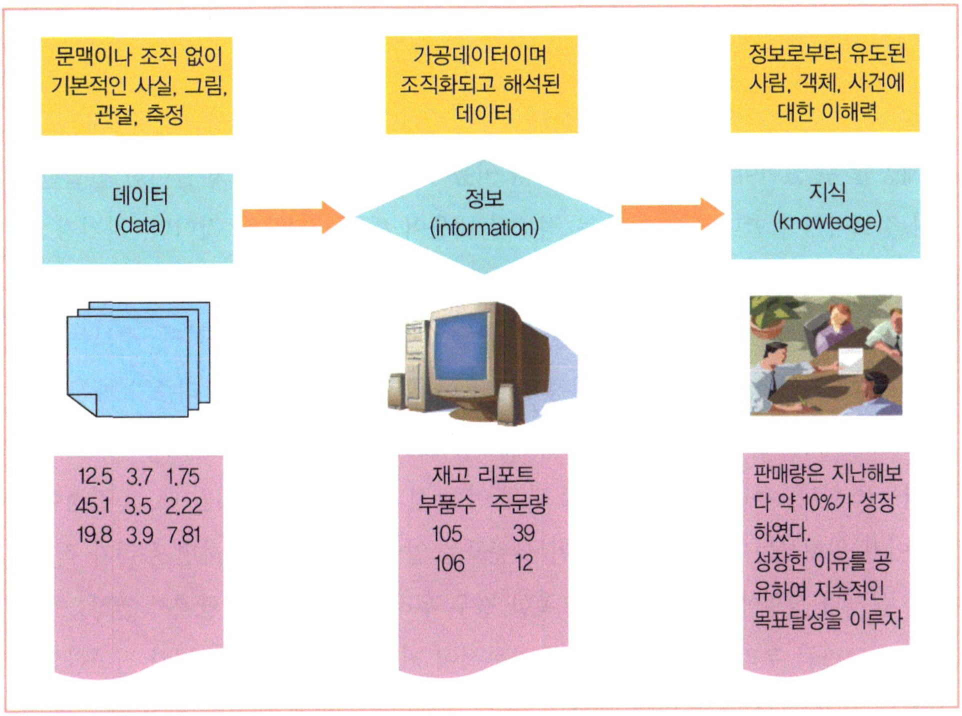

인터넷 등을 통하여 개방형으로 전달됨으로 인하여 개인신상에 대한 일부 조항 등의 부작용이 초래되기도 한다.

오늘날 인터넷의 급속한 발달로 정보는 점점 개방적이고 일상적이고 더러 통속적이기까지 하다. 자동차로 출근 시 목적지까지 가기 위하여 교통상황을 먼저 체크하고 출발하는 것, 출근 전 아침시간을 이용하여 여러 가지 취미활동을 갖는 것, 관련 비즈니스를 하기 위한 전화 사용과 상담건수, 만남을 위한 장소를 회사 근처에서 할지 먼 곳에서 할지, 퇴근 후에 집으로 가는 방법으로 자가용이나 버스, 지하철 중 무엇을 이용할지, 잠을 잘 때 어떤 이불을 덮고 자는지, 자다가 어떤 꿈을 꾸는지 등이 모두 정보에 속한다. 매일 생활하는 가운데 혼자만의 공간에 있든지, 누군가와 함께 의사교환을 하든지 간에, 생각하는 것 중 정보가 아닌 것이 없고, 움직이는 것 중 정보가 아닌 것이 없다. 이렇듯 정보는 보는 관점에 따라 매우 폭넓게 정의되고 있다.

5.1.1 정보의 조건과 특징

정보의 조건으로는, 첫째, 정보의 이용자가 원하는 시기와 장소에서 정보가 적절하게 제공될 수 있어야 한다. 둘째, 정보의 이용자가 원하는 형태로 만들어진 진실한 내용의 정보이어야 한다. 마지막으로 정보의 내용이 새롭고 최신의 것이며, 자기자신만이 이용할 수 있을 때 정보의 가치가 더욱 빛날 수 있다.

그렇다면 우리 삶에서 정보는 어떤 기능을 갖는가 설명해보자. 첫째, 정보는 불확실성을 감소시킨다. 정보는 의사결정에 필요한 새로운 사실들을 알려주기 때문에 어떤 결정을 내릴 때 불확실성을 감소시켜주고 합리적인 결정을 내릴 수 있도록 도와주는 기능을 한다. 우리가 어떤 문제에 관해 어떤 선택이나 결정을 내릴 때 그 결정이 합리적이기 위해서는 그 문제와 관련된 사실들을 알아야 한다. 왜냐하면 우리가 직면하게 될 문제나 상황에 대한 정보가 부족한 경우 우리는 불확실한 상황에서 결정을 내리게 되고 그만큼 우리의 결정은 잘못될 가능성이 커지기 때문이다. 우리가 직면한 문제상황과 관련된 사실들을 많이 알수록 문제를 둘러싼 상황에 대한 불확실성이 감소되고 그만큼 의사결정을 합리적으로 할 수 있게 된다.

둘째, 정보는 상황을 파악하고 분석할 수 있도록 해주며 문제해결방안을 모색하고 합리적 대안을 결정할 수 있도록 도와준다. 문제상황을 분석하기 위해서는 정확한 정보가 필요하다. 이런 점에서 정보는 합리적 의사결정을 위해서 필수 불가결한 것이라고 할 수 있다.

이러한 정보는 두 얼굴을 하고 있다. 우리 생활에 도움이 되는 좋은 정보도 있지만 그렇지 않은 것도 있다. 정보사회에서는 너무 많은 정보가 한꺼번에 쏟아지기 때문에 어떤 정보가 좋은 것인지, 거짓 정보는 어떤 것인지를 가려내어 필요하고 유익한 정보만을 얻을 수 있는 능력을 키워야 한다.

정보사회는 엄청나게 많은 양의 정보가 신속하게 처리되고 전달 · 공급되며, 대부분의 직업이 정보의 생산 · 처리 · 유통과 관련된 정보산업에 집중되는 사회를 가리킨다. 결국 정보는 인간의 주요 활동인 정보 및 통신기술과 관련된 것이라고 할 수 있다.

정보가 의미하는 주요 특징은 다음과 같다.

- 정보는 사회적 중요성이 증대되는 것으로, 개인생활을 비롯하여 정치, 경제, 사회, 문화의 모든 생활에서 정보의존도가 커지고 있다.
- 정보는 컴퓨터 및 전자통신기술의 결합인 정보통신기술(ICT)의 발전과 더불어 정보의 취득 속도와 관련된 정보의 양이 무한해지고 있다.
- 정보는 경제활동의 중심인 상품의 생산에서 탈피하여 정보와 서비스가 결합된 무형제품이 지식의 생산으로 옮겨지고 있다.
- 정보는 정보통신의 네트워크화가 이루어져 네트워크 커뮤니케이션이 가능해져 다양한 계층 및 소비자들과 만남을 통하여 규모가 점점 커지고 있다.
- 정보는 물질이나 에너지 이상으로 정보 자체가 중요한 자원이 되고, 정보의 가치생산을 중심으로 움직이는 것, 즉 정보가 인간의 지적 창조력의 원천이 되고 있다.

이처럼 정보기술에서는 정보가 가장 중요한 재화로 인식되기 때문에 우리는 정보의 중요성을 깨닫고 정보 창조력과 정보 활용능력을 배양하여 미래사회에 대비하여야 한다.

5.1.2 정보가치의 분류

창의적인 활동과 혁신에 대한 의사결정을 하기 위해서는 정보가 매우 중요한 역할을 담당한다. 따라서 정보의 가치에 따라 의사결정의 수준과 밀접한 관련을 가지고 있다. 정보는 시간, 장소 등 상황에 따라 가치가 다르므로 절대적인 가치보다는 상대적인 가치로 정해지는 부문이 많다. 이러한 정보가치의 관점에 따라 정량적 가치와 정성적 가치로 크게 분류한다.

1) 정보의 정량적 가치

정보의 가치를 관습에 따라 객관적인 척도와 기준을 세워 측정한다.

- 정보의 규범적 가치 : 창의적 사회에서 의사결정을 하기 위하여 어느 정도 자신의 지식판단기준에 따라 행동하는 방식을 말한다. 이러한 사전적 지식수준은 판단근거에 의하여 추리되기 때문에 어느 정도 미래가치를 판정하기는 쉬우나 잘못된 척도와 기준이 된다면 다소 판별에 무리가 따른다. 여기서는 창의적 사회의 집단적인 의사결정을 존중하기보다는 개인의 의사결정 판단기준을 제시하고 있다.
- 정보의 현실적 가치 : 정보의 현실적인 성과를 이루는 프로토타입은 가능하나 실제시스템은 보여주지 못한다.
- 정보의 주관적 가치 : 의사결정자의 가상적 실험을 통해 평가한다.

2) 정보의 정성적 가치

정보의 가치(value)와 정보의 질(quality)을 결정한다.

- 관련성 : 정보가 현재 의사결정자가 해결해야 할 문제와 얼마나 관련이 있는가, 즉 어떤 정보가 의사결정에 도움이 되는가의 정도를 의미한다.
- 정확성 : 관련된 정보오류가 적어야 문제해결이 이루어진다.
- 적시성 : 문제해결에 필요한 정보가 필요한 시기에 제공되어야 한다.
- 완전성 : 창의적 문제해결에 필요한 모든 정보 중 어느 정보가 필요한가를 말한다.

5.2 창의적인 지식과 지식경영

지식의 사전적 정의는 어떤 대상을 연구하거나 배우거나 또는 실천을 통해 얻은 명확한 인식이나 이해로 개인이 옳다고 믿을 뿐만 아니라 객관적으로도 참된 것(true)으로 인정받을 수 있는 것 등으로 정의한다. 또한 철학적 의미로는 인식에 의해 얻어진 성과 또는 사물에 대한 단편적인 사실적 · 경험적 인식으로 객관적 타당성을 요구할 수 있는 판단체계라 할 수 있다. 새로운 의미의 지식은 실용성으로서의 지식이고, 사회적 지위와 경제적 성과를 얻을 수 있는 수단으로서 인간의 외부를 향하고 있다. 이러한 지식의 역동성은 지식이 기계, 작업도구, 제조공정, 제품에 적용되어 산업혁명을 일으켰고, 노동과 일하는 방식에 적용되어 생산성혁명을 일으켰다. 또한 지식이 체계적 혁신에 적용되면서 오늘날의 지식혁명을 일으키게 되었다. 최근에는 제4차 산업혁명의 핵심인 지능혁명, 즉 인간의 지능을 혁명적으로 발전시켜 개인의 역량과 기업의 역량을 최고조로 높이는 것으로 발전하고 있다. 이러한 창의적인 지식은 앞으로도 매우 중요한 역할을 담당할 것이다.

오늘날 대부분의 기업들은 초경쟁력환경이라는 무한경쟁시대로 돌입하면서, 지식에 대한 새로운 환경의 도입 및 구축이라는 상황에 직면하였다. 앞으로 기업에서는 지식환경을 필연적으로 구축해야 한다. 이미 선진국의 몇몇 기업은 지식경영을 성공적으로 도입함으로써 21세기 더 높이 도약할 수 있는 발판을 구축했다.

지식은 힘이다. 지식이란 어떤 한 분야에서 가장 탁월하고 최적의 의사결정을 내릴 수 있도록 하고, 그 결과는 시장에서 차별화된 경쟁력을 갖게 된다. 지식은 정보를 체계화하고 일반화한 것을 말한다. 예를 들면, 미국 여행자에게 필요한 미국 대륙의 기후, 언어, 생활습관, 교통편 등에 관해 체계화한 지식을 일컫는다.

개인과 조직을 기반으로 하여 기업 지식의 생성과 활용, 축적에 이르는 활동을 원활하게 할 수 있도록 정보기술을 통해 지원하는 것을 지식관리시스템(KMS)이라고 한다. 특히 인터넷시대에는 기업의 경쟁우위로서 차별적인 지식의 창출을 더욱 필요로 한다. 지식경영활동이 성공적으로 실행된 기업들에 비해 대부분 제대로 기업의 성과

그림 5-2 창의적 지식의 습득과정

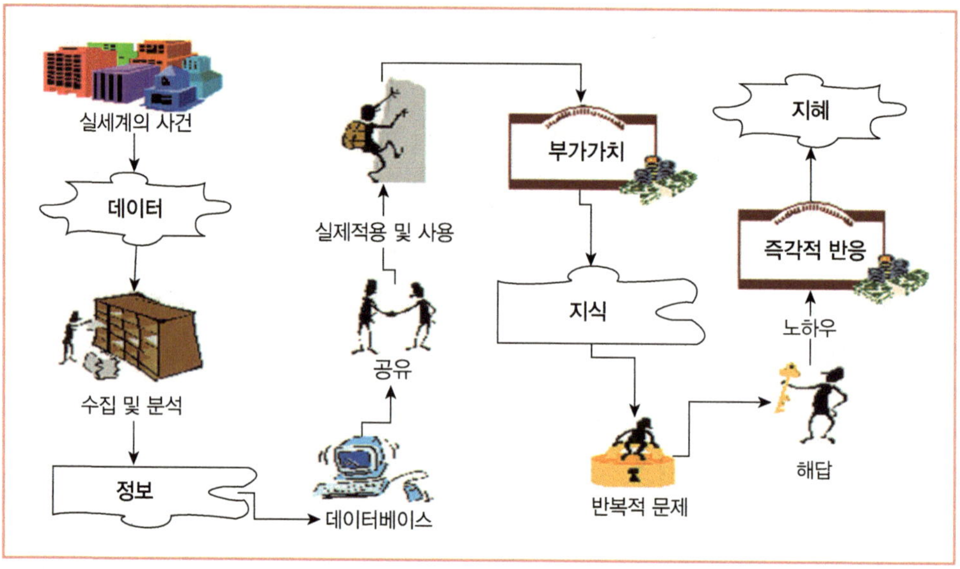

로 이어지지 못하는 것은 여러 가지 요인들에서 찾아볼 수 있겠지만, 무엇보다도 기업의 지식경영활동이 변화하고 있는 경영 패러다임에 제대로 적응하지 못하는 것이 주요 원인이다. 특히 지식경영은 제4차 산업혁명의 모든 분야의 핵심적인 지식을 적용하기 때문에 보다 체계적인 지식관리 차원에서 바라보아야 한다.

5.2.1 창의적 지식의 배경

새로운 정보통신기술의 등장으로 매우 빠르게 기업환경은 변화되어가고 있다. 이러한 경쟁환경을 이끌어가는 주역은 다름 아닌 지식이며, 성공에 대한 열쇠도 바로 지식이다. 국내외 기업들은 앞 다퉈 지식과 시스템을 도입하고 있어 지식만이 현재 조직의 비효율적인 구조를 극복하고 세계시장에서 경쟁력을 얻기 위한 유일한 자원으로 인식되고 있다. 따라서 지식은 이론적으로 알고 있는 것보다 실제로 어떤 일을 하면서 경험으로 얻어지는 가장 현실적이고 진실한 것으로 이해할 수 있다. 이 시점에서 가장 중요한 것은 지식경영의 확산이 빠르게 진행될수록 지식에 대한 올바른 이해가 먼저 선행되어야 한다는 것이다.

수많은 인터넷 사이트 혹은 내부에서 축적되고 사용되는 다양하고 많은 정보를 검색할 수는 있지만 그 정보들이 진정한 가치를 창출할 수 있도록 활용되지 않는다면 그것은 단지 정보나 객관적인 사실의 설명에 불과하다. 그러나 문제해결에 검색된 정보를 업무의 과정이나 기업의 이익을 위해 활용할 수 있다면 그것은 업무를 통해 이익을 얻을 수 있는 가장 적합한 지식이 된다.

그림 5-3 창의적 지식의 관계도

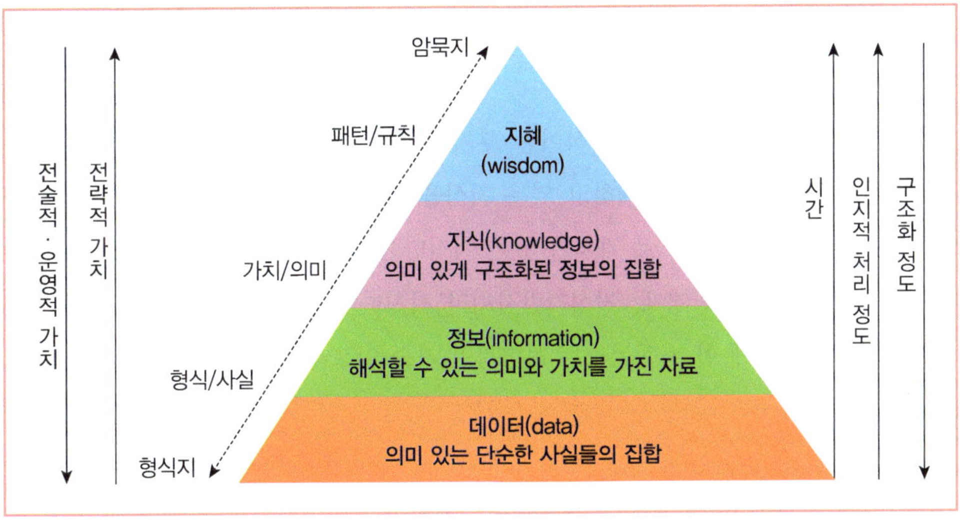

[그림 5-3]에서 지식은 정보보다는 상위개념으로서 사실적인 데이터를 근거로 나타난다. 즉 데이터(data)는 현실세계에서 일어난 사건들에 대한 단순한 사실이나 수치에 불과한 것으로서 그 자체로는 현실에 대한 사실 전달 이외의 의미를 지니고 있지 않으며, 정보(information)는 현실세계에서 일어난 사건들에 대한 자료를 수집하거나 분석하여 사용자의 목적에 맞게 가공한 것으로서 데이터 간에 어떤 관계가 있는가를 분석하여 특정 목적과 문제해결에 도움이 되도록 의미를 부여한 것을 말한다. 그리고 지식(knowledge)은 이용자의 목적에 맞게 가공 · 분석한 정보가 일정한 규칙으로 데이터

베이스(DB)가 구축되고, 이를 공유하고 활용함으로써 새로운 부가가치를 창출할 수 있는 정보들의 집합을 의미한다. 지혜는 이러한 데이터, 정보, 지식의 모든 과정 속에서 개인이 갖는 독자적 노하우나 응용력을 경험과 같은 주관적 정보를 더하여 보다 정도(精度)가 높아진 종합적인 판단력이나 어떤 문제에 대한 해결책을 제시할 수 있는 체화된 경우를 말하며, 이러한 지혜는 여러 가지 다양한 상황에 적용할 수 있다. 새로운 지식을 만들어낼 수 있는 보다 고차원적인 힘으로 지식을 운용할 수 있는 능력을 지혜(wisdom)라 할 수 있다.

경영의 관점에서 보면 자료(data)는 과거의 기록을 의미하는 것이고, 정보(information)는 현재의 상황을 뜻하는 것이며, 지식(knowledge)과 지혜(wisdom)는 미래를 예측하기 위해서 요구되는 것이기 때문에 경영자의 입장에서는 중요한 의미를 지니고 있다.

창의적인 사회에서 필요한 지식이란 부가가치창출이라는 목적을 추구해나갈 때 직·간접으로 기여하거나 관계하고 있는 지식을 말한다. 초경쟁력환경에서는 방대한 양의 정보 중에서 의미적으로 가치가 있는 지식만이 정제·관리되어야 하고, 또 이런 사회적 구조를 지식기반경제, 지식기반사회라 지칭한다. 제4차 산업혁명이야말로 디지털시대를 가능하게 한 지식이라는 혁명적인 기술 인프라를 이용해 조직을 혁신적으로 관리할 수 있다.

5.2.2 창의적 지식경영

창의적 지식경영은 본질적으로 사람이 주체가 되는 주관적 속성이 강한 것으로 생산성 향상과 효율성 제고를 위한 관리기법이 아니고 인간에 대한 철학적 관점, 즉 인간은 이익을 증진하기 위한 수단이 아니고 이익을 창출하기 위한 주체라는 인식의 변화를 전제로 한다. 따라서 지식경영은 창의력이 있고 열정이 있는 인재를 선발하는 것이 지식경영의 출발점이 되어야 하고, 제도·조직·시스템 간의 균형과 적합성이 지식경영을 위한 인프라구조가 되는 것이다. 지식경영의 요체는 기존의 지식을 축적하고 활용할 뿐만 아니라 새로운 지식을 생성해내는 창의력이다. 지식경영은 창의성경영에 기여할 수 있다. 전통적인 지식경영에서는 지식경영을 지식관리수준으로 활용하였지만 향후 미래의 불확실성이 나타나는 21세기 경영에서는 지식경영에 창의성을 반드시 요구하고 있다.

정보 · 관리 · 시스템은 현존하는 것에 초점을 두고 있지만, 지식 · 경영 · 프로세스는 생성하는 것, 즉 향후 창의적인 관점의 미래에 초점을 맞추어야 하기 때문에 창의력의 개발과 예측력의 정확도가 생존과 경쟁력에서 핵심이 되고 있다. 따라서 지식경영은 시스템중심에서 사람중심으로 업무와 연계시켜 경영성과에 기여하는 방법으로 접근해야 한다.

근본적인 지식경영(knowledge management)은 매우 다양하게 정의되고 있다. 지식경영의 기본적인 이론은 1960년대에 과학 철학자인 마이클 폴라니(Michael Polanyi)에 의해 정의되었는데, 지식을 형식적 지식과 암묵적 지식으로 구분하였다.

형식적 지식(explicit knowledge)은 기업의 정책 및 매뉴얼, 가이드라인, 보고서, 설계안, 제품, 전략, 목표, 사명, 핵심역량과 정보기술 인프라, 제품양식 및 디자인, 언어화된 문제 및 방법론 등을 들 수 있다. 형식적 지식은 업무절차나 전략을 다른 사람에게 전달하기 쉽게 문서화된 지식을 의미한다. 또한 다른 사람들에게 배포될 수 있으며, 프로세스나 전략으로 전환될 수 있는 형태로 부호화(codified)되어온 것들이다. 예를 들어, 기업의 인적자원 정책 매뉴얼로 문서화되어 있는 채용 프로세스를 어떻게 수행하는지에 대한 기술이 이에 속한다.

암묵적 지식(tacit knowledge)은 문서나 매뉴얼처럼 외부로 표출되어 여러 사람이 공유할 수 있는 지식으로 언어를 통해 쉽게 기호화하고 객관적으로 측정할 수 있고 관찰할 수 있는 객관적인 지식으로서 누구나 쉽게 알 수 있는 지식을 말한다. 조직이 가지고 있는 경험, 통찰, 관찰, 전문지식, 노하우, 거래비밀, 기술, 지적 능력, 학습 등을 통해 축적된 결과뿐만 아니라, 조직의 사람, 프로세스, 그리고 가치에 대한 과거 및 현재의 경험이 내재된 문화를 의미한다. 일반적으로 개인의 머릿속에 존재하거나 조직 내에서 그룹 간 상호작용하는 과정에 내재되어 있다. 암묵적 지식은 전형적으로 전문지식 또는 고난도의 기술들로 구성된다. 정형화되지 않기 때문에 형식지에 비해 부호화하기 어려운 특징을 가지고 있다. 예를 들어 특정 고객들과 오랫동안 거래해온 판매원은 특정 고객의 니즈를 매우 잘 알기 때문에 이러한 고객들과 원하는 거래를 할 때에는 고객들에 대한 광범위한 노하우, 즉 개인의 암묵지를 활용한다. 암묵지는 거의 대부분이 기록되지 않는 형태로 머릿속에 하나의 형태로 남아있다. 암묵지에 대한 성공적인 전이 또는 공유는 일반적으로 교제, 실습훈련, 대화, 그리고 기타 사회적이고 개인적인 상호작용 또는 심지어 시뮬레이션 등을 통해 이루어질 수 있다.

이후에 많은 학자들에 의해 주장된 지식경영은 항상 변화를 계속하는 사회에서 선도기업이 되기 위하여 새로운 지식을 창조하여 조직 전체에 영향을 끼치는 보다 신속하고 앞선 기술, 새로운 제품개발로 구현되는 기업이라고 주장하고 있다. 창조적인 기업이란 형식적인 지식과 암묵적인 지식을 병행하면서 지식이 창조되어 기업이나 개인에 점차적으로 축적되어가는 양상을 띠고 있다.

이러한 다양한 정의들을 종합하여 한마디로 표현하면 창의적인 지식경영이란 조직의 지식을 체계적이고 효과적으로 관리하고 활용하는 것이라 할 수 있을 것이다. 보다 구체적으로 기업 내외의 지식자원을 획득 · 교환 · 결합하여 새로운 지식을 창출하고, 이를 부가가치 증대에 효과적으로 연결시키는 체계적인 활동을 말한다. 지식경영은 단순한 모방이 아니며 그 자체는 창의적 파괴의 과정으로 이해되어야 한다.

지식을 창조한다는 것은 조직구성원 개개인이 보유하고 있는 지식을 창출할 뿐만 아니라 공유과정을 통해 기업경영에 효율적 및 효율화과정을 만들어내는 것이다. 특히 조직에서의 자발적 지식창출활동 및 조직구성원 간의 대화나 비공식적인 만남을 통해 지식공유과정을 어떻게 촉진시킬 것인가가 매우 중요하다고 할 수 있다.

5.2.3 창의적 지식경영의 구성요소와 프로세스

창의적 지식경영은 보편적으로 사람, 문화, 제도와 조직, 시스템으로 구성된다. [그림 5-4]는 지식경영의 구성요소를 나타내며, 이러한 구성요소들의 바탕에는 지식 프로세스가 존재한다. 지식 프로세스는 지식의 변환과 활용, 새로운 지식의 창출이 연속적인 순환과정을 통해 새로운 부가가치창출에 결정적 기여를 함으로써 고객에게 만족스러운 가치를 제공하고 기업에게는 이윤을 가져다주는 메커니즘을 일컫는다.

창의적 지식경영의 구성요소들은 지식프로세스 전반, 혹은 프로세스의 특정 과정에서 상호작용하여 지식 프로세스를 가속화시켜야 한다. 이것이 지식시대 지식경영의 전체 모습이다.

사람은 지식경영에서 가장 중요하면서 지식 프로세스의 근원지이다. 기업 내의 모든 종업원은 지식근로자가 되어야 한다. 제기능을 발휘하기 위하여 지식공유와 지식창조가 우선시되는 문화가 되어야 한다. 그리고 지식창조가 이루어지기 위하여 제도와 조직을 갖추어야 한다. 지식에 대한 평가, 보상체계, 권한이양 등이 되는 조직체계로 재편되어야 한다. 그리고 모든 조직은 학습조직이어야 한다. 조직 자체가 끊임없이

그림 5-4 창의적 지식경영의 구성요소

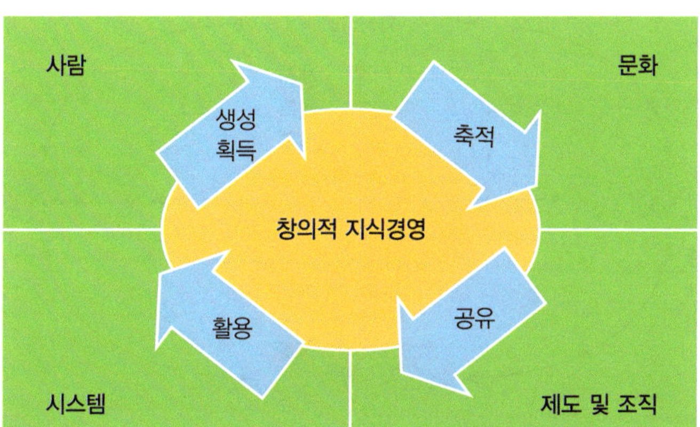

유용한 지식을 창출하고 공유해가는 속성을 갖추어야 한다.

창의적 지식경영 프로세스는 자율이라는 통제 메커니즘을 통해 정보의 다양성과 복잡성을 새로운 지식의 창출이라는 목표로 흐르게 하는 것이다. 인터넷과 컴퓨터의 보급은 조직의 일상적인 일이나 정책 등을 표준화된 운영 프로세스에 맡기도록 강요한다. 그런데 이러한 정보시스템들은 일상적인 업무의 효율적인 처리와 외부환경을 기업의 업무흐름으로 수렴시킨다는 장점을 갖고 있는 반면에, 역동적으로 변화하는 창의적인 사업환경을 정적인 기업운영 프로세스에 맞추려 하기 때문에 외부환경 변화에 적절히 대응하지 못하는 단점을 함께 지니고 있다.

즉 컴퓨터를 이용한 거래나 물류, 작업흐름의 통합 등 전통적인 정보처리의 관점을 벗어나 커뮤니케이션 기반을 구축하고, 조직구성원과 고객들 간의 네트워크를 형성하며, 현장에서 직접 학습할 수 있는 다양성과 복잡성을 가진 지식경영시스템의 관점에서 정보사회를 실행하고 있는 것이다. 정보사회모델은 유연한 기술과 시스템에 기반하며, 고객과 조직구성원 간의 자유로운 지식경영 실행 공동체의 형성을 가능하게 하는 지식경영시스템을 요구한다.

지식경영 프로세스를 지식창조, 지식저장, 지식공유, 지식활용의 4단계로 구분할 수

그림 5-5 창의적 지식경영 프로세스

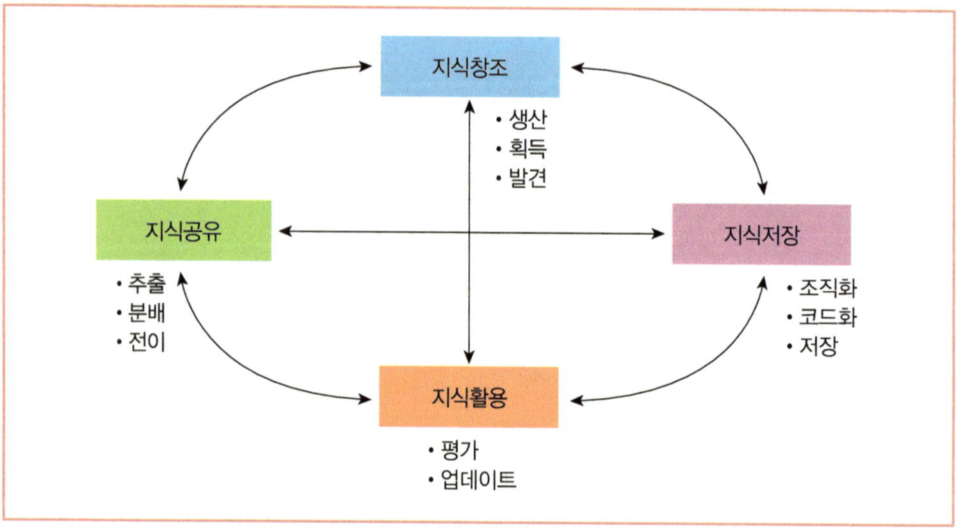

있다. 지식경영관리는 이러한 활동들이 서로 피드백을 주고받으며 운영되어야 한며, 효과적인 지식관리를 위해서는 이들 세부활동 간의 전체적인 효율성과 효과성이 동시에 고려되어야 한다.

- 지식창조 : 지식의 생산, 획득, 발견 등의 활동을 통하여 창의적인 지식을 만들어내고 형상화하는 과정을 말한다.
- 지식저장 : 미래 창의적인 지식의 공유 및 활용을 위해서 창의적 지식의 검증, 분류, 코드화, 조직화 등의 활동을 거쳐 지식을 저장소에 등록, 저장하기까지의 과정을 말한다.
- 지식공유 : 창의적인 지식을 요구할 때 원하는 지식에 대한 접근이 지원되도록 기술적, 조직적인 인프라를 갖춤으로써 언제든지 사용가능하도록 지식에 대한 접근성을 확보하기까지의 전반적인 과정을 말한다.
- 지식활용 : 공유된 창의적 지식을 활용하기 위해서는 반드시 가치창출을 위한 평가 및 업데이트가 필수적으로 이루어지는 과정을 말한다.

5.3 창의적 지식경영시스템의 구성

지식사회에서 조직원의 창의성, 지식, 경험이 가장 중요한 가치창출의 원천으로 인간의 잠재된 지식을 어떻게 체계화하고 수치화하여 조직 내 여러 사람이 손쉽고 빠르게 공유할 수 있는 있는가가 조직의 경쟁력을 좌우함에 따라 지식경영시스템이 등장하게 되었다.

창의적 지식경영의 목표는 조직 내에서 보유하고 있는 지식을 효율적 · 효과적으로 사용하는 데 초점이 맞추어져 있다. 조직 내 지식자원의 가치를 극대화하기 위하여 통합적인 지식관리 프로세스를 지원하는 것으로, 지식경영시스템이라고도 한다. 즉 지식경영시스템은 조직 내 지식을 개인이나 조직 차원에서 적극적으로 창출하고 이를 효율적으로 조직 내 다른 구성원과 공유하고, 조직 내 지식창고에 체계적으로 저장관리하여 지식경영을 가능하게 하는 일련의 과정 및 이를 기반으로 운영하는 조직 내 정보시스템을 의미한다. 인터넷시대의 초연결시대에 있는 조직은 국내외적인 환경에서 나타나는 정보뿐만 아니라 수많은 조직들이 그들의 정보시스템에서 형식지와 암묵지를 통합하여 관리할 필요성을 느끼고 있다.

창의적 지식경영시스템은 기존의 정보시스템들과의 유기적 결합을 통해 컴퓨터상에 저장된 데이터나 정보뿐 아니라 문서, 그래픽, 동영상, 모델, 노하우 등 다양한 형태로 조직 내에 분산되어 있는 지식을 효과적으로 저장 · 관리 · 활용할 수 있는 통합된 개념의 정보시스템이라 할 수 있다. 이 시스템을 활용하는 사용자들은 단순히 데이터나 정보를 입력, 조회 또는 출력하는 단순한 작업이 아니라 자신의 지식을 바탕으로 지속적인 업무지식의 창출, 효과적인 지식경영시스템의 운용, 전사적인 지식경영의 비전과 전략 수립 등에서 보다 지속적인 역할을 해야 한다. 즉 전자문서관리시스템(EDMS), 인터넷, 인트라넷, 엑스트라넷, 데이터베이스관리시스템(DBMS), 검색 및 검색엔진, 협업, 보안, 기업지식포털, 데이터웨어하우스 및 데이터마이닝 그리고 암묵

그림 5-6 창의적 지식경영시스템의 구성

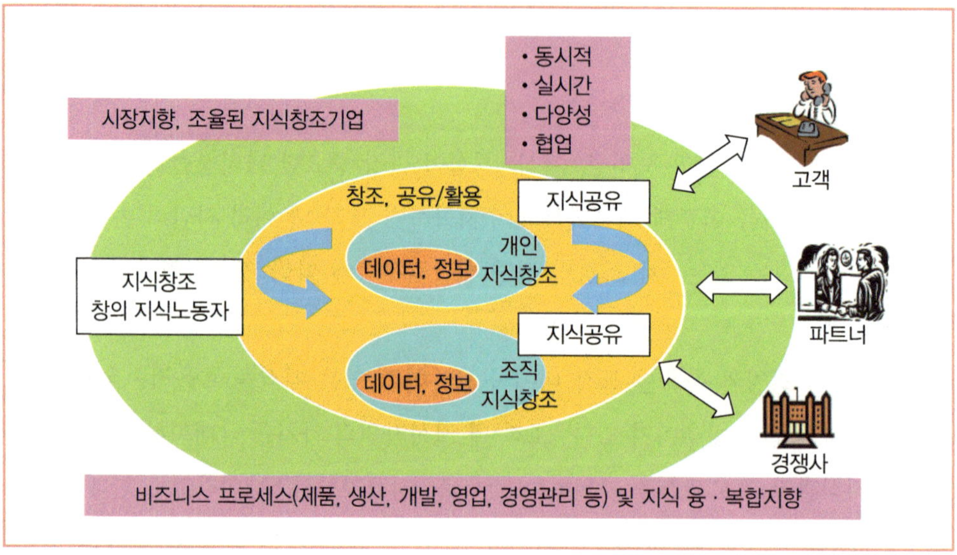

자료 : 마이크로소프트웨어, 지식관리시스템, 2017. 8., 저자 수정보완.

지를 위한 개인정보관리 등 기존 기업정보시스템의 연계를 통해 통합적인 솔루션으로 설계, 구축된 것이 지식관리시스템이다.

다시 말하면, 창의적 지식관리시스템의 기업 인적 자원이 소유하고 있는 정형적·비정형적인 지적 자산 데이터들을 기업 안에서 축적하여 활용할 수 있다. 즉 직원들이 입력한 다양한 정보를 체계적으로 수집 및 정리·분류하고 전 사원들에게 보급시켜 업무에 활용토록 하자는 것이다. 또한 최신의 첨단정보기술의 조합을 통해 조직 내에 축적된 각종 지식과 노하우를 효율적으로 관리하고 상호 공유하도록 하는 것이 주요 목표이다.

1) 인터넷/인트라넷/엑스트라넷

인터넷은 지식의 공유와 확산 측면에서 대단히 중요한 역할을 한다. 인터넷의 공중성과 주요 정보들 사이의 정보연계를 통한 동적인 형태의 지식포털기술, 그리고 멀티미디어기술, 클라우드, 빅데이터, 그룹웨어 등과 연결되는 다양한 지식기술은 지식경영시스템의 중요한 근원이 되며, 향후 사물인터넷의 등장으로 더욱더 지식경영시스템이 각광을 받을 것이다. 최근에는 스마트폰으로 무선환경의 모바일 비즈니스가 실현되어 지식서비스관련 산업이 급속도로 발전하고 있다.

특히 인터넷기술은 기업이나 특정 조직 측면에서 기업 내외의 정보공유를 활용하고자 하는 인트라넷/엑스트라넷 개념기술이 급속도로 발전되었다. 인터넷기반기술은 많은 양의 정보를 공유하기 위하여 보안기술, 전자지불시스템, 스마트비즈니스 등 광범위한 형태의 무선통신기술 등이 기기와 상관없이 구현될 수 있는 지식경영시스템(KMS)의 기본사항으로 등장할 것이다.

2) 데이터베이스와 지식지도

데이터베이스는 현실세계에 존재하는 많은 데이터들 가운데 어떤 조직이나 단체를 유지하고 관리하는 데 필수적인 관련 데이터들의 집합이다. 데이터 사이에는 여러 가지 연관성이 존재한다. 이러한 연관성을 갖는 어느 데이터가 들어 있는 파일들로부터 필요한 정보만을 정리하여 또 다른 하나의 파일에 저장하여 두는 것으로 데이터베이스는 복수의 파일처리에서 출발하였다. 특히 지식경영시스템을 구축하기 위하여 데이터베이스는 매우 중요한 요인이다. 대부분의 조직에서 하나 이상의 데이터베이스 응용프로그램을 사용한다고 말할 수 있다. 조직 내에 정형이든 비정형이든 효율적이고 효과적으로 관리하기 위하여 데이터베이스를 활용한다. 지식경영시스템은 상이한 지식의 원천을 유기적으로 연결하거나 재가공과정을 통하여 사용자들의 목적과 용도에 맞도록 재구성하는 지식생성기능을 제공해야 한다.

데이터베이스와 연관이 매우 큰 지식저장소는 생성된 지식을 저장하는 곳으로 획득한 지식을 체계적으로 분류한 색인 데이터베이스와 물리적 저장위치를 나타내는 지식지도, 그리고 실제 지식정보 등을 저장하는 곳이다.

한편 지식지도는 사용자가 원하는 지식에 쉽게 접근할 수 있도록 지식을 용도별, 부문별로 정리한 지식분류체계를 의미한다. 지식지도를 구성할 때는 조직의 핵심 프로세스별로 요구되는 지식을 도출하고 업무처리 관점에 따라 지식의 전체적인 구성을 논리적으로 체계화시켜야 한다.

3) 전자문서관리시스템

전자문서관리시스템(EDMS)은 조직 내 비정형적인 문서를 효과적으로 관리하기 위한 문서관리 솔루션으로 문서의 발생부터 폐기까지 전체 생명주기과정을 관리하며 사용자가 쉽게 문서정보를 찾을 수 있도록 지원해주는 통합관리용 시스템이다. 각종 전자문서의 등록, 저장, 관리, 송수신, 조회 등을 지원하는 시스템을 말한다. 전자문서관리시스템과의 연동은 크게 두 가지 분류로 나눌 수 있다. 첫 번째는 데이터 간의 연동으로 지식경영시스템과 전자문서관리시스템이 각각 서로 다른 지식과 정보를 공유하고 있는 상태에서 사용자의 요구나 기능상의 통합을 위해 서로 간에 데이터를 이관하거나 서로에게 데이터를 공개하는 경우이다. 두 번째는 지식저장공간의 연동으로 지식경영시스템에서 보유한 지식을 좀 더 효율적이고 효과적으로 관리하기 위한 저장공간으로 전자문서시스템을 사용하고 지식경영시스템에 등록된 지식은 실제적으로 전자문서관리시스템으로 이관되어 관리되고 활용되는 경우이다.

4) 검색 및 검색엔진

지식경영시스템의 중요한 구성요소 중 하나를 차지하는 것이 검색 및 검색엔진이다. 지식경영시스템에서는 검색엔진이 문서에 대한 전문검색을 제공하는 기능뿐만 아니라, 사용자가 빈번하게 참고로 하는 주요 웹 사이트에 대하여 관리자가 적정한 검증절차를 거친 후 시스템에 등록하여 두면, 웹 로봇이라고 불리는 모듈이 이들 사이트에 대하여 적절한 시간 간격을 두고 새롭게 갱신되는 문서들을 자동으로 수집하고 이들 수집된 문서들을 중요 키워드별로 자동으로 분류하여 지식경영시스템에 등록하게 하는 기능을 추가함으로써 사용자가 필요로 하는 지식을 한 곳에서 관리하고 활용할 수 있는 효율성 및 편의성을 제공한다. 즉 사용자에게 원하는 지식을 신속하고 정확하게 검색할 수 있도록 지식의 분류 및 연관성에 따라 접근권한과 조건검색 및 키워드검색 기능 등을 제공하여야 한다.

5) 협업과 그룹웨어

협업(collaboration)기술은 조직 내 그룹의 작업을 수행할 수 있는 수단을 제공한다. 그룹들은 공통의 문서를 가지고 동시 또는 다른 시간에 작업을 한다. 이러한 작업방식들은 지식제공 작업을 수행하는 실행공동체의 구성원들에게는 매우 중요하다. 네트워크의 발전은 협업시스템들을 사용하는 개인들이 언제 어디서든 온라인 작업을 할 수 있도록 가상공간을 제공한다. 특히 대화형 협업기능인 메일, SNS, 게시판, 전자결재, 원격 및 화상회의 등을 정보시스템 내에서 구현하는 것은 매우 중요하다.

한편 그룹웨어는 개인이나 팀, 부서와 같은 그룹 단위의 작업을 지원하기 위한 정보시스템을 의미한다. 좁은 의미로는 전자우편이나 전자결재, 일정관리 등의 기능을 의미하지만 넓은 의미로는 조직 내 정보공유기능을 지원해주는 소프트웨어를 총칭한다.

6) 보안

보안이란 범죄활동, 위협, 피해나 손실, 경제적 손실 등에 대비하는 것이다. 정보보안이란 승인되지 않은 접근, 사용, 누출, 방해, 변경, 파괴로부터 조직 내 정보나 정보시스템을 보호하는 것을 의미한다. 조직 내외의 정보시스템을 해킹하려는 것을 막는 보안이 체계화되어야 한다. 사실 지식경영시스템(KMS)이 인터넷/인트라넷/엑스트라넷이라는 보다 넓은 범위에 활용되면서 한 기업의 지적 재산을 보호하려는 보안관리는 매우 중요한 핵심요인이다.

7) 기업지식포털

기업지식포털(Enterprise Knowledge Portal : EKP)은 사용자가 본인이 자주 접근하는 기능을 한 화면에 통합하여 볼 수 있도록 해주는 기능으로 사용자는 로그인을 한 후, 그룹웨어의 주요 기능과 지식경영시스템의 주요 기능을 한 화면에서 볼 수 있으며 여러 경로를 거치지 않고 한 번에 접근이 가능하도록 구성되어 있어야 한다. 포털기능은 여러 이질적인 시스템이 서로 다른 접근방식과 서로 다른 사용자 인터페이스를 가지고 사용자에게 제공됨으로써 사용자가 본인이 필요로 하는 기능과 데이터에 접근하여 정보를 획득 · 교환하는 기능이다. 즉 문맥을 공유할 수 있는 연관성을 만들어서 정보를 교환함으로써 지식이전 및 공유를 하는 것이다. 이러한 포털에는 사용자의 정보요구, 즉 데이터와 문서, 전자메일, 웹링크와 질의(query), 그리고 공유되어야 하는 일정 및 과업목록 등이 통합되어 있어야 한다.

8) 데이터웨어하우징과 데이터마이닝

기업 내 정보기술을 이용한 정형화된 정보들이 적절한 도구를 이용해 분석되고, 분석된 자료들은 새로운 정책을 결정할 수 있는 지식으로 사용될 수 있다. 이러한 작업을 가능하도록 하기 위해 데이터웨어하우스(data warehouse)가 이용되고 있는데, 데이터웨어하우스 구현의 결과는 즉각적으로 정형화할 뿐만 아니라 기업 내 의사결정자에게 필요한 과거 데이터의 저장고이다.

데이터웨어하우징 구현은 데이터추출, 데이터저장, 온라인 데이터분석, 데이터마이닝, 데이터액세스의 다섯 단계로 나눌 수 있다. 각 단계 중에서 데이터마이닝(data mining)은 수집되고 분석된 자료를 사용자에게 제공하기 위해 분류 및 가공하는 요소기술로서 사용자들은 이러한 기능을 통해 자동화된 지식검색을 할 수 있게 된다. 데이터마이닝을 활용한 작업으로는 지식추출, 데이터탐색, 데이터 패턴처리, 데이터포착, 정보생성 등이 잘 알려져 있다.

9) 개인의 문서관리

창의적인 지식경영이 보다 성공적인 시스템으로 구축되기 위하여 기업 내의 개인 조직구성원의 지식자산 및 평가, 노하우 등을 비정형적인 데이터들을 탑재하여 정보를 공유하는 것이 매우 중요하다. 기업이 궁극적으로 성공하기 위해서는 개인의 문서관리를 보다 체계적으로 관리하기 위한 내용이 함축되어 있어야 한다. 유사 시 내부자원의 이탈이 생겨나도 대외적인 고객서비스활동이 원활히 이루어져야만 서비스만족도가 향상되며, 결국에는 기업이윤을 가져온다. 또한 이에 대한 내부적인 발전과 시장지향적인 외부기업 간의 협력사들과 협업할 수 있도록 지원해야 한다.

내부적으로 매우 다양한 형태의 개인정보로부터, 그리고 외부의 새로운 정보와 고객들과 협력사들로부터 유익한 정보에 이르기까지 다양한 형태의 정보를 관리함과 동시에 지식경영시스템을 성공적으로 이루기 위해서는 조직 내에 개인정보관리를 자연스럽게 유도하는 전략이 필요하다. 예컨대 전화번호부, 주소록, 스케줄관리, 상담관리, 메모리관리 등의 기능을 모두 제공한다.

5.4 창의적 활동을 지원할 빅데이터의 의미와 특징

빅데이터(big data)란 디지털의 모든 환경에서 생성되는 데이터로 그 규모가 너무도 방대하고, 생성주기도 상관없고, 데이터형태도 수치 데이터뿐 아니라 문자와 영상 데이터를 포함하는 대규모 데이터로 정의할 수 있다. 향후 빅데이터를 통한 창의적인 활동 및 다양한 분야의 적용을 위해서는 정보 차원의 분석이 이루어지도록 관련 정보영역의 분류가 필수적이라고 할 수 있다.

빅데이터환경은 과거에 비해 데이터의 양이 엄청나게 폭증했으며, 관련 데이터의 종류도 다양해져 사람들의 행동은 물론 위치정보와 SNS를 통해 생각과 의견까지 분석하고 예측할 수 있도록 변하고 있는 것이다. 데이터의 생성량 · 주기 · 형식 등이 기존 데이터에 비해 너무 크기 때문에, 종래의 방법으로는 수집 · 저장 · 검색 · 분석이 어려운 방대한 데이터를 말한다. 빅데이터는 각종 센서와 인터넷의 발달과 함께 다양한 채널의 데이터가 늘어나면서 등장하였다. 컴퓨터 및 처리기술이 발달함에 따라 디지털 환경에서 생성되는 빅데이터와 이 데이터를 기반으로 분석할 경우 질병이나 사회현상의 변화에 관한 새로운 시각이나 법칙을 분석하는 가능성으로 자연스럽게 빅데이터란 말이 나타났다.

빅데이터는 데이터 양(volume), 다양한 형태(variety), 생성 속도(velocity)라는 의미를 함축할 뿐만 아니라 데이터가 가지고 있는 가치에 초점을 둔다. 데이터의 가치는 데이터의 분석결과를 얼마나 실제 생활에 활용하는 것인지가 더 중요한 가치를 갖는다. 이러한 데이터들은 시간이 변함에 따라 그 전체를 파악하고 일정한 형태와 패턴을 발견하기가 어렵게 되면서 분석 후의 가치(value)창출의 중요성이 더욱 강조되고

그림 5-7 빅데이터를 위한 데이터베이스 수집방법

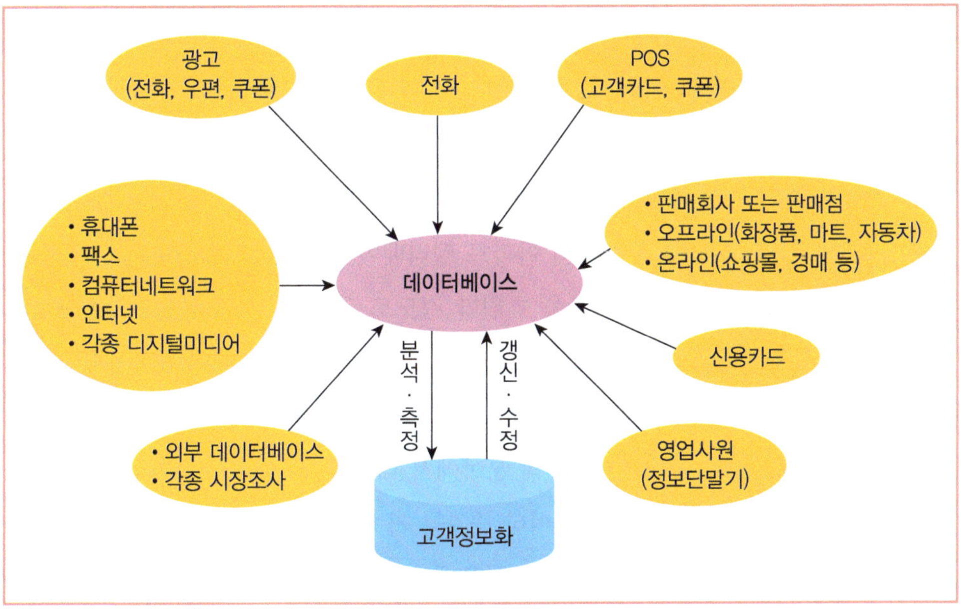

있다.

컴퓨터와 인터넷, 스마트 모바일기기 이용이 실생활에서 적용되면서 기기 간, 기기와 사람 간, 사람과 사람 간, 사물과 사물 간에 데이터는 기하급수적으로 급등하고 있다. 인터넷 쇼핑의 예를 들어보자. 데이터의 관점에서 보면 과거에는 상점에서 물건을 살 때만 데이터가 기록되었다. 반면 인터넷 쇼핑몰의 경우에는 구매를 하지 않더라도 방문자가 돌아다닌 기록이 자동적으로 데이터로 저장된다. 어떤 상품에 관심이 있는지, 얼마 동안 쇼핑몰에 머물렀는지를 알 수 있다. 쇼핑뿐 아니라 은행, 증권과 같은 금융거래, 교육과 학습, 여가활동, 자료검색과 이메일, 학습기능 등 하루 대부분의 시간을 컴퓨터와 인터넷에 할애한다. 최근에는 모바일을 통한 정보가 점점 유선상의 인터넷활용보다 커지고 있다. 사람과 사물, 사물과 사물 간에 서로 정보를 주고받는 사물인터넷 혹은 사물만능(Machine to Machine : M2M)의 확산도 디지털정보가 폭발적으로 증가하는 이유이다.

사용자가 직접 제작하는 동영상 콘텐츠, 휴대전화와 SNS(Social Network Service)

에서 생성되는 문자 등은 데이터의 증가 속도뿐만 아니라, 형태와 질에서도 기존과 다른 양상을 보이고 있다. 특히 블로그나 SNS에서 유통되는 텍스트정보는 내용을 통해 글을 쓴 사람의 성향뿐만 아니라, 소통하는 상대방의 연결관계까지도 분석이 가능하다. 게다가 사진이나 동영상 콘텐츠를 컴퓨터를 통해 이용하는 것은 이미 일반화되었고 방송 프로그램도 TV수상기를 통하지 않고 컴퓨터나 스마트폰으로 보는 세상이다. 주요 도로와 공공건물은 물론 심지어 아파트 엘리베이터 안에까지 설치된 CCTV가 촬영하고 있는 영상정보의 양도 상상을 초월할 정도로 엄청나다. 그야말로 일상생활의 행동 하나하나가 빠짐없이 데이터로 저장되고 있는 셈이다. 민간분야뿐 아니라 공공분야도 데이터를 엄청나게 쌓아가고 있다. 다양한 센서뿐만 아니라 사회적인 조사, 국세자료, 세무자료, 의료보험, 연금 등의 분야에서 데이터가 생산되고 있다. 향후 모바일의 확산으로 스마트워크를 통한 데이터 증가를 가속화할 전망이다

기업은 보유하고 있는 고객 데이터를 활용해 마케팅활동을 활성화하는 고객관계관리(Customer Relationship Management : CRM)는 기업이 보유하고 있는 데이터를 통합하는 데이터웨어하우스(data warehouse), 고객 데이터분석(data mining)을 통한 고객유지와 이탈방지 등과 같은 다양한 마케팅활동을 진행한다. 기업의 CRM활동은 자사 고객 데이터뿐 아니라 제휴회사의 데이터를 활용한 제휴 마케팅도 포함한다. 최근에는 구매 이력정보와 웹로그(web-log)분석, 위치기반서비스(GPS) 결합을 통해 소비자가 원하는 서비스를 적기에 적절한 장소에서 제안할 수 있는 기술기반을 갖추었다. 이러한 고객분석은 빅데이터기술을 활용해서 과거와 비교가 안 될 정도의 대규모 고객정보를 빠른 시간 안에 분석하는 것이 가능하다.

데이터웨어하우스는 데이터분석시스템에서 이용가능한 데이터를 일원적으로 저장하는 데이터베이스이다. 데이터웨어하우스에서 저장된 데이터는 비즈니스인텔리전스(BI) 툴에 의해 다양한 분석에 이용된다.

데이터마이닝이란 대량의 데이터로부터 눈에 보이지 않는 관련성이나 경향을 찾아내는 것을 목적으로 하는 애플리케이션이다.

비즈니스인텔리전스(BI)는 복잡하고 일상적이지 않은 결정들에 대한 컴퓨터기반지원을 제공하며 응용프로그램, 기술, 데이터수집, 저장, 액세스, 데이터분석 등의 프로세스를 의미하는 것으로 데이터웨어하우스 개념과 함께 사용된다. 즉 의사결정자가 핵심정보를 검토하여 신속하게 기업의 상태를 확인할 수 있게 한다.

5.5 지능혁명의 배경

창의적인 미래기술과 방향을 설정하기 위해서는 제4차 산업의 핵심영역인 지능관련 요소가 사회 및 경제에서도 큰 변화를 일으킬 것으로 판단된다. 지능혁명이야말로 인간의 창의적인 삶을 더 극적이고 근본적으로 바꿀 것이다. 지능혁명은 말 그대로 인간의 지능을 혁명적으로 발전시켜서 개인의 창의적인 활동과 개인 역량을 최고조로 높이게 될 것이다.

지능혁명은 인간지능의 영역과 사용방식의 변화를 의미한다. 지능영역이란 사용영역과 범위에 따라 다르다고 할 수 있지만 지적 역량의 크기, 지능의 질적 수준, 지능의 활용범위, 지식의 범위를 말한다. 또한 지능의 사용방식이란 뇌가 작용하는 방식과 인식의 방식을 말한다. 창의적 활동영역에서 좌뇌보다는 우뇌를 활용하는 방식과 어떤 대상영역의 인식을 인정하는 범위로 볼 수 있다. 향후 미래 지능혁명의 범위 또한 매우 넓을 것이고 창의적인 활용영역이 폭넓게 걸쳐있으므로 모든 것에서 극적인 변화와 극적인 도약, 극적인 반전을 일으킬 것으로 판단된다. 인공지능, 로봇시스템, 바이오 및 나노기술, 자동차에서의 지능적인 활용기술, 가전제품에서의 지능적인 부여기술 등의 미래기술에서 창조적인 형태의 변환과 혁신이 이루어질 것이다. 이러한 기술 중에서 인공지능이 핵심이 될 것이다.

인공지능은 인간의 뇌를 모방하거나 대체하기도 하지만 더 중요하게는 인간의 생물학적 뇌를 무한히 확장하는 인공적인 뇌라고 할 수 있다. 이러한 지능의 역할은 도구로 활용될 뿐만 아니라 인간들이 사용하는 가상공간을 통해 네트워크상에 연결하는 시스템으로 작동하는 통합시스템이 될 수도 있다.

인공지능은 그동안의 기술적 한계를 극복하며 급속히 발전하고 있다. 특히 인공지능의 발전은 그 영향력이 IT산업 내에 그치지 않고 제조, 금융, 의료, 자동차 등 거의 모든 산업에 미칠 수 있다는 점에서 엄청난 잠재력을 가지고 있다. 이러한 파급력을 일찍이 인지한 구글, 페이스북, 아마존 등 주요 IT기업들은 인공지능을 미래의 핵심기술 중 하나로 정의하고 관련 역량을 빠르게 확보해가고 있다. 이들 기업은 자신들의 기존 사업을 고도화하는 수단으로 인공지능을 활용하는 것은 물론이고 향후 다양한 산업에서 혁신을 일으킬 핵심요소로 활용하기 위해 인공지능의 개발에 박차를 가하고 있다. 인공지능은 창조적인 관점에서 이해가능하며 앞으로 무궁한 발전이 이루어질 것이다. 창의적인 혁신이야말로 지능활용영역이 진출가능한 무궁한 사업방향이 될 것으로 확신한다. 인공지능이 산업과 인간의 삶에 미치는 영향은 시간이 갈수록 커질 것이다. 개인, 기업, 국가, 상품이나 서비스 생산, 전 세계를 대상으로 한 현실공간과 가상공간에서의 지능이 필요한 모든 부문에 영향을 미치게 될 것이다. 인공지능이 활용가능한 분야를 나열하면 다음과 같다.

- 오감의 스마트폰, 초연결사회로의 경제사회 및 정부 복지분야, 제4차 산업혁명
- 인간의 생물학적 특성과 같은 기기에서의 활용, 생물학무기 및 자율무기, 생화학무기, 무인운송기기 및 드론, 무인자동차 및 자율주행자동차, 로봇 · 나노 · 바이오기술의 발전분야
- 뇌지도분석, 유전자지도분석과 활용분야
- 기후변화 예측 및 인공강우, 범죄예방 예측, 공공자원관리 등 사회적 문제해결분야

• 게임, 음악, 미술, 영화 등 엔터테인먼트산업분야
• 전자상거래와 쇼핑몰, 소셜미디어 등 거래 및 의사소통분야 등

미래는 인공지능을 어떻게 활용하느냐가 경쟁력인 시대가 될 것이다. 사람의 경쟁력도 인공지능이 탑재된 기기를 활용하여 새로운 영역에 적용하는 능력에 따라 달라질 것이다. 물론 사람에 따라 기기를 어떻게 활용하느냐에 따라 부가가치가 다르게 나타날 수도 있다. 개인의 역량에 따라 업무방식이라든지 의사결정을 내리기 위한 활용성이 다양하게 나타나며 인공지능을 어떻게 관리 및 저장, 처리하는 것이야말로 개인의 성과가 극명하게 차이가 나타날 것이다. 기업의 CEO도 중간관리자를 거치지 않고 바로 직접 정보수집, 지식형성, 제조 및 유통관리, 인사관리 등 다양한 업무를 수행할 수 있을 것이다.

스마트폰시대 구글과 애플은 모바일 운영체계를 통해 산업을 혁신시키고 이를 플랫폼화하여 생태계를 만들며 산업을 주도해왔다. 마찬가지로 주요 IT기업들은 인공지능을 플랫폼화하여 다양한 산업에서 혁신을 리드하며 산업 생태계를 주도하려고 한다. 각 산업 내 기업들은 IT기업들의 인공지능 플랫폼을 활용해 생태계 속에서 새로운 기회를 만들어갈 수도 있다. 반대로 주도권을 가졌던 기업들이 인공지능을 활용한 새로운 기업들에게 기존 영향력을 빼앗기며 도태될 수도 있다. 인공지능의 플랫폼화를 통해 이러한 변화를 만들어가려는 거대 IT기업들을 비롯한 주요 기업들의 준비는 이미 시작되었고 다양한 산업영역으로 확산될 것으로 보인다.

인공지능을 플랫폼으로 활용해 산업을 혁신해나가려는 주요 기업들의 경쟁은 이미 시작되었다. 인공지능의 성능을 결정짓는 3대 핵심기술요소인 알고리즘, 데이터, 컴퓨팅 파워를 둘러싼 기업들의 경쟁이 예상된다. 이 중 클라우드를 기반으로 한 컴퓨팅 파워의 경쟁에서는 주요 IT기업들이 모두 상당한 수준의 역량을 확보하고 있기 때문에 쉽게 승부가 나지는 않을 전망이다.

반면 각 기업이 차별적으로 확보한 알고리즘역량과 데이터가 주요 기업들이 구현해내는 인공지능 플랫폼의 성능에 결정적인 영향을 미칠 것이다. 구글의 경우 인터넷 및 모바일환경에서 엄청난 양의 데이터를 확보하고 있지만 상당부분의 정보가 공공 데이

터이다. 반면 페이스북, 아마존은 수년간의 서비스를 제공하면서 수집한 정보들은 개별 사용자의 성향을 정교하게 분석할 수 있게 하는 개인 데이터가 중심이 된다. 이들 기업은 개인별 사회관계망 정보, 선호도, 콘텐츠 소비 패턴, 온라인 쇼핑 이력 등 다양한 분야에 걸쳐 세분화된 개별 사용자의 정보를 확보하고 있다. 인공지능의 성능이 기계학습과정에서 주어지는 데이터에 의해 상당부분 결정되는 것을 감안할 때, 개인별 특화된 맞춤형 서비스 제공을 위한 인공지능 플랫폼으로는 페이스북, 아마존이 구글 대비 우세에 있을 수 있다. 반면 구글은 매우 다양한 분야에 걸친 엄청난 양의 데이터를 보유하고 있다. 알파고를 통해 증명된 기술뿐만 아니라 내부에서 진행 중인 딥러닝관련 선행연구들은 이러한 구글의 데이터에 의해 엄청난 수준으로 발전될 가능성이 높다. 구글이 구현할 인공지능 플랫폼은 다양한 분야에서 범용적으로 활용가능한 동시에 높은 수준의 완성도로 구현되며 페이스북, 아마존의 플랫폼과 경쟁할 가능성이 높다.

향후 인공지능 플랫폼의 경쟁에서는 선점효과가 크게 작용할 가능성이 높아 보인다. 시장에 먼저 진출해 생태계를 먼저 만들어나가는 기업이 절대적으로 유리할 가능성이 있다. 딥러닝과 같은 기계학습방법에 기반한 인공지능 플랫폼은 방대한 데이터에 대한 학습을 통해 성능이 발전되고 정교화되기 때문에 초기에 많은 참여자를 생태계로 끌어모으는 인공지능 플랫폼과 후발 주자로 시장에 들어와 새롭게 생태계를 만들어가는 기업 간의 성능의 차이는 크게 벌어질 수밖에 없다. 그렇기 때문에 주요 기업들은 이미 인공지능역량을 확보하기 위한 노력을 빠르게 진행 중이다.

사례연구

창의적 경영혁신 사례 : 미라이공업

일본의 미라이공업은 제조회사로 제안활동이 활발하고 특허, 실용신안 등을 많이 가지고 있고 전 직원 해외여행 등으로 유명하다.

미라이공업은 "남들이 만드는 제품은 만들지 않는다"라는 모토를 가지고 직원들에게 과업을 실행하도록 지시하고, 이를 위해 항상 새롭고 창의적인 아이디어를 생각하고, 그 아이디어를 구체적인 형태로 발전시키기를 강조한다. 그래서 미라이공업에는 이곳저곳에 10M 간격으로 "항상 생각하라"라는 문구를 붙여놓고 이를 통한 효율적 성과를 내기 위해 장려금제도를 만들어냈다. 그것은 바로 사원들이 어떠한 아이디어를 제안할 때마다 5,000원을 현금으로 지급하는 것이다. 회사 전반적인 인사와 급여관련 외의 일이라면 아무리 엉뚱하고 바보 같은 제안을 한다 할지라도 장려금을 받는 것이다.

또한 사원들이 제시한 여러 가지 아이디어들 중에서 실제로 채용되는 아이디어에는 10만 원에서 50만 원 정도의 장려금이 추가 지급된다. 그러나 여기서 우리가 주목해야 할 부분은 장려금을 얼마를 받느냐의 문제만이 아니다. 이렇게 아이디어를 내면 직원들은 장려금을 받을 뿐만 아니라 자신의 아이디어 하나하나가 회사를 만들어가고 실제로 상품화되어서 판매된다는 자부심을 가질 수 있게 된다. 미라이공업은 이 제도를 통하여 20년간 1,800건 이상의 공업소유권을 취득할 수 있었고, 시장점유율 1위를 자랑하는 '덴코마크'라는 제품을 탄생시키기도 하였다. 즉 이 장려금제도를 통한 직원들의 아이디어 제안은 직원들에게는 그들의 아이디어(성과)를 인정받고 성취감을 준 동시에 회사에게는 회사 자체를 발전시키는 데 큰 역할을 하게 된 것이다.

직원들의 의욕을 불태우는 약속 – 해외여행과 보너스

회사를 설립한 지 2년째 되었을 때 미라이공업의 한 달 매출은 1,500만 원이었는데 이때 야마다 사장은 "한 달 매출이 10억 원을 넘으면 모두 함께 해외여행을 가겠다"라고 직원들에게 약속을 한 적이 있다. 게다가 당시에 전무였던 시즈미도 직원들에게 "한 달 10억 원의 매출이 넘을 시 전 직원에게 50만 원씩 보너스를 지급하겠다"라고 약속을 했다. 그 후로 6년이라는 시간이 흘렀다. 그리고 미라이공업은 크게 성공하면서 1973년 정말로 한 달 매출이 10억 원이 되었고 야마다 사장은 자신의 약속을 지키기 위해 약 50명가량의 전 직원을 데리고 대만으로 여행을 갔고 전무 시즈미 씨의 약속이었던 보너스도 50만 원씩 모두에게 지급되었다. 이 사례, 즉 용돈을 포함한 여행비용 전부를 회사가 부담하여 해외여행을 간 것은 일본 최초의 일이었다. 여행 후 한 신문기자와의 인터뷰에서 야마다 사장은 이렇게 말했다고 한다. "내가 한 약속은 물론 전무가 한 번이라도 입에 담은 약속은 꼭 지키고 싶었다."

즉 이 사례는 야마다 사장이 직원들로 하여금 그들의 작업성과의 목표를 제시한 것이고, 직원들은 이 목표를 달성하기 위해 더 열심히 일했다는 사실을 보여주고 있다. 여기서 해외여행과 인센티브부분은 직원들에게 그들이 일정기간(시간) 동안 일해서 받는 월급의 개념을 넘어선 월급 이상의 인센티브의 개념으로 적용되었고, 이는 궁극적으로 동기요인의 만족도를 증가시킨 것으로 볼 수 있다. 직원들은 자신들의 성과를 해외여행과 보너스라는 것을 통해 인정받을 수 있었고 동시에 직원들 개개인에게 의미 있는 일로 여겨진 것이다

"미라이공업도 이제 상장할 수 있습니다." 이 말을 들었을 때 야마다 사장에게 가장 먼저 떠오른 생각은 "상장을 하면 주식이 있는 사원들이 기뻐하겠군"이었다. 그리고 그것이 상장을 결심한 가장 큰 이유이기도 했다. 미라이공업의 계장 이상의 사원들은 모두가 자사의 주식을 가지고 있다. 이는 야마다 사장이 직원들로 하여금 모두가 회사의 주인이라고 생각하게 만들도록 사원들 각자에게 일정량의 주식을 나누어주었기 때문이다.

야마다 사장은 회사가 이익을 얻으면 주식을 가지고 있는 사원들의 배당도 늘어나기 때문에 이것을 통해 그들의 성과향상의 의욕도 더 늘어날 것이라고 생각했던 것이다. 현재 미라이공업은 20% 배당을 실현하고 있다. 사원들은 5년만 지나면 원가를 뽑을 수 있으니 그 후의 배당은 보너스와도 같다.

"회사가 순조롭게 성장하면 사원은 급여(월급)를 받으면서 자기 개인 생활을 즐길 수 있다. 아무런 후원도 없이 사원으로서가 아니라 오너로서 독립한 후 성공과 실패의 경계선에서 고생을 하기보다는 회사에서 능력을 발휘하는 편이 더 나으며 자신에게 어울리는 지위를 손에 넣을 수 있는 기회도 많다. 대부분의 샐러리맨들은 이러한 현실을 충분히 알고 있다. 그렇기 때문에 회사는 사원에게 능력발휘의 기회를 주어야만 한다. 따라서 어떤 분야든지 그 분야의 최고로 사원을 대우해주면 사원들은 최선을 다해 자신의 능력을 발휘하려고 할 것이다. 중요한 사실은 사원들 모두에게 그런 최고의 능력이 잠재되어 있다는 것이다. 기회를 주면 사원 전체의 동기수준도 높아질 수 있다." 어느 인터뷰에서 야마다 사장이 한 이야기이다.

야마다 사장은 "가능성 있는 사원에게 맡기자. 틀림없이 그 사원이 보답해줄 것이다"라는 믿음을 가지고 그의 믿음을 실천으로 옮겨왔다. 야마다 사장은 어떤 사원이든 나름의 대우를 해주면 분명히 의욕을 일으킬 수 있다고 생각했다. 또 그렇게 믿고 있는 한 성과를 내는 과정에서 실수하고 후퇴하는 일도 있겠지만 궁극적으로는 계속해서 성장해나갈 것이라고 생각한 것이다. 이것이 바보 사장의 현명한 믿음이었고 그 결과 직원

들은 자신을 믿고 인정하는 회사의 방침 아래서 더욱더 열심히 일하며 자신들을 발전시킬 수 있었다. 중소기업은 대기업보다 월급을 많이 줄 수는 없다. 하지만 그렇다고 해서 경영자가 사람을 싸게 쓰는 것을 당연하게 여기고 그것에 의존해 경영을 해도 된다는 뜻은 아니다. 주위와 비교해서 자신이 싸게 대접받는다고 생각하면 일하고 싶은 마음이 사라지는 것이 사람의 본성이기 때문이다. 야마다 사장은 돈으로 직원들을 만족시킬 수 없다면 다른 것으로 충족시켜줘야 한다고 생각했다.

미라이공업은 140일 휴가를 보장해준다. 미라이공업은 모든 직원이 정규직이고 이들에게 70세 정년을 보장하며 정리해고를 하지 않는다. 위계에 의해 움직이는 것이 아니라 각자 알아서 하면서 자연스럽게 프로젝트들이 진행되므로 직급도 필요 없이 대부분의 구성원이 그야말로 선후배관계이다. 회사생활보다 행복한 가정생활을 강조한다. 이렇게 좋은 회사에서 짤리는 유일한 길은 회사가 망하는 것이다. 그러므로 미라이공업의 직원들은 회사에 대한 애착이 강하며 회사를 위해 헌신하려는 마음이 그 누구보다도 강하다.

자료 : 정학범, 네이버블로그, 조직커뮤니케이션연구소

연습문제

01 21세기 지식정보화사회에서 정보는 매우 중요하다. 정보의 의미와 특징을 설명하시오.

02 정보가치를 정량적 가치와 정성적 가치를 비교하여 설명하시오.

03 창의적 지식경영을 2가지로 분류하고 사례를 들어 설명하시오.

04 창의적 지식경영시스템(KMS)의 구성요소를 설명하시오.

05 빅데이터의 의미와 특징을 설명하시오.

06 지능혁명에 대하여 설명하시오.

CHAPTER 06

경영혁신과 혁신 프로세스

끊임없이 세상은 변화하고 있다. 따라서 환경의 변화에 맞추어 비즈니스관련 사업모형, 사업모델, 구현방법, 사업전략 등도 변화해야 하고, 비즈니스모델이 변화하면 경영전략도 변해야 하며, 경영전략이 변하면 업무방식도 변해야 한다. 즉 경영전략을 실행에 옮기기 위해서는 고정된 프로세스를 수행하는 것이 아니라 전략목표를 달성하기 위해 최적의 업무흐름으로 개선해야 한다. 따라서 스마트환경에 적응하기 위해 기업의 프로세스는 끊임없이 변화에 대처하고 조직도 유연해야 한다. 본장에서는 이러한 창의적인 경영환경 변화의 시대에 혁신의 의미와 구성, 특징 등을 알아보고 혁신 프로세스의 핵심인 BPR, BPM에 대하여 학습한다.

6.1 혁신의 의미와 내용

미국의 경제학자인 조지프 슘페터는 경제성장과 발전을 이루기 위해서는 반드시 혁신이 필요하다고 주장했다. 슘페터는 혁신의 특징을 낡은 것을 파괴하고 새로운 것을 창조하며 내부로부터 끊임없이 경제구조에 변혁을 일으키는 산업상의 돌연변이라고 표현했다. 슘페터는 일반적으로 혁신이란 낡은 것을 파괴하고 새로운 것을 창조하는 행위, 즉 창조적 파괴라고 주장하였다.

또한 미국의 경제학자이면서 경영의 창시자인 피터 드러커도 슘페터와 마찬가지로 혁신의 중요성을 강조하였다. 피터 드러커는 기업의 목표인 고객창조를 달성하려면 마케팅과 혁신이 필요하다고 단언하며, 혁신을 인적, 물적, 사회적 자원에 더욱 많은 부를 창출하도록 새로운 능력을 부여하는 것이라고 정의하였다.

한편 혁신(innovation)이라는 단어는 상황에 따라 많은 의미를 내포한다. 여기서는 창의적인 기업 관점의 경영혁신이라는 함축적인 의미에서 해석하기로 한다. 기업 관점에서 기존의 복잡했던 업무과정을 간단하게 처리하는 방법을 개발하는 것을 혁신이라고 할 수 있고, 기존의 제품과 서비스를 획기적으로 개선하여 시장에 출하하여 고객에게 혁신적인 제품을 제공하는 것도 혁신이라고 한다. 즉 혁신이라는 단어는 묵은 풍속, 관습, 조직, 방법 따위를 완전히 바꾸어서 새롭게 하는 것으로 정의한다. 다시 말하면 혁신은 새로운 것을 만드는 과정, 새로운 아이디어, 방법, 도구를 등장시키는 행위로 사전적인 의미를 부여하기도 한다.

혁신은 새로운 아이디어나 접근방식을 이전과는 근본적으로 다른 방법으로 적용하여 새로운 가치를 창조하는 것이다. 혁신의 의미를 설명하면, 첫째 기존과 전혀 다른 방법을 의미한다. 모든 환경이 근본적으로 변화하는 시기에 필요한 것은 전통적 의미의 혁신이 아니라 혁신 그 자체의 혁신이다. 즉 과거와는 전혀 다른 혁신방식을 개발해야 한다. 둘째, 혁신을 이루면서 새로운 부가가치를 만들어내는 것이다. 최근의 모든 혁신활동의 주된 사항은 가치창출을 만들어내는 것이다.

과거의 제품과 서비스는 기업 입장에서 만들어내는 데 급급하였다면 최근의 견해는 가치혁신, 즉 고객 입장에서 고객과 함께 하는 가치중심의 혁신을 통하여 고객에게 새로운 경험을 전달하는 것이 매우 중요해졌다. 고객의 입장을 충분히 이해하고 고객을 기본바탕으로 기준을 세우고, 기존의 내부적인 주주, 공급업자 간의 이해관계자들을 모두 포괄하는 개념으로 폭넓게 이해되어야 한다. 그리고 혁신을 위해서 요구되는 것은 새로운 아이디어뿐만 아니라 아이디어에서 나오는 가치를 사람들이 인정하고 받아들이느냐에 달려있는 것이다. 그러므로 어떠한 가치를 만들었을 때 그 가치를 사람들에게 전달하고 받아들일 수 있게 설득하는 과정이 혁신의 성공을 위해서는 가장 중요하다고 할 수 있다.

| 표 6-1 | 혁신의 분류와 내용

구분	분류	내용
혁신 1	점진적 혁신	현재의 시스템을 지속적, 점진적으로 향상시키는 것을 의미한다.
	혁명적 혁신	혁신의 폭을 넓힘으로써 존재하지 않는 새로운 방법을 창안해나가는 것을 의미한다.
혁신 2	요소혁신	제품이나 서비스의 일부분만을 향상시키는 혁신을 의미한다.
	구조적 혁신	제품과 서비스의 구조 전체에 변화를 주거나 구성요소들 간의 상호작용 방식에 근본적인 변화를 주는 것을 의미한다.
혁신 3	지향적 혁신	주로 시장 추격자에게 요구되는 혁신으로 앞으로 기업이 달성해야 할 목표가 명확할 경우 그 목표의 달성을 위해 모든 혁신역량을 투입하는 것을 의미한다.
	교차적 혁신	시장선도자에게 요구되는 혁신으로 정해진 방향 없이 서로 다른 것들이 만나는 교차점에서 창조적인 혁신의 아이디어를 얻고 이를 제품이나 서비스로 승화시키는 것을 의미한다.
혁신 4	역량강화혁신	기존의 지식을 활용하여 시장에 있던 제품과 서비스를 점진적으로 향상시키는 것을 의미한다.
	역량파괴혁신	기존의 제품과 서비스는 물론이고 지식마저도 쓸모없게 만드는 혁신을 의미한다.
혁신 5	지속적 혁신	어떤 기술이 시장에서 살아남으려면 지속적으로 성능이 향상되어야 함을 의미한다.
	파괴적 혁신	반드시 성능이 향상되는 것이 아니며 성능은 떨어지지만 상대적으로 가격이 저렴해지는 기술이 주체가 됨을 의미한다.

자료 : 이상문 · 임성배, 메타 이노베이션, 한국경제신문, 2016, 저자 수정보완.

혁신의 의미는 창조적인 아이디어와 이를 뒷받침하는 기술력뿐만 아니라 제품의 가치를 고객의 욕구에 맞추고 그 가치를 고객에게 잘 전달함으로써 최종적으로 고객의 구매를 이끌어낼 수 있는 기업가적인 정신과 기술도 중요하다.

최근 IT산업에 스마트화의 변혁이 불어닥치면서 혁신의 중요성이 더욱 강조되고 있다. 우리나라 기업들이 디지털시대에 구사해온 빠른 추종자(fast follower)보다는 새로운 기술 · 제품을 창안하여 시장의 선발 진입(first move)을 통해 이노베이터(innovator)가 되지 않으면 경쟁우위를 확보하기 힘들다는 인식이 확산되고 있다.

스마트화시대에 접어들면서 혁신의 중요성은 다음과 같이 몇 가지로 구분될 수 있다. 첫째, 스마트화로 인해 소프트웨어기술기반의 UI(유저 인터페이스) 및 기능융합이 급진전되었다. 소프트웨어기술중심의 융합은 이전의 하드웨어기술 간 융합에 비해 복제가 용이치 않아 기술 · 제품의 블랙박스(black box)화가 가능하다. 즉 선발혁신을 통해 자사 제품을 블랙박스화할 경우 후발자들이 빠른 추종을 통해 이를 모방하기가 쉽지 않다.

1990년대 말부터 디지털시대가 본격 전개되면서 부품의 모듈화 · 표준화의 급진전으로 기술의 이식 및 복제가 가능해져 기술 · 제품의 범용화가 일어났다. 또한 다양한 기술 · 제품의 등장으로 고객 선택의 폭이 증대된 반면, 고객 니즈의 복잡화로 불확실성은 더욱 증폭되었다. 이와 같이 불확실성이 큰 상황에서는 충분한 대비가 부족한 상태로 시장에 먼저 진출해 갖가지 난관에 부딪히는 것보다는 시장 · 고객 니즈의 방향성이 명확해진 이후 빠르게 맞춤화한 제품으로 대응하는 빠른 추종자(fast follower)전략이 당시에는 유효했던 것이다. 그러나 기술의 주도적 흐름이 하드웨어가 아니라 소프트웨어기술중심의 융합으로 흘러가면서 빠른 추종자를 통한 따라잡기가 매우 어렵다.

둘째, 융합을 통한 영역 간 경계가 붕괴되면서 전자기기, 통신서비스, 콘텐츠, 소프트웨어 및 플랫폼 등 다양한 분야의 기업들 간의 전면 경쟁 또는 협력이 불가피해졌다. 이에 따라 과거 단일 기업중심의 경쟁 양상이 생태계 형성을 통한 기업군 간 경쟁으로 변모하게 되었다. 즉 기업들이 혁신역량을 기반으로 공급자 · 파트너를 규합하여 강력한 생태계를 선발 형성할 경우, 이를 바탕으로 진입장벽을 구축할 수 있게 된 것이다.

셋째, 개인화·맞춤화 경향이 심화되면서 기존의 대량 맞춤화를 통한 제품·서비스 개발이나 고객가치 충족방법으로는 소비자들의 주목을 끌기가 힘들어지고 있다. 세분화되고 있는 고객 니즈를 개별적으로 충족시키기 위해서는 보다 혁신적인 방안이 필요해지고 있는 것이다.

시대를 초월해 모든 기업들이 이노베이터를 꿈꾸지만, 시대의 변화흐름에 맞게 효과적이며 차별적인 혁신방안을 지속적으로 확보하는 일은 어렵다. 과거 성공한 혁신방안의 고수, 없는 것을 만들어내려는 집착, 남보다 먼저 만들어 시장에 내놓아야 한다는 편견 등이 지속적인 혁신을 방해하는 걸림돌로 작용하기 때문이다. 그렇다면 혁신이란 과연 무엇이며, 기업들이 지속적인 혁신을 위해서는 어떻게 해야 하는가? 이하에서는 혁신에 대한 전통적인 인식과 새로운 흐름을 비교해 살펴봄으로써 최근 패러다임에 맞는 혁신의 의미를 전달하고자 한다. 기업들이 혁신의 의미에 대한 새로운 흐름을 인식하고 능동적으로 활용할 때, 혁신의 성공가능성이 높아지고 그 지속성이 확보될 수 있을 것으로 보인다.

기업가치를 지속적으로 높여갈 수 있는 혁신을 위해서는 ① 창안적 혁신에 집중하기보다 해당 산업분야 내부 혹은 외부에서 이미 검증된 기술이나 아이디어를 가져와 새로운 가치를 만들어내는 이른바 재조합적 혁신에 역점을 두는 것이 보다 효과적인 방법이 될 수 있다. 또한 ② 새로운 비즈니스영역의 발굴, 물리적인 시장창출 여부에 관계없이 새로운 고객가치를 만들어내는가의 관점으로 혁신을 이해할 필요가 있다. 그리고 ③ 이제까지 기업들이 주로 기존 제품서비스 자체의 혁신을 추구해왔다면 고객가치혁신의 관점을 제품서비스의 탐색·구매 → 배달 → 사용 → 보완 → 유지·보수 → 폐기·처분에 이르는 고객경험 사이클 전반으로 확대하여 문제점을 해결하고 새로운 가치를 만들어내는 혁신으로 혁신의 관점을 확장할 필요가 있다. ④ 시간적 선발 진입 그 자체보다는 실질적으로 시장을 선도할 수 있느냐에 혁신역량을 집중하는 것이 필요하다.

6.1.1 모방과 재조합적 혁신

전통적으로 혁신은 발명적 혁신(innovation as invention) 관점에서 기존에 존재하지 않은 완전히 새로운 것을 창조해내는 것이며 미래를 찾는 것으로, 과거와의 단절을 의미하며, 독창적인 답을 찾기 위해 '상자 안의 틀을 벗어난 사고'방식의 접근을 요하는 것으로 인식되어 왔다. 이러한 관점에서 모방과 혁신은 양립할 수 없으며 모방은 혁신의 장애물처럼 여겨지는 경향도 있었다. 즉 모방이나 추종전략을 추구하는 기업은 차별적인 제품 · 서비스를 만들어낼 수 없으며, 이에 따라 시장을 선도할 수 없다는 것이다. 그러나 그동안 수많은 산업, 사업, 기술 · 제품들이 새롭게 창조되고 쇠퇴 · 소멸되는 현상이 반복되는 가운데, 최근 들어서는 기존에 없는 새로운 것들을 만들어내는 일이 '하늘의 별 따기'만큼 어려워지고 있다. 더구나 발명적 혁신의 경우 추진과정에서 엄청난 투자비용과 오랜 시간이 소요된다.

따라서 해당 산업분야의 내외부 세계에서 이미 검증된 기술이나 아이디어를 가져와 새로운 가치를 만들어내는 이른바 재조합적 혁신(innovation as recombination)이 보다 효과적인 혁신방안으로 대두되었다. 재조합적 혁신을 성공적으로 달성하기 위해서는 어디에, 어떤 기술이나 아이디어가 있는지를 감지할 수 있는 폭넓은 조사 및 검색, 포착된 기존 기술이나 아이디어의 본질을 이해하는 역량, 자신이 속한 고객 · 시장의 요구에 맞게 적절히 맞춤화하는 능력 등 일종의 '혁신적 모방'능력이 필요하다.

따라서 모방은 혁신의 장애물이 아니라 혁신과의 시너지를 낼 수 있는 접점이 존재한다. 오히려 혁신을 완성시키고 의미 있는 시장을 창출하는 것은 모방에 의해서이다. 혁신과 모방기업 모두, 기업 내외부에서 생성되는 새로운 정보와 지식을 빠르게 포착 · 평가하는 한편, 다양한 사업모델들에 대한 분석을 바탕으로 그중에서 가장 유망하고 차별적인 대안모델, 그리고 그 변형 및 조합모델 등을 선택하고 분류할 수 있어야 한다. 어떤 기업이든 모든 사업분야에서 창안적 혁신을 지속할 수는 없다. 즉 몇 가지 핵심적 사안에 창안적 역량을 집중하고, 모방역량을 바탕으로 한 재조합적 혁신을 동시에 진행할 경우 효과적이며 지속적인 혁신을 이루어나갈 수 있다. 여기서 기업들이 주목해야 할 것은 모방과 재조합을 활용해 진정한 혁신을 이끌어낼 수 있느냐의 여부는 그 대상과 가치 제공방법을 어떻게 차별화하는가에 달려 있다는 점이다.

또한 기술 · 제품개발에 대한 모방이나 재조합 일변도에서 벗어나, 사업 · 산업 간 융합, 사업모델 간 융합 등으로 그 범위를 확대해나갈 필요가 있다. 나아가 기술 자체를 상품화하기보다는 기술을 기존 비즈니스에 접목시켜 고객의 문제점을 해결하는 데 활용하는 것도 혁신의 한 방안이 될 것이다. 일례로 GE는 에너지, 항공, 헬스케어 등의 사업분야에서 가스터빈, 엔진, 정밀의료기기 등에 센서를 부착해 해당 기기에 대한 고객의 실시간 사용 내역 및 고장상태 등의 정보를 수집 · 분석하고 있다. 이를 통해 해당 기기에 대한 고객의 사용 습관을 분석하여 고객이 원하는 새로운 기기개발 및 서비스를 발굴하는 데 활용하고 있으며, 기기 고장의 리스크를 사전 감지하여 능동적으로 대처하고 있다.

모방과 재조합을 통해 만들어진 제품 · 서비스가 혁신으로 이어지기 위해서는 단순한 복제가 아니라 기존 제품 · 서비스와 비교해 차별적이며, 독창적 가치를 제공할 수 있어야 한다. 즉 혁신은 그 과정에 있어 새로운 것의 창안을 의미하기보다는 기존 기술이나 아이디어를 모방 · 재조합하더라도 사후적 고객가치 측면에서 독특함을 제공할 수 있는 것을 의미한다.

6.1.2 새로운 고객가치창출

전통적으로 혁신은 새로운 고객 · 시장을 발굴해 신규 사업영역을 개척하는 것으로 인식되어왔다. 그러나 신규 사업영역을 발굴하는 것만이 혁신은 아니다. 혁신의 유형은 그 시장창출 유형에 따라 크게 세 가지로 분류할 수 있다.

첫째, 전통적으로 인식되고 있는 신규 시장창출형 혁신이다. 이는 기존 시장에 유사한 편익이나 효용을 제공하는 제품 · 서비스가 없어 완전히 새로운 비즈니스영역을 창출하는 유형이다. 예를 들면 과거 여가 선용 차원에서 개발된 라디오, TV, 카세트,

MD(워크맨), VCR, 카메라, 캠코더 등의 다양한 전자기기와 정보와 개인화 트렌드에 따른 휴대폰, 스마트폰, 노트북, 미니 휴대기기 등의 컴퓨팅기기 등이 주요 사례이다.

둘째, 시장 세분화형 혁신으로 신규 시장창출형 혁신이 만들어낸 개별 시장을 세분화하여 이를 확대시키는 혁신 유형이다. 기존에 유사시장이 존재하지만, 세분 제품 · 서비스별로 각기 전문화된 편익을 제공하면서 차별화하는 유형이다. 물론 기존 제품 · 서비스를 일부 대체할 수도 있으나 기존 시장을 세분화하여 확대시키는 측면이 강하다. 휴대폰분야에서 과거 카메라폰, 뮤직폰, 캠코더폰 등 특정 기능별로 세분화되어온 것이 그 사례이다.

셋째, 기존 시장 대체형 혁신이다. 기존 시장에 유사한 편익을 제공하는 제품 · 서비스가 있지만, 기술발전에 따른 기능 · 성능 향상이나 사용 편의성 제고 등을 통해 보다 고차원적인 편익을 제공함으로써 기존 제품 · 서비스시장을 대체하는 유형이다. 컬러 TV, LCD TV 등 평판 TV, LCD 모니터, MP3, 디지털카메라, 스마트폰 등을 예로 들 수 있다.

미래 다가올 시대를 막론하고 기존 제품 · 서비스로는 충족시킬 수 없는 소비자 니즈에 대응하여 신규 시장을 이끌어나갈 창출형 혁신이 일어난다. 이러한 카테고리의 제품 · 서비스가 확대되면서 특정 용도에 대한 강한 니즈가 새롭게 발생하고, 이를 충족시키기 위해 시장 세분화형 혁신이 발생한다. 이후 기존 제품 · 서비스들이 제공해온 편익의 수준을 향상시키면서 비연속적 기술로 대체하는 시장 대체형 혁신이 등장하게 된다. 최근 들어 웬만한 기술이나 아이디어들은 대부분 상품화되었고, 고객들의 니즈 또한 극히 까다로워지면서 완전히 새로운 고객 · 시장영역을 창조하는 신규 시장창출형 혁신이 일어나기는 점점 더 힘들어지고 있다. 앞으로의 혁신은 기존 시장의 대체와 더불어 일부 신규 시장영역을 창출하는 형태, 그리고 기존 시장 대체와 시장 세분화가 동시 진행되는 형태 등으로 전개될 가능성이 큰 것으로 보인다.

따라서 혁신의 범위를 전통적인 신규 시장창출형에 국한하기보다는, 기존 시장 세분화와 대체형을 포함하여 보다 폭넓게 인식해야 할 것이다. 즉 물리적인 시장창출 유형에 관계없이 새로운 고객가치를 만들어낸다는 관점으로 혁신을 이해하는 것이 바람직하다. 기존 제품 · 서비스들이 해결하지 못한 일상생활 및 업무상의 문제점을 해결하여 소비자의 생활에 변화를 초래하는 것이 고객가치창출이며, 이것이 바로 혁신이다.

6.1.3 고객경험 사이클 전반의 혁신

전통적으로 소비자들은 해당 제품 · 서비스가 가지는 본래의 특징 또는 용도를 중심으로 한 차별화에 관심을 가져왔다. 기업들은 기존 제품 · 서비스의 범위 내에서 그 효용이나 편익을 향상시키는 방향의 고객가치혁신을 주로 추구해왔다. 그러나 최근 고객가치의 변화 양상을 감안할 때 기존 제품 · 서비스 공간에 머물러서는 새로운 고객가치창출에 한계가 있다는 점을 알 수 있다. 즉 고객의 관심사가 해당 제품 · 서비스의 본질적인 측면을 벗어나 관련된 다른 부분으로 이전되면서 기존의 전형적인 고객가치체계가 무너지고 새로운 가치체계가 만들어지고 있기 때문이다. 그러나 고객가치의 지속적 변화에도 불구하고 기업들은 여전히 해당 제품 · 서비스 본래의 특징이나 편익에 초점을 둔 채, 고객가치를 규명함으로써 혁신 기회를 찾는 것을 소홀히 하고 있다.

그렇다면 기업 입장에서 기존 제품 · 서비스 공간에서 벗어나 고객이 진정 원하는 새로운 가치가 무엇인지를 규명하고 혁신을 이끌어내기 위해서는 고객경험 사이클 전반으로 확대하는 것이다. 소비자들은 업무나 생활상의 필요에 의해 어떤 제품 · 서비스를 구매하고 사용하려는 니즈가 발생하면서부터 해당 제품 · 서비스에 대해 일련의 경험과정을 겪는다. 즉 해당 제품 · 서비스의 탐색 · 구매 → 배달 → 사용 → 보완 → 유지 · 보수 → 폐기 · 처분에 이르는 6단계의 경험 사이클이 그것이다. 이러한 6단계의 경험 사이클은 해당 제품 · 서비스와 관련하여 고객 입장에서의 총체적인 경험과정을 나타내주는 것으로, 각 단계에서 발생하는 고객의 문제점 현안, 잠재적 애로사항이나 추구가치 등이 무엇인지를 잘 규명할 경우 진정한 혁신 기회를 만들어낼 수 있을 것이다.

6.1.4 실질적인 시장 선도하는 혁신

혁신상품은 단순히 시간적으로 가장 먼저 출시된 제품 · 서비스가 아니라, 시장의 실질적 성립을 가져온 최초의 제품 · 서비스, 의미 있는 시장을 창출한 선발상품이 혁신상품이다. 물리적이고 시간적인 측면에서 선 · 후발 상품 중 어느 것이 혁신을 이끄는 데 유리한가에 대해서는 그동안 많은 논의의 대립이 있어왔다. 현재로서는 선 · 후발 진입의 이점을 일률적으로 규정하기 힘들고 해당 사업 · 산업의 특징, 해당 시기의 인프라 여건 및 고객 수용도, 관련 선 · 후발 사업자의 역량 등에 따라 선 · 후발 진입의 효과는 달라질 것이라는 견해가 설득력을 얻고 있다.

따라서 앞에서 봤던 혁신의 시장창출 유형별로 선 · 후발 진입의 효과를 달리 분석할 필요가 있다. 먼저 신규 시장창출형 혁신의 경우를 살펴보자. 사실 역사적으로 볼 때 선발 진입한 기업보다는 뒤늦게 진입한 후발자들이 시장을 지배했던 사례가 상당수 존재했다. 이는 선발자들이 과거의 경험으로부터 학습할 수 있는 기회가 없을 뿐만 아니라 고객 니즈의 방향성이 명확하지 않고, 시장표준 또한 확립되지 않았기 때문인 것으로 풀이된다.

신규 시장창출형 혁신이 만들어내는 시장은 물리적인 시장을 창출하는 개척활동과 실제 시장을 확대 · 육성하는 활동이 분리된다는 견해가 있다. 최초 진입장벽이 없기 때문에 누구나 진입할 수 있지만, 기술의 완성도 미흡과 고객 니즈의 불확실성 등으로 다양한 제품 · 서비스의 등장과 소멸이 반복된다. 이후 해당 사업 · 산업의 표준이 되는 우위적 디자인의 등장으로 해당 시장에서 선도가 된다.

그러나 이러한 견해가 절대적으로 옳은 것은 아니다. 제품 · 서비스의 수명주기가 극히 짧아지고, 많은 기업들이 모방을 통한 빠른 추종자(fast follower)전략을 추진하고 있으며, 생태계 규합능력이 중요해지고 있는 최근 상황을 감안할 때, 선발을 통한 혁신의 유효성이 커질 수도 있기 때문이다. 결국 신규 시장창출형 혁신을 성공적으로 이끌기 위해서는 진입 시 물리적인 선 · 후발 여부보다는 단번에 시장의 표준을 만들어 대중시장을 창출할 수 있느냐에 달려 있다. 따라서 기업들이 혁신의 성공 확률을 높이기 위해서는 고객 니즈의 불확실성수준과 더불어 관련 인프라나 주변 여건의 성숙도 등을 면밀히 파악한 후 선 · 후발 진입 여부를 결정해야 한다. 만약 선발 진입한 경우에는 진입장벽을 치고 선점한 고객의 전환비용을 높임으로써 후발기업의 시장을 축소시켜야 한다.

둘째, 시장 세분화형 혁신의 경우 우선적으로 선발 진입을 추진해야 한다. 시장 세분화형 혁신에 의해 만들어진 제품 · 서비스시장은 다양한 형태로 존재하며, 기존 상품 콘셉트나 게임의 룰을 파괴하기보다는 전문화하여 보완하는 측면이 강하다. 따라서 진입장벽이 높지 않거나 라이프사이클이 짧은 편이다. 이를 적절히 공략하기 위해서는 철저히 선발 진출하여 선발자 프리미엄을 누리고 재빨리 다른 제품 · 서비스분야로 이동할 수 있는 스피드가 필요하다. 단 고객 니즈를 뛰어넘는 과도한 수준의 기술채용은 경계해야 한다.

셋째, 대체형 혁신의 경우 자사가 기존 제품 · 서비스시장에서 어느 정도의 시장 지위와 사업기반을 갖추고 있느냐에 따라 선 · 후발의 이점이 달라질 것이다. 자사가 기존 시장에서 선도기업으로 포지셔닝되어 있을 경우, 선발을 통한 대체형 혁신은 자사의 기존 사업 기반을 단기간 내 와해시킬 수 있는 리스크가 존재한다. 따라서 기존 시장의 선도기업들은 와해적 혁신기반을 미리 준비해두는 것이 필요하다. 기존 사업기반과는 독립적인 사업단위의 구축, 소규모 조직운영 등이 그 예이다. 또한 시장 경쟁기반이 변화하는 시점이나 영역을 포착, 대체형 혁신 제품 · 서비스를 활용해 신규 시장부터 개척한 후, 이를 바탕으로 점진적으로 기존 시장을 대체하는 것도 한 방안이 될 것이다.

6.2 경영혁신환경과 융합비즈니스혁신

6.2.1 경영혁신환경

최근의 경영환경은 너무 빠르게 변화하고 있으며 이러한 변화에 적절하게 대처하지 못하면 경쟁사들에 대한 경쟁우위를 확보하지 못한다. 따라서 기업이든, 정부든, 개인이든 지속적인 내외부환경의 변화에 대한 결과지향적인 변화가 필요하게 되었다. 특히 기업은 첨단기술의 고부가가치 생산체제, 복잡하고 다양한 소비자 요구의 증대, 글로벌적인 시장 확대 등 외부환경의 변화와 기술과 설비와 자원의 부족, 산업 및 전문인력 부족, 납기단축 및 성과측정의 필요성 같은 내부적인 환경, 전자상거래 활성화, 인터넷 비즈니스와 새로운 정보기술 등장, 정보통신기술의 통합 소프트웨어 같은 트렌드로 과거에 해온 전통방식으로는 경영문제를 더 이상 해결할 수 없게 되었다. 이러한 내외부 간의 지속적인 경영환경 변화에 적절하게 대응하기 위하여 혁신, 즉 이노베이션(innovation)이란 개념이 등장하였다.

최근의 제4차 산업혁명시대가 도래하면서 모든 것이 연결되고 더욱 지능적인 사회로 변모하면서 이제까지와는 완전히 다른 세상이 펼쳐지고 있다. 모바일의 혁신적인 발전으로 인한 디지털혁명시대에 기업들은 완전히 새로운 경영환경을 대비하기 위해서 변화와 혁신이 단순한 지속적인 성장을 위한 활동이 아니라 생존을 위한 필수조건이 된 것이다.

변화와 혁신은 새로운 기술이나 업무 프로세스에 시장 또는 비즈니스에 대한 통찰력을 불어넣는 것이다. 창의적인 혁신은 새로운 기술과 사업에 대한 통찰력을 결합, 보완하고 현실에 적용해 당면한 문제를 해결하고 새로운 기회를 도출하는 활동을 지속적으로 전개하는 것이 창의적인 혁신이다. 창의적인 혁신은 기술개발뿐만 아니라 기존의 새로운 유형의 프로세스에 획기적인 변화가 일어나야 혁신이 이루어지는 것이다.

혁신은 비즈니스 업무처리방식의 개선을 기반으로 조직, 제도, 문화, 시스템 등을 포함하고 있으며, 조직과 제도, 업무처리방식 개편, 시스템 통합 등을 통하여 직접적인 개선을 목적으로 문제점분석을 통한 개선 방향을 추구하는 활동으로 정의한다. 이러한 혁신의 주활동은 경영혁신과 정보처리기술의 유기적 결합을 통한 업무 프로세스의 재구축활동이다. 이러한 혁신의 정의처럼 새로운 패러다임을 창조하고 조직을 새롭게 창출함으로써 근본적인 변화를 유발하여 고객 측면에서는 다양한 제품과 서비스에 대한 기회의 폭을 넓혀주고, 기업으로부터 보다 빠른 제품과 서비스 혜택을 받을 수 있도록 하며, 저렴한 가격으로 제품을 구매할 수 있도록 한다. 기업 측면에서의 혁신은 제조 경쟁력을 향상시키기 위해서 업무 리드타임을 줄이고 직원들에게 업무의 만족도를 제공하여 내부자원을 효율적으로 운영할 수 있게 한다.

한편 정보기술은 기업경영의 핵심요소로 경영활동 수행과 기업전략을 효율적으로 지원하는 기업 경쟁우위 확보, 기업의 생산성향상 및 업무 프로세스개선 및 효과, 새로운 사업기회의 핵심도구로 활용되고 있다. 이러한 정보기술을 이용하여 프로세스의 변화를 도모할 수 있는 혁신과 정보기술과의 관계는 기업이 급변하는 경영환경에 효율적으로 대응할 수 있도록 지원한다. 정보기술은 혁신에 대한 도구이며, 사업전략과 정보전략이 일치되도록 설계되어야 하며, 고객의 상이한 요구에 대해서 여러 가지 경영전략과 전술이 사용되도록 해야 한다. 따라서 혁신을 하기 위해서는 새로운 강력한 도구 및 모델이 존재하며, 정보기술을 활용한 변화관리가 혁신의 핵심이다.

최근의 정보기술은 경영 전반에 대한 정보들이 데이터베이스화되어 과거에는 전문가만이 복잡한 업무 수행을 하였지만, 일반사용자도 전문가의 업무를 할 수 있게 되었다. 다양하고 복잡한 업무 수행도 정보기술로 해결되었으며, 동시에 여러 사람의 서류작업도 가능해졌다. 정보기술을 통한 새로운 형태의 비즈니스모델 출현과 더불어 새로운 시스템모델이 등장하여 기업의 업무 프로세스와 함께 효율적인 업무관리가 가능해졌다. 급변하는 경영환경에서 정보기술을 이용하기 위해 새로운 정보기술과 시스템을 기업에 어떻게 활용할 것인가의 계획 또한 중요하다.

6.2.2 융합비즈니스환경과 특징

현재의 사회를 기반으로 한 미래사회는 다음과 같이 다양하고 폭넓은 변화의 시대에 직면할 것이다. 몇 가지 나타날 수 있는 상황을 나열하면 다음과 같다. ① 노년층의 확대 및 세분화, ② 싱글족, 노키드(no-kids)족, 독거노인 등의 증가에 따른 핵가족의 재분열, ③ 개인주의 및 개성 중시 경향이 만연, ④ 스마트사회 및 글로벌 차원으로의 사고 및 활동 공간 확대, ⑤ 인공지능기반의 자동화된 기술 및 온 · 오프라인 등 제품 · 서비스의 콘텐츠화가 많은 영역을 차지, ⑥ 글로벌기반의 유통 채널의 확대 등으로 소비자 니즈(needs)가 더욱 다양화 · 고도화되는 방향으로 진전, ⑦ 급속도로 인터넷이 사물 간, 사람과 사물 간을 뛰어넘는 사물인터넷의 확산 등이다.

소비자들은 실생활 속에서 웹(web)의 출현과 진화 그리고 스마트폰의 등장으로 앱(app)을 통한 많은 변화의 현장을 접하면서 살아가고 있다. 기존에 많이 보던 것인데 기존과는 분명히 다르고, 그렇다고 완전히 새로운 것은 아니다. 이는 현재의 많은 것들이 기존에 존재하던 것들을 재조합하여 기존과는 확연히 다른 혁신을 창조해내기 때문이다. 현 시대의 패러다임이 융합비즈니스형태인 것이다. 이러한 융합으로 새로운 기업 비즈니스 측면에서 여러 가지 유형이 나타나고 있다.

융합의 정의는 다른 기술, 산업, 장치를 하나의 전체로 합치는 것이다. 즉 아이디어, 사물의 융합을 통하여 시너지를 일으켜 이전보다 나은 가치를 창출할 수 있는 방식으로 활용하는 것이다. 융합비즈니스는 모든 이해당사자들이 받아들일 수 있는 공동의 목표를 함께 정의하고 목표달성을 위해 함께 몰입할 때 창조성이 강조되고, 궁극적으로 창조적인 융합으로 몰입할 때 목표달성에 큰 역할을 하게 된다. 또한 융합의 비즈니스는 기준에 따라 다양한 방법으로 존재한다. 즉 한 분야의 아이디어를 다른 분야에 적용하여 혁신적인 가치를 만들어내는 것과 서로 다른 객체를 창조적으로 융합하여 새로운 가치를 만들어내는 것으로 분류할 수 있다.

그리고 다양화 · 고도화되는 고객 니즈 변화를 제대로 만족시키기 위해서는 기존 제품 · 서비스로는 한계가 있어 혁신의 필요성이 증가한다.

이렇듯 다양화 · 고도화되는 소비자 니즈 변화와 더불어 통신망의 광대역화, 초소형화 · 미세화 센서기술, 인공지능기술 발전, 소자 · 재료혁명 등 융합을 촉진시킬 수 있는 기술 발전이 맞물리면서 다양한 형태의 융합기술이 등장하고 확대되어가고 있다.

또한 최근 혁신의 폭이 매우 넓어지고 있다. 기존에는 발명과 상업화의 과정을 거쳐 제품과 서비스의 혁신을 이루는 것이 혁신의 전부로 인식되었지만 이제는 정보통신기술이 융복합의 주도적 역할을 함에 따라 혁신의 폭이 제품과 서비스를 넘어 고객기반의 혁신, 가치사슬(value chain)의 혁신, 비즈니스모델혁신, 고객중심의 가치혁신 등 폭넓게 진화하고 있다. 이러한 추세는 정보통신기술이 모든 혁신의 역량에 기초적

그림 6-1 미래사회 변화 및 융합혁신요인

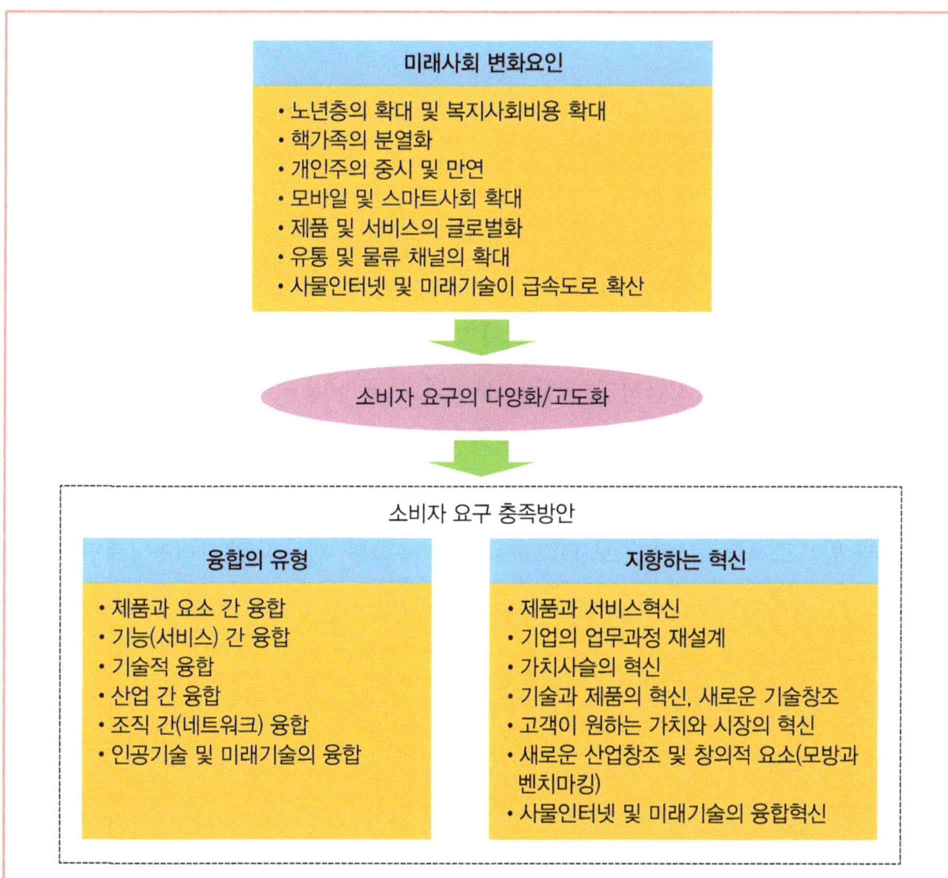

인 기반으로 설정됨에 따라서 다양한 형태의 융복합적인 요소가 발전하고 있다. 제품 요소 간의 융복합, 기능부서 간의 융복합, 조직 내외 간의 융복합, 산업 간의 융복합, 기술 간의 융복합, 생물학과 인공시스템의 융복합 등이 나타나고 있다. 창조와 혁신에서는 정보통신기술과 다른 산업을 결합하여 새로운 가치를 만드는 창의적인 활동으로 새로운 산업을 이끌어가는 영역으로 받아들여야 한다.

미래에 융합비즈니스는 세계의 변화를 주도하는 핵심 패러다임기술로 자리 잡을 전망이다. 그렇다면 융합비즈니스는 향후 어떠한 방향으로 진화할 것인가에 대해 다음 몇 가지 유형인 ① 제품과 요소 간 융합기술, ② 기능(서비스) 간 융합기술, ③ 기술적 융합기술, ④ 산업 간 융합기술, ⑤ 조직 간 융합기술, ⑥ 인공기술 및 미래기술에 대한 패러다임의 변화 등으로 설명하고자 한다.

1) 제품과 요소 간 융합

융합의 첫 번째 유형은 제품과 요소 간의 융합기술혁신으로 서로 다른 요소 간의 결합을 통해 더 나은 가치를 지닌 혁신적인 제품이나 서비스를 개발하는 것을 주요 목표로 하고 있다. 제품과 요소 간 융합의 지향점은 융합을 통해서 혁신적인 제품과 서비스를 개발하는 것이다. 지금까지 융합은 모방과 복제가 용이하다는 디지털의 특성으로 인해 정보기술산업 내에서 컴퓨터, 전자통신, 오디오 · 비디오, 카메라 등 제품과 요소 간의 융합이 이루어졌다. 예를 들어 휴대폰(음성+인터넷+전자우편+카메라), 스마트폰과 빔프로젝트, DVD콤보(DVD+VCR), 복합형 캠코더(캠코더+디지털카메라+MP3+인터넷), 카메라(동영상+인터넷), MP3/MP4, PMP(MP3+AV) 등이 그 사례들이다.

향후에도 제품과 요소 간의 융합은 데이터통신, 정보, 오락, 가공 · 처리, 상거래 등의 기능 간 융합이 가속화되면서 보다 다양화 · 고도화될 것이며, 특히 정보 및 지식화 사회에의 접근이 용이해지고 환경에서 특히 스마트 및 사물인식 기기를 중심으로 제품 및 서비스의 콘텐츠화가 전개될 것이다. 단순함과 편리함을 추구하는 경향, 위치에 관계없는 연속적 커뮤니케이션과 정보접근 선호, 서비스 속도의 증대 및 실시간서비스에 대한 요구 증대 등으로 융합된 기기의 스마트화가 지속적인 트렌드로 자리 잡을 것이기 때문이다.

이러한 스마트화된 융합의 진화 방향에 대해서는 크게 완전형 융합과 부분적 융합의 두 가지 견해가 대립하고 있다. 먼저 완전형 융합은 데이터통신, 정보, 오락, 가공 · 처리, 상거래의 콘텐츠 등의 기능을 포괄하여 시장 내 대부분의 애플리케이션을 원활히 이용할 수 있는 완전 통합 단말기가 시장의 주력으로 자리 잡을 것이라는 주장이다. 반면 부분적 융합은 완전 통합 단말기가 시장을 주도하기는 힘들며, 데이터통신, 정보, 오락, 가공 · 처리, 상거래 콘텐츠 등의 기능 중 고객의 본능적인 요구와 시장의 유행을 반영한 주요 기능을 중심으로 부분 복합된 제품들이 시장을 주도할 것이라는 주장이다.

그러나 보다 장기적으로 디스플레이, 입력방식, 배터리 등 혁신적 신기술의 발전이 뒷받침될 경우 고객의 다기능 선호 경향 심화, 기업들의 기능차별화 노력 지속 등을 바탕으로 다양한 소비자 요구를 단일 기기에서 충족시킬 수 있는 통합 멀티미디어 단말기가 시장의 주력으로 부상하고 있다.

2) 기능(서비스) 간 융합

기능 간 융합혁신은 조직 내 서로 다른 부서 간의 융합을 통해 조직성과의 극대화를 추구하는 것을 의미하며 대표적인 사례가 경영혁신, 즉 업무 프로세스혁신이다. 과거 기업은 전체의 성과보다는 각 부서의 성과에만 극대화를 꾀하였다. 예를 들어 생산부서는 시장의 수요 및 영업에는 관심이 없고 오로지 생산의 극대화에만 치중하다 보니 결국에는 엄청난 재고부담을 떠안는 경우가 많았다. 이러한 문제점을 해결하기 위해 업무 프로세스를 혁신하여 전사적 자원관리시스템인 ERP와 같은 시스템을 도입하여 기능 간의 장벽을 허물고 생산과 영업 간의 상호관계를 통해서 탄력적으로 연계하여 잘 팔리는 제품 위주로 업무 및 생산혁신을 이루었다.

3) 기술적 융합

기술적 융합혁신은 서로 다른 기술 간의 융합을 통하여 기술적 혁신을 일으키는 것을 목표로 하고 있다. 편리한 삶을 추구하는 인간 욕구를 만족시키기 위해서는 인간과 닮은 개체를 만들어 자신의 노동을 대체시키고 여러 가지 즐거움을 제공받는 것이 최상의 방법이다. 이런 관점에서 볼 때 요즈음의 융합형태의 기술은 사물과 사물 간의 기기가 인간을 닮아가는 방향으로 전개될 것으로 보인다. 이러한 사물 · 기기와 인간의 융합형태가 지향하는 것은 인간의 사고, 인간의 감각 및 인간의 섬세한 육체 등을 그대로 구현한 인간중심형 타입의 생활형 서비스로봇이다. 생활형 로봇은 인간이 하기 싫거나 사람이 할 수 없는 일을 대신 수행하면서 인간에게 더 많은 여가시간을 제공해줄 것이다. 생활형 서비스 로봇의 출현은 사람과 로봇 간의 감정의 상호작용을 통한 어려운 난제뿐만 아니라 사람의 편리성을 추구하는 데 보다 쉽게 도구로서 문제를 풀어가는 매우 큰 역할을 담당할 것이다. 생활형 서비스로봇 도입 이후에 사무실의 단순작업이나 지루한 가사노동에서 해방된 사람들은 보다 중요한 일에 몰두하거나 영화, 음악, 레저 등 여가활동에 더 많은 시간을 할애할 수 있을 것이다. 기술적 융합의 하나의 예인 로봇과 영상기술, 의료기술을 융합한 수술용 로봇 다빈치는 수술 중에 발생하는 출혈로 인한 응급수혈의 발생빈도를 줄일 수 있다고 한다.

그러나 이상적인 형태의 로봇이 출현하는 데는 적어도 많은 시간이 소요될 것으로 보이며, 그 중간단계에서는 인간의 사고, 감각, 육체 등에 보다 가깝게 가기 위한 세부요소 기술개발이 꾸준히 시도될 것이다. 그 과정에서 인간의 사고를 닮고자 하는 측면에서 자율 제어, 인지 · 판단, 학습, 감성 구현 등을 포함하는 인공지능, 그리고 인간의 피부처럼 예민한 지능형 소재, 센서 등이 핵심기술로 부각될 것이다.

4) 산업 간 융합

산업 간 융합기술혁신은 다양한 산업 간의 융합을 통해 시장에 혁명을 일으키는 전략으로 최근에 가장 각광을 받는 분야이기도 하다. 지향하는 목표는 고객이 원하는 가치를 포함한 시장의 혁신이다.

20세기의 산업 진화 패러다임은 산업 내 기술 발전에 의한 단순한 진화와 기존 기술 진화중심의 산업 내 혁신을 중심으로 진행되어왔다. 산업 간에 경계를 유지하며 간헐적이고 부분적으로 상호작용함으로써 산업 간 융합 사례는 소수이며 제한적이었다. 그러나 이러한 산업 내 혁신을 통한 고객가치창출이 어느 정도 한계에 다다르면서, 융합비즈니스기술로 인해 산업 간 경계가 붕괴되는 등 산업 간에 융합적 변환이 급속히

표 6-2 | 다양한 산업 간의 융합기술혁신

분야	주요 내용
자동차 + IT	스마트카(친환경, 안전, 여가, 오락 등), 차세대 텔레매틱스, 차량 간 통신을 통한 안전서비스, 자동차 원격진단서비스, 지능형 자동차, 자율주행자동차, 무인자동차
조선 + IT	디지털화된 작업장, 전자해도 및 선박의 통합운항시스템, U-Safety, 지능형, 조선 기자재, 친환경 · 고효율엔진
건설 + IT	지능형 빌딩, 친환경빌딩, 스마트도시, 3D 가상건설
섬유 + IT	스마트섬유, 스마트의류, 3D피팅
기계 + IT	지능형 공작기계, 공정의 지능화 · 자동화
항공 + IT	항공기 실시간 진단시스템, 특수항공기(항공기와 선박이 결합된 위그선)
국방 + IT	네트워크중심 전장관리, 전투지휘 통제체계, 로봇병사, 무인차량, 무인정찰기
에너지 + IT	CO2 배출모니터링시스템, 빌딩관리시스템, 스마트그리드
로봇 + IT	인공로봇, 산업용(조립, 가공, 포장, 검사 등), 가정용(청소, 경비), 교육용 로봇
유통 + IT	미래형 매장, 전자카탈로그
물류 + IT	스마트물류
금융 + IT	핀테크, 블록체인, 해외송금서비스, 크라우드 펀딩, 모바일 뱅킹, 금융기업 간 협업 시스템, 디지털은행, 암호화폐(비트코인, 이더리움, 리플 등)
교육 + IT	E-러닝, U-러닝, 전자책, 딥러닝
관광 + IT	가상관광, MICE(Meeting, Incentive, Convention, Exhibition)회의(학술대회, 국제회의, 관광상품 연계)
의료 + IT	원격의료, 지능화된 의료장비(수술용 로봇), 신약

자료 : 김덕현 외 9명, 융합경영, 글로세움, 2011, 저자 수정보완.

전개되고 있다.

21세기에는 이러한 산업 융합형태가 산업의 새로운 진화 패러다임으로 자리 잡을 전망이다. 산업 간 융합기술은 다양한 이기종산업 간에 일어날 수 있으나, 당분간은 정보통신산업과 소재, 바이오, 화학, 에너지, 중공업 등 다양한 산업의 축을 중심으로 하여 이들 산업과 타 산업이 융합하는 방향으로 전개될 것이다. ICT산업은 센서 및 인공지능기술 발전 등으로 사물과 사물 간의 스마트화 · 지능화를 촉진시키며, 사물 간 네트워킹 및 통합을 통해 기존 비즈니스모델을 변화시킬 수 있다. 또한 소재산업은 유기물기반 소자 · 재료기술이 사물 · 기기의 물성을 변환시키고, 바이오산업은 인간 신체의 특성을 가미함으로써 기술 패러다임을 획기적으로 변혁시킬 수 있을 것이다. 화학과 에너지관련 산업은 인간이 작업하기 어려운 매우 밀폐된 작업환경을 대체할 수 있는 융합기술이 선도할 것이며, 특히 조선분야의 융합기술은 작업환경의 열악한 환경 및 사람보다는 기계에 의한 융합적인 사고로 발전할 가능성이 존재한다.

최근에는 제4차 산업혁명이 도래함으로써 제조업에서의 서비스화의 융합이 큰 이슈가 되고 있다. 제조기술에 서비스를 더하여 정보통신기술과 데이터기술을 융합해 새로운 비즈니스를 만들어내거나 새로운 사업기회를 찾아내는 제4차 산업혁명이 제조업 혁신을 가져올 것이다.

5) 조직 간(네트워크형) 융합

조직 간 융합혁신은 서로 다른 조직 간의 융합을 통하여 가치사슬의 혁신을 일으키는 것을 목표로 하고 있다. 각각의 기업은 가장 잘 할 수 있는 분야에만 집중하고 나머지는 해당 분야 최고의 기업과 협력하여 보완함으로써 최고의 제품과 서비스를 고객에게 제공하는 개념이다. 조직 간의 융합형태는 관련 기술의 발달, 수요 및 공급 측면의 조건충족 등에 따라 앞으로 유망사업분야로 부상할 것이 기대될 뿐만 아니라 사회적인 정보화에 대한 기여도 또한 무한할 것으로 추측된다.

1990년대 후반 이후 컴퓨터, 디지털가전제품, 인터넷 등이 가정으로 급속히 확산되었고 가전기기 간 네트워크화도 용이해졌다. 특히 정보 및 디지털기기에 익숙치 못한 청소년, 주부, 여성 일부 층들의 디지털제품에 대한 사용량이 늘어남으로써 네트워크시장은 점점 커질 것이다. 특히 가전, 네트워크장비, 통신서비스 등의 분야에서 성장에 한계를 느낀 기업들이 새로운 시장으로서 가정의 네트워크화에 관심을 기울이고 있다. 소비자들의 여가활동과 여성의 사회참여도가 늘어나면서 가사노동의 절감, 주택의 편의성 및 안전성 등이 요구되며, 고령화사회로의 진입으로 건강관리와 위급 시 긴급조치, 스마트교육 및 진료, 보안시스템 등이 필요해짐에 따라 네트워크서비스에 대한 요구가 다양하게 나타나고 있다. 스마트사회에서 네트워크는 정보통신, 정보기기, 정보콘텐츠 등 다양한 분야들이 융합되어 있어서 관련 시장이 고성장할 것으로 보인다.

언제 어디서나 전송이 가능한 통합센터에서 통화기능, 텔레비전, 라디오, 컴퓨터, 전자기기 작동 및 서비스, 오디오, 비디오파일 등의 사용이 가능하다. 이처럼 통합센터에서는 과거에 사용자를 괴롭혔던 많은 문제점들이 해결되었다. 미래기술은 새로운 테크놀로지의 개발로 가전기기의 통합에 중대한 영향을 끼칠 것이다. 그러나 가전제

그림 6-2 조직 간(네트워크) 융합혁신

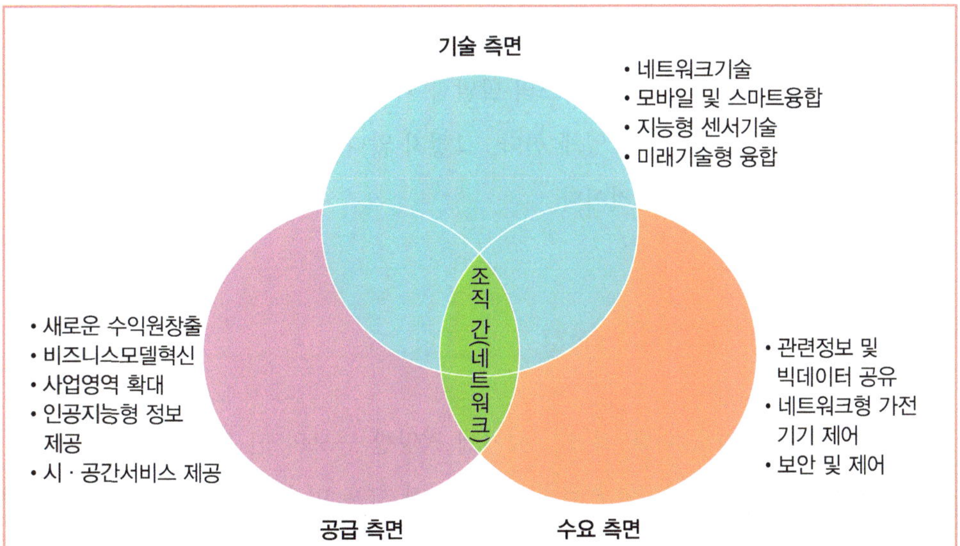

품 중에는 통합되지 않는 것도 있다. 식기세척기가 옷을 세탁할 수는 없는 노릇이고, 냉장고가 오븐기능을 하지는 않을 것이다. 하지만 이러한 가전제품에도 지능형 컴퓨터가 탑재된 융합기술이 적용될 것이다. 지금도 이러한 가전제품에는 컴퓨터 칩이 내장되어 있다. 따라서 이 가전제품들을 로컬 네트워크에 자연스럽게 연결할 수 있을 것이다. 이러한 기기들을 한곳에서 제어하면 여러모로 편리해지겠지만, 그래도 많은 일들은 직접 해야 할 것이다. 식기세척기에서 접시를 꺼내고, 세탁기에서 옷을 꺼내는 일을 기계가 대신 해주는 것은 가까운 미래에는 어려울 것이다. 사용자는 옷을 세탁하는 데 필요한 전력이 얼마나 될지 관심을 갖지 않을 것이다. 미래에는 다양한 브로커들이 나타나고 이에 따라 전력 브로커가 이러한 전력정보를 전문으로 다루게 될 것이다. 전력 브로커는 전력 사용시간 및 양태를 조사해서 사용자가 가장 저렴하게 전력을 이용할 수 있게 해줄 것이다.

또한 냉장고는 근거리 및 가정과 매우 가까운 곳으로 모바일 및 기기 간을 연계하여 부족한 재료를 쉽게 버튼 하나로 작동할 수 있을 것이다. 가정 내에서 가장 저렴한 가격에 가장 좋은 품질로 사용자가 좋아하는 식품을 판매하는 상점으로 바로 연결하여 구매할 수 있다. 식품의 가격이 고정되지 않고 항상 시장의 수요와 공급에 의해서 변화되기 때문에 가정 내에 가장 저렴한 가격에 좋은 품질로 사용자가 좋아하는 음식을 구입할 수 있는 상점과 시간을 알려줄 것이다. 이것은 식료품 구입을 보다 효율적으로 할 수 있게 한다. 이러한 네트워크의 발달과 가전기기 간의 융합형태는 가장 저렴한 가격으로 식품을 구입할 수 있게 한다. 그렇지 않다면 원하는 것을 구입하기 위해서 더 많은 비용을 들여야 할 것이다.

6) 인공기술 및 미래기술의 융합

기업의 지속적 성장을 위해 적절한 시기에 적당한 규모의 신사업을 찾아내어 자기 것으로 해야 한다는 것은 과거나 현재뿐만 아니라 향후 미래에 기업이 살아남기 위해 필요한 요건이다. 새로운 환경에 계속해서 적응하지 못한다면 기업은 어느덧 자취를 감춰버릴 수 있다. 어느 때는 산업 자체가 쇠퇴하고 다른 산업이 부상하기도 한다. 이러한 기업성장의 몇 가지 방법은 다음과 같다. 첫째, 기존의 시장에서 기존의 제품을 더 많은 고객에게 판매하는 방법, 둘째 기존의 제품을 가지고 새로운 시장에 진입하는 방법, 셋째 기존의 시장에 새로운 제품을 소개하는 방법, 그리고 마지막으로 새로운 제품으로 새로운 시장으로 들어가는 방법이다. 이 중에서 첫 번째 방법은 경쟁을 통한 성장이고, 기존 사입을 통한 성장이지만 나머지 셋은 모두가 신사업을 통한 성장이다.

그 많은 신사업개발의 방법 중에서 특히 최근의 미래지향적 신사업개발방법이라면 창조와 창의가 뒷받침되고 있는 융합비즈니스형 신사업이다. 그 대표적인 산업이 인공기술 및 미래기술의 융합혁신이라고 할 수 있다. 인공지능과 미래기술을 통해서 새로운 가치를 만들어내는 것이 이러한 융합의 핵심이다. 인간의 지능을 장착한 기계들이 언제 어디서나 인간이 필요한 일들을 돕는 시대라고 할 수 있다. 또한 단순히 기존 고객가치의 연장선에 있는 것이 아니라 지금껏 없었던 새로운 부가가치를 만들어낼 때 비로소 융합이 이루어졌다고 할 수 있다. 고객을 깊이 연구하고 고객이 원하는 것을 넘어 고객이 원하는 가치까지 알아내어 융합을 통해 달성할 때 융합의 전략은 성공할 수 있다. 이러한 융합을 통한 신사업개발방식은 크게 두 가지로 설명할 수 있다.

첫째, 둘 이상의 가치사슬(value chain)을 융합하여 보다 본질적이고 포괄적인 새로운 가치사슬을 만들어내는 방식이다. 이 형태의 융합은 동일한 고객의 동일한 소비상황 또는 소비행동에 대해 둘 이상의 상품이 서로 다른 산업과 서로 다른 가치사슬을 통해 전달될 때 시도된다. 대체로 제품과 서비스를 융합하는 형태, 즉 제품과 서비스 융합상품의 형태로 전개된다.

둘째, 성격이 다른 둘 이상의 고객가치를 연결하는 방식이다. 이 방식의 융합의 대표적인 예로 생산자와 소비자를 연결하는 사업모델을 들 수 있다. 생산자를 고객으로 하는 기업서비스와 소비자를 고객으로 하는 개인서비스는 완전히 성격이 다르다. 하지만 그것을 단일 사업활동으로 동시에 충족시킬 때 멋진 융합사업이 만들어진다. 그 연결의 방식에 따라 ① 생산자와 소비자를 서로 만나게 하는 것에 중점을 둔, 소위 마켓플레이스방식, ② 생산자와 소비자가 각기 다른 형태로 참여하지만 하나의 거래형태에서 서로의 니즈가 충족되는 양면시장방식, ③ 소비자와 소비자를 서로 연결하는 것으로 독자적인 가치를 만들어내는 방식 등 다양한 형태가 존재한다.

7) 융합비즈니스혁신전략

융합비즈니스시대에 세계시장에서의 지위가 높아졌거나 낮아진 품목들의 기술과 전략을 정리함으로써 앞으로도 계속될 산업 및 사회적 변화에 미리 대비하는 전략이 절대적으로 필요하다. 상당기간 디지털기술이 부가가치와 경쟁우위의 원천이 될 전망이며, 이러한 디지털 전환과정에서 출현하는 미래 융합비즈니스 성장산업들을 선점하기 위한 전략적 접근방안이 필요하다.

융합비즈니스가 IT산업을 넘어 타 산업 및 사회로 계속해서 확장되고 있다. 과거 IT산업 내 기술 간, 제품 간 융합에서 벗어나 IT산업과 타 산업사회 간의 전면적인 융합으로 확대되고 있는 것이다. 그동안 융합기술은 IT산업 내에서 컴퓨터, 통신, 그래픽 등 전자기기 간의 융합을 중심으로 전개되어왔다. 그러나 최근 들어 IT의 활용범위가 보다 확대되고 타 산업사회분야 기술과의 접목이 활발해지면서 새로운 융합기술이 창출되는 현상이 나타나고 있다. 이러한 융합기술을 활용한 제품 및 서비스개발의 급진전으로 IT와 타 산업사회 간의 융합 또한 빈번해지고 있으며, 융합영역에서 새로운 시장영역이 창출되고 있다.

금융과의 융합에 따른 블록체인을 통한 핀테크, 스마트금융 및 보험, 방송과의 융합에 따른 쌍방향서비스, 자동차와의 융합에 따른 자율주행이 가능한 자동차, 무인자동차, 건설과의 융합을 통한 스마트빌딩 등 고객접점이 원활한 곳부터 융합환경이 변하고 있음을 알 수 있다. 21세기에는 정보통신기술을 기본으로 한 산업을 축으로 한 산업 간 융합비즈니스가 전면적인 양상으로 전개되면서 산업사회로의 새로운 패러다임으로 부상할 것으로 보인다.

이렇듯 산업 간 융합기술이 활발하게 일어나는 이유는 다음과 같다. 첫째, 산업 간 융합을 통해 기존 산업 내 제품 · 서비스로는 창출하기 힘든 고객효용을 만들어낼 수 있다. 편의성 향상을 추구하는 인간의 욕구가 끊임없이 진화하는 가운데 산업 내 혁신을 통한 효용 증대는 한계에 봉착하고, 대신 산업 융합영역에서 다양한 혁신의 생성과 획기적인 효용 증대가 가능해지고 있기 때문이다. 예를 들어 자동차산업의 경우 IT와의 융합을 통해 타이어 결함의 자동감지 및 졸음운전 경고 등의 안전성 제고, 위치기반서비스 등의 편의성 제고, 전기자동차를 통한 경제성 향상 등 기존 기계식 자동차로는 제공하기 힘든 고객효용을 창출해낼 수 있다.

둘째, 통신망의 광대역화, 반도체를 통한 초소형화·미세화기술의 발전, 소자·재료기술의 센서기반으로의 전환, 인공지능기술 개발의 진전 등으로 산업 간 융합을 원활히 지원할 수 있는 여건이 마련되고 있다. 이러한 기반기술의 발전하에 기존 산업에 ICT기술이 접목되면서 정보화와 자동화를 통해 해당 산업의 지능화를 촉진시킬 뿐만 아니라 네트워크화 및 통합화를 통해 비즈니스모델의 변화를 가져올 수 있다.

셋째, 대부분의 기존 산업이 범용화되고 산업 내 생존경쟁이 치열해지면서 기존 산업이 레드오션으로 변화하고 있다. 기존 산업 내에서 성장 한계에 봉착한 기업들이 경쟁에서 자유로운 새로운 시장공간인 블루오션을 창출하기 위해 타 산업영역과의 융합을 적극 추진하고 있다. 융합영역의 경우 기존 기술만으로는 접근이 어려워 시장경쟁자가 소수이므로 고부가가치사업을 창출할 가능성이 높다.

6.3 창의적인 혁신 프로세스

6.3.1 프로세스의 의미

기업은 경제, 정치, 법률, 사회, 문화와 같은 기업을 둘러싼 외부환경은 물론 기업 내부조직문화, 마케팅, 인사, 재무, 회계, IT인프라 등과 같은 내부환경과의 상호작용을 통해 경제적 기능을 추구한다. 특히 외부 간의 경쟁환경이 치열함으로써 기업 내외의 주어진 여건과 환경을 분석한다. 즉 고객선호도, 정부정책, 경쟁관계, 내부성장 등

시장경쟁에 의해 끊임없이 변화하므로 반복적이고 지속적으로 경영에 대한 분석 및 진단이 필요한다. 또한 기업의 비전, 미션 및 경영전략분석 결과를 토대로 현행조직과 업무 프로세스의 효율성 및 적합성을 파악하고 문제점 및 개선사항을 도출한다. 이러한 경쟁분석에 가장 필요한 부분이 비즈니스 프로세스(process)이다.

일반적으로 기업의 업무활동(예를 들어 기획, 설계, 생산, 유통, 회계, 재무, 마케팅, 영업 등)이라고도 하는 비즈니스 프로세스는 기업의 가치창출이라는 목적하에서 행해지는 모든 활동들을 말한다. 쉽게 말하면 회사에 출근하여 퇴근하기까지 행하는 모든 업무관련 활동들이 비즈니스 프로세스이다.

이러한 비즈니스 프로세스에는 특정한 목적이 있고, 그러한 목적을 달성하기 위해 다른 직원들과 협동 및 협업 작업을 하고, 지시사항을 전달하거나 받고, 다른 회사 직원에게 전화 및 이메일을 보내고, 고객을 만나기도 한다. 컴퓨터를 사용하여 문서를 작성하고, 결재를 받고, 필요한 곳에 문서를 보낸다. 공장에서는 기계를 조립하여 제품을 만들거나 식당에서는 손님에게 음식을 제공하는 것들이다. 회사에서 작업이 무엇인가에 따라 직급이 어느 위치인가에 따라 서로 다른 업무를 수행하지만, 결국 기업조직의 관점에서 이렇게 다양한 업무들은 모두 공통된 목적인 비즈니스가치를 향상시켜야 하는 당위성이 존재한다. 즉 기업의 비즈니스 프로세스는 그 조직 내에서 발생하

그림 6-3 프로세스의 흐름도

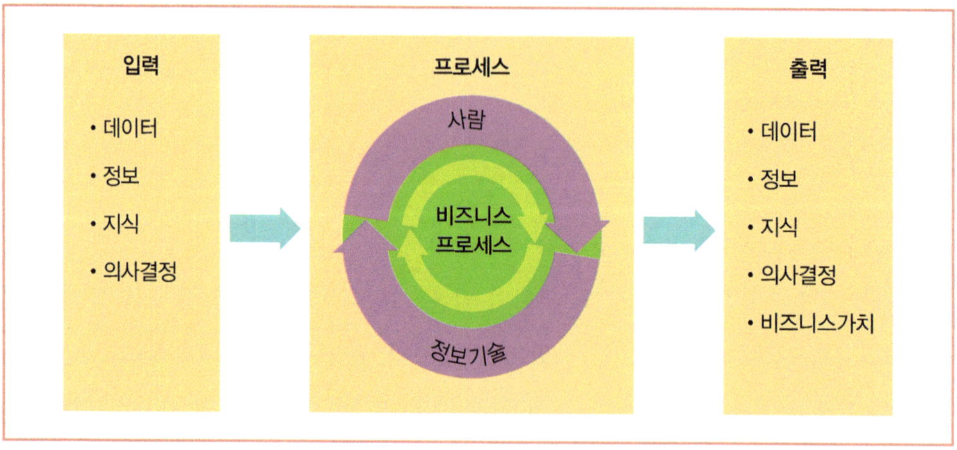

는 모든 업무활동을 가리킨다.

GE는 프로세스를 자원 및 정보를 특정한 제품 또는 산출물(output)로 변환시키는 데 필요한 활동(activity)과 과업(task)들의 집합으로 정의했다. IBM도 내부 또는 외부 고객을 위해 유용한 결과를 도출하는 것이라고 정의하고 있으며, 반복적이며 측정가능한 과업(직무)들의 시리즈로 설명한다.

기업의 프로세스는 기업구성원의 모든 요소가 집결되는 곳이고 기업은 바로 이 프로세스의 집결체이다. 훌륭한 인력을 뽑아오는 것은 인력채용 프로세스, 인력을 훈련시키는 것은 교육·훈련 프로세스, 양질의 제품을 생산하는 것은 생산공정이라고 하는 생산 프로세스, 값이 싸고 질이 우수한 자재 및 설비 등을 구매하고 조달하는 것은 구매·조달 프로세스, 제품을 유통과정을 통하여 고객에게 전달하는 것은 배송 프로세스, 경쟁우위를 위한 경영전략을 결정하는 것은 전략·기획 프로세스, 신제품을 개발하고 기획하는 것은 신상품개발 프로세스, 최적의 예산 집행을 실행하기 위한 기획은 예산심의·기획 프로세스이다. 이처럼 기업에는 보이게 안 보이게 수많은 프로세스가 존재한다. 그래서 기업의 프로세스를 보면 그 기업의 제품과 서비스의 품질을 알 수 있고, 타사 대비 기업경쟁력도 측정이 가능하다.

그림 6-4 프로세스의 네트워크

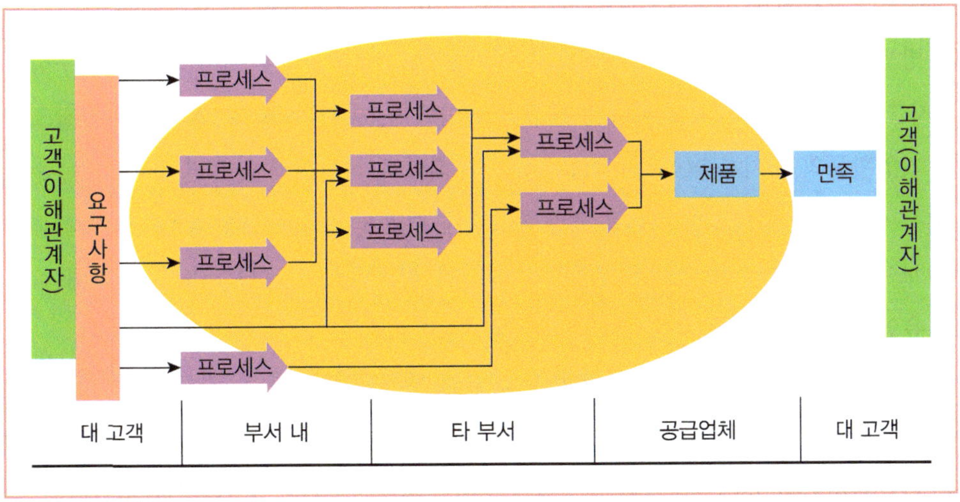

이상과 같이 프로세스는 일상에 존재하는 조직 내외의 업무와 유관된 자원과 자원 간의 관계와 흐름을 이해하고 실제 사람들이 이를 이용해 업무처리가 수행가능한 형태로 구체화시키는 것을 말한다.

6.3.2 경영혁신이론

1992년 마이클 해머(Michael Hammer)와 제임스 챔피(James Champy)에 의해 소개된 BPR(Business Process Reengineering)은 "하나 이상의 입력을 받아들여 고객에게 가치 있는 결과를 산출하는 행동들의 집합"으로 비즈니스 프로세스를 정의하고 프로세스의 이름과 목표에 대한 정확한 이해, 프로세스 성능평가기준, 프로세스관리체계 등의 중요성을 강조하였다. 또한 데이브포트와 쇼트(Daveport & Short, 1990)는 "활동의 구조로서 처음과 끝, 그리고 확연히 구분된 투입요소와 산출요소를 가지고 시간과 장소를 가로질러 수행되는 작업활동의 일정한 순서"로 정의하기도 하였다. 종합적으로 BPR은 업무와 관련된 입력요소를 받아들여 산출요소로 변환시키는 일련의 작업활동들의 집합으로 정의할 수 있다.

BPR은 고객에게 주는 가치를 극대화하기 위한 프로세스중심의 혁신활동으로 관점과 방법에서 새로운 시도임에 틀림없다. 즉 고객과 시장의 시각에서 고객이 요구하는 가치를 제공하는 것이 중요하다는 관점의 변화이며, 이를 위해 고객의 가치를 창조하는 기업활동의 가치사슬(value chain)을 근본적으로 직시하지 않으면 안 된다는 논리이다. 이러한 프로세스의 개념은 정보화시대에 걸맞게 새로운 경영패러다임의 가능성을 보여주었다. 최근의 스마트경영환경에 맞게 비즈니스 프로세스 또한 변화해야 하고 유연해야 한다.

정보기술에 있어서 기존의 IT 활용은 다분히 자동화 위주였다. 컴퓨터의 등장 이후 이를 경영에 활용하려는 시도는 많았다. 그러나 대부분의 시도는 단순한 사무직 업무를 자동화시키는 것에 불과하였고, 경영의 효율성을 올리는 경영혁신과는 거리가 멀었다. 일부의 기업에서는 정보기술의 전략적 활용, 즉 전략정보시스템을 활용하여 급성장을 이룬 것도 사실이지만 이것은 무척 힘든 일이다. 왜냐하면 이러한 시스템을 개발하는 데에는 많은 비용과 시간이 소요되며, 전략적 기회를 포착하고 이를 이용하는 것이 무척이나 위험하기 때문이다. 전략적 기회는 동시에 전략적 위협이 될 수도 있다. 경쟁환경은 계속 변화하고 경쟁기업들의 모방 등도 무시할 수 없는 위협이 된다.

BPR은 조직 전반에 걸친 점진적인 변화가 아닌 빠른 시간 내에 조직 내의 인력, 비즈니스 프로세스, 기술 등을 동원하여 획기적인 성장을 통한 성과 및 조직 변화를 일으키는 것이다. 또한 BPR을 통한 장단기효과로는 기업 내의 업무효율성 향상을 통한 간접비용의 절감, e-비즈니스를 통한 전사적 정보시스템 구축, 전략구매를 통한 직접조달비용의 감소, 가치사슬을 통합을 통한 이익 실현과 전략, 조직, 프로세스개선 및 정보화에 대한 기대 등을 들 수 있다.

일반적으로 기업들이 경영환경의 변화에 맞춰 기업경영의 목적을 달성하려고 기존의 일하는 방법과 비즈니스사업모델 등을 획기적으로 혁신하는 것을 경영혁신이라고 한다. 제품과 서비스관련 뿐만 아니라 비즈니스 프로세스혁신, 비즈니스모델혁신 등을 획기적으로 개선시킴으로써 기업경영을 본질적으로 변화시키는 데 목적이 있다. 그리고 최근의 기업경영에서 혁신의 역할은 더욱 중요해질 것이다. 기업의 미래 수익창출에서 경영혁신의 역할은 더 강조될 것이다. 이러한 파괴적 경영혁신은 클라우드, 제4차 산업혁명, 사물인터넷, 인공지능 등으로 대변되는 디지털기술의 등장으로 촉진될 것으로 전망하고 있다. 이러한 미래기술환경에서의 경영혁신은 창조적 경영혁신개념으로 범위가 점점 넓어지고, 협업을 통한 경영혁신이 이루어지고 있다. 한 분야에서 독자적으로 이루어지는 것이 아니라 상호 협업에 의한 새로운 가치창출을 위한 글로벌혁신 파트너십의 역할이 더욱 중요해질 것이다. 창조적 경영혁신은 기업이 급변하는 디지털환경 변화에 선제적으로 대응하려면 새로운 디지털전략 수립과 협력을 통한 전략 수립이 필수적이다. 기업이 효과적으로 사업모델을 새로 정하고 이를 추진하기 위한 역량을 확보하려면 구체적인 체계나 방법론이 필수적이다.

창조적 경영혁신시대에 기업이 대응하여야 할 관점을 정리하면 다음과 같다. 첫 번째는 창조적 전략과 비즈니스모델 관점이다. 창조적 경영시대에 클라우드, 디지털 채널, 빅데이터, 모바일, 핀테크, 인공지능, 스마트팩토리, 제4차 산업혁명 등은 과거에는 가능하지 않았던 새로운 창조적인 비즈니스모델들을 만들었다. 새로운 창조적인 비즈니스모델들은 우버, 에어비앤비 등과 같은 새로운 공유기반의 모델들이다. 두 번째는 관점을 바꾸어서 기업들이 창조적 혁신을 이용해 기업의 경영혁신 효율성을 높이는 방법을 고려한다. 기업은 지속적인 성장을 위해 반드시 경영혁신이 필수적이다. 창조적 경영혁신은 반드시 기업이 추구해야 할 기본목표이며 새로운 창조적 비즈니스모델들을 전략적으로 검토해 사업 확장에 나서야 한다.

6.3.3 BPR의 기본개념

BPR(Business Process Reengineering)은 "비용, 품질, 서비스, 속도와 같은 핵심적인 경영성과에서 획기적인 향상을 이루기 위해 기업 및 조직의 업무 프로세스를 기본적으로 다시 생각해보고 보다 개선된 프로세스 도출을 위해 근본적으로 재설계하는 것"이라고 하였다(Hammer and Champy, 1993).

1) BPR의 네 가지 핵심요소

① 기본적

BPR을 할 때에는 먼저 기업이 무엇을 해야 할지를 먼저 결정하고, 그 다음 그것을 어떻게 해야 할지를 결정해야 한다. BPR에서는 어떠한 것도 당연한 것으로 여기지 않는다. BPR에서는 '지금 있는' 것을 무시하고 '반드시 있어야 할' 것에 집중한다.

② 근본적

BPR에서 근본적인 재설계는 현존하는 모든 구조와 절차를 버리고 완전히 새로운 업무처리방법을 만들어내는 것을 의미한다. 비즈니스 프로세스는 업무를 개선 · 향상 · 변경시키는 것이 아니라 다시 만들어내는 것이다.

③ 극적인 개선

BPR은 오직 확실한 개혁이 필요할 때에만 사용해야 한다. 점진적인 개선은 미세조정을 필요로 하지만, 극적인 개선은 낡은 것을 버리고 새로운 어떤 것으로 대체해야만 이룰 수 있다.

④ 프로세스

업무 프로세스는 "하나 이상의 입력을 받아들여 고객에게 가치 있는 결과를 산출하는 행동들의 집합"으로 정의할 수 있다.

2) 프로세스의 기본적인 성격

① 프로세스의 목표는 고객이다

고객만족을 최대의 목표로 한다. 업무 또한 고객만족이 최종목표이다. 고객이란 말의 의미는 단순히 최종적인 외부 고객만을 의미하는 것이 아니라, 각 작업의 흐름인 프로세스에서 결과를 받는 모든 부서 혹은 개인을 고객으로 규정하여 내부 고객도 함께 포함시킨다. 프로세스의 최종목표는 고객만족이므로, 프로세스의 성패는 이들 고객이 최종적으로 만족하는가에 달려 있다.

② 프로세스는 조직을 뛰어넘어 수행되며, 조직 간 연계가 쉬워야 한다

프로세스는 한 조직 내부의 여러 부서는 물론 공급업체를 포함한 전 과정이 원활해야 한다. 따라서 프로세스를 혁신하는 방향은 어느 한 부서의 최적화가 아닌 전체적인 최적화를 달성하는 것이다. 분업화된 각 조직에 있어서 업무의 연계성 부족 및 조직 간의 보이지 않는 벽을 타파해야 한다.

③ 프로세스는 시작부터 끝까지 전체적인 최적화를 추구해야 한다

많은 기업들이 경영혁신운동을 전개하고 있지만, 10~20%의 생산성 증대나 원가절감밖에는 이룩하지 못하였다. 이는 고립된 부문별 개선 또는 혁신이었기 때문이라고 할 수 있다. 50% 혹은 100% 이상의 효과를 거두기 위해서는 업무의 시작에서 끝까지인 프로세스를 대상으로 BPR이 이루어져야 한다. 이것은 단절된 한 부서의 작업을 단위로 경영혁신을 도모하지 말고 업무의 흐름을 파악하여 업무의 전 과정에 대한 재구축이 이루어져야 함을 의미한다.

그림 6-5 프로세스의 궁극적인 목표

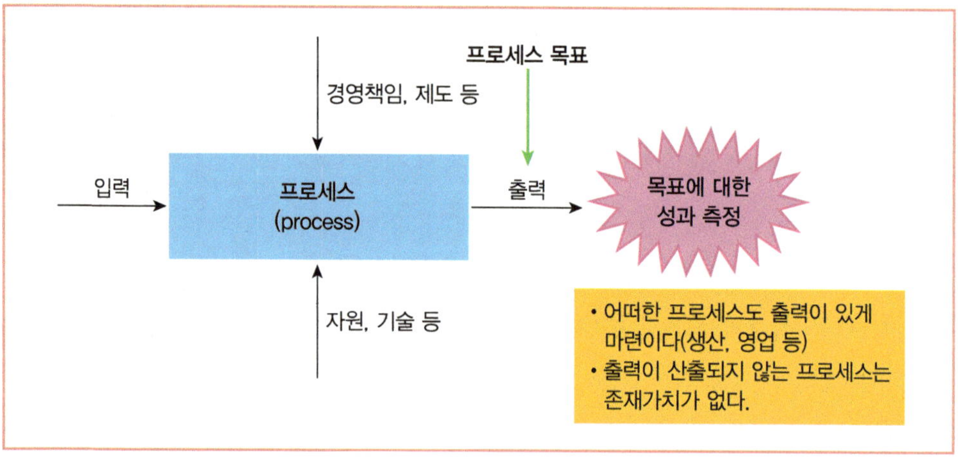

6.3.4 프로세스의 혁신사상

1) 고객지향적 사상

기업의 입장에서만 프로세스를 설계하는 것은 구시대적인 발상으로 외부 고객 및 시장지향적인 관점으로 프로세스를 재설계하여야 한다. 이는 고객니즈의 요구를 만족

시키기 위해서는 반드시 고려되어야 할 사항이다. 만약 고객접점이 없는 프로세스라도 기업 내부 고객이 반드시 존재하므로 고객 입장에서 프로세스를 설계하여야 한다.

2) 원점지향적인 사상

현재의 업무처리방식에 연연하지 않고 프로세스의 존재의 의의와 목표지향적인 관점에 입각하여 근본적인 원점에서 재설계를 함으로써 혹시 잘못된 업무처리를 재수정하는 계기가 될 것이다.

3) 프로세스 중시사상

부서 단위의 조직과 기능중심에서 부서 간에 횡적으로 연결된 전체의 일관된 프로세스 차원에서 프로세스를 재설계하여야 한다.

4) 기업비즈니스모델의 기본프레임 중시사상

기업의 핵심모델이 기업의 운명이므로 비즈니스 프로세스모델과 밀접한 관련이 있는 조직구조, 권한과 책임, 업무분장과 규칙뿐만 아니라 정보시스템의 기본프레임의 구조도 전면적으로 비즈니스모델 관점으로 재검토하여 프로세스를 재설계하여야 한다.

5) 상-하위(top down)모델 사상

기업 목적달성을 위한 방법론으로 상-하위모델 방식이 도입되어야 한다. 최고경영층의 중심에서 업무재설계 및 프로세스 간의 연계, 비즈니스모델 등의 상호 목적중심의 프로세스 재설계가 이루어진다면 성공가능성이 매우 높다고 할 수 있다.

6) 변화관리 중시사상

프로세스 재정립은 기존의 낡은 규칙과 관행을 허무는 과정으로 이해할 수 있으며, 프로세스혁신 변화는 모든 부문이 영향을 받게 된다. 혁신 변화부문은 조직구조, 기업문화와 가치관, 평가와 관리시스템, 비즈니스모델혁신, 정보시스템부문이 프로세스 변화 시 상호 영향을 끼친다. 이러한 변화부문에 대한 장애 예측 및 대책이 프로세스 재설계 시 반드시 필요하다.

6.3.5 BPR의 5단계

1) 비즈니스 비전과 프로세스 목표설정

BPR에 성공한 기업들은 명백한 경영비전을 경영전략으로 수립한 경우가 대부분이다. 전 종업원이 동조할 수 있는 공유된 경영비전을 제시하고 이에 관련된 각 프로세스의 목표를 설정하여 체계적인 혁신이 이루어져야 한다. 목표설정은 크고, 수치를 이용할수록 좋다. 큰 목표는 통념을 깨지 않고는 불가능하다. 경영비전과 프로세스 목표설정의 예로는 원가절감, 시간단축을 위한 업무환경 제고 등이 있다.

2) 재구축되어야 할 프로세스들을 선정

기업 내에 존재하는 프로세스를 파악하고, 혁신 대상이 되는 프로세스를 10~20개 정도 선정한다. 선정된 프로세스는 시작과 끝, 연계부서들, 고객 등으로 정의되어야 한다. 그리고 프로세스를 총괄하는 프로세스 책임자를 책정한다.

3) 현재의 프로세스들에 대한 이해와 측정

앞에서 선정된 프로세스들에 있어 현재의 작업방식과 성취도를 측정한다. 경영혁신의 기조가 되는 현 상태는 왜곡 없이 정확히 이루어져야 한다. 이는 현재의 문제점을 다시는 되풀이하지 않아야 한다는 것과, 현 상태가 혁신의 가치분석과 차후 목표결정에 이용되어야 하기 때문이다.

4) 최근에 필요한 정보기술들이 무엇인가를 파악

기존에는 경영목표의 설정과 새로운 방식이 결정된 후 이를 추구하기 위해서 적절한 정보기술을 찾아보았다. 그러나 이것은 정보기술을 이용한 기회창출과는 거리가 멀다. 이 단계에서는 우선 정보기술을 알고, 기회창출의 가능성을 타진해야 한다. 정보처리기술을 파악할 때 기술적인 측면인 데이터베이스프로그램, 인터넷관련 프로그램 등으로 파악할 뿐만 아니라 클라우드, 사물인터넷, 스마트팩토리, 빅데이터 등 형태의 기반구조하에 내외부 간의 연계 등의 기능 면으로 파악해야 한다.

5) 프로세스에 대한 프로토타입을 개발하고 구축

기업이 처한 환경, 경영여건에 따라 기업은 저마다의 독특한 기존 프로세스의 업그레이드 및 새롭게 등장하는 프로세스를 디자인해야 한다. 신규 프로세스의 전면적인 실시 전에 소규모의 프로토타입을 구축하고 대상 프로세스를 확대하여야 한다.

6.3.6 BPR의 일곱 가지 원칙

① 총체적인 업무흐름과 결과에 초점을 두고 조직화하라

한 사람이 업무 프로세스의 여러 단계를 수행하라. 단순한 과업 단위를 떠나 목표나 결과중심으로 업무를 설계해야 한다. GE의 경우 종전에는 주문에서 설치까지 업무지연으로 재작업이 발생했는데 업무재설계 이후 다단계의 책임부서를 압축하고 판매 관점에서 고객서비스를 전담하였다.

② 가능한 한 업무결과를 이용하는 사람이 해당 업무를 수행하라

과거에는 전문화와 규모의 경제효과를 목적으로 특정 부서에서 고유의 업무를 처리하였다. 그러나 현재는 컴퓨터를 통한 정보의 활용과 관련 지식의 획득이 용이해졌고 결과만을 이용하던 담당자도 지식경영시스템이나 데이터베이스를 활용하여 업무 자체를 수행하는 것이 가능해졌다.

③ 정보발생(생성)부서에서 정보처리도 함께 수행하라

일반적으로 해당 업무에 근접한 사람이 업무를 직접 처리한다면 처리과정을 관리하는 데 드는 비용이 불필요해진다.

④ 지역적으로 분산되어 있는 자원이라도 클라우드형으로 만들어라

인적 · 물적 자원이 분산되어 있으면 이용자에게는 더 좋은 서비스를 제공할 수 있지만 중복성과 관료적 행정에 있어 추가비용이 발생하게 된다. 이는 규모의 경제효과도 상실하게 한다. 그러나 인터넷과 클라우드형 데이터베이스를 활용하면 높은 유연성과 경제적인 이점을 동시에 살릴 수 있다.

⑤ 병행처리 업무는 결과의 통합이 아닌, 처리과정 중에 조정하라

사무적인 통합을 지양하고 업무 수행과정상에 가상의 연계장치를 마련하여 사전에

통합 및 조정할 수 있는 기능을 부여한다. 인터넷망과 공유 데이터베이스, 클라우드 및 빅데이터분석 등을 활용하여 독립된 조직을 항상 상호 조정이 가능하도록 연결하는 것이 필요하다.

⑥ 업무 수행 측에 책임과 동시에 통제기능을 가질 수 있도록 권한을 부여하라

대부분의 조직은 업무 수행자와 업무감독 및 의사결정자를 구분한다. 그러나 설계작업 수행자가 관련 의사결정도 내릴 수 있고, 업무 프로세스 자체가 내부적으로 통제할 수 있도록 조직을 정비함으로써 관리계층 축소로 인한 수평적 조직이 가능해진다. 또한 정보기술을 이용하여 정보를 수집 · 생산하는 기능을 통해 자율적 의사결정이 가능해진다. 결과적으로 의사결정의 주안점을 설계업무가 수행되는 곳에 두고 통제를 업무 프로세스의 일부로 만들어야 한다.

⑦ 정보를 발생지역에서 한 번만 처리하여 중복된 자료입력 및 작성을 피하라

종전에는 개인이나 단체부서에는 나름대로 정보요구사항과 필요서류 양식이 제각기 구비되어 있어서 중복입력 등의 문제가 많았다. 이런 문제해결을 위해 정보수집 시 온라인 데이터베이스에 저장해서, 필요한 시기에 모든 사람이 검색이 가능하게 할 수 있다. 자료수집에 필요한 정보기술로는 클라우드, 빅데이터, 사물인터넷, 기업 간 상거래, 핀테크 등이 활용가능하다.

6.4 비즈니스 프로세스관리(BPM)

6.4.1 BPM의 배경과 정의

BPR은 정보화시대에 요구되는 새로운 경영원리를 제시했다는 학문적 · 실무적 유

용성에도 불구하고, BPR의 진원지인 미국에서도 약 70%가 기업 도입에 실패하였다. BPR의 도입과정에 너무나 많은 수작업과 고통을 수반하였으며, 기업 내부에서 개선된 기능을 일부 가질 수는 있었어도 민첩성을 제공할 수 없었기 때문이다. 또한 당시의 IT는 프로세스의 복잡성을 모두 표현하고 실행할 수 있도록 지원하는 데 엄청난 한계가 있어 실행을 직접적으로 지원해주지 못했다. 그래서 프로세스의 도출과 설계는 미팅을 통해 도출된 보고서가 전부였으며, 설계된 프로세스의 적용과 전개 또한 다른 미팅에 불과했다. 무엇보다도 프로세스 자체를 표현하고 실행하는 그리고 변화에 빠르고 유연하게 대응하기 위한 방안에 대해서는 대안이 없었다.

지난 여러 해 동안 기업들은 새로운 기술의 등장이나 새로운 제품의 출시에 따라 기존 시스템으로 대체하거나 신규 시스템을 구축하는 방식으로 다양한 시스템들을 도입해왔다. 이러한 방식의 시스템 도입은 동일기업 내에서조차도 이기종환경에서 구현된 시스템들이 공존하는 상황을 만들고, 이는 시스템의 상호 운용성에 어려움을 가중시키는 것으로 맥킨지의 보고서는 발표하고 있다. 이러한 문제는 조직의 개편, 업무 규정의 변화, 프로세스의 변경 등 기업의 업무 변화에 직접적인 장애가 되기도 한다.

가트너그룹의 분석에 의하면 이미 구축된 것 중에서 약 7%만 실제 업무에 사용하는 것으로 복잡성과 중복성을 가중시키고, 뿐만 아니라 정보시스템 투자에 대한 낮은 ROI로 인해 기업들은 예전보다는 IT투자에 많이 인색해진 모습을 보이는 듯하다. 이미 기능적으로 갖추어야 할 시스템의 대부분을 갖추었기 때문일 수도 있겠으나, 신규 구축보다는 이미 구축된 시스템의 효율적 활용 및 통합 등 기존 IT자원을 효율적으로 활용하고 관리해야 한다는 인식이 공감대를 형성했기 때문으로 파악된다.

결국 시장은 효율적인 IT자원관리와 시스템 활용에 눈을 돌리게 되었고, 관리용 소프트웨어 및 방법론이 주목을 받기 시작했으며, BPM시장의 성장 역시 이러한 흐름과 무관하지 않다. BPM(Business Process Management)은 기업의 자원, 즉 인적 자원과 다양한 애플리케이션을 프로세스를 중심으로 연결시켜주고 묶어주는 역할을 수행한다. BPM에 의해서 프로세스가 인적 자원과 그들의 업무를 직 · 간접적으로 지원하는 업무용 솔루션들의 물리적 · 논리적인 백본(back bone) 역할을 하도록 구성하고, 기업 내 산재한 업무용 솔루션들과 각 업무 수행자들이 이를 중심으로 재정렬되고, 통합되는 것이다.

한 번의 BPR 구축으로 조직재설계를 만들어내는 대신에 지속적인 업무 프로세스관리를 목적으로 하는 BPM은 점진적이고 지속적인 업무흐름의 개선활동, 데이터로서의 프로세스를 관리하는 활동, 비즈니스와 정보기술 간의 밀접한 연계를 구성하는 활동 및 전사적 업무 프로세스를 관리하는 활동을 포함하고 있다.

그리고 BPM은 변화에 대한 프로세스의 관리를 다룬다. BPM에서 프로세스를 관리한다는 것은 프로세스를 정의하고 정의된 프로세스에 맞게 활동을 수행하며, 적절한 평가기준과 지표에 따라 측정하고, 측정결과에 의한 필요에 부응하여 개선과 혁신을 수행하는 일련의 활동을 행하는 것이라고 할 수 있다. 경영전략을 실행에 옮기는 것, 즉 기업의 프로세스를 관리하는 활동 자체를 위한 인프라로서 BPM이 등장한 것이다.

프로세스경영이 비즈니스 프로세스를 적극적으로 활용하여 기업가치창출을 추구하는 개념이라면 이러한 개념을 효과적으로 구현하기 위한 방법이 절대적으로 필요하

그림 6-6 BPM의 영역

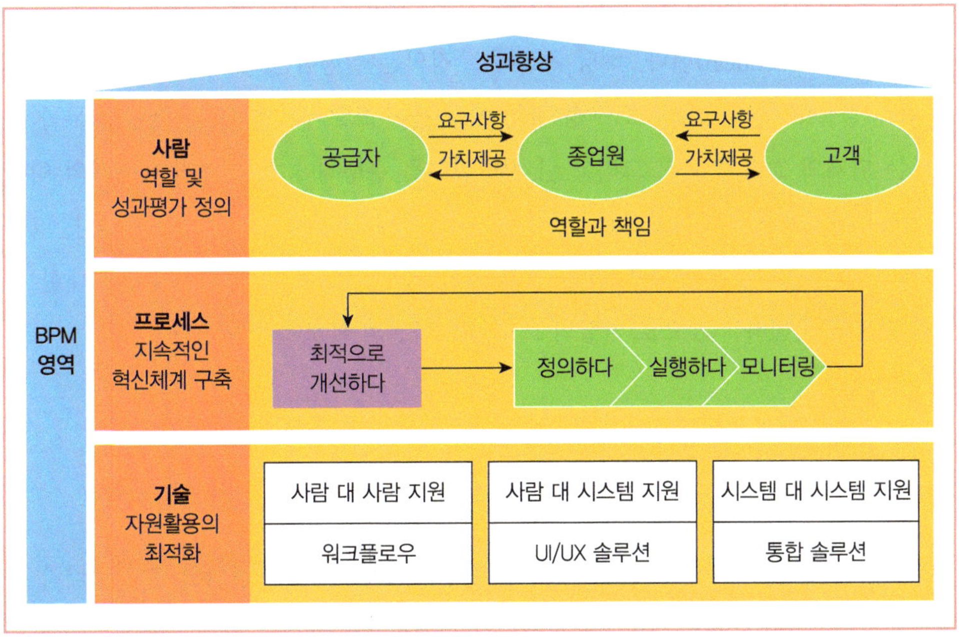

자료 : 강영순 · 임홍순, 프로세스 경영, 성안당, 2011.

다. 이러한 하나의 방법이 BPM으로서 프로세스경영의 기반을 구축하기 위해 IT도구들을 접목한 개념이다. BPM의 영역인 사람, 프로세스, 기술의 활용을 통하여 성과향상의 기틀을 잡아간다. 기존 프로세스의 부분적인 면을 보는 것이 아니라 비즈니스 프로세스 추출, 정의, 운영, 모니터링, 지속적 개선에 이르는 전체 수명주기에 걸친 프로세스와 관리, 경영전략과 운영활동과의 연계 등과 같은 총체적인 프로세스를 관리하고 지원하는 것이다.

6.4.2 BPM으로 실현하는 프로세스관리

1) 프로세스의 정의

프로세스를 관리하기 위하여 먼저 중요한 비즈니스 프로세스를 세부적으로 나누어 분석하고, 경영전략에 따른 개선점을 노출 · 반영하여 실행가능한 형태의 모델로 프로세스를 정의(definition)한다. 해당 프로세스 정의는 실행하는 데 필요한 정보와 측정을 위해 필요로 하는 정보들로 구성된다. 예를 들어 프로세스의 이름, 해당 업무를 수행하는 단계의 흐름과 규칙 그리고 단계별 업무를 수행해야 하는 조직 내에서의 역할 및 자원, 각 단계별로 필요로 하는 정보와 도구, 해당 프로세스의 오너와 책임자, 그리고 해당 프로세스에 대한 측정 등을 포함한다. 이는 기업의 프로세스 자체에 대한 지식과 정보를 축적하는 것으로 기업의 프로세스 자산의 확보를 의미한다.

2) 프로세스의 실행

정의된 프로세스는 BPM 프레임워크 내에서 프로세스모델로 관리될 뿐만 아니라 실질적으로 실행(enactment)된다. 프로세스가 정의된 업무규칙에 맞게 수행되도록 제어하고, 업무수행 중 요구되는 정보를 적절하게 제공하거나 필요로 하는 기록을 수행할 수 있도록 IT시스템들을 통합한다. 이것은 조직구성원과 IT시스템들이 정의된 프로세스에 맞게 업무를 처리할 수 있도록 지원함을 의미한다. 따라서 과거 BPM 없이 수행한 BPR에서 설계된 프로세스가 미팅을 통해 적용된 것과는 획기적으로 다른 결과를 얻을 수 있다.

3) 프로세스의 측정

프로세스가 실행되는 과정 중 발생한 정보들을 이용하여 다양한 관점에서 측정(measure)이 가능하다. 예를 들어, 프로세스 수행과 관련된 자원과 비용, 그리고 시간 등의 관점으로 측정할 수 있으며, 업무적인 필요성에 따라 오류나 클레임 발생률과 같은 비즈니스 관점에서 측정해야 할 기준이 있는 것이다. 이것은 기업이 프로세스의 현재 수준을 아는 데 절대적으로 기여한다. 측정된 결과는 프로세스를 분석하거나 개선하기 위한 입력자료로 활용된다.

4) 프로세스의 분석과 개선

프로세스의 분석과 개선(analysis and improvement)을 위하여 구체적인 목표수준을 정하고, 보다 우수한 프로세스로 개선하기 위한 정보를 수집해야 한다. 동일한 성과를 얻어내는 타 프로세스를 검토해보는 방안도 있을 수 있고, 사내외, 그리고 동종업계에서 다양한 정보와 데이터를 수집하여 참고할 수도 있다. 이를 위하여 BPM이 가지고 있는 프로세스 정보와 사내외 다양한 정보의 원천들로부터 데이터를 수집하여 다양한 관점에서 분석을 수행한다. 분석을 통하여 목표수준에 적절한 프로세스로 개선하기 위하여 시뮬레이션을 수행할 수 있다. 분석으로부터 도출된 여러 가지 대안에 대하여 프로세스의 구성요소들을 변경하고 시뮬레이션을 함으로써 최적의 대안을 도출할 수 있다.

5) 프로세스의 통제와 모니터링

개선을 통해 새롭게 정의된 프로세스가 정의된 대로 수행되도록 통제(control)할 수 있으며, 프로세스의 성과를 일정수준에 맞추기 위하여 필요한 통제를 수행할 수도 있다. 예를 들어 프로세스 전체 혹은 단계별 업무 수행이 완료되어야 할 시점을 통제하거나 업무수준 및 수행과정을 통제하거나 측정에 해당하는 값이 일정수준에 맞춰지도록 통제할 수 있다. 또한 진행되는 상황을 실시간으로 모니터링(monitoring)할 수 있으며, 수행된 기록을 통해 이력을 추적할 수도 있다. 이는 업무를 수행하는 관점에서 그리고 프로세스를 관리하는 측면에서 모두 의미가 있다.

6.4.3 BPM의 기능

BPM 소프트웨어들은 비즈니스 프로세스를 모니터링하거나, 워크플로우(작업흐름)를 자동화해주거나, 전사적 애플리케이션 통합(EAI)도구로 역할을 하는 등 여러 가지 기능을 수행할 수 있다. 이처럼 BPM은 기업이 자동화될 필요가 있는 비즈니스영역을 파악하고, 비즈니스 규칙들을 강화하는 일을 도와줄 수 있으며, 한 걸음 더 나아가 기존의 IT인프라를 통합하는 일까지 도와줄 수 있다. 또한 업무 프로세스를 자동화하고 전체 업무 현황을 한눈에 살펴볼 수 있도록 하는 것은 물론 신규 업무를 신속하게 구현할 수 있게 하는 기반이 되기도 한다. 또한 목적과 범위가 다양한 업무에 도입할 수 있고, 전사적으로 구축할 수도 있다.

1) 업무 프로세스의 자동화

BPM은 워크플로우와 비슷한 개념으로 적용이 쉽다는 장점이 있다. 말 그대로 자신의 일을 끝내고 관련 자료나 서류를 다음 업무부서나 사람에게 전하는 작업이 시스템에서 자동으로 처리된다.

2) 업무 프로세스의 개선

BPR 소프트웨어를 구현함으로써 기존의 업무처리에 필요한 기간과 리소스를 대폭 감소시켜주는 기능을 제공한다. 예를 들어 BPM 솔루션은 15일 걸리던 금융기관 여·수신 업무를 절반인 일주일 만에 개선할 수 있는 환경을 제공한다.

3) 새로운 업무 프로세스 생성

새로운 업무 프로세스를 생성하는 기능은 변화에 적합한 솔루션이란 가치를 내건 BPM의 목적과 궁합이 가장 잘 맞는 기능으로서 현재 진행 중인 업무를 최적화하는 것을 뛰어넘어 앞으로 새로 나올 프로세스를 비즈니스 프로세스의 한 영역으로 반영하여 궁극적으로 기업 경쟁력 강화를 지원한다.

4) BPM의 실행 프레임워크

BPM을 실행하기 위해서는 사람, 프로세스, 기술의 구성, 실행전략과 프로세스의 연계에 관한 것들을 고려한다. 또한 성과관리와 측정, 변화관리와 의사소통 또한 BPM 프로젝트에 영향을 미칠 것이다. 조직 간의 효과적인 의사소통은 BPM 프로젝트 성공의 핵심요소이다. 이러한 효과적인 BPM을 실행하기 위한 프레임워크는 [그림 6-7]과 같이 열 가지로 소개된다.

그림 6-7 ▶ BPM 실행 프레임워크

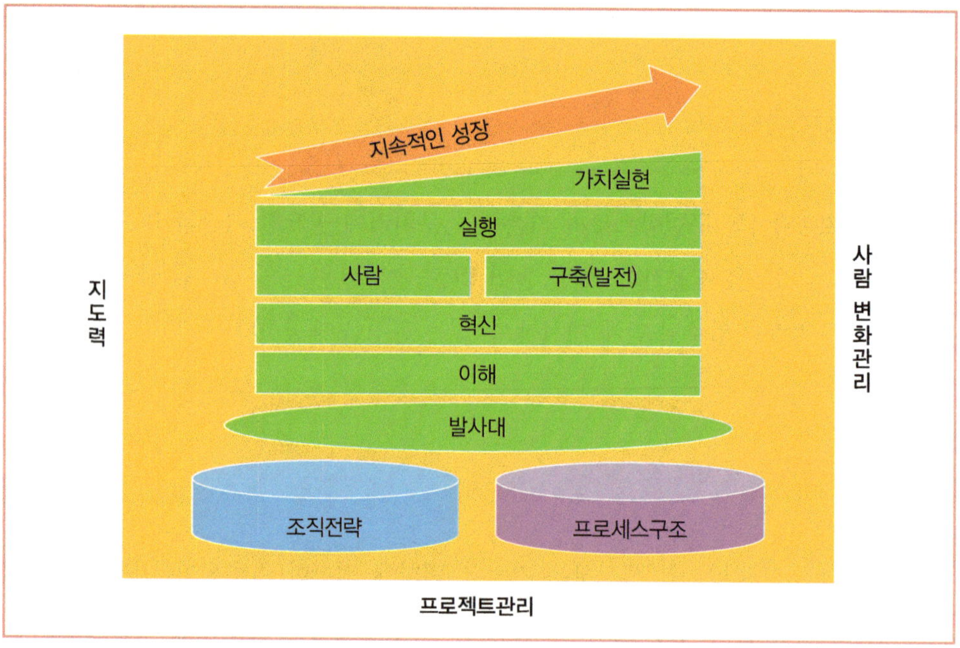

자료 : 전희철 · 표상우 공역, BPM(성공적인 구축을 위한 실용가이드라인), 2008.

① 조직전략

조직전략단계는 전략, 비전, 목표 및 사업과 관련된 실행행동들이 프로젝트 팀원들에게 정확히 이해할 수 있도록 구성하는 단계이다. 프로젝트를 이행하는 구성원에게 본 프로젝트가 장기인가, 단기인가, 우리가 해낼 수 있는 프로젝트인가, 프로젝트가 완료되었을 때 이익이 어느 정도인가 등을 면밀히 검토하여 이해시키는 것이 무엇보다 중요하다. 중간에 구성원들이 와해되거나 내외부 간의 연계성이 부족하여 사업이 실패로 돌아갈 수 있기 때문에 처음부터 구성원들을 충분한 이해시켜야 한다.

② 프로세스구조

조직전략이 구성원들에게 충분히 이해되었다면 바로 전체적인 프로세스 간 설계구조단계로 들어가야 한다. 이 프로세스구조단계는 BPM의 실행을 위한 법칙, 구성, 원칙, 지침 및 모델을 수립하는 단계이다. 또한 프로세스구조단계는 BPM 프로젝트의 시작을 설계하고 실현하기 위한 기반을 제공하여 정보기술과 사업전략과 연계되어야 한다.

③ 발사대

발사대는 프로세스 목적 및 비전, 구성이 완료되고 우선해야 할 프로젝트 시작을 알리는 곳이다. 처음에 시작과 방법을 결정하는 자체가 어려운 것이며 프로젝트구조와 사업전략과 연계, 그리고 정보기술과 연계되어 사업이 극대화하기 위한 최선의 노력이 요구된다. 여기서는 프로젝트 팀 조직, 업무범위, 구성원들의 관리, 최초 적용 사례의 생성과 기대사업 이익의 결정이 포함된다.

④ 이해

이해단계는 현재의 업무 프로세스환경을 충분히 이해하는 단계이다. BPM 프로젝트가 잘 수행하기 위한 최소기준비용에 관련된 측정치, 원인의 분석 및 가능한 단기효과 정의 등이 필수적으로 수집되어야 한다. 단기 프로젝트를 수행하기 위한 적절한 자금 지원형태도 준비되어야 한다.

⑤ 혁신

혁신단계에서는 프로젝트팀과 업무부서뿐만 아니라 내외부 간의 이해관계자도 혁신에 예외일 수 없다. 현재의 프로세스가 정해지면 새로운 프로세스가 나타날지라도 어떤 것이 최선의 프로세스인지 결정하는 데 모의실험을 수행하고, ABC(활동기준원가)를 확정하고, 실행가능성을 결정해야 한다. 향후 기존 프로세스와 새로운 프로세스 간의 측정을 비교 · 분석한 후 단기효과의 우선순위를 결정하는 것이 하나의 바람직한 혁신의 도구이다.

⑥ 구축(발전)

구축단계는 새로운 프로세스의 실행을 위한 모든 요소들을 구축하는 단계이다. 구축은 사람들의 변화관리프로그램을 지원하기 위한 모든 인프라요소와 프로세스를 수행하는 사람들에 대한 지원의 변화를 포함하며, 소프트웨어 및 하드웨어의 시험 또한 포함한다.

⑦ 사람

사람단계는 업무활동, 역할 및 성과측정의 조직전략 및 프로세스 목표와 일치하는지 확인하는 단계이다. 가장 효과적인 업무 프로세스기능을 구축하기 위하여 가장 필요한 요소는 사람이다.

⑧ 실행

실행단계는 프로젝트 모든 활동이 실행에 옮겨지는 단계이다. 여기서 모든 활동은 새로운 프로세스의 시작, 새로운 역할 정의, 성과관리 및 측정, 교육 등을 포함한다. 실행 여부는 프로젝트 성공에 매우 중요한 요인으로 작용한다.

⑨ 가치실현

가치실현단계는 프로젝트 실행이 이익이 나타나는지를 검토하는 단계이다. 이 단계는 이익실현관리 프로세스 및 이익실현보고를 포함한다.

⑩ 지속적인 성과

프로젝트가 지속적인 성과를 내기 위하여 지속적인 프로세스의 민첩성과 개선을 유지하기 위해 프로세스구조를 만들어 프로젝트 주관 팀과 지속적으로 진행하여야 한다. 지속적인 성과가 나타난다면 프로젝트 차원이 아닌 일상 업무운영활동으로 전환하는 것도 바람직하다.

6.4.4 BPM의 도입효과

BPM을 통해서 기업은 민첩성, 통제성, 책임성을 보유할 수 있게 된다. 중복된 부분의 파악이 가능하며 자동화범위가 증대되고 대내외 비즈니스 프로세스를 효율적으로 운영할 수 있게 된다. BPM은 프로세스의 설계 및 실행을 위한 시스템을 직접 만들 수 있도록 지원한다. 또한 BPM은 프로세스모델링을 지원하는데, 그 범위는 기업의 모든 가치사슬을 포괄하는 관련된 모든 참여자들, 시스템, 사람, 정보, 장치를 포함한다.

BPM은 기업에 존재하는 모든 프로세스들의 통합, 협업, 결합, 분해를 지원한다. 또한 재사용이 가능한 프로세스 패턴들을 만들어낸다.

첫째, 찾아가는 업무처리에서 찾아오는 업무처리로 빈틈없는 업무처리가 가능해졌다. 기존에는 업무 담당자가 스스로 일을 찾아서 처리해야 했으나, 도입 후에는 신규업무가 내 업무목록에 자동 등록되고 실시간으로 통지해줌으로써 일이 사람을 찾아오는 업무처리가 가능해졌다.

둘째, 이전에는 각종 애플리케이션의 업무처리 화면을 일일이 찾아서 처리해야 했던 반면, BPM 도입 후에는 프로세스중심으로 시스템이 연결되어 각 프로세스를 처리할 때 필요한 업무처리 화면을 BPM상에서 편리하게 제공받을 수 있게 되었다.

셋째, 시스템화되어 있지 않은 부분을 개인의 판단에 의해 처리했던 것에 반해 해당 업무처리 시 지켜야 될 규칙절차가 표준화되어 제공됨에 따라 일관된 업무처리가 가능해졌다.

넷째, 처리현황 파악이 난해하였으나, 모니터링기능으로 실시간 업무 진척현황 파악이 가능해졌다.

다섯째, 병목현상 등의 문제발생 시 정확한 원인 파악이 어려웠으나, BPM의 모니터링기능을 통해 현상을 파악하고 통계 및 분석기능을 통하여 지속적인 개선이 가능해졌다.

여섯째, 개인별 업무 로드절차가 발생했었으나, 업무 자동 할당기능을 통하여 효율적인 자원배분이 가능해졌다.

최근 들어 비즈니스와 IT부문의 진보적인 그룹은 컨설팅회사 또는 솔루션 벤더의 도움을 받지 않고도 직접 비즈니스 프로세스를 다룰 필요가 있다는 사실을 인식하게 되었다. 아직은 초기단계이지만 여러 업종별 선도기업들이 BPM의 가치에 새롭게 주목하고 있으며, 그 가치를 실현하기 위해 전사 업무 프로세스 표준화를 핵심으로 하는 다각적인 접근방법을 선택하고 있다. 이들 기업이 BPM을 통해 얻고자 하는 궁극적인 목표는 경쟁력 확보에 있을 것이다. 기업들은 오랜 기간 경쟁력 확보를 위해 자원의 최적화, 업무효율성 제고, 전략경영의 실현 등에 주력해왔다.

최근의 웹 2.0과 모바일, 사물인터넷, 클라우드서비스, 빅데이터, 스마트팩토리, 블록체인 등과 같은 새로운 기술들과 더불어 BPM환경도 BPM2.0으로 전환하고 있다. 과거의 BPM은 단편적인 프로세스에서 비용절감이라는 목적하에 자동화를 추진하였다면 BPM2.0은 전사적인 범위에서 기업의 민첩성 확보를 위한 기업전략 수행과 성과향상을 위한 지속적인 체질개선 등을 통해 위상이 커지고 있다. 또한 BPM이 주로 정보기술중심의 비즈니스 현업에 대한 통제를 강조하였지만, BPM2.0은 기업을 둘러싼 모든 이해관계자를 대상으로 하며 기업전략과 효율 및 효과를 추진하면서 확대될 것이다. 그리고 과거의 BPM이 비즈니스 프로세스의 자동화에 초점을 두어 한정적인 범위의 프로세스만을 대상으로 하였지만 BPM2.0은 정형 및 비정형 프로세스, 추상 및 실행 프로세스, 개별 및 통합 프로세스와 같은 다양한 측면에서 비즈니스 프로세스가 이루어질 것이다. 이러한 BPM2.0은 사용자의 참여와 공유를 위해 클라우드, SNS, 빅데이터, 인공지능, 블록체인, 사물인터넷 등을 채택하고 다양한 플랫폼기술을 기본인프라로 장착할 것이다.

사례연구

변화관리

기술의 융 · 복합, 산업구조와 일자리 지형의 변화, 새롭게 요구되는 직무역량 등 소위 4차 산업혁명이 몰고 오는 변화의 파도는 먼 미래의 일로 생각했던 것들이 어느새 눈앞에 펼쳐진 현실임을 일깨워준다. 이러한 급격한 경영 여건의 변화를 새로운 도약의 기회로 삼기 위해서는 '변화관리(change management)'에 능한 기업이 되어야 한다.

오랜 동안 경영학자나 경영자들의 관심사였던 '변화관리'에 대한 이론과 모델을 토대로 살펴본 성공적인 변화관리의 핵심 실행 포인트는 다음의 다섯 가지로 요약된다.

첫째, 과거 관행과의 단호한 결별이다. 2017년 8월 1일 제프리 이멜트 회장의 뒤를 이을 CEO로 존 플래너리를 선임한 GE의 사례에서 보듯, 변화의 모멘텀에 서 있다고 판단되면 과감한 시도가 필요하다. 커트 레빈의 소위 '세력-장(force-field) 모델'은 과거 관행과의 단절을 강조하는 변화관리 프로세스다. 첫 단계 Unfreeze가 바로 굳어져 있는 기존의 낡은 사고와 행동방식을 깨는 것을 의미한다. 새 리더십이 강한 추동력이 될 수 있다.

둘째, '위기의식'의 전략적 활용이다. 실패하거나 성공한 100여 개 회사들을 집중분석해서 여덟 단계의 변화관리 프로세스를 정립한 하버드대학교 경영대학원 석좌교수 존 코터는 변화관리의 첫 단계로 위기의식을 고조시키는 것을 든다. 일본기업 다카다의 파산은 위기를 제대로 인식하지 못한 대표적인 사례다. 종업원수 4만 6천여 명을 거느린 글로벌기업 다카다는 2004년 에어백 결함 이슈가 발생했을 때 위기의식을 제대로 관리하지 못해 결국 파산하고 말았다.

셋째, 눈에 보이지 않는 변화에 주목해야 한다. 1990년대 초반 역사상 최악의 후퇴를 경험했던 IBM이 변화관리의 가장 성공적인 사례로 회자되는 핵심이유 중 하나는 외형적 변화가 아닌 조직구성원들의 가치관과 문화의 변화에 성공했다는 점이다. 변화는 구성원들의 일하는 방식, 추구하는 가치와 같이 눈에 보이지 않는 것들이 더 중요하다. 이런 속성에 주목한 윌리엄 브리지스는 'Change(변화)' 대신 'Transit(변환)'이라는 용어를 사용한다. Change는 겉으로 보이는 변화에 해당한다면 Transit은 구성원들의 심리와 정서, 일을 대하는 자세와 추구하는 핵심가치와 같은 본질적인 변화를 의미한다.

넷째, 저항과의 싸움이다. 변화는 필연적으로 저항을 불러일으킨다. 저항 없는 변화는 본질적인 변화가 아니며 저항은 매우 자연스러운 것이기도 하다. 보스턴 경영대학원의 리처드 베카드 교수와 동료 루벤 해리스는 '변화 방정식(C=DVF>R)'을 통해 변화를 일으키는 요소들의 곱이 저항보다 클 때 변화가 일어난다는 점을 쉽게 설명해준다. 저항을 굴복시키거나 설득하기 위해서는 변화를 계획하기 훨씬 이전부터 실행 이후 '꽤 오랫동안' 지속적으로 소통이 이루어져야 한다. 또한 변화를 중도에 포기하도록 만드는 유혹을 떨쳐내는 업무환경의 변화와 단기적 성과도 중요하다.

다섯째, 과감한 행동과 함께 이후 진화론적 적응이 중요하다. 기업에게 필요한 변화는 기술혁신이나 외부 경영환경의 급작스런 변동으로 촉발된 경영진 주도의 탑다운 변화와 눈에 띄지 않게 분산된 작은 움직임들이 오랜 시간 조직 전체에서 광범위하게 지속적으로 일어나는 바텀업 변화 두 가지다. IBM 기업가치연구소가 조사한 바에 따르면 변화에 성공한 상위 20% 기업들은 모두 과감한 행동 이후 진화론적 적응을 잘 관리한 경우였다.

변화관리이론이나 모델들은 각각 강조하는 점이 조금씩 다르지만, 큰 틀에서 보면 기존 관행과 결별, 소통을 통한 구성원의 본질적 변화, 새로운 모습의 조직 정착이라는 세 단계는 공통적이다. 변화관리의 속성을 이해하고 각 실행 포인트를 잘 이행하는 것이 변화로 인해 야기되는 위기를 기회로 만드는 길이다.

자료 : LG경제연구원, 위기를 기회로 바꾸는 힘, "Change Management," 2017.

연습문제

01 혁신의 의미와 분류를 설명하시오.

02 기업가치를 높여줄 혁신을 설명하시오.

03 창의적 혁신에서 프로세스가 왜 중요한지 설명하시오.

04 융합비즈니스에 대하여 자세히 설명하시오.

05 BPR의 출현의미와 기본개념을 설명하시오.

06 BPR의 실행절차와 일곱 가지 원칙을 설명하시오.

07 BPM의 의미와 영역을 설명하시오.

08 변화관리를 해결하기 위한 방법은 무엇인지 설명하시오.

CHAPTER 07

새로운 기업환경 변화와 혁신전략

전략은 다소 애매한 개념이다. 그러나 비즈니스 세계와 만나면 기업의 발전, 상품과 서비스의 개발, 캠페인 혹은 구조조정, 혁신전략 등 미래의 성공을 미리 계획하는 일을 의미하기도 한다. 즉 전략이란 미래의 성공가도를 달리기 위해 사용하는 사고 및 행동의 중요한 도구이다. 본장에서는 이러한 성공가도를 위한 창조적인 혁신에 대한 새로운 기업환경분석을 통한 전략의 의미와 혁신전략, 가치사슬전략, 정보혁신전략에 대하여 다양한 전략의 의미를 재정립하고 이해하고자 한다.

7.1 새로운 기업환경과 경쟁구도

오늘날 비즈니스경영환경의 변화는 빠르고 복잡하게 변화하고 있다. 기업은 비즈니스 경쟁력을 강화하여 생존을 영위해나가기 위해서 혁신적인 경영전략의 수립과 실행을 위한 해법을 끊임없이 모색하고 이는 글로벌경쟁을 통한 실질적인 모습으로 가시화되어야 한다. 21세기 들어 세계시장의 사업환경은 빠르게 변하고 있다. 무엇보다 글로벌경영으로 인해 각 국가별 · 지역별 시장의 장벽이 무너지고 시장이 통합될 것이다. 기업경영에 있어 지속가능한 이슈와 맞물리면서 사물인터넷경영, 스마트환경과 모바일경영, 친환경경영, 제4차 산업혁명경영, 고효율성경영이라는 새로운 화두가 계속해서 제기되고 있다.

고객을 위한 가치창조, 전략적인 자원배분, 산업 내 차별적인 포지셔닝, 저비용 고효율 이윤추구 등 경영의 본질은 시간이 흘러도 변하지 않는다. 그러나 글로벌사업환경의 변화에 따라 고객, 고부가가치, 상품 및 서비스혁신, 전달방식에 새로운 혁신적인 스타일로 접근해야 새로운 사업을 창출할 수 있다. 특히 비즈니스의 성숙도, 사물인터넷 출현, 인터넷관련 롱테일법칙, 스마트비즈니스, 새로운 유형의 비즈니스모델, 산업 간 융합경영 비즈니스, 제4차 산업혁명 등 새로운 사업 패러다임들로 기존의 비즈니스모델과 관련된 일반적인 통념에서 벗어날 때, 새로운 사업기회가 열린다는 점을 잘 보여주고 있다.

무엇보다 인터넷관련 롱테일 비즈니스가 시사하는 것처럼, 고객 및 시장 측면에서는 과거와는 다른 시각에서 세계시장과 고객을 바라보아야 할 것이다. 전통적인 소득, 인구 외에 문화, 종교, 연령 등 다양한 세분화기준을 개발, 적용해야 새로운 시장기회를 포착할 수 있을 것이다. 과거 노키아가 휴대폰시장에서 38%의 압도적인 시장점유율을 기록했던 이유 중 하나도, 2000년대 초반부터 신흥국시장의 성장을 선견하고 중저가 제품 라인업을 강화했기 때문이었다. 그러나 현재의 노키아는 스마트폰의 진입장벽을 타개하지 못해 서서히 제품이 사라지고 있다.

또한 최근의 스마트비즈니스는 가치제공 측면과 새로운 사회 패러다임의 도래에 따라 변화하는 고객가치를 융합 및 포착하는 것이 더욱 중요해질 것이다. 그러나 이러한 비즈니스환경 변화에도 불구하고, 이에 대처하기 위하여 전략적 차원에서 체계적으로 요인을 파악할 필요가 있다. 이러한 기업전략은 크게 내부적 요인과 외부적 요인에 영향을 받는다. 내부적 요인은 설비, 자본 등 유형의 역량과 브랜드와 같은 무형의 역량으로 나누어볼 수 있다.

이러한 요인들은 기업이 통제할 수 있는 변수이다. 이들로 인해 발생하는 리스크는 어느 정도 예측이 가능하다는 말이다. 외부적 요인은 인구구조 변화, 기상이변 등 거시적 충격, 소비자 라이프스타일 변화와 같은 미시적 충격, 그리고 웹과 앱, 융합경영과 같은 기술적 충격을 포함한다. 이들 외부 요인은 기업의 통제범위를 벗어난다. 때문에 이들의 변화는 기업이 직면하는 불확실성을 증폭시킨다. 이들 외부 요인들은 새로운 경쟁과 사업환경을 형성하며, 기업의 전략 방향 변화를 이끌어낸다.

이러한 기업환경 변화는 향후 기업의 지속적 경쟁우위시대의 종말을 예고하고 있다. 지속적 경쟁우위는 [그림 7-1]과 같이 경쟁업체, 대체재, 공급업체, 구매자, 잠재적 경쟁자와의 힘의 균형을 고려하여 분석한 후 차별화, 집중화, 비용우위전략 등을 활용하여 지속적으로 경쟁우위를 유지하려는 전략이다. 그러나 현재나 미래의 기업은 더 이상 지속적 경쟁우위를 기대하는 것은 어렵다. 지속적 경쟁우위가 사라진 원인은 여러 가지 다양한 면에서 찾을 수 있지만 가장 중요한 원인은 제품과 서비스관련 라이

그림 7-1 새로운 기업환경과 경쟁구도

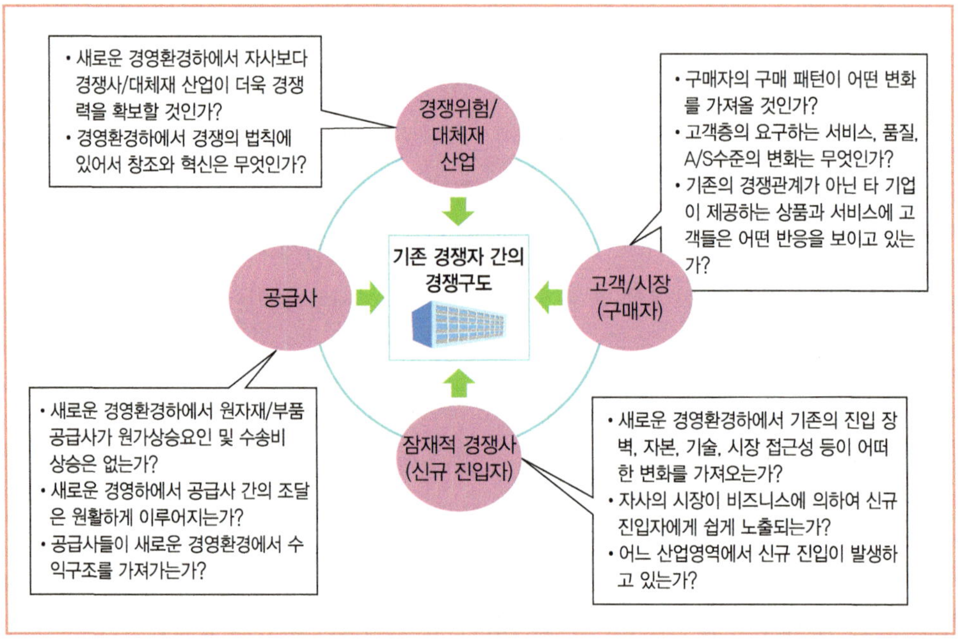

프사이클이 매우 짧아지고 있는 것이다. 기술적인 변화의 원인도 주요 요인이지만 고객의 라이프사이클의 변화가 더 크다고 할 수 있다.

특히 창의성의 시대에 기업의 변화가 감지되지 않는다면 시장에서 도태될 것이 뻔하고 고객관리를 제대로 이루지 못한다면 영원한 기업으로 존속하지 못할 것이 자명한 이치이다. 고객의 니즈를 파악하고 지속적으로 새로운 제품을 시장에 소개하는 것뿐만 아니라 소개된 새로운 제품마다 기존 제품의 성능을 훌쩍 뛰어넘는 비약적인 성능향상을 보여줘야만 생존할 수 있는 창의성의 시대이다. 지속적으로 새로운 아이디어와 그에 기반을 둔 제품과 서비스를 만들어낼 수 있는 플랫폼이나 생태계를 지닌 기업만이 생존할 수 있는 시대가 된 것이다.

7.1.1 잠재적 신규진입의 위협

새로운 유형의 제품과 서비스 그리고 산업 및 새로운 업종에 대한 신규 진입의 위협만으로도 기업의 잠재적인 수익성은 감소될 수 있다. 때문에 기존 기업들은 새로운 진입시도를 봉쇄하기 위한 진입장벽을 높이기 위하여 대응해왔다. 그러나 외부환경이 변화하면서 신규 진입의 양상이 크게 달라질 것으로 예상된다. 결론부터 말하자면 기존의 진입장벽은 상당부분 무력화될 가능성이 크다. 때문에 다양한 부분에서 새로운 제품과 서비스관련 신규 진입의 위협이 현실화될 것으로 예상된다.

7.1.2 공급자 협상력

공급자 협상력은 산업의 수익성을 변화시키는 잠재적 경쟁요인이다. 여기서 공급자란 기업에 원료, 중간재, 서비스 등을 공급하는 사업 파트너, 외부 역량을 총칭한다. 공급자들의 힘이 강해지면 원료나 중간재에 보다 높은 가격이 매겨진다. 이 경우 기업들의 수익성이 악화될 수밖에 없다. 때문에 글로벌기업들의 경우 안정적 사업을 위해 자사의 비즈니스 생태계(ecosystem)에 공급자들을 편입시켜 관리하기도 한다. IT기업 마이크로소프트(MS)나 소비재기업 이케아(IKEA)가 대표적인 사례이다.

경쟁시대 공급자들의 힘은 어떻게 변화할 것인가? 이는 공급자들이 속한 산업에 따라 다르게 나타날 수 있다. 크게 1차 산업과 2, 3차 산업의 경우로 나누어 분석해볼 수 있다. 먼저 원자재, 상품 등을 취급하는 1차 산업 공급자들의 협상력은 지속적으로 증가할 전망이다. 최근의 원자재가의 폭등, 원류나 곡물가 상승은 이를 반영한다. 더욱이 이들의 협상력은 향후 더욱 증가할 것으로 예상된다. 이머징마켓의 성장과 소비 고도화, 기후변화 등 거시적 충격과 맞물려 수급 불균형이 심화될 것이기 때문이다. 더욱이 공급자 간 협회 · 기구 창설, 자원민족주의 등 시장원칙을 넘어서는 원인에 따라 협상력 증대는 당분간 지속될 전망이다.

반면 2, 3차 산업의 경우 공급자 협상력은 단기적으로 낮아질 것이다. 즉 단기에는 공급자들로 인한 수익성 위협이 감소된 것으로 평가할 수 있다. 이는 마치 B2C기업과 일반소비자와의 관계에서 소비자들의 힘이 증가하는 것과 유사하다. 먼저 웹 2.0과 앱의 발전의 영향으로 기업 간의 공급자와의 거래가 증가하고 있다. 또한 저임금 지역에서 연구개발을 비롯해 제조, 회계, 유통, 물류기업 등 다양한 서비스를 제공하는 기업들이 늘어나는 추세이다. 때문에 기업들은 더욱 낮은 가격에 공급자들을 활용하는 것이 가능한 상황이다.

그러나 중장기적으로 2, 3차 산업 공급자들에 대한 기업들의 우위가 지속될지는 의문이다. 오히려 공급자들의 협상력이 강화될 가능성이 높다. 수익성 확보를 위해 공급자들 간 수직통합의 움직임이 나타나고 있기 때문이다. 공급자들이 수익성을 강화하기 위해서는 시설확충과 사업다각화가 필요하다.

7.1.3 구매자 협상력

구매자 또는 고객은 제품과 서비스에 대하여 가격인하 압력을 행사하며, 품질과 서비스개선 요구를 통해 산업참여자 간 경쟁을 유도한다. 여전히 기업과 소비자 간에는 정보의 비대칭성이 존재했기 때문에 소비자들의 영향력은 제한적일 수밖에 없었다. 인터넷이 도입되면서 이러한 정보 비대칭성이 점차 개선되기는 했지만, 정보의 일방적 수용 측면이 강했기 때문에 영향력은 크게 확대되지 못했다.

반면 웹 2.0 이후의 소비자들은 접근할 수 있는 정보의 양도 막대할 뿐 아니라, 쌍방향적으로 정보를 생산 · 유통한다는 측면에서 기업과 대등한 정보력을 갖게 되었다. 나아가 개인 간 연결을 통해 만들어진 집단적인 정보력을 실제 기업에 대한 영향력으로 전환할 여지가 커졌다. 때문에 경쟁시대의 구매자 협상력은 폭발적으로 증가할 전망이다. 특히 최근의 모바일 스마트환경이 증가하면서 정보력이 더욱 소비자 쪽에 집중되면서 협상력의 카드는 점점 늘어나는 추세이다. 이러한 구매자들의 협상력 확대는 다음과 같은 양상으로 전개될 것이다.

첫째, 정보생성, 유통도구의 진화가 구매자 협상력 강화를 이끌 것이다. 인터넷 등장으로 인한 다양한 형태의 커뮤니케이션도구들이 등장하면서 제품과 서비스에 대한 UCC, 트위터, 페이스북, 카카오톡 등이 유통되고 소비자들이 통제하는 정보는 증가하는 상황이다. 온라인 커뮤니티는 소비자들의 영향력을 더욱 증대시키고 있다.

둘째, 요구하는 가치가 다양화되고 있다. 정보가 부족했던 과거 소비자들은 가격인하 정도를 요구하는 것이 전부였다. 그러나 기업활동의 공개수준이 높아지고, 더 많은 내부 정보들에 접하게 되면서 적정이윤, 기업의 윤리성, 노동자에 대한 태도, 환경에 대한 책임 등 다양한 이슈에 대해 압력을 행사하고 있다.

셋째, 영향력의 범위 확대이다. 다시 말해 고객참여의 범위가 확대되고 있다는 것이다. 고객참여는 가치사슬상의 기획, 생산, 유통 등으로 확대 중이다. 소비자들의 인식이 변화하고 영향력이 증가하면서, 기업과 소비자가 직접 경쟁하는 일도 증가할 것으로 보인다.

7.1.4 대체재의 위협

경쟁환경이 글로벌체제로 변하면서 다양한 형태의 제품과 서비스들이 기존 기업의 제품을 대신하는 대체재의 위협이 존재한다. 이러한 대체재의 위협은 항상 존재하지만 인지하지 못하는 경우도 많다. 기존 제품과 바꾸어 쓸 수 있다는 점 때문에 대체재의 가격수준은 기존 제품의 가격과 잠재수익을 제한한다.

경쟁시대의 대체재 위협은 더욱 다양해지고, 예측하기 힘든 곳에서 등장할 것으로 예상된다. 대체가능한 상품 자체가 증가할 뿐 아니라, 대체재 탐색비용도 낮아지고 있기 때문이다. 소비자의 라이프스타일 변화에 따라 전혀 새로운 제품이 대체재가 될 수 있다는 점도 한 원인이다.

먼저 기존 제품 대비 가격, 성능의 우위를 가진 다양한 대체재가 나타날 것이다. 정보통신기술의 발달은 이런 현상을 가속시키는 주요 원인이다. 제품 간 융합 및 산업 간 융합기술, 공급 측면의 변화도 대체재 증가의 원인이 된다. IT, 제조부문에서는 기술 · 기능 융합기술로 대체관계가 매우 복잡해지고 있다. MP3 플레이어, 휴대폰, 스마트폰, 내비게이션, 카메라, 오디오, 비디오 등은 상호 밀접한 대체관계를 가지고 있다. 전반적인 산업규제 완화 트렌드도 대체재 압력을 증가시킨다.

대체재 탐색비용도 매우 낮아지는 상황이다. 탐색비용이 낮아질 경우 대체재를 선택할 가능성이 높아지게 된다는 점에서 기존 기업들에게는 위협이 된다. 예를 들어, 웹상에 존재하는 수많은 상품정보는 소비자의 탐색비용을 낮춘다. 특히 웹 2.0 이후에 접어들면서 굳이 발품을 팔지 않아도 더욱 생생한 정보를 얻는 것이 가능해졌다. 소비자들이 직접 올리는 상품평이나 블로그에 올린 개인적인 상품정보, 소셜네트워크를 통한 상품추천 등 상품에 대해 보다 개인적이고 실제적인 정보를 얻을 수 있는 경로가 크게 늘어났기 때문이다. 이는 탐색정보의 신뢰성을 강화한다는 측면에서 매우 중요한 변화이다.

소비자의 라이프스타일 변화는 기업 관점에서는 예측하기 힘든 대체재 위협을 가져온다는 점에서 주목할 필요가 있다. 개인들의 라이프스타일 변화는 재화와 서비스에 대한 비용과 시간의 우선순위 변화를 통해 살펴볼 수 있다. 예를 들어 자동차에서 주로 시간을 보내던 사람이 점차 휴대폰이나 IT기기 사용에 많은 시간을 보내기 시작한다는 것은 라이프스타일이 변하고 있다는 증거이다. 이러한 변화는 자동차산업에 휴대폰이라는 낯선 대체재의 위협이 등장할 것임을 의미한다. 이는 향후 대체재의 위협에서 고객의 예산뿐만 아니라 시간이 중요한 요소가 될 것임을 시사한다.

7.1.5 기존의 경쟁자 간의 경쟁구도

기존의 경쟁자 간의 경쟁구도는 보통 '경쟁기업'을 말하는 경우의 경쟁을 의미한다. 경쟁자는 같은 시장에서 유사한 방식으로 제품과 서비스를 경합한다. 때문에 경쟁의 양상은 가격 및 비가격경쟁, 신제품 출시, 광고 등 보다 직접적인 형태로 나타난다.

신규 진입자, 공급자와 소비자, 대체재 등 광범위한 영역에서 경쟁이 증가하기 때문에, 경쟁시대하에서 기존의 경쟁자 간의 경쟁구도는 상대적으로 비중이 낮아질 것으로 판단된다. 그러나 기존 기업 간 경쟁은 기업의 수익을 결정하는 가장 크고 직접적인 요인이라는 점에서 여전히 중요하다.

먼저 과거의 경쟁방식인 가격경쟁은 지속될 것이다. 시장점유율 확대, 단기적 매출액 증대 등에 직접적으로 효과가 있기 때문이다. 더욱이 웹 2.0 이후의 새로운 유통형태가 등장하면서 가격경쟁은 당분간 더욱 심화될 것으로 예상된다. 예를 들어, 정보통신기기산업에서 점유율 확대를 위한 기존 기업 간 가격경쟁은 1차적인 가격인하를 유발한다. 오픈마켓의 경우 동일한 제품을 판매하는 딜러들이 다수 존재하는데, 이러한 구조 때문에 1차적인 가격인하를 거친 제품은 다시 한 번 가격경쟁에 돌입한다. 결국 판매자 · 딜러는 마진이 거의 없어질 때까지 박리다매식의 가격인하경쟁을 하게 되는 것이다.

또한 가격경쟁의 내용이 한층 업그레이드될 것으로 예상된다. 과거의 가격경쟁은 규모의 경제를 통한 비용절감이 주된 수단이었다. 대규모 시설을 확보하고, 대중시장에 판매함으로써 가격을 낮출 수 있었다. 그러나 웹 2.0 이후의 협업이 산업 패러다임을 주도하면서 가격경쟁에 물량과 규모가 아닌 효율화 · 외부화를 통한 비용절감이 더욱 효과적인 수단으로 떠오르고 있다. 최근 나타나고 있는 개방형 비즈니스모델, 개방형 혁신은 이를 반영한다. 내부 역량을 활용한 혁신은 시간적 · 금전적 비용 측면에서 효율성이 감소하는 반면, 외부 역량을 활용하는 경우 혁신비용절감과 라이선스 등 신규 수익원창출이 가능하다.

이처럼 비용절감과 수익창출방식의 혁신은 가격경쟁과 기업전략의 양상을 크게 변화시킬 것이다. 한편 많은 기업들이 수익성 악화를 피해 부가서비스, 브랜드, 디자인 등 가격 이외의 영역에서 경쟁을 확대하고 있다. 일반적으로 비가격경쟁은 가격경쟁에 비해 수익성을 덜 잠식하는 것으로 알려져 있다.

인터넷을 비롯하여 사물인터넷의 등장, 모바일의 획기적인 변화, 모바일을 기반으로 한 스마트비즈니스가 가져온 사회적 변화는 기업경영에 엄청난 위협과 기회로 다가오고 있다. 스마트비즈니스가 점차 성숙된 모습으로 기업환경에 자리 잡아 가면서 시간과 비용을 절약할 수 있을 것이다.

7.2 전략의 의미

21세기는 창조경제시대이다. 과거 농업사회를 거쳐 철강, 자동차, 반도체, 디스플레이, 휴대폰 등이 주도한 산업사회를 지나 이제는 소프트웨어, 콘텐츠, 과학기술, 사물인터넷, 빅데이터, 제4차 산업혁명, 블록체인, 인공지능 등이 중요시되는 스마트 지식창조사회로 접어들었다. 이러한 환경변화로 세계시장에서의 정보통신 주도권이 하드웨어에서 다양한 소프트웨어로 빠르게 재편되고 있다. 이처럼 소프트웨어는 그 자체로서 중요할 뿐만 아니라 자동차나 휴대폰 등 제품의 고도화, 금융이나 의료 등 서비스혁신을 촉진하는 산업의 비타민으로서의 역할도 크다. 미래산업 없이는 우리의 주력산업뿐만 아니라 국가 전반의 경쟁력 유지가 어렵게 되어 국가경제의 미래에 심각한 위협이 될 수 있다는 점에서 미래산업은 창조 및 혁신의 경제의 실현도구로 나아가야만 한다. 이러한 미래혁신의 중추적인 역할인 전략적 관점의 혁신을 강조할 필요가 있다.

전략(strategy, 戰略)이란 전쟁에서의 승리를 위해 여러 전투를 계획 · 조직 · 수행하는 방책으로 정의한다. 그리스어에 그 어원을 두고 있는 전략이란 용어는 전쟁에서 적을 속이는 술책이라는 뜻을 가지고 있으며, 18세기 말까지의 전쟁은 이와 같은 의미로서만 통하였다. 그러나 전략의 개념은 본질적으로 동적인 것이기 때문에 전술이 복잡해지고 다양화됨에 따라 전략의 개념도 점차 변화하였다. 예를 들면 나폴레옹이 생각했던 전략적인 문제가 그 본질에 있어서 오늘날 개념으로는 전술적일 수 있다. 시대의 변천에 따라 무기기술이 발전되었듯이 전략의 개념도 발전되었으며, 또한 전략은 군사적 개념으로서의 통규를 벗어나 기업전략, 경영전략, 사업전략, 국가전략, 군사전략, 혁신전략, 마케팅전략 등 비군사적 분야에도 다양하게 응용되고 있다.

경영 관점에서의 전략은 기업의 경쟁력 우위를 위하여 기업목적의 지속성을 얻기 위한 통합된 실천활동으로 말할 수 있다. 기업의 목적은 업적향상이나 매출성장력 강화 같은 정성적인 애매모호한 목표보다는 매출 100억 증가 및 이익 20억 달성이나 3년간 시장점유율 2% 확대와 같은 정량적인 목표를 설정하여야 한다. 실천전략으로 어떠한 니즈를 갖는 고객층을 목표로 할 것인가?, 비용절감을 어떻게 할 것인가?, 신상품을 언제 어느 시기에 투입할 것인가?, 기존의 영업방법을 새로운 영업방법으로 바꿀 것인가? 등 구체적인 실천활동을 명시하여야 하며 전략목표를 달성하기 위하여 조직 및 인원, 스케줄, 핵심활동이 명시되어야 한다.

한편 경영전략이란 용어가 처음 등장하기 시작한 것은 1960년대이다. 단기간 내에 경영전략론이 경영학의 중심내용으로 부상하게 된 이유는 1970년대 이후로 급격한 환경변화에 직면하여 이에 대응하는 방법을 모색하지 않을 수 없었기 때문이다. 본래 군사적 용어로 사용되었던 strategy(전략) 혹은 strategy plan(전략계획)의 용어가 경영계획의 문헌에 나타난 것은 챈들러(Chandler)의 '*Strategic & Structure*'라는 1962년에 만든 책을 효시로 본다. 또한 경영전략의 설정과정에 대한 본격적 연구자는 앤소프

(Ansoff)로 그의 저서 '*Corporation Strategy*(기업전략)'에서 경영전략의 개념 및 기업목표 설정, 전략의 설정, 선택, 평가의 과정을 설명하고 있다. 챈들러는 경영전략이란 기업의 기본적인 장기목표 및 목적을 결정하고 목표를 달성하는 데 필요한 활동 방향과 여러 가지 자원을 배분하는 것으로 설명하고, 앤소프는 경영전략이란 경영목표를 달성하기 위한 의사결정 내지 지침이며 각종 의사결정은 기회주의적 요인에 의한 여러 가지 선택의 성격을 갖는 것으로 설명하였다. 여기서 경영전략 유형은 기업전략과 사업전략, 기능별 전략으로 분류되기도 한다.

7.3 전략적 혁신의 의미

금융위기가 전 세계 시장을 덮친 2008년 이후 기업들은 끊임없이 급변하는 세계경제와 사업환경의 여건 속에 있으며, 앞으로도 더 경쟁이 치열해질 것이다. 특히 세계경제는 세계화와 기술혁신으로 대표되는 변화에 휩싸였다. 기업들은 지속적으로 급변하는 세상에서 생존하기 위하여 혁신적인 전략이 절대적으로 필요한 시기이다. 이러한 혁신의 변화의 바람은 다양한 곳에서 일어났지만 세계화의 바람 속에 기업들은 새로운 고민에 직면하였다.

어떤 기업도 현재 처한 상황에 대해서 끊임없이 새로운 형태의 비즈니스모델을 찾고 변화하지 않으면 생존하기 어렵다. 글로벌경쟁환경의 새로운 변화를 알지 못하면 결국에는 보다 더 민첩한 경쟁자들에게 주도권을 뺏기기 마련이기 때문이다. 기업의 이러한 변화의 움직임은 오래전부터 '혁신(革新)'이라는 용어로 대두되곤 한다. 오늘날 글로벌경쟁에서 살아남기 위하여 혁신만이 기업경영의 필수요소로 여겨지고 있다. 중소기업과 대기업을 막론하고 한두 가지의 혁신활동을 한 번쯤 시도해보지 않은 기업이 없을 정도다. 혁신적인 관점의 변화를 지속적으로 시행해야만 기업은 살아남을 수 있다.

그러나 전략적인 의미에서 바라보면 많은 기업에서 이와 같은 혁신의 의미가 원가 혁신, 품질혁신 등과 같은 내부 혁신에 국한되어, 경쟁기업과의 역학관계를 근본적으로 변화시킬 수 있는 외적인 혁신에는 소홀하다는 데 문제가 있다. 이로 인해 굳이 혁신이라는 개념이 아니더라도 기업이 일상에서 추구해야 할 기본적인 개선활동과 같은 운영 효율성 극대화에 기업의 노력이 집중되고 있는 상황이다.

기업경쟁력 확보 차원에서 기업이 운영 효율성의 극대화에 주력하기만 해도 아무런 문제가 없으려면 기본적으로 기업의 자원과 역량을 결합시켜 기업 전체가 나아갈 방향성이 올바르다는 전제가 필요하다. 즉 전략으로 표현되는 기업의 방향성 자체가 잘못되어 있으면 아무리 노력해도 의도한 결과를 기대할 수가 없기 때문이다. 전략적인 의미의 혁신을 통해서 보다 경쟁력을 키우기 위해서는 반드시 철저한 전략적 전개 방향을 설정할 필요가 있다.

7.3.1 전략적 혁신이란 무엇인가

전략적인 의미를 무시하고 운영 효율성의 극대화를 추구하는 기업들 대다수가 경쟁자와 싸워서 이기는 데만 급급한 나머지 기업전략 자체의 유효성에 대해서 보다 철저한 계획을 세우지 않는다. 이와 같은 전략적인 부재가 드러나는 이유는 많은 경우 업계의 관행으로 불리는 고정관념 때문이다. 고정관념은 외부환경, 경쟁 국면을 객관적으로 보지 못하게 하고 일상의 효율성 극대화와 같은 좁은 틀로만 기업을 바라보게 만든다. 업계의 고정관념이 형성되는 것은 초창기 한 기업이 특정 방식으로 성공하면서 더욱 많은 타 기업이 이를 벤치마킹하는 것에서부터 시작된다. 이와 같은 성공 경험이 제2, 제3의 추종자를 만들게 되고 이러한 성공 경험들이 쌓이면 기업들은 이 방식의 유효성을 더 이상 의심하지 않고 당연한 것으로 받아들이게 된다.

문제는 이러한 업계의 관행이란 특정 규범이 형성할 그 당시에 가장 성공적인 방법이라고 인식하는 것이다. 시간이 지나면서 경영환경이 변하지만 더 이상 그 방법이 맞지 않는 경우라 할지라도 거의 대부분의 기업이 과거의 사실을 변하지 않는 오늘의 진실로 착각하는 오류를 범하고 있는 것이다. 이 같은 오류의 결과 대부분의 기업들은 "우리가 기존의 전략그룹 내에서 혹은 산업 내에서 어떻게 그들과 경쟁할 것인가"에만 기업의 초점을 맞추게 된다. 동일한 경쟁의 테두리에서 다른 경쟁기업을 물리치는 것에만 급급할 경우, 대부분의 기업들은 단지 원가절감이나 품질혁신, 사업구조조정, 프로세스혁신 등과 같이 예전과 똑같은 게임에서 상대방들보다 조금 더 나아지려고 하는 데 자신들의 에너지를 마냥 쏟아붓게 되는 것이다.

반면, 전략적 혁신이란 20%의 운영상 개선보다는 80%의 전략적 혁신으로 기업의 가치를 증대시키려는 노력이다. 전략적 혁신이란 기존의 게임규칙을 부정하거나 때로는 경쟁 자체에서 벗어나 새로운 시장 공간을 창출하려는 내용을 수반한다. 기존의 고정관념으로 불리는 한 산업에서의 지배적인 전략 또는 게임의 법칙을 뒤집는 동시에, 이전보다 더 많은 가치를 창출하는 새로운 전략을 만드는 것이다.

기업의 전통적인 운영 효율성의 극대화와 새롭고 독특한 전략적 포지션의 창출, 즉 전략적 혁신은 [표 7-1]과 같이 나타낼 수 있다.

물론 전략적 혁신이 기업 혹은 타 산업 규범을 무조건 파괴하는 것은 아니다. 여러 산업 규범 중 환경 변화로 인해 더 이상 성공적이지 않은 기업 혹은 산업 규범을 파괴함으로써 보다 많은 가치를 창출할 수 있는 전략을 만들어내는 것이다. 특히, 2000년대 이후 전략적 혁신을 통해 성공하는 기업은 더욱 많아지고 있다. 이는 짧아진 기술

| 표 7-1 | 전통적인 운영 효율성과 전략적 혁신

전통적인 운영 효율성 측면	전략적 혁신 측면
• 현재수준을 바탕으로 이미 알고 있는 기존의 전략적 포지션에 초점을 맞춘다. • 기존의 경쟁구도를 인정하고 대안을 강구한다. • 파악된 전략적 포지션을 개선하기 위해 노력한다.	• 집중해야 할 새롭거나 아직 개방이 안 된 세분화된 고객을 식별하려고 노력한다. • 게임의 규칙, 즉 전통적인 운영 효율성 측면을 부정한다. • 어떤 경쟁자도 현재 만족시키지 못하고 있는 새로운 고객의 욕구를 식별하기 위해 노력한다.

자료 : 남대일, 전략적 혁신으로 승부하라, LG경제연구원, 2004, 저자 수정보완.

수명주기, 과거에 비해 빠르고 불연속적인 경영환경 변화 등으로 인해 시대착오적인 규범이 많아졌고, 이로 인한 전략적 혁신의 기회도 많아졌음을 의미한다.

7.3.2 전략적 혁신의 장애물

전략적 혁신을 주도하는 기업의 많은 이점에도 불구하고 실제로 이를 실행으로 연결한 기업은 그리 많지 않다. 이들 기업이 전략적 혁신에 실패하고 있는 몇 가지 이유를 나열하면 다음과 같다.

첫째, 이미 성공한 기업들은 전략적 혁신에 둔감하기 때문이다. 뛰어난 실적을 자랑하며, CEO가 경영잡지의 표지모델로 등장하고, 성공을 자축하기 위한 기념물이나 출판물로 스스로를 자랑할 때, 새로운 진입자나 틈새 공략자들은 환경 변화에 기민하게 대응하여 새로운 경쟁우위요소를 빠르게 획득해나가 성공가능성을 높인다.

둘째, 기존의 역량이 파괴될 수 있다는 위험 때문이다. 기업이 이미 지속적으로 수익을 창출하고 있는데 굳이 가지고 있는 것을 바꾸거나 위태롭게 할 이유가 없다고 생각한다. 즉 현재 기업경영이 잘 수행된다고 생각하여 변화나 혁신이 더 이상 필요 없다고 판단하는 것이다. 변화와 혁신은 기업이 존재하는 한 지속적인 과정으로 이끌어 가야 한다.

셋째, 변화와 혁신의 성공가능성에 대하여 확신이 없기 때문이다. 설령 어렵게 새로운 전략적 포지션을 만들어도, 그것이 성장하여 혁신으로 성공할 가능성이 없다고 판단하는 것이다.

넷째, 변화와 혁신과정을 통제할 수 있어야 제대로 성공가능성이 존재한다. 새로운 포지션으로 바꾼다고 하더라도 그것이 하루아침에 과거와의 단절을 뜻하는 것이 아니므로, 그 과정을 어떻게 관리해야 하는지를 결정해야 한다. 새로운 포지션을 위해 기존의 포지션을 포기해야 하는지, 두 개의 포지션을 동시에 관리하여야 하는지 등과 같은 의사결정에 관한 컨트롤타워가 필요하다.

7.3.3 전략적 혁신을 위한 성공요소

어느 상황 어느 곳에서의 경쟁력 있는 위치도 영원할 수는 없다. 안정 위주의 전략이 오히려 기업을 더욱 위태롭게 만드는 상황이 올 수도 있다. 비록 전략적 혁신이 추진하기 어렵다고 하더라도 공격적인 경쟁기업들이 기존의 매력적인 포지션을 모방하거나, 새로운 포지션을 만들어서 더 큰 위협을 가하기 전에 스스로 변할 수 있어야 한다. 선진기업의 사례를 통해 전략적 혁신의 성공을 위한 몇 가지 성공가이드를 살펴보면 다음과 같다.

1) 최상의 전략은 싸우지 않고 이기는 것이다

고전적인 전략서 '손자병법'에 의하면 최상의 전략은 싸우지 않고 이기는 것이라고 했다. 싸우지 않고 이기기 위해서는 경쟁 자체를 하지 않으면 된다. 경쟁을 하지 않는 방법은 경쟁자와 다른 새로운 시장을 창출하는 것이다.

예를 들어 정확히 맞는 시계라는 이미지로 큰 성공을 거둬 손목시계시장에서 최고의 강자로 군림하던 롤렉스시계의 경우 디지털시계의 등장으로 기존의 사업모델이 큰 위험에 처하는 상황을 맞이한다. 아날로그시계가 정확하다고 해도 디지털시계의 정교함을 능가할 수는 없기 때문이었다. 특히 가격은 비교가 되지 않는 상태였다. 롤렉스시계가 취한 방법은 기존의 유통망을 활용하면서 저가의 시계로 맞대응하는 것이 아니라 오히려 새로운 시장을 창출해내는 전략적인 혁신을 추진한 것이었다. 즉 손목시계의 의미를 더 이상 정확히 맞는 것이 중요한 것이 아니라 지위와 품위의 상징으로 재정립한 것이다. 그 결과 디지털시계가 저가로 넘쳐나는 반면, 롤렉스시계는 높은 가격으로도 잘 팔리게 되었다.

2) 사업에 대한 영역 구분을 지워버린다

산업의 구분, 사업의 영역 설정 등과 같은 일종의 선 긋기행동은 기업 스스로 경쟁을 유발하고 사업의 발전가능성을 제한하는 어리석은 행동이다.

예를 들어 나이키가 타이거 우즈를 통해 운동화사업을 확장한 경우를 살펴보자. 1996년 나이키는 타이거 우즈와 1억 달러에 달하는 CF 계약을 맺었고, 그 후 타이거 우즈 브랜드를 붙인 골프의류로 사업을 시작했다. 이후 액세서리 제품 라인을 추가했고 그로부터 3년 후 나이키는 또다시 같은 브랜드로 골프공을 판매하기 시작했다. 또 나이키는 타이거 우즈 브랜드를 활용한 골프채를 출시했고, 이 제품을 판매하는 지역을 넓혀 미국뿐만 아니라 전 세계에 판매하기 시작했다. 이와 같은 일련의 영역 확장 덕분에 나이키는 1990년 22%에 불과하던 운동화분야의 전 세계 시장점유율을 2000년 초까지 38%까지 끌어올리며 압도적인 선두주자의 위치에 서게 되었다. 나이키는 사업영역을 의류나 운동화에 국한시킨 전략을 스포츠 다방면으로 확대시켜 사업에 대한 영역 구분을 지워버린 덕택으로 성공할 수 있었다.

3) 소비자와의 접점을 변화시킨다

회사의 제품이나 서비스가 소비자들에게 어떻게 전달되는가를 곰곰이 살펴봄으로써 전략적 혁신의 기회를 잡을 수 있다.

예를 들어 국내 박카스 D라는 피로회복제는 일반의약품으로 분류되어 약국에서만 판매하는 유통영역을 구축하여 소비자들에게 제한적으로 판매되었다. 같은 시기에 비슷한 유형의 피로회복제인 비타 500이라는 제품은 의약외품으로 분류되어 약국뿐만 아니라 슈퍼마켓과 마트 등 소비자와의 접점을 과감히 변혁시킨 유통망을 통해 사업이 확장가능하도록 변화를 추구하였다. 이에 따라 기존 기업들 사이의 경쟁은 누가 슈퍼마켓 유통망의 확장가능한 네트워크를 더 강화하느냐에 초점이 맞추어져 있었다. 그러나 약국에 국한된 박카스 D의 유통망을 확장하여 박카스 F라는 의약외품의 제품을 만들어서 마트와 슈퍼마켓에서도 쉽게 구입할 수 있게 하였다. 이는 소비자와의 접점을 변화시킨 성공적인 사례이다.

4) 경쟁업체의 장점을 약점으로 만든다

업계의 선두기업이 전략적 혁신에 실패하는 커다란 이유 중의 하나는 기존의 전략과 새로운 전략 사이의 상충작용(trade-off) 때문이다. 즉 두 전략이 핵심적으로 요구하는 자원과 능력이 달라 한쪽을 선택하면 다른 한쪽을 포기해야 하는 경우가 자주 발생하기 때문이다.

예를 들어 한때 노키아는 핀란드를 1세대 및 2세대 휴대폰사업의 세계강국으로 이끌었으며 국가경제에 큰 힘이 되었다. 특히 유럽지역에서의 노키아의 시장점유율은 미국의 모토롤라와 더불어 거의 시장을 석권하였다. 이러한 노키아의 휴대폰은 인터넷이란 새로운 매체가 등장하였지만 전통적인 셀룰러폰으로만 경쟁하여, 새롭게 등장한 경쟁업체인 애플의 아이폰과 삼성전자의 갤럭시와 같은 스마트폰으로 전환을 늦게 함으로써 시장에서 고객이 이탈하였다. 결국에는 스마트폰시장에 참여하였지만 차별화에 실패하고, 경쟁업체와의 기술적인 차이로 시장에서 도산하였다. 지속적으로 경

상충작용(tradeoff)

- 어떤 것을 얻으려면 반드시 다른 것을 희생하여야 하는 경제관계를 말한다.
- 두 개의 정책목표 가운데 하나를 달성하려고 하면 다른 목표의 달성이 늦어지거나 희생되는 경우의 양자 간의 관계를 의미한다.
- 핀테크의 예를 들어보자. 핀테크라는 새로운 금융혁신으로 금융서비스가 효율성을 향해 점차 진화하고 있는 것은 사실이다. 하지만 효율에는 불안정이 늘 수반되는 것이 금융진화의 우선순위이다. 핀테크를 활용한 고효율시스템이 정상적으로 작동하기 위해서는 그 시스템을 필요로 하는 고도의 사회적 신뢰부터 구축해야 한다(효율과 안정의 트레이드오프관계).

쟁을 유도하기 위한 선발업체의 변화와 혁신전략이 필요하며, 후발업체는 약점을 강점으로 만들어가는 판단과 결정이 중요하다.

5) 고객이 없다면 직접 만든다

어느 곳이나 대상지역에 구매자집단에 대한 고정관념에서 벗어나 이전에 간과했던 비(非)고객에 다가설 수 있는 방법을 찾아 경쟁 없는 시장을 재발견하고 새로운 시장전략을 만들어낼 수 있는 전략을 찾는 것이다.

예컨대 많은 기업들이 수익성 있는 목표고객을 확보하는 것이 시장 진입의 가장 큰 전제조건이라고 할 수 있다. 그러나 현대자동차를 올해의 차로 선정해 국내에도 유명해진 미국의 권위 있는 시장조사기관인 제이디파워는 오히려 정반대의 방법을 취했다. 제이디파워는 고객이 원하기도 전에 업계 시장조사를 먼저 실시한 다음 그 결과와 순위를 미리 만들어서 자동차업체들에게 선(先)제안하는 판매방식을 취해 고객을 스스로 창출해나가는 전략을 취한 것이다. 이를 통해 자동차업체가 의뢰를 해야 고객만족 설문조사를 실시하는 동종 리서치업체와 경쟁을 피하며 스스로 시장을 창출해내는 성과를 거두었다.

6) 산업의 기능적 · 감성적 지향성을 뒤집어본다

산업의 기능적 · 감성적인 면을 뒤집어보면 단순하게 경쟁기업들로부터 고객을 빼앗는 것이 아니라 시장 자체를 성장시키는 것을 알 수 있다.

예를 들어 미샤, 더페이스샵, 더샘, 한스킨, 에뛰드, 토니모리, 이니스프리 등과 같은 화장품은 고가이미지를 탈피하여 저가이면서 기능적 생활밀착형 화장품으로 인식시켜 고객에게 감성지향적인 화장품산업에 역으로 기능을 강조하여 성공한 사례다. 화장품산업은 아름다움, 희망, 꿈을 판매하는 산업으로 포장과 광고비가 제품 원가의 85% 이상을 차지한다고 한다. 이 같은 시장에서 기능과 생활용품 측면을 강조하고 기존 화장품 병을 재활용하거나 광고도 거의 하지 않으면서 오히려 자연적인 천연성분과 같은 기능적인 면을 강조하는 전략적 포지션을 취하였다. 결국 기능적 생활밀착형 화장품들은 전략적 혁신을 바탕으로 기존 화장품시장의 마케팅 싸움에서 탈피해 건강한 삶을 지향하는 새로운 시장을 창출하는 데 성공했다.

7) 대체산업을 살펴본다

기존의 주력상품에 만족하지 못하고 대체상품을 찾는 소비자들을 유심히 살펴보는 것은 종종 전략적 혁신을 위한 커다란 기회를 제공한다.

예를 들어 미국의 골프제조업체인 캘러웨이는 골프를 포기한 사람들이 테니스를 찾는 이유가 작은 골프클럽의 헤드와 달리 커다란 테니스 라켓으로 공을 쉽게 맞출 수 있기 때문이라는 점에 착안해, 경쟁사들이 더 멀리 공을 보내는 고성능클럽을 개발하는 데 온 역량을 집중할 때 쉽게 공을 맞힐 수 있는 머리가 큰 드라이버 '빅버사'로 성공을 거두었다. 한정된 영역을 넘어 대체산업으로 영역을 확대한다는 것은 기존 고객에 대체산업의 고객을 더해 시장 자체의 파이를 키워 새로운 시장의 개척자가 될 수 있음을 의미한다.

7.4 제4차 산업혁명전략의 의미

7.4.1 제4차 산업혁명의 경영환경

제4차 산업혁명시대에서의 경영전략환경을 효과적으로 운영하기 위해서는 전략적인 포지셔닝(positioning)을 통해 동일한 환경에서, 즉 목표시장, 고객, 서비스수준 등에 대한 지속적인 혁신으로 경쟁우위를 확보해야 한다.

제4차 산업혁명시대에 경영전략이 성공하기 위해서는 다음의 조건이 충족되어야 한다. ① 외부환경, 특히 제4차 산업혁명시대에 맞는 경쟁환경과 상황에 대한 철저한 이해, ② 내부역량, 즉 자사의 강점과 약점에 대한 객관적인 평가, ③ 명확하고 일관성 있는 전략목표의 설정, ④ 전 조직원의 참여에 입각한 전략의 효과적 실행으로 내부적 체질개선과 미래정보기술 이행, 경쟁력을 유지하는 것 등이다.

이들 네 가지 성공조건은 단지 기업경영뿐만 아니라 다양한 분야에서도 찾아볼 수 있다. 각각의 패러다임과 분석방법들은 나름대로의 유용성과 한계를 동시에 지니고 있으므로 각 기업의 상황에 따라 취사선택하여 활용하는 것이 중요하다. 어느 특정 패러다임만을 고수하면 문제를 단면적으로 볼 위험이 있으므로, 다양한 패러다임의 선별적 활용을 통해 문제에 대한 풍부한 통찰력과 다각적인 접근방법을 모색할 수 있다.

7.4.2 제4차 산업혁명시대의 경영전략

정보기술이 업무개선 혹은 프로세스혁신과 같은 조직의 리엔지니어링에 종속되는 기술적 인프라에 불과하다는 시각을 넘어서 제4차 산업혁명기술이야말로 기업의 경영전략적인 접근으로 이행되어야 경쟁력을 유도할 수 있다. 기업이 사업전략에 미래혁신기술전략을 효과적으로 접목시켜 경쟁력 있게 조직을 강화시켜야만 글로벌경쟁에서 살아남을 수 있다.

1) 제4차 산업혁명기술의 전략적 접근

전략이란 기업이 주어진 기간 동안 경쟁적 우위를 확보하기 위해 취하는 일련의 행동패턴이라고 할 수 있다. 일반적으로 최고경영자에 의해 가시화되는 비전(vision)이 있고, 사업 단위별로 포괄적인 목표라 할 수 있는 사명이 설정된 후에 사업전략과 계획, 이에 따른 구체적인 목표(target)가 수립된다. 따라서 미래정보기술에 대한 전략적 접근은 기업이 사업에 관한 전략을 수립하는 단계에서부터 기업가치의 증대에 공헌할 수 있는 것을 뜻한다. 그러므로 미래정보기술전략의 개발을 통하여 혁신기술의 포지션을 결정하고, 이에 따른 정보기술 계획과 목표를 설정해야 한다는 것을 의미한다.

사업전략이 기업 내부의 핵심역량과 시장, 고객, 경쟁업체 등의 외부환경을 고려하여 수립되듯이 제4차 산업혁명전략을 수립하는 과정도 이와 동일하다고 할 수 있다. 오늘날과 같이 수많은 미래기술관련 업체들이 끊임없이 제4차 산업혁명관련 아이디어와 제품을 쏟아내는 현실에서 제4차 산업혁명전략의 수립과 이에 대한 지원은 필수적이다.

2) 사업전략과 제4차 산업혁명전략의 우선순위

일반적으로 기업은 정보기술전략에 선행하여 사업전략을 구상한다. 즉 정보기술 도입은 사업전략을 성공적으로 수행하기 위한 필요성에서 고려되어온 것이다. 혁신의 물결이 사업영역에서 정보기술영역으로 옮겨가는 경향이 보이기는 하지만 현실적으로 아직까지는 사업전략이 IT전략에 우선하고 있다.

그러나 정보기술의 급격한 발전이 산업구조, 사업 방향 자체, 즉 사업전략을 좌지우지하는 현실을 간과해서는 결코 안 된다. 정보기술전략이 사업전략에 우선할 수도 있는 것이다. 예를 들어 항공회사의 경우, 온라인예약시스템의 도입시기가 이 사업의 성패에 결정적인 영향을 끼친 사례도 있다. 이 경우, 정보기술전략하에서의 IT기술 도입을 사업전략의 수립에 선행하여 고려하여야 한다. 그러나 은행의 자동현금입출금기(ATM) 도입의 사례와 같이 IT기술을 우선적으로 도입한다고 해서 장기적인 이익이 반드시 보장되는 것은 아니다.

3) 사업전략과 미래정보기술전략의 연계 필요성

가정의 행복이 부부 간의 협조와 양보로 이루어지듯이 기업가치의 증대라는 기업의 궁극적 목적달성도 미래정보기술전략이나 사업전략 어느 한쪽만을 잘하는 것으로 결코 달성될 수 없을 것이다. 새로운 제4차 산업혁명기술의 도입은 사업 방향이나 가치창출사슬의 전부 혹은 일부분에 영향을 미쳐 기업이 전략적 · 경쟁적 우위에 설 수 있는 새로운 기회를 제공한다.

또한 경쟁적인 시장상황에 민감하게 반응하는 사업전략의 변화는 새로운 미래정보기술의 출현을 항상 요구한다. 이는 미래정보기술과 사업을 전략적으로 연계시키는 것이 일정시점의 일과성 행사가 아니라 지속적으로 기업을 혁신시키는 데 공헌해야 한다는 점을 잘 보여주는 것이다. 아무리 새로운 미래정보기술이라도 구태의연하고 비효율적인 사업 프로세스에 적용된다면 과거의 고비용 저효율구조를 혁신시키지 못하고 기업의 경쟁력 확보와 그 사업으로 인한 부가가치 증가도 더욱 불가능하게 될 것이다.

기업이 미래정보기술을 도입하기 전에 사업의 프로세스분석을 실시하고 프로세스 혁신을 할 때 미래정보기술에 대한 전략적 분석이 우선적으로 이루어져야 한다는 사실은 두말할 나위도 없다. 사업전략과 미래정보기술전략의 전략적 연계모델(strategic alignment model)은 사업전략, 미래정보기술전략, 조직 인프라구조와 프로세스혁신, 미래기술 인프라구조와 프로세스가 조화를 이룰 때 기업이 혁신에 성공할 수 있다는 것을 논리적으로 잘 제시해주는 모형이다.

미래정보기술에서의 경영조직은 기존의 계층적인 형태의 조직보다는 회사 전체의 자원이 효과적으로 이용될 수 있는 팀워크형 조직을 많이 채택하고 있다. 효율성을 추구하는 팀워크형 조직은 계층적인 조직의 명령 및 지시를 내리는 관계가 아니라 서로 상호 보완적인 기능을 추구하는 관계개선이 중요한 요소가 된다. 팀워크는 팀 전원이 시행착오를 공유하고 사업을 수행하며, 완전한 정보공유가 가능한 것이다.

팀워크에 매우 중요한 요소는 팀의 리더십이다. 끊임없이 변화하고 있는 환경을 조직의 리더로서 잘 관리하고 조직의 목표를 가지고 방향성을 이끌어줄 수 있는 리더가 존재할 때 진정한 제4차 산업혁명 기술시대에 성공요인으로 작용할 것이다. 21세기에 필요한 진정한 새로운 인재야말로 미래정보기술에 맞는 기업으로 자리할 수 있게 한다. 즉 개인의 창조적인 존재가치 실현과 조직의 목표를 동시에 이루기 위해 팀 전원이 노력해야 한다.

7.4.3 경영전략과 혁신전략계획의 연계방안

경영전략은 기업의 기본적인 목표를 달성하기 위한 일상적인 업무나 기능별 활동과는 구별되는 종합적인 경영전략의 미래지향적이면서 통합적인 측면을 강조하는 개념이다. 경영전략은 조직을 어떠한 수준에서 분석할 것인가에 따라 기업경영전략, 사업부전략, 기능별 전략으로 구분한다.

기업경영전략은 기업의 종합적인 관점에서 비전과 목표를 설정하고 각 사업분야에 경영자원을 배분하고 조정하는 일련의 활동을 의미한다. 사업부전략은 각 사업단위에서 경쟁우위 확보를 위한 구체적이고 실천적인 사업전략을 의미한다. 기능별 전략은 연구개발, 재무회계, 마케팅, 인사, 생산, 유통 · 물류, 고객 등 각 기능별 세부전략을 의미한다.

인터넷의 발전으로 기업에서는 정보기술을 보다 전략적으로 활용하고 있다. 컴퓨터의 하드웨어와 소프트웨어의 급속한 발전과 상대적인 비용절감과 생산성의 향상, 특히 인터넷을 기반으로 한 초고속 정보통신망의 비약적 발전은 기업 내의 정보처리능력뿐만 아니라 기업과 기업 간 거래, 기업과 소비자 간의 거래, 공급자 간 거래의 신속한 정보전달을 가능케 하였다. 이제는 제4차 산업혁명관련 정보기술이 기업의 전략적 도구로 사용되어야 미래의 경쟁기업에서 살아남을 수 있다. 즉 미래정보기술과 경영전략이 조화롭게 되었을 때 기업의 경쟁력은 더욱 힘을 발휘할 것이다. 이러한 상황에서 전략적인 혁신개선활동의 조화와 사물인터넷, 드론, 인공지능, 제4차 산업혁명의 출현으로 향후 미래비즈니스 발전은 지속적인 전략적 혁신과 미래정보전략과의 연계

그림 7-2 경영혁신전략과 미래전략계획의 연계방안

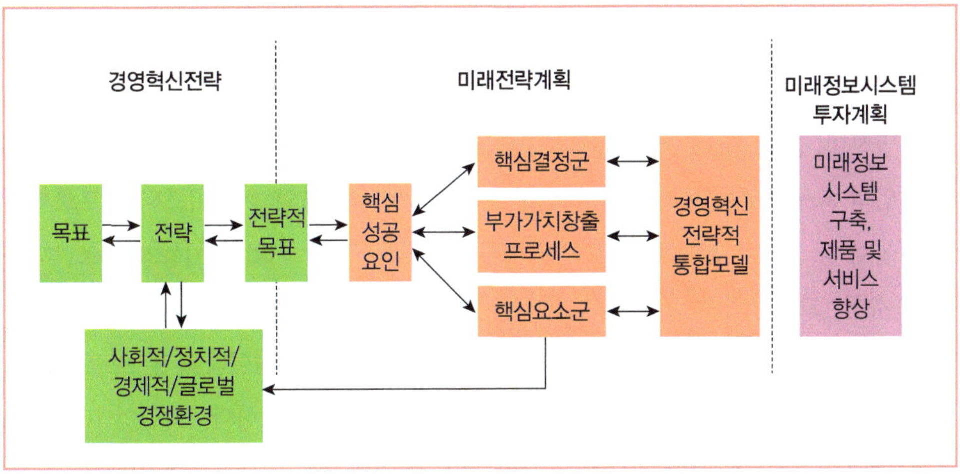

방안 수립이 강조되고 있다.

전략은 경쟁적 상품 및 시장 선택과 관련된 의사결정과 그 상품 및 시장 선택을 실행할 기업의 구조와 역량과 관련된 선택을 포함하고 있다. 경영전략과 미래정보기술전략과의 통합적인 가치창출의 모형은 일시적인 현상이 아니라 지속적인 적응과 변화를 동반한 프로세스라고 할 수 있다.

어떠한 미래정보기술이라도 지속적인 경쟁우위를 가져다주지는 않으며 제4차 산업혁명기술을 꾸준하게 활용할 수 있는 능력을 갖출 때 비로소 경쟁력을 확보할 수 있다. 따라서 기업에서의 미래정보기술의 역할에 관한 경영자 인식의 변화가 필수적이며 정보기술전략의 핵심요소와 경영전략 의사결정을 수립하고 지원하는 데 미래정보기술의 역할을 이해해야 한다. 제4차 산업혁명시대에 경영전략과 미래정보기술전략의 통합모형을 이해하기 위해서는 전략적 접근과 기능적 통합접근에 관하여 이해해야 한다.

1) 전략적 접근

경영전략적 접근방안은 다음과 같다. 기업의 외부 영역은 그 기업이 경쟁하는 시장을 말하며 경쟁기업과 차별화하는 독특한 전략요소를 포함한다. 기업의 내부 영역은 기업의 요구사항을 충족시키기 위해 필수적인 관리구조와 핵심비즈니스 프로세스의 재설계 등 기업운영과 관련된 의사결정에 관심을 둔다. 기업의 기능적 구조, 제품생산, 유통, 고객서비스 등 프로세스, 인적자원의 획득과 기술개선 등에 초점을 둔다. 내·외적 간의 조화는 기업의 성과를 극대화하기 위해서 핵심적이라고 할 수 있다.

미래정보기술전략의 접근은 두 영역 간의 조화가 매우 중요하다. 기업이 미래정보기술산업에서 어떤 위치에 있는지에 관한 외적 위치선정과 정보시스템기반구조는 어떻게 구성되고 관리되어야 하는지에 관한 내적 영역을 고려하여 정보기술전략을 명확하게 해야 한다. 기존에는 정보기술전략을 경영전략을 지원하는 내적인 기능으로 생각함으로써 정보기술에 입각한 사고에 대하여 등한시하여 단지 제품과 서비스를 판매하는 산업시장에만 관심을 가져왔다.

2) 기능적 통합접근

미래정보기술과 경영비즈니스영역의 통합모형을 두 가지 형태로 구분하면 다음과 같다. 첫째, 전략적 통합접근은 외적 요소를 지향하는 경영전략과 정보기술전략과의 연계를 말한다. 이 형태의 통합은 경영전략을 수립하고 지원하기 위한 정보기술의 기능을 다룬다. 둘째, 기능적 통합접근은 운영적 통합으로 내적 영역에 초점을 두고 조직구조 및 업무 프로세스와 정보기술기반구조 및 프로세스 간의 연결을 말한다. 이 형태의 통합은 기업 내부에서 조직 요구사항의 기대와 정보시스템역량과의 조화를 확보하는 것이 매우 중요하다. 결론적으로 비즈니스의 내적·외적인 역량과 정보기술의 내적·외적인 영역이 잘 정렬되어 있는지 살펴볼 필요가 있다.

7.5 미래정보기술전략 및 가치사슬 흐름도

고객에게 가치를 제공하고 내부적으로 핵심역량을 파악 · 발견하여 미래사업 진출에 대한 전략과 사업축소 및 철수에 대한 결정을 하고, 어떻게 하면 경쟁우위를 확보할 것인가를 결정하게 될 경영전략을 체계적으로 세워야 한다. 제4차 산업혁명시대에 경영전략을 세우기 위해서는 여러 가지 고려사항이 존재한다.

7.5.1 가치사슬과 경쟁우위

1980년대까지 기업경영은 원가절감과 품질혁신 등의 효율성을 증진시키는 것이 핵심이었다. 이러한 상황은 튼튼한 시장여건하에서 진행되었다. 선진국뿐만 아니라 우리나라에서도 저렴한 제품으로 고객보다는 시장에 초점을 맞춘 공급자중심의 경영이 성공할 수 있었다. 그러나 1990년대 들어 국제적 시장개방, 다양한 고객의 욕구, 인터넷을 기반으로 한 다양한 형태의 정보기술들, 제4차 산업혁명 등 환경의 변화가 발생하면서 국제적인 경쟁이 야기되었는데 이러한 환경 변화에 안이하게 대처한다면 기업경영환경에 있어서 효율성을 증대시키지는 못할 것이다. 이러한 경영환경의 효율성을 증대시키는 포터의 일반적인 가치사슬은 [그림 7-3]과 같다.

가치사슬(value chain)은 기업이 수행하는 업무를 기술적 지원활동과 경제적 지원활동으로 구분하고 있다. 이를 가치활동(value activities)이라 부른다. 기업이 창조하는 가치는 상품 또는 서비스에 대해서 소비자들이 지불하고자 하는 금액에 의해서 측정될 수 있다. 기업은 자신이 창조한 가치가 가치활동을 수행하는 데에 요구되는 비용을 초과할 때 이윤을 남길 수 있다.

각 기업의 가치사슬은 가치시스템(value system)이라고 불리는 기업활동의 거대한 흐름 속에 파묻혀 있다. 가치시스템은 기업의 가치사슬에 투입물을 제공하는 공급업

그림 7-3 ▸ 전통적 가치사슬의 흐름도

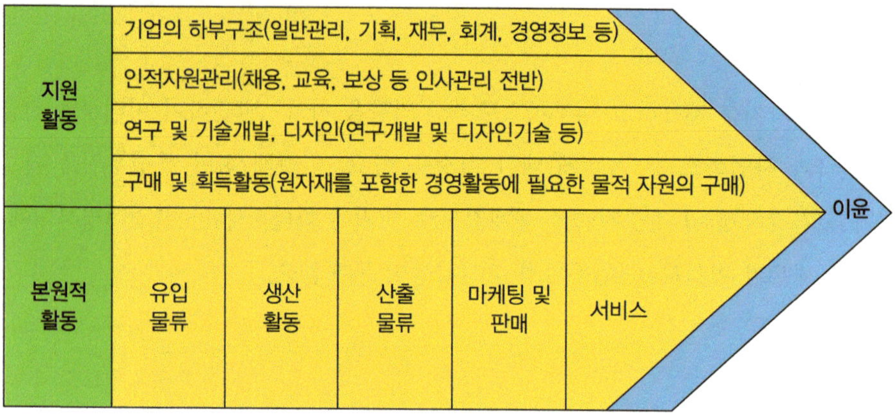

자료 : M. Porter, *Competive Advantage*, 1985.

체들의 가치사슬을 포함한다. 기업의 상품은 종종 최종구매자에 이르는 과정에서 유통업체의 가치사슬을 통과한다. 마지막으로 상품은 한 개 또는 그 이상의 구매활동을 수행하기 위해 이 상품을 활용하는 구매자의 가치사슬에 대해 투입물의 역할을 하게 된다.

향후 정보기술들이 가치사슬의 모든 분야에 스며들어 가치활동의 수행방식과 가치활동 연결체제의 성격을 변화시키고 있다. 정보기술은 경쟁력 범위에 영향을 미치고 상품이 구매자의 욕구를 충족시키는 방법을 재조정하고 있다.

모든 가치활동은 물리적 측면과 정보처리 측면을 가지고 있다. 물리적 측면에는 가치활동을 수행하는 데에 필요한 모든 물리적 작업이 포함된다. 정보처리 측면에는 가치활동을 수행하는 데에 필요한 데이터의 획득, 조정, 유통에 필수적인 단계들이 포함된다.

1) 본원적 활동(primary activity)

• 유입 물류(inbound logistics) : 필요한 자재를 생산지점까지 이동시켜 조업을 준

비하는 과정을 일컫는다.

- 기업의 생산활동(operations) : 유입된 원료 및 자재를 공정에 투입시켜 완제품을 만들어내는 활동이다. 여기서 조업이란 생산에 필요한 각종 활동뿐만 아니라 금융서비스, 대출서비스 등도 조업으로 볼 수 있다.
- 산출 물류(outbound logistics) : 완성된 제품을 창고에 보관시키고 판매지점까지 운송하는 과정이다.
- 마케팅 및 판매(marketing and sales) : 광고 및 판촉을 포함하여 제품이 고객의 손에 입수되는 순간까지 전개되는 전반적인 영업활동이 해당된다.
- 서비스(service) : 고객이 제품을 구매한 이후 제품과 관련하여 필요로 하는 모든 서비스기능을 제공하는 기업활동이다.

2) 지원활동(secondary activity)

- 기업의 하부구조(firm infrastructure) : 본원적 활동들에 대해 통제 및 조정관리기능을 제공하는 기업활동이다. 계획, 재무관리, 회계관리, 정부 및 법규관계, 품질관리, 정보시스템, 차세대 정보기술, e-비즈니스 등은 제품의 제조나 판매에 직접적인 영향은 미치지 않으나 기업의 정상적인 운영을 위해 없어서는 안 될 필수기능이다.
- 인적자원관리(human resource management) : 회사 인력의 선발 및 고용에서 이들에 대한 교육연수 및 능력개발에 이르기까지 포괄적인 인적자원관리기능을 제공하는 활동이다.
- 기술개발(technology development) : 생산하는 제품 자체에 대한 기술과 제조공정의 효과 및 효율을 증대시켜주는 기술에 대한 연구개발과정이다.
- 구매활동(procurement) : 조업을 위해 유입되는 원료나 자재를 주문하여 구매하고 대금을 지불하는 행위이다.

7.5.2 가치사슬의 경쟁력 장점

상업적인 조직은 경쟁력이 있다면 생존할 수 있다. 일반적인 경쟁력전략은 가격선도와 제품차별화의 두 가지이다. 경쟁력 위치에 대한 위협은 포터(porter)모델을 사용하여 설명된다. 조직의 능력은 마켓섹터(market sector) 내에 운영되는 다른 조직에 대한 경쟁력의 장점으로부터 나타난다. 생존할 수 있는 조직의 능력은 경쟁력 위치가 마켓섹터 내에 운영되는 다른 회사보다도 우월해야 한다.

경쟁력 장점을 위한 세 가지 기본전략은 비용, 차별화, 초점이다. 비용은 경쟁력보다 적은 가격으로 서비스를 제공하고 또는 제품을 단순히 파는 것이다. 차별화는 제품과 서비스가 낮은 가격을 가지는 경쟁력을 통하여 경쟁제품보다도 더욱 매력적인 품질을 가지는 것이다. 초점은 시장에서의 제품의 단일면을 집중화하는 것이다.

정보기술은 경쟁력전략에 중요한 역할을 담당한다. 미래정보전략과 정보기술을 적절하게 사용함으로써 기업업무 프로세스 간에서 정보기술의 사용과 조직의 관리비용을 낮출 수 있음은 물론, 그 외의 효과를 얻을 수 있다. 비용감축은 이외의 정보기술을 사용함으로써 얻을 수 있는 효과로 고객요구와 반응에 따라 서비스 등과 같은 제품 외적인 면에서 차별화하는 것이다.

7.6 정보전략계획

2000년대 이후 기업, 정부, 공공기관 등의 정보시스템을 구축하기 위하여 전파되기 시작된 용어가 바로 정보전략계획(Information Strategy Planning : ISP)이다. 정보전략계획은 최적의 정보화를 추진해나가기 위한 중장기전략의 계획을 수립하는 절차라고 할 수 있다. 정보전략계획은 경영환경이 급격히 변하고 이에 따라 조직의 경영목표와 전략이 바뀌면 이를 효율적으로 달성하기 위한 수립절차이다.

정보전략계획(ISP)은 일정한 절차나 방법에 따라 정보계획을 수립하는데, 경영계획이나 사업계획과 같이 그 절차상에 매우 유사성을 갖는다. 관련 보고서의 주요 내용으로는 국내외 경영환경분석, 기존 정보기술환경과 미래의 정보기술환경분석, 현행 업무프로세스분석, 개선될 내용의 분석 및 개선과제 도출, 이행계획 수립, 예산안 도출, 구축기간 및 투입인력, 장비 도출 등 정보기술 구축 방향 및 과제의 실천, 이행계획이 수립되는 절차이다.

정보전략계획의 기업정보화 추진에 대한 진화단계는 다음과 같다. 첫째, 개발단계로서 정보시스템의 성공적 개발목적으로 사용자 요구사항 수렴 및 시스템분석, 설계 중심으로 계획을 수립하며, 둘째 전략단계로서 중장기 경영목표 및 전략과 연계된 솔루션 구축을 위한 이행계획 수립단계이며, 셋째 가치창출단계로서 새로운 비즈니스창출의 기회로 적극 활용하는 차원에서 IT의 경제적 가치활용이 강조되는 단계이다. 즉 IT가 단순한 업무중심에서 새로운 사업기회를 제공하고, 수익을 창출하는 적극적인 개념으로 ISP를 수립해나가고 있다.

7.6.1 정보전략계획(ISP) 수립방법론

어떠한 일을 수행함에 있어 지식과 경험을 통하여 적기에 원하는 성과물을 기대하는 것은 당연한 결과이다. 그러나 관련 결과를 도출하기 이전에 절차와 방법이 부족하면 혼란을 겪게 될 수 있으며, 사업프로젝트를 수행하는 데 있어 방법론은 매우 중요한 사항이다. 이러한 방법론은 제한된 기간 내 최적의 결과물을 산출해낼 수 있는 절차이다.

예를 들어 우리가 살고 있는 집을 생각해보자. 자신이 살기 위한 자신만의 집을 짓는다고 한다면 여러 가지 부분에서 다양한 생각들을 할 것이다. 거실 공간은 어떻게 만들고, 음식을 만들기 위한 부엌은 활용하기 편리한 구조로 만들고, 서재는 공부할 분위기를 조성할 수 있도록 설계하고, 침실은 평안하고 안락하게 쉴 수 있는 공간을 구성할 것이다. 이런 것을 설계 없이 주먹구구식으로 만들지는 않을 것이다. 먼저 집에 대한 모델과 청사진을 작성하고 이런 청사진을 바탕으로 설계할 것이다. 이런 집은 아무런 데이터 없이 지어지지 않는다. 몇 명이 생활할 수 있는 공간이며, 가전제품을 배치하기 위한 구조, 배수시설 및 상수도 배치, 적정 인원이 생활하기 위한 전기 공급에 필요한 요소 등 다양한 데이터를 바탕으로 설계가 이루어진다고 볼 수 있다.

방법론 역시 마찬가지다. 방법론은 기업이 설계하는 것으로, 집을 짓기 위한 데이터가 필요하듯이 기업 내의 프로세스, 사람, 데이터 등을 바탕으로 이에 대한 균일한 품질 유지를 수립하는 것이다. 건설의 규모와 분류에 따라 아파트가 될 수 있고 주상복합이나 빌딩이 될 수 있으며, 저층 규모인지, 고층 규모인지가 결정될 수 있다. 또 새로운 비즈니스를 위한 것이냐 기존 비즈니스를 재정립하느냐에 따라, 택지개발을 통한 신규 건설인지, 재건축 또는 재개발인지가 결정된다고 볼 수 있다. 집을 짓기 위한 철근이 얼마나 들어가고 이런 철근 사이의 간격은 얼마나 되고 창문은 몇 개나 필요하고 현관의 크기는 얼마나 되는지의 요소가 있듯이, 방법론 역시 각 단계별로 개발수준이 결정되고 비즈니스, 데이터, 애플리케이션, 기술부분 등 분야에 따른 방법론이 다르다. 이와 같이 방법론은 집을 지을 때 필요한 청사진과 설계도 같이 기업의 청사진과 원칙, 정책, 아키텍처, 그에 따른 표준을 세우는 것이다.

ISP 수립방법론은 집을 지을 때의 원칙과 그에 따른 프로세스 차원의 검토와 같은 수준에서 정보전략계획을 수립하기 위해 단계별 작업, 분석해야 할 사항, 입력물, 출력물 등을 정의하여 누가 사업을 수행하더라도 거의 균일한 품질의 산출물을 생성할 수 있어야 한다. 이러한 절차와 정책이 있어야 하며 비즈니스, 데이터, 인적자원, 애플리케이션, 기술요소 등에 대한 세부 실행계획 등을 포함하고 있다.

방법론(methodology)은 방법(method)과 지식(knowledge)의 합성어로 표현되며 '일을 수행하는 방법에 따른 지식'을 의미한다. 어떤 누군가가 사업을 수행하더라도, 동일한 단계 및 접근방식으로 사업결과의 편차를 줄이기 위해 과거 사업 수행자의 경험과 지식을 바탕으로 일목요연하게 정리한 프로젝트 지침서라고 할 수 있다. 관련 사업을 수행하면서 투입인력, 예산, 기간 등의 자질 및 경험에 따라 사업접근방식 및 실행결과는 다양하게 분포할 수 있으며, 이러한 결과 편차를 줄이기 위하여 관련 프로젝트의 규모, 복잡성에 상관없이 수행단계를 구분하고, 각 단계별로 무엇에 초점을 두어 작업해야 하는지를 나타내고 있는 것이다.

7.6.2 ISP의 일반적인 수립절차

ISP의 일반적인 수립절차는 경영과 정보기술 측면에 대한 분석을 통한 업무분석 및 정보화의 기회요소를 찾아내고 궁극적으로 조직목표 및 경영성과 향상에 정보기술이 기여할 수 있는 영역을 발굴·육성하여 단계별 정보화 추진계획을 이행하는 수립절차로 구성된다. [그림 7-4]는 ISP의 일반적인 수립단계 및 활동내역을 보여준다. 이 절차는 제4차 산업혁명시대에 새롭게 정보기술 착수를 시작으로 환경분석(내·외부 기업환경, 정보화환경), 업무분석(현 업무체계분석, 현안분석, 사용정보분석), 정보구조

그림 7-4 정보전략계획(ISP)의 수립단계 및 활동내역

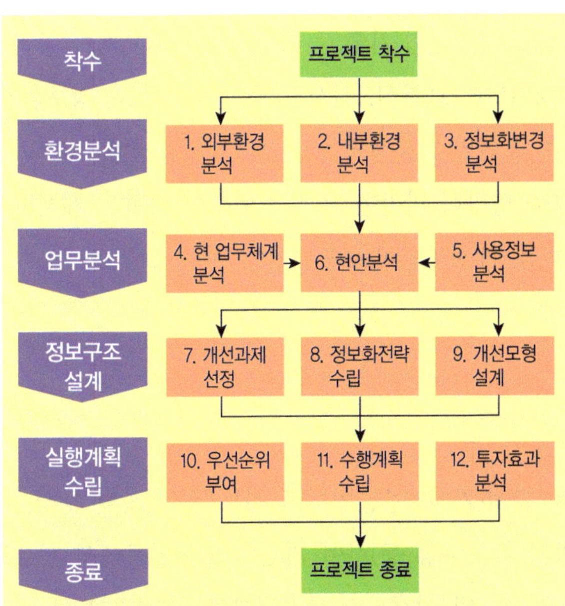

단계(phase)	활동(actvity)
P1. 착수단계	A1.1 프로젝트 착수
P2. 환경분석단계	A2.1 외부환경분석 A2.2 내부환경분석 A2.3 정보화환경분석
P3. 업무분석단계	A3.1 현업무체계분석 A3.2 사용정보분석 A3.3 현안분석
P4. 정보구조 설계 단계	A4.1 개선과제 선정 A4.2 정보화전략 수립 A4.3 개선모형 설계
P5. 실행계획 수립 단계	A5.1 우선순위 부여 A5.2 수행계획 수립 A5.3 투자효과분석
P6. 종료단계	A6.1 프로젝트 종료

설계(개선과제 선정, 정보화전략 선정, 개선모형 선정), 실행계획수립(우선순위, 수행계획수립, 투자효과분석), 종료 등 총 6단계로 구성된다.

1) 착수단계

착수단계는 전체 프로젝트를 시작하기 위한 ISP를 수립하는 준비단계로 경영과 정보기술 담당자와 관련된 사람중심으로 프로젝트팀을 구성하고, 프로젝트의 제안서와 기초자료를 토대로 사업추진을 위한 사업수행계획서를 작성한다. 또한 프로젝트를 추진하기 위한 준비과정에 프로젝트 간의 팀원 구성멤버와 상호 회의를 통한 전체적인 일정에 관해 착수하는 과정이다. 이 착수단계에서는 ISP의 명확한 목적과 결과를 이해시키도록 한다.

2) 환경분석단계

ISP 수립을 위하여 기업의 요구사항, 기업관련 기술 등 다양한 프로젝트성에 둘러싸인 내 · 외부환경에 대하여 다양한 채널(SWOT분석, 신시장개발, 고객발굴, 정보환경, 법률 및 규제 등)과 문헌조사를 통해서 면밀히 분석되어야 한다. 특히 경영목표 및 전략과 이와 연계된 정보화 요구사상을 명확히 파악한 후 정보화추진 방향을 제시하여 경영 및 정보기술에 대한 현황, 문제점, 개선방안이 도출되어야 한다.

3) 업무분석단계

기업의 업무 프로세스 및 조직을 분석(가치사슬, 업무의 기능 및 특성별 분석, 사용자의 데이터 분포도, 정보인프라의 요구사항 등)하여 기업의 업무활동에서 필요한 정보를 수집하고 체계화함으로써 기업의 업무현황 및 문제점파악, 개선방안 등을 집중 · 분석하는 단계이다.

4) 정보구조 설계단계

조직 내 업무분석과정을 통해 도출된 문제점 및 개선방안(정보기술의 구조, 관리구조, 기반구조 등)은 IT를 활용하여 해결할 수 있다. 업무분석을 통해 도출된 문제점 및 개선방안(정보화 통합 및 전략 수립 등)에 따른 필요 정보기술을 선정하여 정보기술의 도입을 위한 최적의 솔루션이 선정될 수 있도록 개선모형(to-be)을 설계한다.

5) 실행계획 수립단계

정보구조 설계를 통해 계획된 정보화전략 수립(인적 및 물적 자원의 우선순위, 시급성의 필요시스템, 추진과제별 정보화 추진계획 및 투자효과 관련 소요예산 등)의 단계별 목표에 맞추어 실행계획을 세운다. 중장기 정보화 추진을 위하여 필요한 각 단계에서 구축해야 될 정보시스템별 비용을 추정하고 비용 대비 효과 등을 면밀히 검토하여 정보시스템에 대한 투자의 타당성을 미리 검토하여 합리적인 정보화 투자를 유도해 내기 위한 기초정보가 제시되어야 한다.

6) 종료단계

정보화전략 수립계획의 종료를 위해 프로젝트 이해관계자들이 모여 사업수행(최종 산출물, 산출물 검토, 최종보고 등)의 수립가능 여부를 판단하여 수정 및 보완사항들을 미리 검토한다. 기업의 사장, 임원진, 각 부서장을 대상으로 최종보고회를 실시함으로써 프로젝트를 성공적으로 완료하기 위한 단계이다.

이상과 같이 경영목표를 지원하는 핵심 업무활동을 정보기술로 실행가능하도록 정보전략을 수립함으로써 궁극적으로 IT가 경영성과 향상 및 조직경쟁력 강화에 기여할 수 있다.

사례 연구

정보전략계획(ISP) 수립 제안발표

오늘 프로젝트 매니저(PM)로서 제안발표를 했습니다. 큰 공사인데 첫 번째로 발표했습니다. 2~3일간 내용을 이해하고 어떻게 발표해야 하나 고민을 많이 했습니다. 심사위원들 앞에서 발표한다는 것이 전에 사장님 앞에서 발표를 하는 것과 다른 긴장감이 생겼습니다. 발표시간은 15분입니다. 향후 5년간 중장기 경영계획을 지원할 정보전략계획이다 보니 단시간에 파악해야 할 정보가 많았습니다. 한정된 시간에 어떤 것을 전달해야 선정될 확률이 높을까를 생각하며 전달해야 할 몇 가지 포인트를 잡았습니다.

강의를 하면서 여러 사람 앞에서 말을 하는 것이 그다지 낯설지 않지만 날카로운 질문에 답변을 해야 하니 부담이 많이 되었습니다. 집에서 리허설을 한번 해보니 20분 정도 걸렸습니다. 무엇을 제외시켜야 하나 고민하면서 대기하는 동안 발표상황을 파악하게 되었습니다. 3개 업체가 발표하는데 15분 발표하고 10분 질문을 합니다. 심사위원은 8명입니다. 주로 대학교수님들이고 직원이 2명입니다. 다행히도 타이머가 발표할 때 잘 보이는 위치에 있어 시간관리에 도움이 되었습니다. 제안발표 경험이 많은 제안사 대표님으로부터 여러 가지 팁도 들었습니다.

이제 발표가 시작되었습니다. 다행히도 제 앞에 마이크가 있어 목소리 작은 것이 다소 커버될 수 있었습니다. 제 노트북에 연결하여 발표할 수 있어 익숙함의 이점도 있었습니다. 발표자료를 A4용지 반에 출력하여 메모를 한 내용을 보면서 발표를 했습니다. 심사위원장님이 있다는 것을 생각하지 못했는데 발표 시작하라는 요청을 받고 제 소개를 잠깐 한 다음 내용을 발표하기 시작했습니다. 타이머를 보니 제가 예상한 시간대로 발표가 진행되고 있었습니다. 중간중간에 제안사의 장점이 포함된 추진전략을 발표한 후, 마지막 2분 정도를 남겨 놓고 정리를 해야 했습니다. 중간에 발표 슬라이드를 좀 혼동하여 많이 넘기는 실수도 했고, 보안관리에 대하여 설명 없이 발표하는 실수도 했습니다. 정리하려고 시간을 보니 충분했습니다.

발표를 끝내고 나니 30초가 남았습니다. 한숨을 돌리려 하는데 질문이 시작되었습니다. 투입인력 중 산학협력교수가 있는데 직원이 될 수 있는가라는 질문이 나왔습니다.

제가 답변할 수 없어 동석한 대표님을 쳐다보고 답변을 요청했는데 겸임교수라고 답변했습니다. 현재 해당 공사에서 수행하는 프로젝트가 무엇인지 물어보아 슬라이드 번호를 알려주며 답변했습니다. 개발과 유지보수를 하는 업체가 ISP를 하게 되면 나중에 프로젝트를 수행할 가능성이 있으므로 문제가 있다고 언급하여, 미리 준비한 객관적 기관에 개선요구기능에 대한 소요재원 산정내역을 검증받겠다고 답변했습니다. MIS 등 일부시스템에 대한 ISP를 하는 것과 공사 전체에 대해 ISP를 하는 것은 방법론적으로 큰 차이가 있는데 어떻게 생각하는가에 대한 질문에는 답변을 제대로 하지 못했습니다. 2주간에 현황파악을 구체적으로 어떻게 할 것인가라는 심사위원장의 질문에는 현재 수행하고 있는 프로젝트에서 많은 자료를 입수하여 분석한 후 설문 사이트를 오픈하여 사용자가 응답하도록 프로젝트팀과 협의하겠다고 답변했습니다. PM으로서 이번 프로젝트에서 꼭 해야 하겠다고 생각하는 한 가지가 무엇인가라는 질문에는 기존의 시스템을 유지해야 한다는 생각을 내려놓고 정보이용자의 니즈에 맞게 유연하게 대응하고 연계할 수 있도록 일관성을 갖기 위한 원칙을 세우겠다고 답변했습니다.

처음에 저는 발표만 하고 질의응답에는 동석한 대표님이 개입하는 것으로 생각했는데, 실제 현장에 가보니 답변까지 제가 해야 하는 상황이라 당황스러웠습니다. 왜냐하면 저는 발표를 통해 우리 제안사의 강점을 어떻게 잘 전달할 것인가에 초점을 맞춰 전달하기 위한 준비를 했지, 어떤 질문이 나오고 이에 어떻게 대응할지에 대하여는 별로 생각을 하지 않았기 때문입니다. 제가 답변을 해야 하는 상황에 처하자 머릿속이 복잡하기는 했는데 전에 컨설팅회사에서 ISP 제안서 작성 및 프로젝트를 수행한 경험과 실제 ISP 자료를 참조하여 프로젝트를 수행한 경험에 비추어 다소 원론적으로 임시방편의 답변을 하게 되었습니다. 아쉬움이 많이 남기는 하지만 그래도 무난하게 발표를 끝낼 수 있어 다행이라는 생각을 했습니다. 동석했던 분의 평가도 그다지 나쁘지 않아 안도했습니다. 결과가 어떻게 되든 최선을 다했다는 생각을 하면서 스스로를 칭찬했습니다.

자료 : 이상훈, 네이버블로그, 이상훈의 스스로 하는 회계

연습문제

01 새로운 기업환경과 경쟁구도를 설명하시오.

02 전략의 의미와 전략적 혁신의 의미를 비교설명하시오.

03 경영전략과 정보전략의 상호 연계방안은 무엇인가?

04 제4차 산업혁명전략의 의미를 설명하시오.

05 포터의 가치사슬을 설명하시오.

06 가치사슬의 경쟁력 장점은 무엇인가 설명하시오.

07 정보전략계획(ISP)의 구축방법론을 실제 사례를 적용하여 계획서를 작성하시오.

PART 02

창의적인 사고와 혁신적 비즈니스모델링의 지원

CHAPTER 08

창의적인 사고와 체계

창의적인 사고를 도출하기 위해서는 가장 중요한 문제에 대한 전체적인 현황 및 문제점을 파악하여 좀 더 바람직한 방향으로 문제를 인식하게 하는 효과적인 사고기법을 활용해야 한다. 즉 새로운 비즈니스모델이 만들어지기 위하여 보다 체계적이고 시스템적인 관점에서 순차적 방안 수립이 요구된다. 아이디어가 무수히 많이 존재하더라도 어떠한 문제에 대해 어떻게 사고해가느냐에 따라 성공적인 비즈니스가 될 수 있기 때문에 문제인식부터 달리 표현되어야 한다. 본장에서는 이러한 창의적인 사고를 위한 시스템의 개요와 시스템적인 사고에 대하여 학습하도록 한다.

8.1 시스템의 개요

시스템(system)이란 특정한 목적을 가지고 이를 성취하기 위하여 여러 구성인자가 서로 유기적으로 연결되어 목적을 달성하기 위해 상호작용하는 요소들의 집합을 말한다. 시스템에 대한 개념을 정의하면 다음과 같다.

- 요소들의 집합 : 시스템은 하나 이상의 요소를 가지고 있어야 한다.
- 상호작용하는 연결 : 시스템의 모든 요소들은 상호작용관계를 가지고 있어야 한다. 예를 들어 자동차란 시스템의 구조는 부품들이 서로 관계를 갖고 각각의 기능을 수행한다. 만약에 각 요소들이 독립적으로 움직인다면 시스템이라고 할 수 없다. 어느 하나 부품의 성능이 떨어지면 시스템적으로 작동하는 데 문제가 발생한다.
- 공통이나 특정한 목적달성 : 모든 시스템은 하나 또는 그 이상의 목표를 달성하기 위하여 존재하며, 시스템을 구성하는 모든 요소들은 각각의 독자적인 목표가 아닌 공통의 특정한 목적을 위하여 작용하여야 한다.

창의적인 문제를 만들기 위한 조직 내의 근로자들은 사업목적을 위하여 상호작용하면서 지시 · 통제뿐만 아니라 동기부여 및 조정 등을 수행하면서 시스템적인 집합으로 구성된다.

8.1.1 시스템의 특성

시스템의 특징을 몇 가지 사항으로 요약하면 다음과 같다.

- 시스템은 환경으로부터 얻은 투입물(input)을 변환(transformation)시켜 그 산출물(output)을 환경으로 내보낸다.
- 시스템은 개별요소로서가 아니라 하나의 전체로서 인식되어야 한다.
- 시스템은 계층적인 특성(상위시스템-하위시스템)을 갖는다.
- 시스템은 상승효과를 발휘한다.
- 시스템은 통제되어야 한다.

8.1.2 시스템과 사고

시스템적 사고를 이해하기 위하여 예를 들어보자. 하나의 단백질 덩어리인 인체의 각 기관들이 서로 유기적으로 연결되고 함께 활동하면서 살아 숨 쉬는 인간을 이루는데, 이런 인체의 각 부분들의 통합된 집합체가 인체이며 하나의 시스템이다. 만약 인체 각 부분들이 제각기 놀거나 서로 유기적으로 활동하지 못한다면 시스템이 깨지고, 다르게 표현하면 죽은 사람이 된다. 즉 시스템의 각 부분들이 통합된 상태에서 유기적으로 활동하지 못한다면 시스템은 유지되지 못하고 시스템으로서 생명을 잃는다고 할 수 있다.

모든 시스템은 크게 세 가지의 기본적 활동영역을 동시적으로 수행한다.

- Input : 외부의 자극이나 자원을 받아들이는 활동, 컴퓨터의 키보드나 스캐너 또는 인체의 입과 눈, 귀 등이 여기에 해당한다.
- Throughput : 외부로부터 받아들인 자극이나 자원을 처리하는 활동, 컴퓨터의 메모리와 프로세서나 인체의 뇌와 위 등이 이런 활동을 하는 부분이다.
- Output : 처리된 내용이나 처리의 부산물을 외부로 내보내는 활동으로 우리가 말하거나 움직이는 것 또는 배설 등이 여기에 해당하고 컴퓨터의 모니터나 프린터도 같은 역할을 한다.

즉 시스템을 이해한 시스템적인 사고란 단편적인 한 부분이 아닌 전체를 이해하고 그 유기성을 이해하며 사물이나 상황을 바라볼 수 있는 사고방식이자 어떤 일의 발생과 처리 그리고 결과를 함께 유기적으로 판단하고 이해할 수 있는 사고를 의미한다고 할 수 있다.

8.2 시스템적인 사고

시스템 사고(system thinking)란 어떠한 문제를 하나의 시스템으로 보고 통합된 시각에서 문제의 전체적인 모습을 파악하는 창의적 사고기법이라고 할 수 있다. 시스템 사고는 시스템 자체뿐만 아니라 상위시스템과 하위시스템 간의 연계고리도 함께 고려함으로써 보다 넓은 시야에서 문제를 인식하는 데 효과적이다. 시스템적인 사고는 문제인식을 위해서만 사용되는 것은 아니며 문제점검이나 아이디어 도출 등에서 널리 활용될 수 있다.

| 표 8-1 | 시스템 사고의 계층구조

구분	내용
상위시스템(top system)	시스템에 속하지는 않지만 시스템과 상호작용하거나 상호작용할 수 있는 모든 것
	시스템이 기능을 하는 데 영향을 미칠 수 있는 모든 것(사람, 장소, 환경, 기후, 제도, 법규 등)
시스템(system)	시스템 자체 혹은 시스템 통합
하위시스템(sub system)	시스템을 구성하는 모든 구성요소들의 집합들(부품, 기타)

자료 : 김은경, 창의적 공학설계, 한빛아카데미, 2016.

시스템 사고의 계층구조는 크게 세 가지로 구분할 수 있으며 이런 구분은 시스템 사고에서뿐만 아니라 제품이나 상품, 심지어 서비스기술 혹은 사회시스템에서도 적용이 가능한 영역이다. 상위시스템은 시스템에 속하지는 않지만 시스템과 상호작용하거나 상호작용할 수 있는 모든 것을 말하며 또한 시스템이 기능을 하는 데 영향을 미칠 수 있는 모든 것(사람, 장소, 환경, 기후, 제도, 법규 등)을 일컫는다. 하위시스템은 시스템을 구성하는 모든 구성요소들의 집합들(부품, 기타)을 말한다.

| 표 8-2 | 시스템 사고의 계층구조에 대한 사례

구분	내용
상위시스템(top system)	자동차 전용도로, 도로, 날씨, 교통법규, 자동차경주대회 등
시스템(system)	자동차
하위시스템(sub system)	프레임, 타이어, 엔진, 휠, 기어, 브레이크, 핸들, 시트, 문, 트렁크 등

위의 사례에 시스템 사고를 통해 문제 인식하기를 나열하면 다음과 같다.

- 현재 시스템인 자동차를 만들 때 용도에 맞게 잘 어울리는 자동차를 디자인하기
- 자동차를 내연기관 10년, 20만 km를 보증하기 위하여 하위시스템인 엔진을 획기적으로 개선하기
- 장애인들을 위해 편리하게 운전하기 위하여 다리의 힘을 보완해주는 장치 개발하기
- 각종 스마트폰과 연동해서 자동차의 정비이력서, 여행정보, 위치정보, 각종 행사정보를 실시간으로 연동시키는 앱 개발하기
- 주기적으로 자동차가 지능형으로 작동하여 스스로 문제점을 발견하는 알림서비스 개발하기
- 자동차사고를 미리 방지해주는 충돌예방시스템 개발하기
- 자동차가 스스로 안전거리를 지켜가면서 목적지까지 도달하는 자율형 자동차 개발하기
- 자동차가 스스로 연료를 소모하면서 또 다른 에너지원을 개발하는 에너지저장장치 개발하기

이상은 향후 개발할 내용들을 상위시스템, 하위시스템으로 구분하고 문제를 인식하여 시스템적인 사고방향을 나열한 것이다.

8.3 창의적 사고의 중요성과 새로운 유형의 사고기법

고객의 니즈까지도 급속히 변하고 있는 요즘, 기업이 고객에게 필요한 가치를 제공하지 못한다면 성장은 고사하고 결국 생존의 위협까지 받게 될 것이다. 고객을 위한 가치창조란 선택이 아닌 필수이다. 고객을 위한 가치를 창조하기 위해서 꼭 필요한 것은 내부구성원들의 창의적 사고(creative thinking)와 이를 통해 얻게 되는 고객 통찰력(customer insight)이다. 그러나 창의적 사고를 한다는 것은 본원적으로 절대 쉬운 일이 아니다. 특히 이미 검증된 시장에서 성과를 낸 외국기업들로부터 배우고 모방하면서 성장해온 국내기업들에게는 창의적 사고란 여태까지의 도전과는 달라 낯설고 더욱 어려운 것이다.

국내기업에서 창의적 사고의 실행이 어렵게 느껴지고 잘 안 되는 이유는 이에 대해 적지 않은 오해와 잘못된 인식이 존재하기 때문이다. 창의적 사고에 대한 올바른 이해 없이는 고객가치를 승화시키려는 실행방안을 찾기가 매우 어렵다.

8.3.1 창의적 사고의 개념

창의적 사고란 간단히 말하면 과거에는 없었던 독창적인 아이디어를 창출해내는 사고방식이라고 할 수 있다. 그러나 실제 비즈니스에 있어서 성과를 내기 위해서는 아이디어의 독창성만으로는 충분하지 않다. 비즈니스를 위한 창의적 사고와 이를 통해 얻는 고객 통찰력을 적용하여 행동을 취할 수 있는 것이어야 할 뿐 아니라, 궁극적으로 가시적인 성과를 창출할 수 있는 것이어야 한다. 따라서 기업에서의 창의적 사고란 일상적인 생각의 궤도를 벗어날 수 있도록 상상력을 동원하여 실제로 고객을 위한 새로운 가치를 창출할 수 있는 고객 통찰력를 도출해내고자 하는 노력이라 할 수 있다.

원래 MP3 플레이어시장에서 애플은 후발 주자였지만, 매력적인 디자인, 뛰어난 사용자 편리성, 감성적 만족을 주는 제품디자인, 그리고 음원 제공서비스를 가능하게 한 온라인 사이트 iTunes 구현 등 여러 부분에서의 혁신과 더불어 iPod을 출시함으로써 짧은 기간에 시장을 석권하고 독보적인 시장지위를 유지하고 있다. MP3 플레이어를 바탕으로 아이폰이라는 새로운 휴대폰을 만들어 또 다른 사업영역으로 확장하여 성장을 지속하고 있는데 이는 다름 아닌 애플이 창의적 사고로 얻은 고객 통찰력을 구현한 결과이다.

무형의 서비스상품부분에서 창의적 사고로 새로운 가치를 창출한 사례로 FedEx (Federal Express)의 우편배달서비스도 창의적인 사고의 하나의 예이다. 중요한 서류나 편지를 빠른 시간 내에 정확히 전달할 수 있는 수단이 없었던 그 당시에 이러한 고객의 니즈를 충족시킨 FedEx서비스는 창의적 사고의 산물이었다.

유통 채널부문에서의 사례를 보면, 전국적으로 퍼져있는 매장을 통해 DVD를 직접 대여했던 블록버스터(Blockbuster)는 온라인 유통 채널을 기반으로 온라인 DVD 대여를 시작한 넷플릭스(Netflix)로 인해 결국 사양의 길로 들어섰는데, 넷플릭스의 유통에 대한 창의적 아이디어가 블록버스터의 쇠퇴를 초래한 것이다. 비즈니스모델에 있어서도 창의적 사고는 때때로 과거에는 상상도 할 수 없었던 거래를 가능하게 한다. 예를 들어 이베이(eBay)는 온라인 옥션(auction)이라는 거래형태를 통해 판매자와 구매자를 이어주는 비즈니스모델을 만들어 새로운 온라인 비즈니스모델을 탄생시켰는데, 이 또한 이베이의 상상력을 동반한 창의적 사고가 이를 가능하게 했던 것이다.

국내에서 독창적인 비즈니스모델의 예로는 웅진 코웨이의 정수기 렌탈사업을 생각해볼 수 있다. 웅진은 고객이 값비싼 정수기를 일시불로 구매하는 것을 꺼린다는 것을 관찰하고, 역발상으로 부담 없는 비용으로 정수기를 빌려 사용할 수 있는 정수기 렌탈 비즈니스모델을 창조해 가시적인 성과를 냈다. 이러한 사례들을 통해 제품이나 서비스에서뿐 아니라 브랜드 커뮤니케이션, 생산, 유통 채널, 비즈니스모델 등 사업의 모든 면에서 창의적 사고는 고객가치창조를 가능하게 하여 기업의 경쟁우위와 성과를 창출해내는 원동력이 됨을 알 수 있다. 결국 기업의 생존과 성장은 흔하지 않고 경쟁사들이 모방할 수 없어 오랫동안 지속될 수 있는 고객가치를 창출하게 하는 창의적 사고에 달려있다고 해도 지나치지 않다.

국내기업의 시각에서 창의적 사고의 중요성을 생각해보자. 여러 국내기업들은 성장과정을 돌이켜보면 외국기업들이 먼저 시작하여 형성한 시장에서 그들을 벤치마킹하여 빨리 배우고 모방하여 성장해온 빠른 추종자전략(fast follower strategy)의 전형이다. 다시 말하면, 국내기업들은 외국기업들로부터 기술을 배우고 생산과 운영방식을 받아들여 적용하면서 미투(me-too) 상품 · 서비스를 만들어 판매하면서 성장해왔다. 그런데 그동안은 시장에서 앞선 외국기업들을 따라 흉내 내며 열심히 노력하면 되었지만, 이제는 여러 분야에서 특히, TV, 가전, 휴대폰 등을 포함한 전자제품이나 LCD 패널, 반도체 등의 부품사업에서 선두그룹에 진입하면서 외국기업을 벤치마킹만 하여서는 더 이상 성장할 수 없는 상황에 직면하였다. 국내기업들은 자신들도 모르는 사이에 더 이상 쫓아가는 입장이 아니라 쫓기는 입장이 되어버렸다. 이런 상황에 처해있는 국내기업들은 이제 낯설고 새로운 도전이 되는 창의적 사고를 통해 새로운 가치를 스스로 창출해내지 못한다면 경쟁에서 밀리고 결국 생존 자체도 어려워지기 때문에, 창의적 사고가 국내기업들의 미래를 좌우할 정도로 중요하다는 것을 인식하게 되었다.

8.3.2 창의적 사고를 통한 새로운 유형의 제품과 서비스 발견하기

무엇보다도 먼저, 창의적 사고를 통해 새로운 유형의 제품과 서비스를 발견한다는 것은 매우 어려운 작업이다. 기존에 존재하지도 않은 새로운 아이디어를 얻는다는 것은 많은 시간에 걸쳐 깊은 고민과 시행착오가 지속된 후에 일순간 갑자기 생겨나는 것이어서, 중간성과를 측정할 수도 없고 구체적으로 최종산출물을 얻을 날짜나 시간을 정해놓고 단계적으로 해나갈 수 있는 것이 아니다. 또한 기대하는 창의적 아이디어를 얻는 작업에는 직접 통제할 수 없는 것이 많기 때문에 기업은 이 작업을 위해 많은 시간과 노력을 경주하고도 기대하는 산출물을 얻지 못할 수 있는 리스크도 때로는 감수해야 한다. 이렇게 창의적 사고를 통해 새로운 유형의 제품과 서비스를 얻는다는 것은 어느 기업에게도 쉽지 않은 것이다.

둘째, 새로운 아이디어를 도출하는 창의적 사고라 할지라도 아무것도 없이 시작하기는 어렵다. 지하수를 퍼낼 때 마중물이 필요하듯이, 관련 데이터와 정보를 수집하고 분석하여 유용한 단서나 지식을 얻는 작업이 선행되어야 하는데 이러한 작업은 상당한 수준의 역량과 경험을 필요로 한다. 그리고 창의적 사고를 통해 얻는 새로운 유형의 제품과 서비스를 만들어내기가 매우 힘들다. 따라서 새로운 유형의 제품과 서비스를 얻기 위해서는 학습과 훈련을 통해 상상력을 최대한 활용할 수 있는 창의적 사고역량을 갖추어야 한다.

셋째, 창의적 사고와 이를 통해 새로운 유형의 제품과 서비스를 도출하기 위해서는 담당직원들이 열정을 갖고 몰입할 수 있는 동기부여와 더불어 많은 생각과 끊임없는 노력을 할 수 있는 여건과 환경이 주어져야 한다. 승진이나 금전적인 보상이 동기부여를 위해 필요하지만 이것만으로는 그들이 열정을 갖게 하는 데는 한계가 있다. 그러므로 가치 있는 새로운 유형의 제품과 서비스를 도출하는 데 몰입하고 매진할 수 있게 하려면 뚜렷한 목표와 더불어, 왜 해야 하는지 또 안 하면 왜 안 되는지에 대한 인식이 공유되고, 자발적으로 다양한 시도를 할 수 있게 시간과 자원이 주어져, 하는 일이 재미있고 도전적인 일이 되도록 해야 한다.

8.3.3 새로운 유형의 제품과 서비스 구현을 위한 실행 프로세스와 요건

1) 도출하려는 목적 정립

기업활동이라고 하면 어떠한 것이라도 반드시 구체적인 목적이 있어야 한다. 목적도 없이 실행되는 활동은 당위성이 약하여 내부구성원의 동기부여가 어렵고, 실행 후 나타나는 성과가 성공적인지에 대해 판단할 기준도 없기 때문에 평가도 어려워 낭비적인 결과로 끝나기 쉽다. 창의적 사고를 통해 새로운 유형의 제품과 서비스를 도출하고 구현하는 것도 마찬가지로 이를 통해 궁극적으로 달성하고자 하는 목적이 무엇인지를 명확히 하지 않으면 사후적으로 평가나 관리가 되지 않아 기대하는 성과를 얻기가 어렵다. 추구하는 목적 또는 목표를 되도록이면 측정가능한 형태로 구체화하여 설정하는 것이 사전적으로는 직원들의 동기부여를 위해 사후적으로는 성과평가와 사후관리를 위해 이 단계에서 갖추어야 할 중요한 요건이다.

2) 관련 데이터와 정보의 수집과 분석

기업에서 하는 모든 일에 데이터와 정보는 중요한 역할을 한다. 창의적 사고와 새로운 유형의 제품과 서비스를 도출하는 작업에 있어서도 데이터와 정보의 중요성은 예외가 아니다. 어떤 사람들은 새로운 유형의 제품과 서비스를 도출하는 작업에서는 상상력이 중요한 것이지, 데이터와 정보 또는 경험은 별로 중요한 것은 아니라고 생각하여 새로 온 직원이나 외부사람들로부터 새로운 아이디어를 기대하기도 한다. 기존 조직의 외부에서 오는 사람들은 조직 내에 존재하는 사고방식, 업무방식 또는 관행에 길들여 있지 않아 사고의 시각은 다를 것이다. 그러나 조직 내부의 사람이든 외부에서 온 사람이든 공히 창의적 사고에 중요한 투입물이 되는 데이터와 정보를 분석하여 얻는 지식을 필요로 한다. 때로는 수집한 데이터와 정보를 잘 관찰만 해도 새로운 유형의 제품과 서비스를 얻을 수 있는 경우도 있다. 많은 경험과 다양한 시도를 해본 사람들이 데이터와 정보수집 그리고 분석역량이 뛰어나 가치 있는 새로운 유형의 제품과 서비스를 찾아내는 경우가 많다.

이렇게 새로운 유형의 제품과 서비스는 무에서 유를 만들어내는 요술 같은 것이 아니고, 과거나 현재와의 연관성이 전혀 없는 허공에서 갑자기 생겨나는 것도 아니며, 아무런 지식과 경험도 없이 상상력만을 동원하면 얻을 수 있는 것이 아니다. 오히려 적절한 데이터와 정보를 수집하여 필요한 가설을 수립하고 검정한 후 결과를 새로운 시각에서 해석해보는 치밀한 분석과 잠재의식 속에 묻혀있는 상상력을 최대한 활용하여 일상의 궤도를 넘어서는 생각을 창의적으로 결합해보는 노력을 반복할 때 새로운 유형의 제품과 서비스를 얻을 가능성이 높아진다고 할 수 있다.

3) 창의적 사고기법을 적용하여 다양한 새로운 유형의 제품과 서비스 도출

일단 수집한 데이터와 정보를 분석하여 새로운 유형의 제품과 서비스를 도출하기 위한 정리된 지식을 얻게 되면 이를 바탕으로 여러 가지 창의적 사고기법을 적용하여 다양한 시도를 해보아야 한다. 창의적 사고를 통해 새로운 유형의 아이디어를 얻는 작업은 이 프로세스에서 가장 핵심적인 부분이 된다. 그러나 새로운 유형을 도출한다는 것은 가지고 있는 제한된 지식을 넘어 잠재의식 속에 내재되어 있어 이전에는 인지하지 못했던 생각들이 발현되도록 상상력을 동원하여야 하는데 이러한 작업은 계획하거나 바라는 대로 진행될 수 있는 것이 아니기 때문에 가장 어려운 부분이기도 하다.

따라서 이 단계에서는 새로운 시각에서 사물을 바라보고 관찰된 현상을 재해석해보고 잠재의식 속에 축적되어 있는 것들을 상상력의 동원을 통해 기존과는 다른 대체안을 찾아낼 수 있는 착상을 시도해보아야 한다. 이를 위해 이 단계에서는 무엇보다도 다양한 창의적 사고기법을 활용할 수 있는 역량이 필요하다. 이러한 역량은 학습과 훈련 그리고 많은 경험을 통해 얻어질 수 있으므로 쉽게 단기간에 획득할 수 있는 것은 아니다. 그러므로 이러한 창의적 사고기법에 대해 학습과 훈련을 해오지 못한 국내기업들에게 창의적 사고가 어렵게 느껴지고 잘 안 되는 경우가 많은 것은 당연하다.

4) 평가할 기준을 설정하여 실행할 새로운 유형 선정

여러 가지 창의적 사고기법을 적용하여 여러 가지 새로운 유형을 얻게 되면 이제 원하는 목적을 위해 최적이 될 수 있는 제품과 서비스를 선정해야 한다. 목적에 따라 평가기준이 달라질 수는 있겠지만, 목적에의 적합성, 독창성, 유용성, 요구되는 자원과 시간 측면에서의 실행 용이성, 예상성과, 성과의 측정가능성 등이 자주 활용된다. 이외에도 새로운 유형이 구현되었을 때 가져올 다른 부문과의 시너지도 고려될 수 있다. 이렇게 선정된 평가기준으로 앞 단계에서 도출한 유형이나 아이디어를 평가하여 어떤 것을 실행으로 옮길 것인가를 결정해야 한다. 평가기준에 비추어 실행할만한 가치 있는 새로운 유형이 없으면 과감하게 앞의 단계로 돌아가 다시 새로운 유형을 도출하기 위하여 재시도하여야 한다. 가치 없는 새로운 유형을 선정하면 다음 단계인 전면적 실행에서 문제점이 드러날 것이고, 실행을 한다 해도 기대하는 결과를 얻기도 어려울 것이다. 그러므로 이 단계에서 사전에 준비되어야 할 것은 적용할 평가기준과 평가방법이다.

5) 전면적 실행과 사후관리

새로운 유형의 평가가 완료된 후에 실시하는 실행단계에서는 진행과정을 모니터링하고 중간 산출물을 점검하여 과정을 관리하고 예기치 못했던 문제가 발생하면 신속히 대응하여 기대하는 최종산출물을 얻도록 해야 한다. 실행 후에도 결과를 측정하고 분석하여 사후관리를 해나가는 것도 필요하다. 이 단계에서는 올바른 실행이 되도록 해야 하므로 실행역량과 관리역량이 갖추어야 할 요건이다.

새로운 유형의 제품과 서비스를 도출하고 구현하고자 하는 작업을 위해 프로세스의 관점에서 투입물과 산출물 그리고 단계별 작업과 이를 위해 갖추어야 할 요건들을 살펴보아야 한다. 이러한 프로세스는 창의적 사고로 고객 통찰력을 찾고 구현하는 데 시행착오를 줄일 수 있어 효율적인 실행을 가능케 할 것이다. 또한 단계별로 요구되는 역량과 조건이 갖추어진다면 전반적인 실행이 목적에 맞게 더욱 효과적으로 이루어질 수 있을 것이다. 새로운 유형 도출 프로세스, 요구되는 역량 그리고 단계별 요건이 갖추어졌다는 것은 새로운 아이디어의 도출과 구현과정이 좀 더 효율적이고 효과적으로 실행될 가능성이 높아졌다는 것을 의미한다. 그러나 이러한 프로세스, 역량, 단계별 요건은 창의적 사고를 통한 새로운 유형의 도출과 구현을 위해 필요조건이지 충분조건은 아니다. 그러므로 이러한 필요조건이 충족되더라도 본원적으로 어려움이 있는 창의적 사고는 매번 자동적으로 기대하는 결과를 가져다주지 못할 수도 있다는 리스크를 절대 잊어서는 안 될 것이다.

사례연구

체계적 발명사고(Systematic Inventive Thinking : SIT)

SIT는 혁신 전문가 드루 보이드과 제이컵 골든버그가 개발한 것으로 창의력이 무엇이고 창의력을 키울 수 있는 간단하고 쉬운 방법 5가지 비결을 소개한다.

1. 제거

제품이나 서비스에 당연히 있어야 한다고 생각하는 핵심 요소를 제거하는 기법을 말한다. "선풍기에 날개가 없다면?, 헤드폰에서 귀 덮는 부문을 없앤다면?" 날개 없는 선풍기와 이어폰이 여기에서 탄생한 아이디어 제품이다. 단순해지면 혁신이 된다는 사실! 기억하라.

2. 요소분할

구성요소를 쪼개고 재배치해보는 사고기법이다. 무게를 조절할 수 있는 덤벨이나 다양한 조립방법에 따라 용도를 다르게 쓸 수 있는 다용도 조립제품을 예로 들 수 있다. 리모컨을 만들어 가전제품의 편리성을 높였던 것이 이 요소분할 사고기법을 활용한 최고의 혁신이라 할 수 있다. 예를 들어 지금은 너무나 당연한 일이 되어버렸지만, 옛날에는 리모컨 없이 채널을 돌렸다. 리모컨 없이 TV를 봐야 하다니, 생각만 해도 끔찍하다.

3. 용도 통합

기존 상식으로는 합칠 수 없는 2개 이상의 기능을 하나의 제품에 합치는 사고기법이다. 자외선 차단기능이 추가된 얼굴 보습제나 냄새 잡는 양말이 대표적인 아이디어 상품이다. 또한 바닥이 걸레로 된 슬리퍼 청소용품은 청소를 쉽고, 즐겁게 만들어주기도 한다. 용도 통합에서 비롯된 아이디어 상품! 제품에 한 가지 기능을 더하면 가치는 그 이상으로 뛴다.

4. 복제

제품을 구성하는 요소 중 하나를 추가하거나 필요에 의해 변형시키는 사고기법이다. 자전거 뒷바퀴 양쪽에 보조바퀴를 붙인 어린이용 자전거나 클립형 선글라스가 이러한 복제기법을 적용한 혁신이다.

5. 속성의존

외부환경이 변하면 내부 속성도 따라 변하게 만드는 기법이 속성의존이다. 마치 카멜레온처럼 말이다. 비 오는 양에 따라 와이퍼 작동 속도가 변하거나 자동차 주행 속도가 높아지면 오디오 음량이 높아지는 것, 따뜻한 물을 부으면 색깔이 변하는 컵 등이 그 대표적인 아이디어상품이다. 원리는 간단하다. "깨뜨려라! 그러면 열릴 것이다!" 사물이나 현상을 기존의 용도나 개념으로만 받아들이려는 심리적 편향을 깨뜨리라는 것이다. 더 단순하게 요약하자면 고정관념 파괴! 즉 창의력이란 세상에 없는 어느 새로운 것을 창조하는 것이 아니라 기존의 것을 다른 눈으로 바라보는 것이라 할 수 있다.

자료 : 경기콘텐츠코리아 랩, 네이버블로그,
누구나 쉽게 창의적 사고를 할 수 있는 'SIT 5가지 사고기법'

연습문제

01 시스템에 대하여 자세히 설명하시오.

02 시스템적인 사고를 설명하시오.

03 시스템적인 사고의 상위시스템, 시스템, 하위시스템 간의 연계관계를 사례를 통하여 설명하시오.

04 창의적 사고개념을 사례를 들어 설명하시오.

05 새로운 유형의 제품과 서비스 구현을 위한 실행 프로세스와 요건을 설명하시오.

CHAPTER 09

창의적 발상을 위한 전통적인 사고기법

모든 개인이나 기업의 창의성은 경영학적 전문지식, 창의적 사고능력 및 동기부여로 생각할 수 있다. 창의적인 사고는 선천적인 사고보다는 교육 및 훈련, 경험을 통해 증진될 것으로 판단된다. 창의적 사고발상이란 사람들이 원하는 제품과 서비스를 위해 문제를 발견하고 문제해결에 접근하는 것을 의미하기도 한다. 이것은 아디이어를 새롭게 만들어내기도 한다. 본 장에서는 그 아이디어가 창의적인 발상이 되기 위한 사고능력에 관한 다양한 기법들을 소개하고자 한다.

9.1 창의적 사고기법의 개요

창의적인 사고능력은 일상생활에 필요한 제품과 서비스의 품질개선뿐만 아니라 창의적의 제품발명, 수정, 불필요한 기능제거, 이기종 간의 타 서비스 융합기능 등 다양한 형태의 문제를 해결하고 나아가 개인 및 기업의 경쟁력을 확보할 수 있도록 도와주기 때문에 매우 중요하다. 창의적 사고가 선천적으로 타고난 것인지 아니면 의도적으로 후천적인 교육 및 훈련을 통해서 이루어져 보다 향상된 개선과 효과가 나타나는 것인지에 대하여 결론적으로 말하면 저자 입장에서는 후자를 말하고 싶다. 물론 아인슈타인과 뉴턴, 에디슨과 같은 위대한 과학자와 같이 탁월한 창의성을 발휘하는 것이 천재적으로 태어나는 것도 사실이다. 하지만 조직 내의 구성원들은 창의적인 사고기법에 대한 지속적인 훈련과 창의적인 사고의 노력 없이는 새로운 아이디어를 창출할 가능성은 매우 낮다고 할 수밖에 없다. 결론적으로 말하면 창의적인 사고과정은 우연보다는 노력의 결과로 나타난다. 다양한 범위의 아이디어를 결합시켜 새로운 아이디어를 빠르게 생각해내는 것이다.

제4차 산업혁명시대에 창의적 사고는 반드시 필요한 요소이다. 제4차 산업혁명시대에 새로운 기회를 포착하기 위해서는 여러 분야에서 기술혁신을 두루 이해하고 신기술의 융복합으로 인류의 삶에 기여할 수 있는 가능성을 미리 내다볼 수 있는 상상력과 통찰력이 더욱 중요해질 것이다. 이러한 것들이 창조 및 창의적인 사고이다. 실패의 두려움, 제한된 조직의 역량을 투입하기 위한 의사결정, 조직의 회복역량, 도전하다 실패한 사람을 어디까지 보호해야 하는지, 성과가 있는 곳에 보상이 따르는 성과주의와 어떻게 조화시킬지는 결코 쉽지 않다. 창조적인 사고에 대하여 등한시한다면 미래혁신의 기회를 놓칠뿐더러 인공지능 및 로봇으로 상당부분이 대체될 수 있다([그림 9-1] 참고).

신기술의 융복합으로 생길 수 있는 사업기회를 찾아내는 창의적 발상을 위한 사고기법에는 크게 발산적 사고기법(divergent thinking), 수렴적 사고기법(convergent thinking), 통합적인 사고기법이 있다. 이를 어떻게 조직에서 수용할 것인가를 생각해볼 필요가 있다. 여러 분야에서 기술혁신을 이해하고 신기술의 융복합으로 인류의 삶에 기여할 수 있는 가능성을 찾기는 한 사람의 지혜에 의존하기보다는 여러 분야 전문가들이 협업하여야 한다. 그래서 여러 분야의 사람들이 지혜를 모아 사업기회를 찾고 실천하는 강력한 창의적 사고문화가 중요해질 것이다.

그림 9-1 인공지능 및 로봇으로 대체가능한 직업군

인공지능과 로봇으로 대체가능한 직업

순위	대체비율 높은 직업	대체비율	대체비율 낮은 직업	대체비율
1	청소원	1	회계사	0.221
2	주방보조원	1	항공기조종사	0.239
3	매표원 및 복권 판매원	0.963	투자 · 신용분석가	0.253
4	낙농업관련 종사원	0.945	자산운용가	0.287
5	주차 관리원 · 안내원	0.944	변호사	0.295
6	건설 · 광업 단순 종사원	0.943	증권 · 외환 딜러	0.302
7	금속가공기계 조작원	0.943	변리사	0.302
8	청원경찰	0.928	컴퓨터 하드웨어 기술자	0.323
9	경량 철골공	0.92	기업 고위 임원	0.324
10	주유원	0.908	컴퓨터시스템 · 보안전문가	0.338
11	펄프 · 종이 생산직	0.905	보건위생 · 환경 검사원	0.345
12	세탁원 · 다림질원	0.902	기계시험원	0.349
13	화학물 가공 · 생산직	0.902	보험 · 금융상품 개발자	0.354
14	곡식작물 재배원	0.9	식품공학 기술자 · 연구원	0.367
15	건축 도장공	0.899	대학교수	0.37
16	양식원	0.898	농림어업 시험원	0.371
17	콘크리트공	0.897	전기 · 가스 · 수도 관리자	0.375
18	패스트푸드원	0.89	큐레이터, 문화재보존원	0.379
19	음식 배달원	0.888	세무사	0.379
20	가사도우미	0.887	조사전문가	0.381

※대체비율이 높은 직업일수록 인공지능 · 로봇으로 대체될 가능성이 높다.

자료 : 고용정보원, 2017.

9.1.1 발산적 사고

길포드(J. P. Guilford)는 인간지능을 연구한 초기 연구자들 중 한 사람이다. 그는 지적 과정에 포함된 작용을 인지적 사고력, 기억력, 수렴적 사고력, 발산적 사고력, 평가적 사고력 등으로 구분하였다. 발산적 사고는 하나의 문제를 해결하기 위해 정보를 광범위하게 탐색하여 다양한 해결책을 도출하는 사고방식을 뜻한다. 발산적 사고는 주어진 자료로부터 논리적인 대안(alternatives)을 유발시키는 것으로, 다양성, 양의 풍부성 등이 그 특징을 이룬다. 즉 발산적 사고는 문제에 대한 무제한적인 반응을 찾는 자유분방한 사고로서 특정한 반응에 얽매이지 않고 새로운 것을 널리 탐구하는 사고 유형으로 간주된다.

발산적 사고는 정보를 광범위하게 탐색하고 문제에 대한 새로운 대답을 생성하는

능력으로, 많은 가능성을 탐색하고 인정하는 확산적 사고의 특성은 창의성의 특성과 매우 유사하다. 따라서 발산적 사고는 창의성과 동일한 개념이기보다는 창의성에 기여하는 여러 지적 사고능력 중 하나로 보인다.

9.1.2 수렴적 사고

수렴적 사고란 주어진 자료로부터 논리적인 결론을 유발시키는 것으로 유일한 해답(정답)을 얻는 것, 또는 관례적으로 가장 좋은 결과에 이르게 하는 사고방식이다. 지능이나 IQ, 또는 학교나 기관에서 시행하는 일반적인 시험에서의 뛰어난 수행과 관련 있는 사고방식이다. 대부분의 시험은 여러 보기나 가능성 중 정답에 가장 가깝다고 여겨지는 하나의 답만을 요구하는데, 이렇게 미리 정해진 답을 맞히는 문제를 해결하기 위해서는 수렴적 사고가 필요하다. 수렴적 사고의 예로, 가능성들을 조직화하고 분석하기, 유망해 보이는 가능성들을 다듬고 개발하기, 대안들을 나름의 기준에 따라 등급 매기거나 우선순위 정하기, 어떤 대안을 선택하거나 결정하기 등이 있다.

수렴적 사고는 옳고 적절한 아이디어에 초점을 두기 때문에 일반적으로 사람들은 창의성과 관련이 없다고 생각한다. 그러나 수렴적 사고 또한 창의적 산출물을 생성하는 과정에서 중요한 요소로 작용한다. 창의적 산출물을 위해서는, 먼저 발산적 사고과정을 통해 새롭고 독창적인 아이디어를 생성한 다음, 수렴적 사고과정을 통해 생성된 아이디어들 중에서 최선의 아이디어를 선택한다. 따라서 발산적 사고는 산출물의 독창성에, 수렴적 사고는 산출물의 적절성에 기여한다고 볼 수 있다.

9.1.3 통합적 사고

통합적 사고란 발산적 사고와 수렴적 사고방식을 절충한 것으로 어떠한 창의적 기법을 사용한다 하더라도 아이디어가 최종적으로 실천되기 위해서는 통합적 사고가 따라야 한다. 통합적 사고는 좌뇌와 우뇌에 창의적인 사고방식이다. 뇌 영상 촬영기법을 적용한 인지기능에 대한 연구결과 좌우 반구 중 우반구가 상상적, 새로운 것에 대한 반응, 직관적, 시공간적, 확산적 정보처리를 하는 것으로 알려지면서 창의성을 발현하는 주된 영역으로 인식되었다. 하지만 최근 들어 좌우 반구의 균형적인 활용이 창의성에 중요한 역할을 한다는 의견들이 나타났다. 창의성은 새로운 생각에서 멈추는 것이 아니라 새로운 생각을 구조화하고 실현하는 것이 필요한데, 이를 위해서는 좌반구의 역할이 필요하기 때문이다.

좌우 뇌를 통합적으로 사용해야만 창의성을 산출할 수 있음을 시사한다. 창의적인 문제해결을 위해 발산적 사고와 수렴적 사고가 모두 필요함을 시사하는 결과로 보인다. 창의성은 대뇌 우반구와 좌반구 모두로부터 영향을 받는데 이때 좌우 뇌의 역할이 다르다는 결론이 도출된다. 즉 우반구는 새로운 아이디어를 생성하거나 확산하는 기능을 가지고 있으며, 좌반구는 생성된 아이디어를 해결책으로 이끌어가는 수렴적 특성에 기여하기 때문에 결국 좌우 반구의 기능, 즉 확산적 사고와 수렴적 사고가 모두 필요하다.

9.2 전통적인 창의적 사고기법의 체계

9.2.1 발산적 사고기법

발산적 사고기법은 창의성의 개발기법으로 특정 문제에 대하여 가능한 많은 양의 아이디어를 생성해내는 기법으로 설명할 수 있다. 여기에서는 몇 가지 많이 사용되고 있는 발산적 사고기법을 설명하고자 한다.

1) 브레인스토밍

여러 사람이 모여 문제해결을 위한 다양한 아이디어를 자유롭게 제시하고, 이러한 아이디어들을 취합 · 수정 · 보완해 정상적인 사고방식으로는 생각해낼 수 없는 독창적인 아이디어를 얻는 방법을 말한다. 브레인스토밍(brainstorming)을 성공시키기 위해서는 ① 타인의 아이디어를 비판하지 말고, ② 자유분방한 아이디어를 환영하며, ③ 되도록 많은 아이디어를 서로 내놓아야 한다. 브레인스토밍 발상법은 광고계를 비롯한 여러 분야에서 가장 자주 쓰이는 기법이다. 이 기법의 핵심은 그룹별 아이디어 발상과정에서 '좋다', '나쁘다' 같은 아이디어의 수준을 판단하지 않고 최대한 많은 아이디어를 얻는 것이다. 조직 내 상하관계도 무시한 채 어떤 생각이라도 말할 수 있는 자유로운 분위기를 조성해 두뇌 폭풍을 일으킨다.

브레인스토밍의 절차는 다음과 같다.

- 1단계 : 모든 사람이 문제를 이해할 수 있도록 간결하게 기술한다.
- 2단계 : 30분 정도의 시간을 두고 문제를 해결할 아이디어를 각자 생각한다.
- 3단계 : 모든 참가자가 자유롭게 아이디어를 제시한다. 모두가 아이디어를 제시하도록 격려하며, 아이디어가 비록 비현실적이고 쓸모없어 보이더라도 결코 비판을 하지 않는다.
- 4단계 : 가장 좋은 아이디어 5개를 참가자들의 만장일치로 선택한다.
- 5단계 : 어떤 아이디어가 문제를 가장 잘 풀 수 있는지 판단하기 위해 몇 가지 기준을 적는다.
- 6단계 : 가장 점수가 높은 아이디어를 문제를 가장 잘 풀 수 있는 것으로 채택한다.

2) 브레인라이팅

많은 구성원들로 이루어진 기업에서 흔히 사용되는 아이디어 창출기법으로, 자기주장을 내세우기 꺼리는 사람들의 아이디어도 취합할 수 있다는 장점이 있다. 다수의 사람이 모여 브레인스토밍을 할 시간 여유가 없어 혼자서라도 아이디어를 내야 할 때, 또 생각은 많지만 내성적인 성격 때문에 브레인스토밍을 하며 남 앞에서 말할 엄두를 내지 못할 때가 있다. 이런 순간에 생각나는 아이디어를 말로 발표하지 않고 글로 써서 표현하는 방법이 브레인라이팅이다. 이 발상법은 브레인스토밍의 문제점을 보완하기 위해 창안한 것으로 6-3-5기법이라고도 한다.

브레인라이팅(brainwriting)은 1968년에 독일의 베른트 로르바흐(Bernd Rohrbach) 교수가 브레인스토밍의 문제점을 극복하기 위하여 창안한 것으로 침묵 속에서 진행돼 개인 사고의 특징을 최대한 살릴 수 있는 집단 발상법이다. 브레인라이팅은 집단의 규모와 상관없이 진행된다. 회의방법은 우선 대집단을 4~5명으로 이루어진 소집단으로 세분한다. 이렇게 나뉜 소집단은 회의 안건에 대해 적혀있는 용지를 한 장씩 받고 원탁에 둘러앉는다. 그리고 받아든 용지의 각 줄에 3개의 아이디어(그 이상이어도 무방하다)를 적어내는 것을 원칙으로 그 용지를 테이블 위에 가져다놓고, 다른 사람이 마치고 가져다놓은 용지를 다시 집어온다. 그 뒤에 3개의 아이디어를 더 적어낸다. 다른 사람의 것에 힌트를 얻은 아이디어는 때때로 더욱 창의적이고 기발한 것일 수 있다. 회의는 참가자들의 아이디어가 떨어질 때까지 계속되며 구성원들 모두 원활하게 참여할 수 있으며, 브레인라이팅과정이 완료될 때쯤이면 모든 참가자가 그 아이디어를 소유하게 된다. 브레인스토밍과는 달리 아이디어를 개별적으로 창출해 종이에 기록하기 때문에, 지배적인 개인들의 영향이 줄어든다.

3) 고든법

미국의 고든(W. Gordon)이 브레인스토밍의 결점을 보완하기 위해 만든 아이디어 발상법의 하나로 추상적인 사고법이다. 브레인스토밍과 마찬가지로 4가지 규칙(비판금지, 자유분방, 다다익선, 결합개선)이 적용된다. 브레인스토밍은 구체적인 테마가 제시되지만 고든법(Gordon technique)은 키워드만 제시된다. 예컨대 초콜릿을 한 단계 더 추상하면 과자가 되고 과자는 음식물로 생각된다. 이처럼 초콜릿을 개량하려면 초콜릿으로 생각하기보다 과자라고 생각하거나 음식물이라고 생각하게 해서 더 많은 아이디어를 생성할 수 있게 하는 방법이다.

4) 특성열거법

창조성 개발기법의 하나로 크로포드(R. T. Chloford) 교수가 만든 방법이다. 각 물건이 갖고 있는 특성을 세분하여 재료, 제조방법, 전체, 부분 등의 명사적 특성, 중량, 색채, 크기 등의 형용사적 특성기능 등의 동사적 특성 등으로 3등분해서 분석하고 개선점을 찾아내는 방법이다. 예를 들어 "나는 산 · 강 · 바다 · 호수 · 들판 등 우리 국토의 모든 것을 사랑한다"라는 문장에서 열거된 '산 · 강 · 바다 · 호수 · 들판'이 모두 의미상 연관성을 가지면서 동일한 문장 성분으로 이어지고 있음을 확인할 수 있다. 또한 우리 국토의 모든 것을 구체적으로 알려주고 있음도 확인할 수 있는데, 이처럼 특성열거법(attributive listing technique)의 본질적 기능은 표현하려는 내용을 구체적으로 알려주는 데 있기 때문에 어떠한 개선을 테마로 해서 아이디어를 내는 경우에 효과적으로 표현될 수 있다.

5) 스캠퍼기법

창의력 증진기법으로 아이디어를 얻기 위해 의도적으로 시험할 수 있는 7가지 규칙을 의미한다. 새로운 기회를 창출하기 위해 기존 제품이나 서비스에 변화를 주기 위한 점검목록으로 표현된다. SCAMPER의 각 글자가 의미하는 질문에 답해봄으로써 새로운 아이디어를 떠올리게 하는 것이다.

- S(Substitute) : (형태/용도/방법 등을) 다른 것으로 대체할 수 있을까?
  - 예 할인점에서 매출향상을 위해 쇼핑백을 카트로 대체, 고연비 위해 차량을 알루미늄화
- C(Combine) : (기존 사물/기능 등을) 다른 것과 결합해 보면 어떨까?

예 연필+지우개, 매직 훌라후프(훌라후프+돌기), PDA폰, 립톤 아이스티(과일향+티)

- A(Adapt) : (기존의 원리/방법/형태를 변형시켜) 여기에 적용시키면 어떨까?

예 스노타이어, 비옷, 산악용 자전거, 경주용 차 모양 어린이 침대

- M(Modify, Magnify, Minify) : (기존의 크기/무게/색/냄새/기능/디자인을) 수정해 보면 어떨까?

예 향기 나는 크레용, 빅맥, 대형TV, 미니 초코바

- P(Put to other use) : 지금과는 다른 용도로 사용하거나 재활용할 수 없을까?

예 용도 폐기된 배, 기차를 이용한 식당, 타이어 이용 놀이기구, 콘크리트 물고기 서식지

- E(Eliminate) : (물건의 특정 부분/성분/기능 등을) 없애면 어떨까?

예 디카페인 커피, 무선전화기, 무선인터넷

- R(Rearrange, Reverse) : 일의 형식, 순서를 재조정하거나 거꾸로 해보면 어떨까?

예 재택근무, 침대 및 공간에 서랍 만들기, 뒤집어 입는 옷, 유아용 옷의 밖에 달린 레이블

6) 360도기법

최근 각 분야에서 360도 커뮤니케이션이라는 말이 유행이다. 어떻게 360도 커뮤니케이션을 할 것인가? 스티븐 베이커는 어떤 문제를 해결하기 위해 대상을 바라보는 201가지 발상법을 제시했다. 꽃 한 송이를 보고 나서 느끼는 감정도 사람마다 다르듯, 어떤 문제를 해결하는 아이디어도 생각하는 관점에 따라 달라진다. 201가지 속에 거의 모든 해답이 있다고 해도 지나친 말은 아닐 것이다.

광고 전략가 마크 블레어(Mark Blair)는 문제를 정확히 파악해 미디어를 선택하고, 문제의 정확한 해답을 찾는 데 360도 커뮤니케이션의 해법이 있다고 했다. 일찍이 스티븐 베이커(Stephen Baker)는 어떤 문제를 해결할 아이디어를 얻는 데 유용한 201가

지의 방법을 제시했다.

그가 360도 커뮤니케이션이라는 말을 직접 쓰지는 않았지만 일찍이 이를 실천한 셈이다. 360도 커뮤니케이션을 전개하려면 어느 것을 버리고 어느 부분을 선택하는 위험을 감수해야 할 때도 있는데, 베이커의 발상법을 활용하면 다양한 측면에서 해결과제에 접근할 수 있다. 그는 정말로 좋은 아이디어란 갑자기 떠오르지 않고 다각도로 문제를 파악하는 과정에서 나타난다고 하면서 360도 발상법을 제시했다.

7) 마인드맵기법

마인드맵(mind map)은 1970년대 토니 부잔(Tony Buzan)이 개발한 학습과 기억의 새로운 방법이다. 이 기법은 비직선적인 노트정리방법으로 목적은 요점을 더 잘 기록하고, 전체를 효과적으로 조직화하고 그리고 창의적인 사고기능을 증진시키는 데 있다. 마인드맵기법의 장점은 주제 또는 화제와 관련된 아이디어와 내용들을 생성해내고 그것을 일정한 기준이나 관점으로 나누어 보는 가운데 대상을 범주화하고 유목화하는 사고훈련에 있다. 중심생각을 종이 한 가운데에 이미지로 표현해두고 가지를 핵심어(키워드), 이미지, 컬러, 기호, 심벌 등을 방사형으로 펼침으로써 사고력, 창의력 및 기억력을 높이는 두뇌개발기법이다.

8) 육색 사고기법

육색 사고기법은 영국의 심리학자 에드워드 드 보노(Edward de Bono) 박사에 의해서 고안되었다. 육색 사고모자기법은 학습자들이 서로 다른 사고의 유형을 의미하는 육색의 각기 다른 색으로 만들어진 모자를 쓰고 자신이 쓰고 있는 모자의 색깔이 표상하는 유형의 사고를 하게 하는 것이다. 즉 사고하는 사람이 한 번에 모든 유형의 사고를 하도록 하는 대신에 한 번에 한 유형의 사고방식을 활용할 수 있도록 사고를 정돈하는 것이다.

| 표 9-1 | 모자의 색깔로 본 사고의 유형 분류

모자의 색깔	사고의 유형
백색	중립적이고 객관적인 사고
적색	직관에 의한 감정이나 느낌
흑색	부정적인 견해 의견
황색	낙관적, 긍정적인 시각
녹색	창의력과 새로운 아이디어
청색	조절 및 통계(다른 모자의 사용법을 조절)

누구나 육색 사고모자기법을 통하여 창의적인 아이디어를 개발하고자 하는 다양한 사고활동의 경험을 할 수 있다. 의도적으로 조성된 사고의 분위기 속에서 의도적인 유형의 사고를 하는 경험을 통해 아이디어 개발자들은 보다 더 다양한 사고를 발전시킬 수 있게 된다.

9.2.2 수렴적 사고기법

수렴적 사고기법은 발산적 사고에서 생성해낸 여러 가지 아이디어를 분류 · 평가하여 가장 유망하게 보이는 것을 선택할 때 사용하는 좌뇌 창의성개발기법이다. 이 기법은 생성해낸 여러 가지 아이디어 가운데서 가장 그럴듯한 해결대안을 찾고, 선택하여 실제로 표현할 수 있는 해결책을 만들기 위해 사용된다.

1) 특성요인도

특성요인도(characteristics diagram)는 품질 특성치가 어떤 요인에 의해 영향을 받고 있는가를 조사하여 이것을 하나의 도형으로 묶어 특성과 원인과의 관계를 나타낸 것이다. 생산관련 공정에서 일어나는 문제의 원인과 결과와의 관계를 체계화하여 도시(圖示)한 것으로 널리 사용하는 기법이다.

2) 역브레인스토밍

역브레인스토밍(reverse brainstorming)이란 미국의 가전제품회사 핫포인트(Hotpoint)사에서 개발한 방법으로, 도출된 아이디어를 자유롭게 비판하는 사고기법을 말한다. 쉽게 말해 비판을 장려하는 아이디어 회의이며, 기존 브레인스토밍처럼 자유분방하게 의견을 내는 점은 비슷하지만 제시된 아이디어를 비판한다는 점이 다르다고 할 수 있다. 역브레인스토밍을 통해 얻을 수 있는 것은 아이디어가 실제로 실행됐을 때 발생할 수 있는 문제점을 미리 파악하여 그에 대응가능한 더 나은 아이디어를 얻을 수 있다는 점이다. 즉 역브레인스토밍은 미래의 위험요소를 제거하고 현실적인 해결방법을 찾기 위한 일련의 과정이다.

3) PMI기법

PMI기법은 여러 가지 아이디어를 평가하여 하나를 골라내는 방법으로, 각각의 아이디어에서 플러스(Plus)요인인 좋은 점, 좋아하는 이유, 긍정적인 측면과 마이너스(Minus)요인인 나쁜 점, 싫어하는 이유 등 부정적인 측면에 이어 인터레스팅(Interesting)요인인 제시된 아이디어와 관련하여 흥미롭게 생각하는 점을 찾는 방법이다. 이 기법은 동시에 여러 가지 요인들이 혼합되어 작용하는 사고의 상황에서 하나하나씩 단계를 거쳐 보다 더 냉철한 판단하에 사고를 전개시킬 수 있는 이점을 가지고 있다. 브레인스토밍을 통해 나온 아이디어를 PMI기법을 이용해 다음과 같이 평가할 수 있다.

- PMI기법에 따른 아이디어 평가의 예 : 자석을 이용해 연필꽂이를 냉장고에 붙인다.

좋은 점(P) : 벽에 못을 박을 필요가 없다. 쉽게 떼고 붙일 수 있다.

나쁜 점(M) : 무거운 재질로 만들기 어렵다. 연필꽂이에 무거운 것을 넣기 어렵다.

흥미로운 점(I) : 뒷면에 여러 개의 자석을 붙이면 좀 더 튼튼하게 고정시킬 수 있다.

- 아이디어의 평가결과 : 자석을 이용해 연필꽂이를 냉장고에 쉽게 붙일 수 있고, 여러 개의 자석을 이용하면 좀 더 튼튼하게 고정시킬 수 있다.

4) ALU기법

창의적 문제해결(Creative Problem Solving : CPS)의 발산적 사고에서 사용하는 기본적인 사고도구는 브레인스토밍인 데 대하여 수렴적 사고에서 기본적인 사고도구는 ALU(Advantage Limitation and Unique Qualities), 즉 강점-제한-독특한 특성이다. 특히 이 도구는 매우 신기한(새로운) 대안들을 생산적으로 발전시킬 수 있을 뿐만 아니라 일부 흔한 것처럼 보이는 아이디어라 해서 쉽게 내던져버리는 일이 없도록 하는 구조적인 접근법이다. 그리고 이것은 수렴적 사고의 4가지 가이드라인에 따라 대안들을 분석하고, 다듬고, 발전시키기 위한 기법이다.

- 먼저 강점(이점, 장점)을 고려한다.
- 제한 또는 개선이 필요한 영역을 찾아낸다.
- 독특한 특성을 확인한다.

ALU기법은 보다 새롭고 유용한 결과, 즉 보다 창의적인 문제해결을 성취할 가능성이 커진다.

5) 하이라이팅기법

하이라이팅(hilighting)기법은 히트한 아이디어들을 관련된 것끼리 묶어 해결을 위한 적중영역을 만들어낸다. 그리고 이러한 적중영역의 해결책을 필요하면 수정하고 발전시켜 더 나은 대안으로 만들어간다. 이 단계를 네 가지로 설명하면 다음과 같다.

- 아이디어를 나열하고 차례대로 번호를 매긴다. 이 리스트를 음미해보면서 재미있어 보이는 것에 표시를 한다.
- 서로 관련되어 있는 것같이 보이는 히트 아이디어들을 같은 범주로 결집시켜 적중영역을 찾아낸다.
- 각 적중영역을 검토해보고 그것이 의미하는 것이 무엇인지를 재진술한다.
- 문제의 요구를 가장 잘 만족시키는 것같이 보이는 적중영역 하나를 선택한다. 괜찮으면 몇 개의 적중영역을 조합하여 하나의 해결책을 만들 수도 있다.

6) P-P-C 대화기법

P-P-C(Positive Possibilities Concerns) 대화기법은 특히 그럴 것 같지 않은 것들, 미심쩍은 생각이 드는 상대의 아이디어를 경청하고, 상대방이 그 아이디어의 문제를 스스로 깨닫게 하는 기법이다. P(Positive)는 그 아이디어에 대해 좋다고 생각되는 긍정적인 면을 먼저 말하는 것이다. 두 번째 P(Possibilities)는 그 아이디어를 어떻게 적용하거나 확대시킬 수 있는지에 대해 언급한다. C(Concerns)는 염려스러운 점을 말해주면서 그것을 어떻게 극복할 수 있을지 직설적으로 말해보게 한다.

7) 평가행렬표

평가행렬표(evaluation matrix)는 여러 대안들을 여러 기준에 따라 평가하고 그 결과에 따라 대안들을 고르는 것이다. 즉 해결대안을 평가하고 선택할 때뿐만 아니라 문제해결의 어떠한 단계에서도 사용할 수 있으며 적용절차는 다음과 같다.

- 행렬표를 준비한다.
- 횡렬에는 대안들을 열거한다.
- 종렬에는 평가의 기준들을 열거한다.
- 기준에 의한 대안의 평가단계를 정한다. 예컨대 아주 좋음은 3, 대체로 좋음은 2, 조금 좋음은 1, 좋지 않음은 0으로 정한다.
- 횡렬의 각 대안들은 종렬의 기준들로 평가한다.
- 각 대안들이 어떤 기준에서 강하고 약한지 확인한다.

8) 쌍비교분석법

쌍비교분석법(Paired Comparison Analysis : PCA)은 힘이 들고 시간이 많이 걸리지만, 아이디어들이 모두 중요해서 우선순위를 매기기 힘들 때 적절하게 사용할 수 있다. 이는 여러 대안들을 모두 상호 비교하여 점수를 내고, 이들 점수들을 모두 합하여 대안들의 순위를 매기는 것이다. 예컨대, 몇 가지 문제진술 중에서 어느 것을 먼저 다룰 것인지를 결정하거나, 또는 해결대안 가운데서 어느 것을 먼저 고려하여 분석하고 발전시킬 것인지를 결정할 때 적합하다. 여기서는 개인적 사용과 집단적 사용이 있다.

9.2.3 통합적 사고기법

통합적 사고기법이란 발산적 사고기법과 수렴적 사고기법을 조합한 기법을 말한다. 어떠한 창의적인 문제를 해결하기 위해서는 단순한 창의적 기법을 선호해도 좋으나, 최종적으로 아이디어를 정리할 때 통합적 사고기법을 요구하게 되는 것이다. 대표적인 통합적 사고기법으로 창의적 문제해결기법(Creative Problem Solving : CPS)이 있다.

창의적 문제해결은 어떤 문제를 해결하기 위한 창의적 해결법을 만들어내는 정신적 과정이다. 이것은 문제해결을 위한 특별한 형태로 어떤 도움을 받기보다는 독립적으로 문제를 해결하는 것이다.

창의적 문제해결은 창의성이 필요하지만 창의성만으로는 창의적 문제해결을 할 수 없다. 특히 음악이나 시와 같은 예술분야에서 그러하다. 창의성은 만들어진 것의 새로움이나 독창성을 특징으로 하지만 창의된 가치나 다른 사람들이 평가하는 가치에 적합한 것이 아닐 수 있기 때문이다. 창의적 문제해결을 평가하는 데 있어 중요한 것은 가치를 가지는 것이며 분명하게 제시된 문제를 풀었는가 또한 상황이 더 나아진 것에 대해 다른 이에게 객관적 평가를 받을 수 있는가에 달려있다. 보통 학교에서 내주는 숙제를 푼 것 정도는 특별히 창의적 문제해결이라 보기 어려운데 그것은 그 문제에 대한 답이 보통 이미 잘 알려져 있는 것들이기 때문이다. 만약 창의된 해결법이 널리 사용된다면 해결법은 혁신(innovation)이 될 수 있으며 또한 혁신을 위한 창조과정이 될 수 있다. 이렇게 널리 퍼지고 오랫동안 사용된 해결법이라면 새로운 전통이 수립될 수도 있다. 모든 혁신은 창의적 문제해결에서 시작된다. 하지만 모든 창의적 문제해결이 혁신이 되는 것은 아니다. 만약 창의적 문제해결이 새로운 물체, 물질, 과정, 소프트웨어나 시장가치가 있는 상품이 될 수 있다면 발명이 될 수 있다.

창의적 문제해결과정(Creative Problem Solving(CPS) Process)은 알렉스 오스본과 시드 파네스에 의해 만들어진 6단계의 창의적 문제해결법이다. 창의력 문제해결력은 다양한 교수-학습모형을 통해서 계발될 수 있다. 예를 들어 사회과의 주요 교수-학습모형으로 제시되는 탐구학습모형, 극화학습모형, 프로젝트 및 주제 수업 등을 통해서 창의적 문제해결력을 신장시킬 수 있다. 그런데 사회교과목은 그 특성상 새롭기만 해서는 안 되고, 유용성과 적절성을 지닌 문제해결방법이나 산출물을 요구한다. 즉 정보를 습득하고, 습득한 정보를 바탕으로 문제를 발견하고 해결하기 위해 다양하고, 독창적이며, 타당한 해결방법을 찾아내는 능력이 필요한 것이다. 이러한 것들을 만족시켜 줄 수 있는 교수-학습모형으로 많은 사회교육학자들 사이에서 대두되고 있는 것이 창의적 문제해결모형이다.

창의적 문제해결에 대한 6단계를 설명하면 다음과 같다.

1) 목표 발견(objective finding)

목표 발견은 문제를 해결하기 위해 가장 중요하거나 시발점을 찾기 위하여 본인이 중요하게 생각하는 목표나 개인적으로 문제를 다루는 스타일을 고려하는 것을 말한다. 여기서 주요 관심사는 창의적 문제해결 노력이 바르게 나아갈 수 있도록 목표와 영역을 정하는 것이다. 이를 위해서 목표 진술문을 작성해야 한다. 목표 진술문은 명쾌하고 간결한 형태의 문장으로 나타나며 수업을 통하여 나아가기를 원하는 방향을 제시한다. 다양한 목표 진술문은 학생들의 흥미와 영향력 그리고 상상력의 활용 여부, 중요성 그리고 즉시성의 정도에 따라 평가되고 선정된다.

2) 사실 발견(fact finding)

이 단계는 이전 단계에서 수집한 모든 정보를 검토하는 단계에서 시작된다. 그리고 문제를 더 잘 이해하기 위해 그 문제를 둘러싼 모든 정보들—사실, 느낌, 의문점, 스스로 느끼는 예감과 관심(걱정)—들을 면밀히 검사하게 된다. 자료 발견단계에서는 학습과제나 문제상황과 관련된 모든 정보를 고려하게 된다. 이 단계에서는 누가, 언제, 어디서, 무엇을, 왜, 어떻게라는 6개의 의문사로 시작되는 질문들을 제안하고 바라는 미래의 상태와 현재의 실제 사실들을 다양하게 기술해봄으로써 다양한 자료를 찾을 수 있다. 지식, 경험, 지각, 느낌, 의문점 등과 관련된 풍부한 자료 중에서 실제의 상황을 이해하는 데 도움이 될 수 있는 자료들만 선별하고 분류하여 조직해야 한다.

3) 문제 발견(problem finding)

이 단계에서의 중요한 일은 이전 단계에서 접했던 중요한 정보를 가지고 한 문제를 형식화하는 것, 즉 문제를 정하는 것이다. 즉 해결하고자 하는 학습문제나 관심이 있는 구체적인 영역을 진술하는 것이다. 이때 작성된 진술문에는 문제 소유자, 목적, 방법, 그리고 행위 동사가 포함되어야 한다. 문제 진술문은 부정적인 표현이나 사고를 억제하는 진술은 지양되어야 한다. 뿐만 아니라 간결하면서도 새로운 아이디어를 발견할 가능성이 있도록 표현해야 하고 사고를 제한하는 기준들로부터 벗어나서 원하는 논쟁점을 진술해야 한다. 그리고 다양한 문제 진술문 중에서 새로운 아이디어나 가능한 해결안을 고무하고 상황의 본질이 가장 적절하게 정의된 문제 진술문을 선정해야 한다.

4) 아이디어 발견(idea finding)

일단 적합하고 작업가능한 문제를 정리하여 문자화한 수에 가능한 한 많은 아이디어를 산출해야 한다. 즉 확산적 사고에 보다 강조를 두는 것으로, 이 단계를 거치는 동안 새롭고 특이한 아이디어를 생산하기 위해 여러 가지 다양한 기술 혹은 전략을 사용하게 된다. 이때 판단을 유예하는 것은 많은 도움이 된다. 가능한 한 많은 아이디어를 찾으려 할 때에 너무 빨리, 혹은 너무 많은 평가를 하는 것은 생각을 억제할 수도 있고 매우 특이하고 가능성 있는 아이디어를 간과하는 원인이 되기도 한다. 아이디어의 평가를 나중에 하는 것이 평가로 인하여 잃어버리거나 거부당한 아이디어를 재생시키는 것보다 훨씬 더 쉽다.

5) 해결책 발견(solution finding)

아이디어를 목록화한 후에 문제를 해결하는 데 가장 가능성이 높은 해결책을 결정하는 단계이다. 이 단계에서 먼저 아이디어를 평가하는 데 쓰일 기준을 만들고 그 다음 기준을 토대로 아이디어들을 상세하고 조직적으로 평가한다. 이때 단순히 한 가지 아이디어만을 선택하고 나머지를 버리는 것도 아니고, 완벽한 아이디어만을 찾는 것도 아니다. 지금 갖고 있는 아이디어들 중에서 문제해결에 가장 가능성이 있다고 생각되는 것을 찾으려고 하는 것이다.

6) 수용안 발견(acceptance finding)

해결책 발견이 아이디어를 해결책으로 바꾸는 데 초점을 두는 반면에 수용안 발견은 현재의 상황을, 바라는 미래상태로 바꾸는 행동에 초점을 둔다. 이때 행동으로 옮기는 데 영향을 미치는 요인들을 확인해야 한다. 영향을 미치는 요인 중 방해가 되는 요인과 제한점을 확인하고 그것을 극복하는 방법을 구해야 한다. 또한 해결안을 수용하기 위해 취해야 할 잠재적인 행동단계를 산출하고 계획을 수립해야 한다.

사례연구

제4차 산업혁명시대에서 창조적 사고와 발산적 사고

제4차 산업혁명이 진행되는 와중에 다양한 분야의 기술혁신, 예를 들어 인공지능, 빅데이터, 사물인터넷, 웨어러블, 학습하는 기계, 클라우드서비스, 3D프린팅, 생명공학기술, 나노기술, 핀테크, 신재생에너지 등 여러 분야에서 기술발전의 속도가 가속화되고 있다. 인공지능과 로봇과 같이 학습하는 기계와 같은 신기술이 공장을 자동화하면서 인간의 설 자리가 점점 줄어들고 있다.

또한 신기술의 융복합으로 다양한 산업이 생기고 있다. 지금까지 없던 기업이 생길 것이고 지금까지는 없던 일자리가 생길 것이다. 신기술의 융복합으로 생길 일자리는 지금까지와는 매우 다를 것이다. 그리고 새로운 형태의 기업들에게 적절한 핵심역량과 기업문화는 사뭇 다를 수 있다.

제4차 산업혁명시대에서 새로운 기회를 포착하기 위해서는 여러 분야에서 기술혁신을 두루 이해하고 신기술의 융복합으로 인류의 삶에 기여할 수 있는 가능성을 미리 내다볼 수 있는 상상력과 통찰력이 더욱 중요해질 것이다. 물론 창조적인 사고와 창의적인 사고가 대표적인 중요한 요소로 자리할 것이다. 그런데 창조적 사고에 대하여 협소하게 정의하고 집착하다 보면 사소해 보이는 혁신의 기회를 놓칠 수도 있다. 여러 분야에서 기술혁신을 두루 이해하고 신기술의 융복합으로 인류의 삶에 기여할 수 있는 가능성을 찾는 데는 상상력과 통찰력이 중요하다.

신기술의 융복합으로 생길 수 있는 사업기회를 찾아내는 발산적 사고를 조직에서 어떻게 수용할 것인지 생각해볼 만하다.

여러 분야에서 기술혁신을 두루 이해하고 신기술의 융복합으로 인류의 삶에 기여할 수 있는 가능성을 찾는 것은 한 사람의 지혜에 의지하기보다는 여러 분야 전문가들이 협업하는 것이 나을 것이다. 그래서 여러 분야의 사람들이 지혜를 모아서 사업기회를 찾아 실천하는 강력한 기업문화가 중요해질 것이다. 집단학습을 하는 집단지성을 구축하고 이를 기반으로 새로운 아이디어를 만들어내고 이를 실행에 옮길 수 있는 조직문화를 어떻게 구축하고 운영할 것인가?

먼저 창조적 사고에 집착하기보다는 발산적 사고를 수용하는 조직문화를 장려해야 할 것이다. 사실 창조적 사고와 발산적 사고는 상호 보완적으로 보인다. 그런데 다양성을 넘어서 엉뚱한 것을 생각해내는 발산적 사고가 조직에서 환영받기는 쉽지 않다.

도전적이고 엉뚱한 것을 생각해내는 발산적 사고를 실천에 옮길 때 실패의 가능성이 크기 때문에 제한된 조직의 역량을 투입하려면 위험을 감수해야 한다. 이 위험한 도전은 때로는 시간과 경제적 손실을 유발할 수 있기 때문이다. 창조적인 기업들에게 수용하려는 시도가 꾸준히 이루어지고 있고, 그 중 일부는 성공하고 있으나 따라서 실천하기는 쉽지 않다.

실패의 두려움, 제한된 조직의 역량을 투입하기 위한 의사결정, 조직의 회복역량, 도전하다 실패한 사람을 어디까지 보호해야 하는지, 성과가 있는 곳에 보상이 따르는 성과주의와 어떻게 조화시킬지는 결코 쉽지 않다.

자료 : 주목(stepj1), 네이버블로그, 세상에 내린 빛

연습문제

01 창의적 사고기법에 대하여 설명하시오.

02 인공지능 및 로봇으로 사람을 대체할 직업분야를 조사하시오.

03 발산적 사고, 수렴적 사고, 통합적 사고를 비교설명하시오.

04 발산적 사고기법 중 스캠퍼(SCAMPER)기법을 사례를 들어 설명하시오.

05 통합적 사고기법에서 창의적인 문제해결능력에 대하여 설명하시오.

CHAPTER 10

비즈니스모델의 구성요소

어느 기업이 살아남을 것인가?, 향후 기업의 성공패턴은 어느 분야에서 존재할까?, 새로운 시대, 변화하는 고객에 대응해 생존하기 위한 기업의 경쟁전략은 어떻게 하면 될까? 오늘날 세계 곳곳에서 다양하고 획기적인 비즈니스모델들이 계속해서 탄생하고 있다. 과거의 기업형태의 모형들에서 점차 비즈니스혁신을 통하여 살아남기 위하여 우리는 어떻게 해야만 할까?, 미래의 기업은 조직과 비즈니스를 어떻게 변화시키고, 살아남기 위한 새로운 경쟁요소를 발굴하기 위하여 어떠한 노력을 해야만 할까? 등등 수많은 비즈니스모형 및 모델들이 나타나고 있다. 본장에서는 이러한 다양한 형태의 비즈니스모델들과 구성요소에 대하여 학습한다.

10.1 비즈니스모델의 환경

비즈니스모델의 사전적 정의는 "어떤 제품이나 서비스를 어떻게 소비자에게 제공하고, 어떻게 마케팅하며, 어떻게 돈을 벌 것인가 하는 계획 또는 사업 아이디어"이다. 미국 프라이스라인의 '역경매'와 아마존의 '원클릭서비스'가 비즈니스모델의 대표적인 예로, 인터넷기업들이 사업 아이디어 자체를 특허 출원하기 시작하면서 알려진 용어이다. 즉 어떤 제품이나 서비스를 어떠한 방법으로 소비자에게 편리하게 제공할 것이며, 어떠한 마케팅방법을 이용해 얼마만큼의 돈을 벌어들이겠다는 일련의 계획을 말한다. 아이디어 자체가 특허 대상이 된다는 점에서 시장의 주목을 받았는데, 실제로는 다른 업체의 모방을 미리 차단하기 위한 목적으로 많은 인터넷기업들이 이 비즈니스모델의 특허 출원에 열을 올리는 결과가 되었다.

그러나 2000년에 인터넷 주식의 열기가 거품화되면서 비즈니스모델 역시 단순한 아이디어 차원을 뛰어넘어 수익성과 기술력을 중시하는 쪽으로 방향이 전환되었다. 사업 아이디어에 대한 일시적인 투자 붐에 만족하기보다는 장기적인 이익을 어떻게 낼 것인가에 관심이 집중되고 있는 추세이다. 만일 기업 결산 자료에서 영업이익이 크게 늘고 있다면 그 기업의 비즈니스모델은 일단 성공적이지만, 그렇지 않다면 수익성이 없다고 보는 것이 타당하다.

또 다른 정의로 비즈니스모델(business model)이란 "하나의 조직이 어떻게 가치를 포착하고 창조하고 전파하는지 그 방법을 논리적으로 설명한 것"이다. 또 다른 비즈니스모델이란 "기업이 가치를 창출하고 전달하는 방식을 설명하는 개념적인 구조이며 이의 실천과제로는 새로운 종류의 비즈니스를 창조하거나 기존 사업에 고객들이 높은 가치를 부여하는 전략적 다양성을 부여하는 것"으로 표현되기도 한다. 결론적으로 비즈니스모델 정의는 "글로벌적인 경쟁환경을 이끌어가기 위하여 시장상황에서 가치와 이익을 어떻게 창출하느냐를 설명하는 방법"이다. 이와 같이 비즈니스모델은 개념이 넓고 여러 가지 개념으로 사용되기 때문에 회사의 비즈니스모델을 명확하고 일관되게 이해하기 힘든 실정이며, 다양한 종류의 요소들을 포함하고 있으며, 각 요소는 신상품

개발, 신사업 및 새로운 시스템개발 등의 기회를 제공하기도 한다.

새로운 시대, 변화하는 고객에 맞춰 생존하기 위해서 기업은 어떠한 비즈니스전략을 구현하여야 할까? 비즈니스모델이 혁신과제 도출을 위한 창의적 발상을 가능케 해주는 원동력이기 때문에 가장 대표적인 혁신 구현전략이 비즈니스모델전략이다. 과거 기업형태의 모형들이 비즈니스 경영혁신을 통해서 살아남기 위해서는 어떻게 해야 할까? 미래기업의 조직과 비즈니스를 변화하여 살아남기 위해서는 새로운 경쟁요소를 발굴하기 위해 비즈니스모델링을 체계적으로 전략화해야 한다.

비즈니스모델링을 하는 근본적 목적은 기존 시장의 새로운 혁신 및 새로운 시장창출에 있다. 기존 시장의 혁신 및 새로운 시장창출을 위해서는 보통 사람들이 일반적으로 생각하는 관점에서 현상을 다루어서는 창의적인 활동모델이 도출될 수 없다. 지금까지 시도되지 않았고 향후 시도되어야 하는 새로운 시각에서 트렌드를 좇아가면서 새 시장을 발견할 수 있다.

새롭고 기발한 비즈니스모델을 제시하기 위해서는 개념적인 사고(conceptual thinking)가 비즈니스 리더에게 필요하다. 이 개념적인 사고는 무엇인가를 추구하려는 현재의 상황과 트렌드하에서 무엇이 가장 근원적 해결이 될 것인가를 탐구하는 전략이 필요한 것이다. 유능한 비즈니스 리더는 복잡한 문제를 복잡하게 생각하는 것이 아니라 단순하게 생각한다.

비즈니스모델링에 있어서도 단순한 생각과 통찰력으로 전례 없는 창의적인 비즈니스모델을 만들어낼 수 있다. 통찰력은 우선 눈에 보이는 대안뿐만 아니라 얼마든지 다른 대안들을 만들어낼 수 있는 열정을 갖고 고안해야 한다. 비즈니스모델을 고안하기 위해서 동종업종이나 타 업종에 대하여 적용되고 있는 벤치마킹 등을 통해 대상을 찾는 것이 매우 중요하다.

비즈니스모델을 만들어내기 위한 통찰력으로서 우선 겸허한 마음으로 기존 대안들에 지배당하지 않는 대안을 찾아나서는 일에 열정을 가지고 있어야 한다. 둘째, 얻게 된 대안에 대해 아주 가까이나 멀리서 살펴보고 외부적 의문을 던져야 한다. 오히려 대안에 대한 반대편 사람들의 이야기를 더 귀담아 들어야 한다. 이때 겸허한 자세로 마음을 비워 많은 의구심을 담을 수 있어야 한다. 셋째, 핵심 중의 핵심을 찾아야 한다. 이를 위해 여러 아이디어를 판별할 수 있는 우선순위가 있어야 한다. 오늘의 우선순위가 미래의 창의적 비즈니스모델을 탄생시킨다. 마지막으로는 통찰력을 통해 얻은 결정이 끝이 아니고 새로운 시작이라고 생각해야 한다. 최악의 시나리오와 함께, 예방대책과 긴급대책을 고려하여 완성된 새로운 아이디어나 모델을 재검토해야 한다. 이러한 통찰력을 위한 프로세스를 통해 우리는 통찰력에 대한 자신감을 갖는다.

새로운 기술의 도입에 있어서도 신중한 입장으로 어떠한 신기술을 도입할 것인가, 또 언제 도입할 것인가를 고려해야 한다. 신기술에 대해서 너무 빨리 도입해도 안 되며, 너무 빨리 포기해도 안 되며, 너무 늦게 도입해도 안 되며, 너무 오래 붙잡고 있어도 안 된다. 따라서 기술이 지금 어디에 와 있는가에 대한 촉각을 항상 세우며 비즈니스모델이 구상되어야 한다.

대표적인 비즈니스모델에서 중요한 개념 중의 하나는 기술의 재설계이다. 이를 위해서는 고객대응을 위한 새로운 대안을 마련하기 위해 미래 나타날 비즈니스가 무엇일까를 재상상해야 한다. 즉 고객만족, 고객감동, 고객환희, 고객참여 등을 넘어, 새로운 기술을 활용하여 고객에게 다가가 24시간 밀착하여 고객이 처한 상황을 읽어내고, 고객의 요구를 미리 알아내는 소위 고객지향적인 비즈니스모델이 필요하다. 그리고 기술을 활용한 고객인 인간 위주의 모든 비즈니스의 발상과 이를 위한 창조적 파괴(creative destruction)의 비즈니스모델을 구상해야 한다.

창조적 파괴란 어떤 부분을 초기에는 희생하더라도 창조적 기회를 잡는 것을 말한다. 새로운 기술 중에서도 특히 주목해야 하는 것은 정보이다. 현재는 발 빠른 정보화시대이며 경쟁전략도구로 정보를 활용하고 있다. 특히 정보통신기술의 발달과 위치정보, 지리정보 등 관련 소비자의 위치정보를 부가하여 비즈니스를 이행하는 새로운 기회를 발견하고 있다. 둘째로는 지속가능한 성장품목으로서 시장에서의 소비자에서 활용성이 매우 크게 작용할 것이라는 새로운 비즈니스모델을 만들어내야만 한다. 셋째로는 소셜네트워크 관점의 그래프(graph)로 생산성에 영향을 미치는 조직구조, 팀 디자인, 문화 등의 이해를 돕기 위해 네트워크 관점의 연계성이 필요하다, 이를 통해 부가가치 높은 통찰력이나 전략수립이 가능케 되는 것이다. 이러한 새로운 고객지향적인 비즈니스 구성을 이행하기 위하여 상황인지정보, 행위정보, 사물인터넷정보, 감성

정보, 이미지 등을 통한 사물 확인정보, 각종 정보들이 비즈니스모델 성공 경쟁전략의 주요 도구들이다.

10.2 비즈니스모델 캔버스

비즈니스모델 캔버스(canvas)란 기본의 신사업, 신상품관련 모형을 설명해주고 그림으로 연계성을 강조하는 방법이다. 비즈니스모델에 대해서 기업이 어떻게 수익을 창출해내는지 그 원리를 설명해주는 아홉 가지 구성요소를 이해하는 데 필요하다. 오스터왈더(Osterwalder)와 피그누어(Pigneur)는 아홉 가지 비즈니스의 네 가지 핵심영역에 고객, 주문, 인프라, 사업타당성분석을 포함한다. 결국 비즈니스모델이란 조직의 구조, 프로세스, 시스템을 통해 실현시킬 수 있는 전략적으로 구성된 아홉 개의 핵심

그림 10-1 비즈니스모델 캔버스

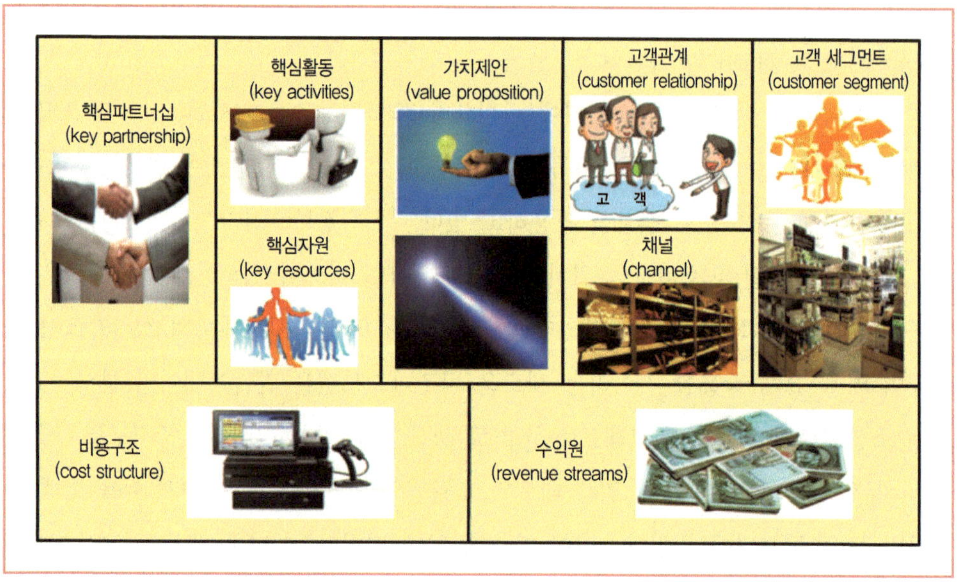

자료 : Osterwalder & Pigneur, 비즈니스모델의 탄생, 타임비즈, 2010.

블록(blocks)들을 제시하였다.

10.2.1 고객 세그먼트

고객 세그먼트(customer segments)는 기업이 목표로 하는 고객의 유형을 의미한다. 기업의 비즈니스모델에 따라 고객 세그먼트는 변하기 때문에, 하나가 될 수도 혹은 다수가 될 수도 있다. 일단 세그먼트를 결정하면 해당 세그먼트의 특화된 요구를 제대로 파악할 수 있도록 이를 이용해 비즈니스모델을 더욱 신중하게 설계할 수 있다. 기업은 고객을 좀 더 만족시키기 위해서 고객의 요구나 행동상의 특징과 다른 특징들을 분류하고 그에 대해 적절히 대응하고 접근해야 한다.

고객 세그먼트는 일반적으로 먼저 고객을 세분화하는 수준(level)을 결정하는 것부터 시작하여야 한다. 얼마나 많은 고객을 하나의 집단으로 정의할지 결정을 내리고, 세분화 변수를 선정하여 세분화한 다음 각 고객 세그먼트의 특성을 파악하는 단계를 거치게 된다.

고객 세그먼트는 [그림 10-2]와 같은 네 단계의 절차로 진행된다. 각각의 소비자들은 모두 제각기 다른 요구사항을 가지고 있다. 기업은 이런 각각의 고객에 맞는 가치를 제공해주는 것이 이상적이지만 현실적으로 모든 고객의 니즈를 만족시키기란 불가능한 일이다. 따라서 기업은 고객을 일정 집단으로 분류하여 각 집단에 맞는 가치를 제공하기 위해 노력한다. 이 단계에서는 기업은 고객을 분류할 때 어느 수준에서 고객을 묶을 것인지 결정을 내려야 한다. 고객 세그먼트는 일반적으로 고객의 다양한 특성을 고려하여 이루어지거나, 이렇게 고객의 특성을 고려하여 분류한 후 그 집단의 인구통계적 특징에 따라 이루어진다. 기업이 고객 세그먼트기준을 세울 때에는 고객 요구사항의 차이, 고객 세그먼트의 크기 등 다양한 요소를 고려하여야 한다.

고객 세그먼트에는 매스마켓, 틈새시장, 멀티사이드시장 등의 유형이 있으며 어떤 고객 세그먼트는 세그먼트가 명확히 이루어져 있으며, 반대로 세그먼트가 명확히 이

그림 10-2 고객 세그먼트단계

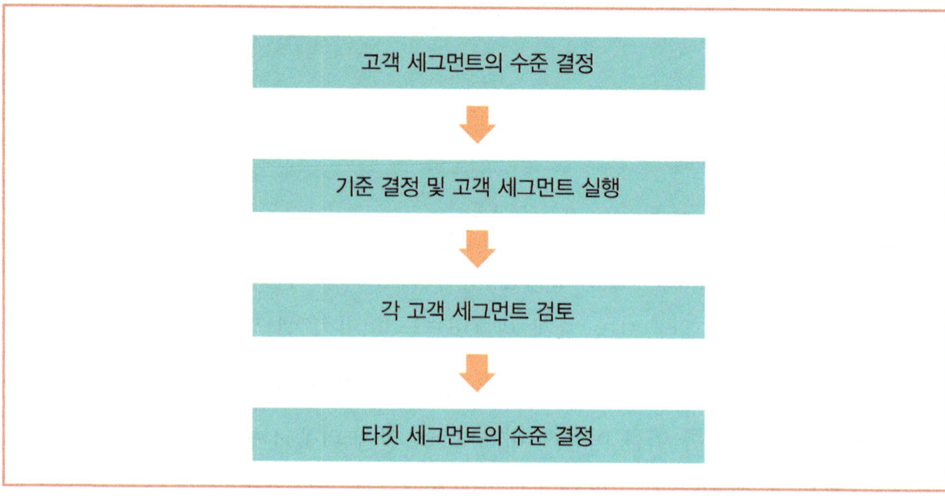

루어지지 않고 복합적으로 혼재되어 있는 시장이 있다. 만약 기업이 매스마켓을 타깃으로 한다면 세그먼트를 따로 설정하지 않는다. 틈새시장은 이와 반대로 특화되고 전문화된 세그먼트를 설정하고 그에 맞는 상품이나 서비스를 제공하게 된다. 결론적으로 고객 세그먼트를 통해서 누구를 위해 가치를 창조해야 하는가?, 누가 진정 우리의 가장 중요한 고객인가를 명심할 필요가 있다.

10.2.2 가치제안

앞선 단계에서 세그먼트를 결정하였다면, 가치제안(value propositions)단계에서는 앞에서 정한 세그먼트의 요구사항에 부합하는 가치를 제공해야 한다. 고객에게 어떠한 가치를 전달할 것인가는 매우 중요하다. 고객에게 가치제안은 고객 요구사항을 충족시키는 기업이 제공하는 제품 혹은 서비스를 의미한다.

기업이 고객에게 가치를 제안할 때 사용하는 가장 일반적이며 고전적인 방법은 기존에 존재하는 제품이나 서비스의 성능을 향상시키는 것이다. 이 경우 기업은 고객이 기존 제품을 통해 만족하지 못했던 부분에서 접근해보면 쉽게 해답을 찾을 수 있을 것이다. 이러한 요소와 대비되는 것이 바로 고객에게 새로운 가치를 전달하는 일이다. 말 그대로 그 전에 존재하지 않던 새로운 요구사항을 찾아내는 일이다.

최근 들어서는 이러한 새로운 가치와 더불어 특정 세그먼트나 고객에게 특화된 맞춤형 서비스를 제공하는 것 역시 많이 강조되고 있다. 기업은 이를 통해 고객별 맞춤 제품이나 서비스를 제공할 수 있으며 고객은 특화된 맞춤 제품을 통해 다른 경쟁기업에서는 얻을 수 없는 가치를 갖게 된다. 또한 기업은 가격이나 디자인을 통해서도 고객에게 가치를 제안할 수 있다. 비슷한 가치를 저가로 제공하는 것은 고객 요구사항을 충족시키는 가장 일반적인 방법이며, 디자인 역시 고객이 제품을 선택하는 데 중요한 요소이다. 때로는 기업은 저렴한 가격이 아니라 자사의 상품을 구매하는 고객들이 비용을 절감하도록 돕는 경우도 있다. 고객이 기존에 느끼던 불만족, 불평을 통해 기업은 어떤 가치를 고객에게 제공해야 할지 결정을 내리게 된다. 특정 고객 세그먼트가 필요로 하는 가치를 창조하려면 해당 세그먼트의 니즈에 부응하는 명확한 요소들이 조합되어야 한다. 고객에게 도움이 되는 가치의 특성은 가격과 속도와 같은 양적인 것일 수도 있고 디자인, 고객경험 등과 같은 질적인 것일 수도 있다.

10.2.3 채널

가치제안단계에서 어떤 가치를 고객에게 제공할지를 결정하였다면, 채널(channel) 단계에서는 가치를 어떻게 고객에게 제공할지를 고민한다. 채널을 통해 기업은 타깃 고객 세그먼트에 가치를 제안한다. 다양한 채널 유형들은 각각의 특징을 가지고 있으며, 고객경험에 많은 영향을 미치게 된다. 채널은 고객경험에 매우 지대한 영향을 미치는 접촉수단이며 몇 가지 기능을 수행하면 다음과 같다. 우선 상품이나 서비스에 대한 고객의 이해를 높여줄 것인가?, 어떻게 하면 고객이 원활하게 상품과 서비스를 구매할 것인가?, 기업이 전달하는 가치제안을 고객들이 제대로 평가할 수 있도록 어떻게 도울 것인가?, 어떤 방법으로 고객에게 가치제안을 전달할 것인가?, 구매고객을 어떻게 지원할 것인가? 등이다.

채널 유형은 일반적으로 영업부서, 웹사이트, 직영매장, 파트너매장, 도매상과 같다. 기업은 직접 영업부서를 통해 제품을 팔거나, 인터넷 사이트를 통해 제품을 판매할 수 있다. 이와 같은 경우 직접 채널을 이용하여 기업이 직접 제품을 판매하는 경우이며, 매장이나 도매상을 통해 간접 채널로 제품을 판매하는 경우도 있다. 파트너와 계약을 맺어 제품을 판매하는 경우 수익을 파트너와 분배하여 이익은 줄지만, 해당 파트너의 역량에 따라 고객의 범위를 확장시킬 수 있다는 장점이 있다.

결국 기업은 고객이 제품을 편리하게 접할 수 있고, 기업이 수익을 최대로 끌어낼 수 있는 적절한 채널을 선택하여 전략을 세워야 한다.

10.2.4 고객관계

고객관계(customer relationships)단계에서는 타깃 고객 세그먼트와 어떻게 관계를 맺고 유지하는가를 결정해야 한다. 기업이 어떤 비즈니스모델을 선택하고, 고객관계를 어떻게 정의하느냐에 따라 전체 고객관리 프로세스가 변화하게 된다. 고객관계는 기업에게 있어 고객 확보, 고객 유지, 판매촉진의 이유로 중요하게 여겨진다. 신규 고객을 확보하고 기존 고객을 유지하면서 자사의 제품 및 서비스를 판매하는 것은 기업의 핵심 업무 중 하나이다. 그만큼 수익에 많은 영향을 끼치는 것이 고객 확보단계이다. 기업은 어떤 고객관계를 확립할지 고민한 후, 효율적으로 관계를 쌓아가야 할 것이다.

고객이 만약 기업이 판매하는 제품에 궁금한 점이 생긴다면 일반적으로 기업의 고객센터로 전화를 하거나 이메일을 보낸다. 이 경우 기업은 개별 어시스트를 통해 고객에게 도움을 줄 수 있다. 이러한 개별 어시스트보다 고객과 더욱 긴밀한 관계를 맺는 것이 바로 헌신적인 개별 어시스트이다. 주로 VIP 고객들과의 관계를 맺을 때 사용하는 방법이며 가장 깊고 친밀한 형태이다. 이와는 반대로 고객과의 직접적인 관계를 맺지 않는 유형이 셀프서비스이다. 기업은 셀프서비스를 통해 비용을 절약할 수 있으며 고객은 그만큼 저렴한 비용으로 서비스를 이용하게 된다. 최근에는 온라인 커뮤니티의 발달로 자사의 커뮤니티를 통해 고객과 관계를 맺기도 한다. 블로그나 카페를 통해 신제품에 대한 정보를 전달하고 생생한 고객의 목소리를 빠르게 접할 수 있기 때문에 고객의 입장을 한 층 더 잘 이해할 수 있게 된다.

10.2.5 수익원

수익원(revenue streams)은 기업이 각 고객 세그먼트로부터 발생하는 현금을 의미한다. 기업이 제안하는 가치에 고객은 돈을 기꺼이 지불하는가? 비즈니스모델에는 두 가지 수익원이 존재한다. 하나는 고객의 1회 지출로부터 유발되는 수익이고, 다른 하나는 고객에게 가치제안을 전달하거나 구매 후 고객을 지원하는 데 따른 연속적인 지출로부터 유발되는 반복적인 수익이다.

기업이 수익을 올리는 가장 보편적인 수익원은 기업이 보유한 상품이나 서비스를 판매하여 얻는 수익이다. 통신회사의 경우 이러한 판매를 통한 수익 외에도 고객이 처음 가입 시 지불하는 가입비도 존재한다. 이외에도 기업의 자산을 일정시간 빌려주고 받는 대여료나 임대료와 같은 수익원도 존재한다. 최근에는 정수기나 공기청정기 같은 가전제품도 구매하지 않고 대여하여 사용하는 고객들이 늘고 있다. 라이선싱 수입은 고객들이 기업의 지적 재산권을 사용한 후 사용료를 제공하면서 발생하는 수익이다. 많은 음원 제작자들은 자신의 곡에 대한 저작권을 보유하고 있으며, 그에 맞는 저작권료를 받고 있다. 중개수수료는 흔히 부동산 중개업에서 발생하는 수익이다. 기업이 중간에서 매개역할을 해주는 서비스에서 발생하며 거래가 성사될 때마다 거래액의 일정금액을 수수료로 받는다. 최근에는 인터넷 비즈니스모델들의 활성화로 건당 일정액의 수수료를 챙겨가는 거래수수료 등은 엄청난 수익을 올리기도 한다. 또한 특정한 상품이나 서비스, 브랜드 광고비에서 발생하는 광고 수익원이 존재한다.

10.2.6 핵심자원

핵심자원(key resources)은 비즈니스를 원활히 진행하는 데 가장 필요한 중요자산을 의미한다. 핵심자원은 물리적인 것일 수도 있고, 재무적이거나 인적자원의 영역에 속할 수도 있다. 이 자원들을 이용해 고객에게 가치를 제안하고 창조하며, 고객 세그먼트와의 관계를 유지해서 수익을 창출한다. 핵심자원은 물적 자원, 지적 자산, 인적자원, 재무자원으로 분류된다. 물적 자원은 건물, 자동차, 기계, 시스템, 판매시스템, 물류네트워크 등과 같은 것이며 구글, 아마존닷컴 같은 거대한 기업은 물리적 자산에 크게 의존한다. 점점 더 중요한 자원으로 여겨지고 있는 지적 자산은 브랜드, 특허 및 저작권, 파트너십, 고객 빅데이터 등과 같은 자산을 의미한다. 이러한 자산은 개발하기는 매우 어려우나 일단 개발에 성공하면 상당한 부가가치를 가져온다. 나이키와 아디다스, 타이틀리스트(골프관련 기업) 등과 같은 소비재기업은 핵심자원으로 브랜드에 크게 의존한다. 모든 기업이 가장 필요한 지식집약적이고 창조적인 산업분야에서 인적자원은 매우 중요하다. 특히 연구개발부서인 제약회사 및 첨단바이오산업, 제4차 산업혁명관련 기술산업 등은 인적자원에 크게 의존한다. 마지막으로 재무자원은 기업의 현금, 신용한도, 핵심인력을 유인하기 위하여 핵심자원으로 갖춰야 할 요소이다.

10.2.7 핵심활동

핵심활동(key activities)은 기업이 비즈니스를 제대로 영위해나가기 위해서 꼭 해야 하는 중요한 일들을 말한다. 핵심자원과 마찬가지로 핵심활동 역시 가치제안을 창조 및 제공하고, 시장에 접근하고, 고객 세그먼트와의 관계를 유지하며 수익원을 만드는 데 필요한 것들이다. 즉 기업이 비즈니스를 제대로 영위해나가기 위해 꼭 해야 하는 중요한 일들을 말한다.

생산활동은 높은 품질의 제품을 설계, 생산, 운송하는 것과 관련이 있는 활동이다. 일반적으로 제조회사의 비즈니스모델에서 가장 큰 비중을 차지한다. 또한 고객이 해결할 수 없는 문제에 대해 해결책을 제시하는 문제해결활동도 존재한다. 컨설팅회사, 병원, 서비스 등과 같은 조직의 비즈니스모델상에서는 지식관리는 물론 지속적인 교육 및 훈련 같은 활동으로 문제해결을 도와준다. 그리고 플랫폼 및 네트워크활동관련 비즈니스모델은 이와 관련된 핵심활동에 의해 지배된다. 고객 빅데이터분석 비즈니스 모델은 고객 분류, 매장, 은행을 위한 거래 플랫폼과 관련된 활동을 필요로 한다.

10.2.8 핵심파트너십

핵심파트너십(key partnerships)관계는 비즈니스모델을 원활히 작동시켜줄 수 있는 '공급자-파트너' 간의 네트워크를 의미한다. 파트너십 간의 기업들은 비즈니스모델을 최적화하거나 리스크를 줄이고 자원을 얻기 위해 서로 연합한다. 파트너십을 구축하는 이유는 규모의 경제의 실현, 리스크 및 불확실성의 감소, 자원 및 활동의 획득으로 요약할 수 있다. 자원은 한정되어 있다. 따라서 기업은 최적화나 규모의 경제를 통해 비용을 절약하고자 한다. 또한 기업은 파트너십을 통해 경쟁환경에서의 리스크를 감소시키고자 한다. 기업은 이러한 파트너십을 통해 자원이나 활동을 획득하여 효율적인 운영을 하게 된다.

10.2.9 비용구조

비용구조(cost structure)는 비즈니스모델을 운영하는 데서 발생하는 모든 비용을 의미한다. 앞선 블록들을 통해 핵심자원, 핵심활동, 핵심 파트너십을 정의하고 나면, 비용구조를 쉽게 파악할 수 있다. 많은 비즈니스모델의 비용구조는 비용주도(cost-driven)와 가치주도(value-driven)로 나눠진다. 비용주도의 비즈니스모델은 비용절감을 위해 많은 노력을 기울인다. 반면 가치주도의 비용구조는 고급스러운 가치제안과 고객에게 고도의 맞춤서비스를 제공하고자 노력한다.

비용구조는 고정비, 변동비, 규모의 경제, 범위의 경제로 구성되어 있다. 일반적으로 제조업체의 경우 고정비가 차지하는 비율이 높다. 고정비는 생산량과 관계없이 소요되는 비용으로 인건비, 임대료, 공장 등이 이에 해당된다. 반대로 변동비는 생산되는 제품이나 서비스의 규모에 비례해 변동하는 비용이다. 규모의 경제는 제품의 산출량이 늘어날수록 개당 비용이 저렴해지는 이점을 갖는다. 따라서 기업은 대량생산이나 파트너십을 통해 규모의 경제를 실현시키고자 한다. 범위의 경제는 운영범위를 넓혀 비용을 절감하는 방법이다. 대기업은 동일한 마케팅활동이나 물류 채널을 이용해 다양한 제품을 취급할 수 있다.

10.3 아푸아와 투치(Afuh & Tucci) 비즈니스모델

아푸아와 투치(Afuh & Tucci)는 비즈니스모델의 구성요소가 기업의 성과와 밀접한 관련이 있다고 보고, 총 여덟 가지의 구성요소를 제시하였다.

그림 10-3 비즈니스모델의 구성요소

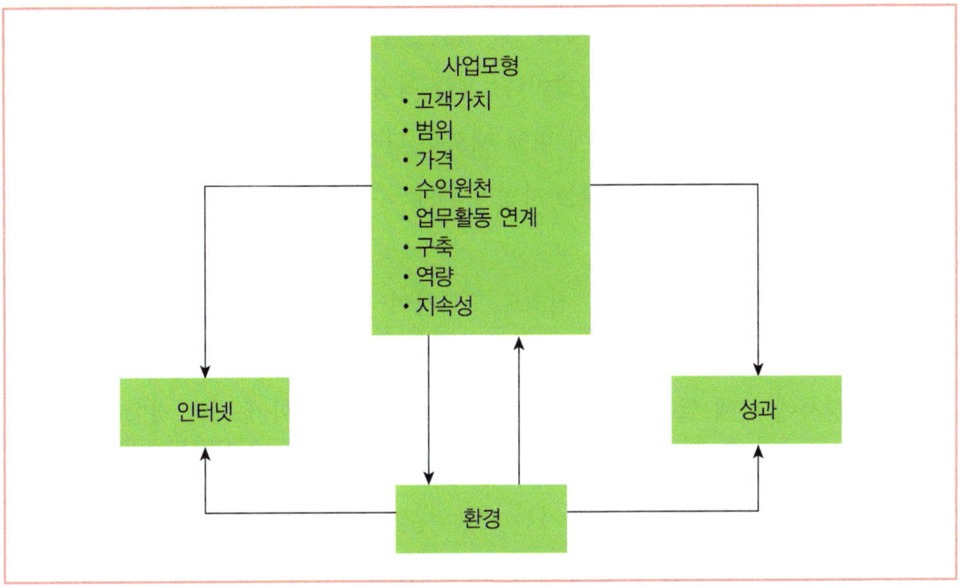

자료 : Afuah & Tucci, *Internet business models and strategies : Text and Cases*, McGraw-Hill, 2000.

10.3.1 고객가치

기업은 고객에게 다른 경쟁자는 제공할 수 없는 가치 있는 서비스와 제품을 제공해야 한다. 이런 고객가치(customer value)의 대표적인 유형으로 차별화전략과 저가전략이 있다.

1) 차별화전략

기업이 차별화(differentiation)전략을 구사할 때, 고객은 해당 제품이 제공하는 가치와 다른 제품이 제공하는 가치가 다르다고 느끼게 된다. 이 차별화의 요소는 제품특성(product features), 시기(timing), 위치(location), 서비스(service), 제품 믹스

(product mix), 연결관계(relationship) 및 평판(reputation) 등이 포함된다.

- 제품특징 : 경쟁사의 제품이 갖고 있지 않은 특징을 고객에게 제공함으로써 제품이나 서비스를 차별화하는 방법이다. 제품 특징은 제품 차별화의 가장 일반적인 방법이다. 다른 경쟁사 제품에 비해 새로운 디자인을 사용하거나 기능을 추가하여 차별화할 수 있다. 또한 제품 차별화 외에도 제품과 관련된 기업의 업무활동의 특징을 차별화시킬 수 있다.
- 시기 : 기업이 시장에 제품을 최초로 도입하여 차별성을 얻는 방법이다. 이런 최초로 도입된 제품은 그 시장에서는 유일한 제품이 된다. 동일한 기능을 가진 제품을 경쟁사에 비해 일찍 생산한다면 그것만으로도 차별화가 되는 것이다. 따라서 기업이 기존에 없던 새로운 제품을 출시하는 경우 시기를 잘 고려해야 한다.
- 위치 : 두 개의 동일한 기능을 가진 제품의 경우에는 적절한 위치 선정으로 고객이 제품에 쉽게 접근할 수 있게 하여 다른 제품과 차별화시킬 수 있다. 모바일기기의 발달로 고객이 예전과 달리 굳이 오프라인 서점에 방문하여 책을 구매할 필요가 없게 되었다. 자신의 스마트폰이나 태블릿 PC를 이용하여 마켓에서 e-book을 다운받으면 언제 어디서나 시간과 장소에 구애받지 않고 책을 구매하여 볼 수 있다.
- 서비스 : 제품의 신속한 사후처리서비스도 차별화의 한 요소이다. 제품의 고장 시에 신속하게 수리하거나, 수리요원과의 의사소통의 원활함은 기업의 중요한 차별화이다. 고객이 구입한 제품에 대한 사전사후관리는 고객에게 큰 가치를 제공할 수 있다.
- 제품믹스 : 다양한 제품을 구매하거나 원스톱(one-stop) 구매를 원하는 고객에게 제품믹스는 하나의 차별화방법이 될 수 있다. 온라인 쇼핑몰은 이러한 제품믹스를 잘 활용한 예이다. 고객은 온라인 쇼핑몰을 이용해 식음료부터 전자제품, 음반, 도서 등 다양한 종류의 제품들을 한 자리에서 구매할 수 있다.
- 연결 : 다른 기업과의 전략적 제휴를 통해 차별화할 수 있다. 브랜드 이미지가 좋은 기업과의 제휴는 기업에게 좋은 차별화의 원천이 된다.
- 평판 : 기업의 자사의 브랜드 명성을 높여, 고객이 다른 기업의 제품과는 다르다

고 만들어야 한다. 이러한 브랜드 평판을 높이는 일은 초기에 많은 비용과 시간이 투입되나 장기적인 측면에서 좋은 차별화요소가 된다.

2) 저가전략

비슷한 제품을 경쟁자보다 낮은 가격에 판매하는 것이다. 저가(low price)전략은 더 낮은 가격에 제품을 판매하는 것이 고객에게 더 나은 가치를 제공한다는 전제하에 시행된다. 고객은 이를 통해 비용절감효과를 볼 수 있다.

10.3.2 범위

고객에게 가치를 제공하는 제품의 타깃시장범위를 의미한다. 이 범위는 다음과 같이 다양한 기준에 의해 구분된다. 범위(scope)는 가치의 여러 측면을 구체화시킨 제품을 고객에게 판매하고, 이러한 가치를 제공할 시장에 관한 것이다.

1) 지리적 세분화

타깃시장을 국가, 지역, 시 등 지리적 단위로 구분하여 나누는 것이다. 맥도날드의 경우 국가에 따라 해당 국가의 문화에 맞는 메뉴를 판매하고 있다.

2) 인구통계적 세분화

연령, 성별, 소득, 종교, 지역 등 인구통계적 변수에 의해 시장을 몇 개의 집단으로 분할하는 것이다.

3) 연령과 생활주기단계

소비자의 욕구와 능력은 연령에 따라 변화하므로 기업은 타깃 연령층에 맞는 서비스나 제품을 제공해야 한다.

4) 성별 세분화

타깃 성별에 따라 제품의 여성적 이미지 혹은 남성적 이미지를 강조할지 결정하게 된다. 의복, 헤어스타일, 화장품, 잡지에서 오랜 기간 사용되어왔다.

5) 소득 세분화

소득 세분화는 고객의 구매력에 많은 영향을 받는 자동차, 보트, 의류, 여행과 같은 분야에서 많이 적용되어왔다.

6) 세대 세분화

각 세대별로 나타나는 정치 · 사회적 특징이나 문화가 다르기 때문에 기업은 이러한 세대 세분화를 통해 타깃전략을 세우고자 한다. 예를 들어 베이비붐 세대(1946~1964)와 X세대(1964~1984)는 다른 특징을 보이고 있다.

7) 사회계층

사회계층은 자동차, 여가활동, 가정용 가구 등에 대한 그 사람의 선호성에 강하게 영향을 미친다.

8) 라이프스타일

라이프스타일은 사람들이 살아가는 방식을 의미한다. 고객의 라이프스타일에 따라 기업은 잠재고객을 발굴할 수 있다. 올즈모빌(Oldsmobile)사는 능동적인 라이프스타일을 가진 고소득층에 속한 사람들을 탐색하면서 골퍼들을 조사하였다. 이 사람들은 통상 여러 대의 자동차를 구입하여 소유하고 있으며, 골프를 치는 사람들은 일반적인 사람들보다 새로운 자동차를 구입할 가능성이 43% 높은 것으로 나타났다. 이러한 자료를 기반으로 올즈모빌사는 잠재고객과 판매자들을 위해 골프경기를 주최하였다. 라이프스타일을 측정할 때에는 활동(activity), 흥미(interest), 의견(opinion)의 세 가지 항목을 사용한다. 활동은 사람들이 어떤 활동에 자신의 시간을 소요하는지를 의미하고, 흥미는 고객이 어떤 것들을 중요하게 여기고 관심을 갖는지를 뜻한다. 마지막으로 의견은 고객의 생각을 말한다.

10.3.3 가격

가격(price)은 기업이 고객에게 제품이나 서비스를 제공하고 수익을 얻을 때 중요한 요소이다. 가격을 어떻게 책정하느냐에 따라 기업의 수익이 바뀔 수 있기 때문에, 신중을 기해야 한다. 잘못된 가격책정전략(pricing strategy)은 기업에 손해를 끼칠 뿐 아니라 제품을 시장에서 사장시켜버릴 수도 있다. 가격을 책정할 때 다음과 같은 다섯 가지 방법이 주로 사용된다.

1) 가격책정(markup pricing)법

일반적으로 가장 많이 사용되는 방법이다. 단위 원가에서 기업이 예상하는 수익률을 고려해서 일반소비자에게 판매하는 가격을 설정하는 방법이다.

- 단위원가 = 변동비 + 고정비/판매량
- 책정가격 = 단위원가/(1 − 예상 판매수익률)

2) 인지하는 가격(perceived-value pricing)법

제품의 원가가 아니라 소비자들이 인지한 가치에 맞게 가격을 매기는 경우이다. 따라서 기업은 소비자들이 인지하는 가치를 높이기 위해 광고나 판매원 같은 마케팅 믹스에서 비가격 변수를 많이 이용한다.

3) 가치가격(value pricing)법

가치가격법은 소비자에게 높은 가치가 있는 제품 및 서비스를 저렴한 가격으로 제공하는 방법이다. 많은 소매업에서는 이 가치가격법을 적용해 매일 저가격화(everyday low price)방법을 사용하고 있다.

4) 비교가격(going-rate pricing)법

이 경우 기업이 가격을 책정할 때 가장 염두에 두는 것은 경쟁사의 가격이다. 경쟁사와 비교하여 동일한 가격을 책정하거나 더 높게 또는 더 낮게 책정할 수도 있다.

5) 제한가격(sealed-bid pricing)법

기업이 공개입찰가격정책을 사용한다면 제품의 원가나 수요를 고려하기보다는 경쟁사들이 어느 정도 가격을 책정할 것인가에 기초하여 가격을 결정한다.

10.3.4 수익원천

비즈니스모델분석에서 가장 중요한 요소는 기업의 수익의 원천(revenue source)이 무엇인지를 결정하는 것이다. 전통적인 기업에서는 수익은 제품과 서비스의 판매로부터 얻을 수 있다. 그러나 인터넷 비즈니스의 경우 추가적인 두 가지 요소가 존재한다. 바로 중개성(mediating)과 네트워크 외형(network externalities)인데, 중개성은 인터넷을 통해 거래할 때 거래와 관련된 수수료 및 광고료를 수익의 원천으로 활용하는 것이다. 네트워크 외형은 네트워크의 트래픽(traffic)을 의미한다. 인터넷에서 트래픽이 많다는 것은 곧 시장에서 점유율이 높다는 것을 의미하므로, 트래픽 역시 중요한 수익의 원천이다.

10.3.5 업무활동 연계

기업은 고객에게 제공하는 가치, 즉 서비스와 제품을 공급하기 위해서는 일련의 가치창조 업무활동을 연계(connected activities)해야 한다. 예를 들면 R&D, 마케팅, 생산활동 등이다. 고객이 요구하는 가치를 제공하기 위해서는 기업은 어떤 업무활동을 언제 수행해야 하는지에 대한 선택의 문제가 중요하다.

1) 어떤 업무활동을 수행할 것인가

기업이 가치를 창조하기 위해 어떤 활동을 수행할 것인지 결정해야 한다. 기업이 이러한 결정을 하기 위해 다음과 같은 다섯 가지 기준들을 사용한다.

- 가치생산활동을 일관성 있게 지원해야 한다. 예를 들어 기업이 저가전략이나 차별화전략을 선택하였다면 이에 맞게 업무활동이 지원되어야 한다.

- 각기 서로 다른 업무를 상호지원해야 한다. 온라인 쇼핑몰의 고객 인터페이스에는 다양한 판매촉진을 위한 내용이 담겨 있고, 이를 통해 기업은 자사의 브랜드 이미지를 높일 수 있다.
- 기업의 가치창조 업무활동은 기업이 성공하기 위한 주요한 요인이다. 예를 들어 온라인 쇼핑몰은 빠른 주문처리와 배송이 성공요인이다.
- 독특한 업무활동을 구축할 수 있는 역량이 기업 성공의 주요한 열쇠이다. 유통기업이 물류활동에서 업무활동을 구축하고 운영하는 능력이 기업성공의 요인이다.
- 산업이 기업에게 보다 더욱 매력적인 방향으로 추진되어야 한다. 기업은 전략적 행위를 통해, 공급자와 고객에 대한 교섭력을 증가시키고 경쟁을 감소시킨다. 고객에게 경쟁사보다 더 나은 가치를 제공하는 것은 이익을 얻는 필요조건이다.

2) 언제 업무활동을 수행할 것인가

산업이나 시장의 환경은 계속 변화하므로 기업이 언제 어떤 업무를 수행하는가는 중요한 문제이다. 또한 산업 역시 제품 수명주기처럼 산업주기를 갖고 있으므로, 그 산업이 성장기인지 쇠퇴기인지에 따라 기업이 수행해야 되는 업무활동 역시 변화한다. 기업이 어떤 활동을 수행할지를 선택하는 시기는 경쟁사에 의해 영향을 받는다. 또한 업무활동이 수행되는 순서도 중요하다. 만약 어떤 기업이 고객에게 매력적인 신제품을 광고하지만, 그에 대응하는 종업원들의 서비스와 지식이 부족하다면 그 기업의 명성은 손상될 수 있다.

10.3.6 구축

구축(implementation)은 기업이 어떤 의사결정을 내리느냐에 따른 문제이다. 무엇을, 언제, 어떻게 고객에게 전하는가 하는 문제를 결정하는 것은 매우 중요한 일이다.

산업은 진화하기 때문에 기업은 때에 따른 알맞은 활동들을 수행해야 한다.

1) 구조

구조(structure)는 기업 내에서 어떻게 업무보고가 이루어지고, 상호 간에 의사소통이 수행할 것인지와 관련된 사항이다. 올바른 구조는 다음과 같은 두 가지 특징을 지닌다.

- 조정(coordination)은 기업이 어떤 자원(resources)을 필요로 할 때, 시의적절하게 고객에게 가치를 제공하는 것을 의미한다.
- 차별성(differentiation)과 통합성(integration)을 가지고 있어야 한다. 기업의 물류와 마케팅그룹은 분리되어 유지된다. 각각의 활동들은 고유한 과제와 역할이 있다. 동시에 고객에게 가치를 제공하기 위해서 서로 다른 기능 간의 상호작용이 필요할 때가 있다. 따라서 서로 다른 기능의 차별화된 활동들은 최적의 가치를 위해 통합되어야 한다.

2) 시스템

앞서 얘기한 구조는 기업이 어떤 업무를 수행할지 결정을 내리게 해준다. 하지만 종업원들이 자신의 업무에 어떻게 동기유발되는지에 대해서는 설명해주지 않는다. 경영자는 이해가능한 방식으로 개인과 조직에 대하여 성과를 측정하고 보상할 수 있어야 한다. 이러한 성과보상시스템뿐만 아니라 정보흐름시스템 역시 매우 중요하다. 조직 말단의 직원으로부터 매력적인 아이디어가 나왔을 경우, 경영자가 정확한 정보를 신속히 얻는 것이 중요하다. 이런 정보흐름시스템을 통해 많은 기업들은 왜곡되지 않은 최신정보를 빠르게 획득할 수 있다.

10.3.7 역량

역량(capabilities)은 기업이 필요한 자원을 획득하고 사용하는가의 문제이다. 이렇게 획득한 자원을 이용하여 기업은 경쟁자들과의 경쟁우위를 가지게 된다.

1) 자원

고객이 원하는 가치를 제공하기 위해서는 자원(resources)이 필요하다. 이 자원은 유형(tangible), 무형(intangible), 사람(human)으로 분류된다. 유형자원은 장비, 토지, 건물, 현금 등 눈에 보이고 존재하는 자원을 의미한다. 이 자원들은 재무제표상에서 자산에 속하는 것들이다. 무형자원은 특허, 저작권, 브랜드 등과 같이 눈에 보이지 않는 비물리적이고 비재무적 자산이다. 사람, 즉 인적자원은 직원들이 보유하고 있는 기술과 지식이다. 인적자원을 통해 기업은 이러한 유·무형자원을 활용하여 고객에게 가치를 제공할 수 있게 된다.

2) 능력

획득한 자원을 고객이 원하는 가치로 만들기 위해서는 기업의 능력(competencies)이 필요하다. 경쟁자와 자사의 제품 및 서비스를 차별화할 수 있는 주요 요소이며, 이 능력을 통해 기업이 경쟁우위를 가지게 된다.

10.3.8 지속성

기업이 경쟁우위를 가지게 된다면, 이를 이용해 경쟁자를 따라잡거나 추월할 수 있게 된다. 지속성(sustainability)은 이러한 기업이 가진 경쟁우위를 지속적으로 유지하는 것이다. 경쟁우위를 유지하는 것은 기업을 둘러싼 주변환경이나 기술, 역량과 밀접한 관계를 맺고 있다. 경쟁우위를 지속시키기 위해 기업은 다음 세 가지 전략을 이용한다.

1) 장벽전략

기업은 사업모형 둘레에 장벽을 세워 다른 기업이 자사를 쉽게 모방하지 못하게 한다. 주로 저작권, 특허 등이 이 전략에서 사용된다. 다만 장벽전략(block strategy)의 문제점은 경쟁사가 장벽을 피할 수 있는 방법을 발견한다면 더 이상 사용할 수 없게 된다는 점이다.

2) 선발전략

선발전략(run strategy)을 구사하는 기업은 사업군에서 경쟁자들보다 항상 먼저 앞서 나가야 한다. 새로운 혁신적인 사업모형을 통해 경쟁자가 따라올 수 없게 따돌리는 것이다.

3) 팀구성전략

팀구성전략(team-up strategy)은 자사의 사업모형을 강화시키기 위해 다른 기업과 전략적 제휴, 인수, 지분 소유 등의 방법을 통해 팀을 구성하는 것이다.

| 표 10-1 | 비즈니스모델의 구성요소

고객가치	기업이 고객에게 제공하는 가치
범위	고객에게 가치를 제공하는 제품의 타깃시장범위
가격	기업이 고객에게 제공하는 제품 및 서비스가격 설정전략
수익원천	기업의 수익창출방법
업무활동 연계	기업이 고객에게 제품 및 서비스를 공급하기 위한 가치창조활동
구축	비즈니스모델의 구성요소를 구축
역량	기업이 업무를 수행할 수 있는 능력
지속성	기업이 시장에서 경쟁적 우위를 갖기 위해 해야 하는 활동

지금까지 우리는 여덟 가지의 비즈니스모델 구성요소를 살펴보았다. 아푸아와 투치(Afuah & Tucci)는 고객가치요소에서 일반적으로 사용되는 차별화와 저가전략을 언급하였다. 그러나 이 모델을 고객의 관점에서 바라본다면 사실 첫 번째 요소인 '고객가

그림 10-4 고객 관점에서 수정된 비즈니스모델

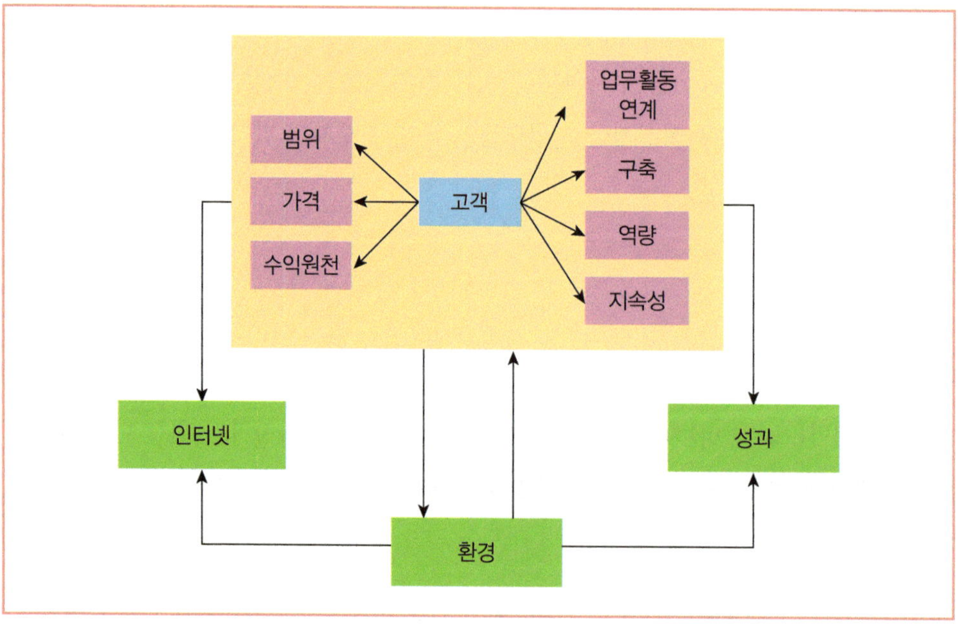

자료 : 김성희 · 장기진 · 한창희, 고객중시의 비즈니스모델링, 도서출판 청람, 2014.

치'가 이 비즈니스모델의 가장 핵심적인 부분이라고 할 수 있다. 하지만 이 모델에서는 고객에 대해 충분한 고려가 이루어지지 않고 있다. 따라서 다음의 수정된 모델을 사용하여 고객의 아픔에서 출발하는 비즈니스모델에 대해 이야기해보고자 한다.

고객가치요소는 기업이 고객에게 자사의 제품이나 서비스를 통해 가치를 전달하는 과정이다. 우리는 이 고객가치를 고객이라는 좀 더 확장된 개념으로 보고 나머지 일곱 가지 요소에 끼치는 영향에 대해 알아보고자 한다. 기업이 고객가치를 창출하고자 한다면 고객의 제품에 대한 만족도를 높여야 한다.

고객만족을 성취하기 위해서는 고객이 진정으로 원하는 것이 무엇인지 그 요구사항을 정확하게 파악하고 있어야 한다. 기업은 고객의 니즈를 파악하고 충족시키기 위해 자사만의 고유한 가치를 제공한다. 기업이 제공하는 제품 및 서비스는 실제 고객의 니즈를 가능한 반영한 상품명세서(specification)를 통해 상품을 설계하여 생산할 수 있는 형태로 만든다. 고객의 니즈에 대한 올바른 이해를 통해 기업은 정확한 상품명세서를 만들 수 있으며, 이를 통해 고객의 니즈를 충족시킬 능력을 끌어올릴 수 있다. 일반적으로 고객의 요구사항을 정의하면 [표 10-2]와 같다.

| 표 10-2 | 고객의 요구사항

품질	고객의 사용 목적에 상품이 적합한 정도
유연성	수량, 납기일, 상품 자체를 변경할 수 있는 여유의 정도
서비스수준	고객이 상품 및 서비스를 요구 시 빠르게 제공하는 능력
가격	고객이 상품을 구매하고 지불하는 비용
리드타임	기업의 업무활동 속도, 혁신이 시장화되는 속도

이제 고객 관점을 반영한 나머지 일곱 가지 요소들을 하나씩 살펴보자.

기업이 타깃시장의 범위를 설정할 때 앞서 설명했듯 다양한 세분화방법을 사용한다. 이러한 세분화방법들은 고객을 중심으로 설계되어 있다. 어떤 방법을 사용하든 기업은 세분화된 고객집단의 특징을 파악하고 그 집단의 니즈를 통해 알맞은 가치를 전달하기 위해 노력해야 할 것이다.

가격은 고객이 제품을 구매할 때 고려하는 일반적인 요소이다. 기업은 측정된 가격을 통해 고객으로부터 수익을 얻는다. 앞서 가격을 책정할 때 주로 사용하는 방법을 설명했으나, 그 중 고객을 고려한 방법은 존재하지 않는다. 동일한 성능의 제품이나 서비스를 경쟁사에 비해 저렴한 가격에 제공하는 것은 잘 알려진 전략이다. 하지만 때로는 기업이 목표로 한 고객 세그먼트의 특성을 고려하여 적절한 가격을 책정해야 한다. 경쟁사에 비해 너무 높거나 낮은 가격은 오히려 고객으로 하여금 제품에 대한 불신을 불러일으킬 수도 있다.

수익의 원천은 비즈니스모델에서 가장 중요한 요소이다. 전통적인 기업은 앞서 설명한 제품 혹은 서비스를 제공하고 기업이 책정한 가격으로부터 수익을 얻는다. 결국 그 가격에 해당하는 돈을 지불하는 것은 고객이므로, 고객은 기업의 수익의 원천에 있어 아주 중요한 의미를 갖는다. 다양한 수익의 원천은 앞서 설명하였던 비즈니스모델 캔버스에 상세히 서술되어 있다.

업무활동 연계는 기업이 어떤 업무활동을 언제 수행할 것인가의 선택의 문제이다. 기업은 가치를 창조하기 위해 해야 하는 활동들과, 그렇게 창조한 가치를 고객에게 전달할 시기를 결정해야 한다. 이 과정에서 고객은 기업이 수행해야 할 활동들을 명확히 만들어준다. 앞서 정의된 고객 세그먼트를 고려하여 우선순위를 정하면 좀 더 쉽게 이해할 수 있을 것이다. 또한 산업과 시장은 고객의 니즈와 트렌드를 반영하여 변화한다. 따라서 언제 업무활동을 수행하는 것이 좋을지 결정을 내려야 한다면, 고객의 니즈에서 출발하여 고민해보아야 할 것이다.

구조의 특징을 살펴보면 기업은 조정(coordination)을 통해 고객에게 적절한 시기에 고객이 원하는 가치를 제공할 수 있다. 또한 구조를 잘 이용하여 상호 간의 의사소통을 원활히 해야 한다. 의사소통은 비단 기업 내에 한정된 것이 아니라 기업과 고객 간의 의사소통도 포함한다. 제품에 대한 고객의 의견이나 불만사항이 기업에 잘 전달될 수 있는 체계가 잡혀있어야 기업은 고객의 의견을 적극 반영할 수 있을 것이다.

기업은 자사의 역량을 높이기 위해 끊임없이 노력해야 한다. 자원(resources)을 잘 획득하고 적재적소에 배치하는 것도 중요하나 획득한 자원을 고객이 원하는 가치로 만드는 능력(competencies) 또한 중요한 문제이다. 능력이 뛰어난 기업은 동일한 자원을 사용하더라도 좀 더 높은 가치를 고객에게 제공할 수 있다. 따라서 기업은 역량을 증진시켜 고객에게 고객이 원하는 좀 더 높은 가치를 제공하기 위해 노력해야 한다.

마지막으로 이렇게 제공된 가치를 통해 기업이 경쟁우위를 갖게 되면 이를 유지하기 위해 많은 노력을 기울이게 된다. 제시된 세 가지 전략을 고객 관점에서 발전시켜 보자. 기업이 경쟁우위를 유지하게 만들어주는 것도 역시 고객이다. 고객의 지속적인 구매와 충성도로 인해 기업은 경쟁자로부터 자신의 자리를 지킬 수 있게 된다.

10.4 VISOR 비즈니스모델

VISOR모델은 CTM(California Technology Management)에서 고안한 비즈니스모델 프레임워크로, 새로운 기술의 도입 및 서비스 제공에 있어서 그 성공 또는 실행가

그림 10-5 VISOR모델

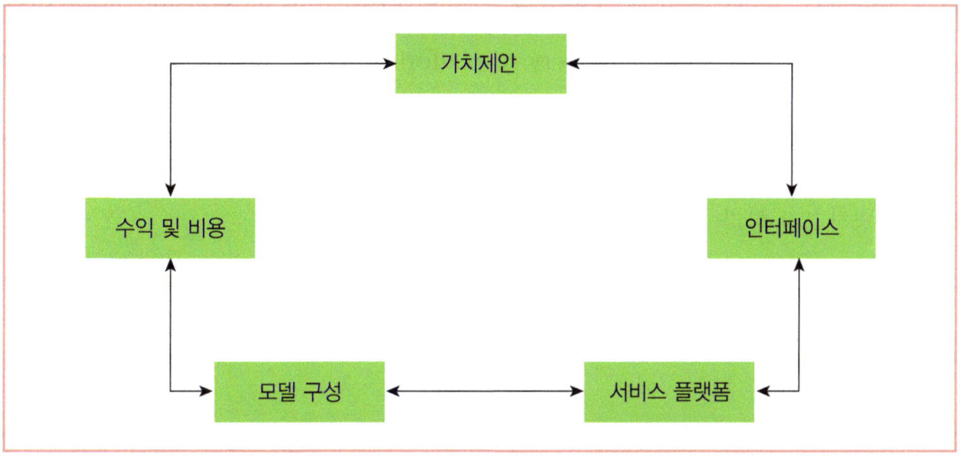

자료 : Fife & Pereira, "The Business Models for Mobile Tele-Health in the U.S : Applying the VISOR Framework", The Global Mobility Roundtable Conference, Auckland, 2008.

능성을 평가하는 방법론이다. 피페와 페레이라(Fife & Pereira)는 VISOR모델을 원격의료(mobile tele-health)서비스사업에 적용하여 설명하고 있다. 이 모델은 비즈니스모델의 구성요소를 다섯 가지로 구분하여 제시하고 있다.

VISOR모델은 사용자경험이나 인터페이스요소를 반영하여, 비즈니스모델을 전개하는 다양한 방법들을 통합하고자 한다. 이 요소들은 기존의 다양한 비즈니스모델에서는 명백하게 나타나지 않는다. 게다가 VISOR모델에 포함된 인터페이스와 서비스 플랫폼요소들은 원격진료(tele-health)와 같은 전자기기나 서비스분야에서 매우 중요한 역할을 한다. 따라서 좋은 비즈니스모델은 다음과 같은 질문에 답할 수 있어야 한다. 기업이 제공하는 서비스는 누구를 위한 것인가?, 고객의 가치는 무엇인가?, 어떻게 우리는 이 사업에서 수익을 올릴 수 있는가?, 우리가 고객에게 적당한 비용에 가치를 전달하는 잠재적인 경제논리는 무엇인가?

이러한 접근에서 VISOR모델은 기업이 어떻게 고객의 잠재적인 요구에 응답하고, 높은 가치를 창출하여 고객에게 전달할지 고려해본다. 성공적인 비즈니스모델은 각각의 요소들을 조정할 수 있으며, 타깃 고객의 지불 의사를 최대한으로 끌어올릴 수 있는 가치를 제안해야 한다.

VISOR모델의 전체 다섯 가지 요소 중 가치(value)와 수익 및 비용모델(revenue/cost model)은 서비스를 통해 제공되는 진정한 가치(real value)영역이라 하며, 인터페이스(interface), 서비스 플랫폼(service platforms), 모델 구성(organizing model)은 기업이 고객에게 서비스를 전달하는 데 드는 비용적인 측면을 나타내고 있다. 앞서 언급한 원격의료(mobile tele-health)서비스를 예로 들어 VISOR모델의 다섯 가지 요소를 설명하고자 한다.

10.4.1 가치제안

특정 고객 세그먼트가 기업의 제품 또는 서비스에 부여하는 가치제안(value proposition)은 고객이 제품 및 서비스를 구매하고 그에 해당하는 높은 가격을 지불하는 이유이다. 기업은 '가치창출(value creation)'을 통해 최종소비자들의 욕구를 충족시켜야 하며, 기존의 제품에서 만족하지 못하고 있는 소비자들을 만족시킬 수 있는 '대체가치(value substitution)'를 제공하여야 한다. 가치제안요소는 앞서 다른 비즈니스모델에서도 등장하였다.

고객은 원격의료서비스를 통해 무선으로 진료가 가능하므로 지리적인 제약조건에 구애받지 않는다. 결과적으로 고객은 기존에 비해 비용을 절약하면서도 좀 더 빠르게 진료와 치료를 받을 수 있다.

10.4.2 인터페이스

제품 혹은 서비스의 성공은 사용자가 사용하는 인터페이스에 많이 달려있다. 인터페이스(interface)는 사용하기 쉽고, 간단하며, 간편하거나 아니면 고객에게 놀라운 경험을 제공해야 한다.

원격의료서비스는 PDA 단말기를 사용하여 의료진이 환자를 진찰하고 처방을 위한 환자의 의료정보에 접근한다. 또한 환자는 PDA를 이용해 자신의 몸상태를 체크하여 인슐린을 투입하거나 심장박동수를 확인한다. 이러한 간편한 인터페이스를 통해 환자는 매우 간편하게 의료진료를 받을 수 있게 된다.

10.4.3 서비스 플랫폼

서비스 플랫폼(service platforms)은 제품이나 서비스를 고객에게 전달하는 데 필요한 비즈니스모델이나 관계를 지원하며 기업의 가치제안(value proposition)을 높이고자 한다.

과거에 비해 5G, WiFi, Bluetoothe 등 다양한 무선기술의 발전으로 인해 현대는 간편한 원격진료가 가능해졌다. 이런 의료 데이터에 대한 강한 보안기술이 필요하므로 대부분의 무선장치들은 리스크를 피하기 위해 최소한의 환자에 대한 정보만 포함하고 있다. 앞으로 지금보다 더욱 발전된 무선기술들이 등장한다면 고객에게 더 높은 품질의 서비스를 제공할 수 있을 것이다.

10.4.4 모델 구성

모델 구성(organizing models)은 기업이 얼마나 효율적으로 업무절차, 가치사슬, 파트너관계를 구성하고, 제품이나 서비스를 고객에게 효과적으로 전달하고 있는지를 의미한다.

의료 및 보건 사회시스템은 매우 조직적이며 복잡하게 구성되어 있다. 원격진료의 경우 연방통신위원회의 규제를 받으며, 미국의학협회나 의학대학 등 다양한 기관들로부터 영향을 받는다. 또한 주마다 라이선스시스템이나 보험정책이 다르기 때문에 원격진료를 수행할 때 어려움을 겪을 수 있다.

10.4.5 수익 및 비용모델

수익 및 비용모델(revenue/cost model)은 서비스를 제공하고 얻는 총수익과 서비스를 제공하는 데 드는 총비용모델을 말한다. 좋은 비즈니스모델에서는 수익이 비용보다 많아야 하며 모든 파트너들에게도 매력적인 모델이어야 한다.

현재 원격진료는 초기 인프라에 많은 비용이 들어간다. 아직까지 적은 수의 의료기관이 원격진료에 동참하고 있으며, 의학협회에서는 언제 구식이 될지 모르는 새로운 기계의 도입을 꺼리고 있는 상황이다.

지금까지 VISOR모델의 다섯 가지 요소를 살펴보았다. 그 중 고객 관점에서 세 가지 요소인 가치제안, 인터페이스, 모델 구성에 대해 좀 더 이야기해보고자 한다. 고객중심의 수정된 VISOR모델은 다음과 같이 나타낼 수 있다.

그림 10-6 고객 관점의 수정된 VISOR모델

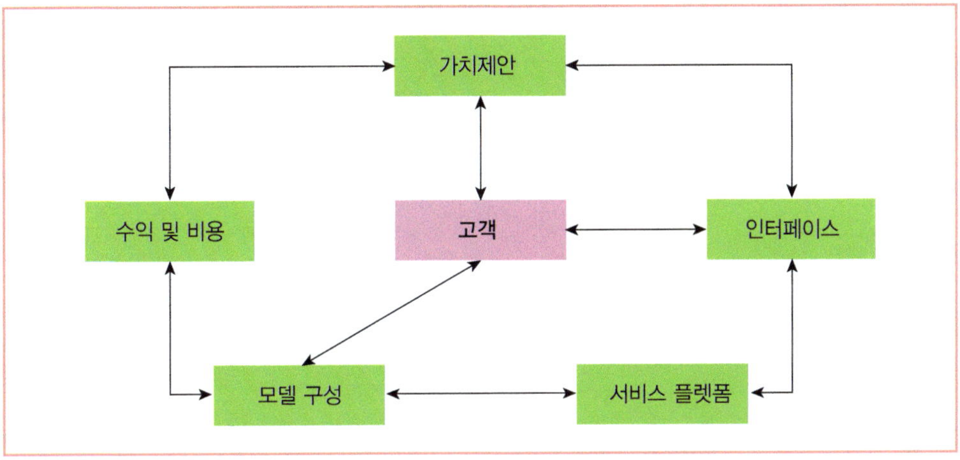

자료 : 김성희 · 장기진 · 한창희, 고객중시의 비즈니스모델링, 도서출판 청람, 2014.

가치제안은 비즈니스모델의 첫 번째 시작단계이나 그만큼 어렵고 모델의 핵심이 되는 단계이다. 따라서 가치제안단계를 고객의 니즈를 출발점으로 생각하고 전개시켜보면 보다 쉽게 도출할 수 있을 것이다. 고객들은 기업이 어떤 가치를 제공하냐에 따라 제품을 구매할지 구매하지 않을지 결정을 내린다. 기존 제품에서의 불만사항이나 그로부터 도출된 고객의 아픔을 바탕으로 생각해보자.

간단한 인터페이스는 고객이 제품을 이용하기 쉽게 만들어준다. 기업은 제품 혹은 서비스 설계단계에서부터 고객을 고려하여 접근하기 쉽고 편리한 인터페이스를 제공하기 위해 노력하여야 한다. 만약 기업이 인터페이스의 방향을 놀라운 경험 쪽으로 잡았다면, 고객이 제품을 사용하면서 즐거움을 느낄 수 있고, 인터페이스가 제품을 사용하기 위한 수단이나 도구가 아닌 그 자체만으로도 고객에게 높은 가치를 전달할 수 있게 설계되어야 할 것이다.

효과적인 비즈니스모델 구성을 통해 기업은 고객에게 자사의 제품을 좀 더 효과적으로 전달할 수 있다. 비즈니스모델을 구성할 때 기업은 어떻게 고객에게 가치를 전달할 것인지 고려해야 한다. 좋은 모델 구성은 전달하고자 하는 가치를 높여줄 것이며 그로 인해 고객의 만족감 역시 높아질 것이다.

10.5 아미트와 조트(Amit & Zott)의 비즈니스모델

비즈니스모델은 사업환경에서 기회를 이용하여 모든 관련된 구성원들이 가치를 창출하게 설계된 콘텐츠, 구조, 관리방식을 뜻한다. 따라서 비즈니스모델을 설계할 때에

그림 10-7 비즈니스모델 설계

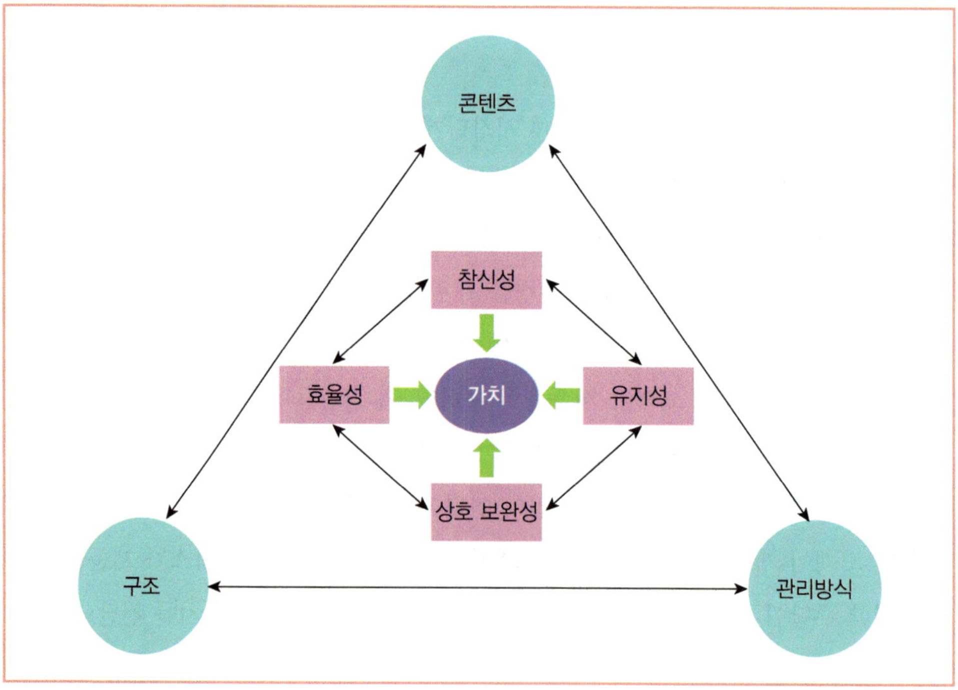

자료 : Amit & Zott, *Business Model*, David Teece(ed), 2012.

는 전체적인 총가치의 양에 의해 기반을 두거나 기업이 창출할 수 있는 최대한의 가치를 기반으로 하게 된다. 창출되는 전체 가치가 커질수록, 기업의 교섭력 또한 높아지며 기업이 자사의 제품이나 서비스에 책정할 수 있는 가치의 양 또한 많아진다.

아미트와 조트(Amit & Zott)는 비즈니스모델을 활동체계(activity system) 관점에서 접근하였다. 그들은 비즈니스모델을 구성하는 요소로 콘텐츠(contents), 구조(structure), 관리방식(governance)으로 나누고, 비즈니스모델의 가치를 창출할 때 사용하는 주요한 네 가지 테마(참신성, 유지성, 상호 보완성, 효율성)를 [그림 10-7]과 같이 제시하였다.

10.5.1 비즈니스모델의 세 가지 요소

1) 콘텐츠

콘텐츠(contents)는 기업이 어떤 활동을 수행할지에 대한 문제이다. 전형적인 소매은행인 방콜롬비아(Bancolombia)는 은행서비스를 이용할 수 없었던 60% 이상의 콜롬비아인에게 소액 대출서비스를 제공하였다. 이렇게 새로운 활동을 수행하면서, 은행은 최고관리자를 교육하고, 새로운 직원을 고용하여 교육하고, 새로운 역량을 개발하고, 기존에 존재하던 시스템에 새로운 활동을 접목시키고자 하였다.

2) 구조

구조(structure)는 기업의 활동들이 어떻게 서로 연계되고, 비즈니스모델에서 중요성을 캐치하는지에 대한 요소이다. 예를 들어, IBM의 경우 1990년대 초반 다양한 금융위기를 계기로 회사의 핵심활동과 주변활동을 바꿔나가기 시작했다. 과거에는 하드웨어적 서비스를 고객에게 제공하였다면, 점차 서비스 제공자로서 고객에게 다가가기 시작한 것이다. 이에 맞춰 IBM은 새로운 활동으로 당시 15년 전에는 거의 존재하지 않던 IT 컨설팅서비스를 통해 성공적인 성과를 거두었다.

3) 관리방식

관리방식에 대한 문제는 누가 기업의 활동들을 수행하는가의 문제이다. 프랜차이즈는 이 관리방식(governance)에 적합한 한 가지 유형으로 보인다. 일본의 소매 사업가인 토시후미 스즈키는 1970년대 초반 미국에서 개발된 프랜차이즈시스템이, 정부가 점포의 크기나 오픈시간을 규제하고 있는, 일본의 소매 아울렛에 도입하기에는 적합하지 않다는 것을 깨달았다. 일본의 프랜차이즈 편의점 세븐일레븐에 스즈키는 새로운 관리방식을 도입하고 전문적인 관리와 지역 특색을 적용하여 가치를 창출할 수 있게 하였다.

10.5.2 비즈니스모델의 가치를 창출하는 네 가지 테마

1) 참신성

참신성(novelty)을 중요히 여기는 비즈니스모델을 설계할 때 핵심은 새로운 콘텐츠(contents)나 기업활동들을 연계하는 새로운 방법(structure), 아니면 새로운 관리방식(governance)에 적용해야 한다는 점이다. 예를 들어 애플은 PC와 같이 혁신적인 하드웨어 제품을 고객에게 제공하는 것에 초점을 맞춘다. 아이팟(iPod)의 개발이나 음악 다운로드사업인 아이튠즈(iTunes)를 통해 애플을 음악을 판매하는 최초의 전자제품회사가 되었다(콘텐츠 참신성). 아이팟의 하드웨어와 소프트웨어의 연계를 통해(구조 참신성), 많은 소비자들이 간편하게 합법적으로 음악을 다운로드할 수 있도록 만들어주었다(관리방식 참신성). 즉 애플은 자사의 혁신의 중심을 제품에서 비즈니스모델로 이동하여 성공적으로 적용하였다.

2) 유지성

유지성(lock-in)은 비용을 변화시키거나 구조나 콘텐츠, 관리방식에서 도출된 네트워크 외부성(network externality)을 통해 나타날 수 있다. 예를 들어 이베이(eBay)의 경우 홈페이지에 판매자로 등록한 고객들이 제품 사진을 찍어 올리거나, 자세한 설명을 다는 등 판매에 필요한 활동들을 직접 수행한다. 판매자들이 계속해서 이베이에서 물건을 판매하고 다른 경쟁사로 옮기지 않는 이유는 무엇일까? 그 이유는 이베이에는 강력한 네트워크 외부성이 존재하기 때문이다. 많은 잠재적 소비자들을 기반으로, 판매자들은 이베이에서 거래하는 것이 다른 웹사이트보다 편리하다는 것을 알고 있기 때문이다. 이것이 유지성이다. 기업은 기존 고객들이 경쟁사로 옮겨가지 못하게 자사만의 가치를 제공해야 한다. 이와 비슷한 예로 네트워크 외부성을 기반으로 서비스하는 SNS업체인 페이스북(facebook)이 있다. 페이스북의 사용자들은 자신의 페이스북에 사진을 업로드하거나 메시지를 작성하는 데 많은 시간을 할애한다. 따라서 사용자들은 이미 자신이 많은 시간을 투자한 페이스북 대신에 새로운 SNS를 사용하는 것을 꺼린다.

3) 상호 보완성

상호 보완성(complementarities)은 각각의 활동들을 따로 시행하는 것보다 함께 제공할 때 더 많은 가치가 생성되는 것을 의미한다. 예를 들어 상업은행에서는 고객에게 돈을 빌려줄 때 보증을 통해 다양한 리스크를 회피하고자 한다. 다이아몬드회사는 각각의 시장 세그먼트에 다이아몬드를 가공하여 판매하는 것이 가능하다는 장점으로 인해 연마작업과 유통을 동일한 비즈니스모델에서 진행한다.

4) 효율성

기업은 거래비용을 줄이면서 어떻게 효과적으로 목표한 활동을 수행할 것인가 고민하여야 한다. 기업은 상호 의존적 상황을 유리하게 이용하는 거래 파트너로부터 '인질로 잡히는 것'을 피하기 위해 수직적 통합을 결정할 수도 있다. 아니면 반대의 상황으로 기업의 매니저는 아웃소싱을 통해 관리시스템상의 인터페이스를 모두 통일화하여 거래비용을 절감할 수 있다. 효율성(efficiency)에 관한 이 예들은 앞서 나온 관리방식(governance)을 내재하고 있다. 기업은 또한 그들의 콘텐츠와 구조를 통해 효율을 달성하는 것을 목표로 해야 한다.

| 표 10-3 | 비즈니스모델 설계요소와 가치창출 테마

비즈니스모델 설계요소	
• 콘텐츠(content) • 구조(structure) • 관리방식(governance)	• 어떤 활동을 수행할 것인가? • 어떻게 그 활동을 연계할 것인가? • 누가, 어디서 그 활동을 수행할 것인가?
비즈니스모델의 가치창출 테마	
• 참신성(novelty)	• 혁신적인 콘텐츠, 구조, 관리방식을 적용하라.
• 유지성(lock-in)	• 비즈니스모델의 이해당사자들을 유지할 수 있는 요소를 만들어라.
• 상호 보완성(complementarities)	• 더 많은 가치를 창출할 수 있는 묶음활동을 시행하라.
• 효율성(efficiency)	• 거래비용을 감소시키기 위해 활동을 재구성하라.

자료 : Amit & Zott, *Business Model*, David Teece(ed), 2012.

아미트와 조트(Amit & Zott)의 비즈니스모델은 직접적으로 고객에 대하여 언급하고 있지 않으나 비즈니스모델 전반에 녹아들어 있는 것을 확인할 수 있다.

기업은 유지성을 통해 고객이 다른 경쟁자로 이탈하는 것을 방지하고 자사의 가치를 굳건히 할 수 있다. 따라서 기업은 고객뿐만 아니라 비즈니스모델 안의 이해당사자들을 계속해서 사로잡을 매력적인 요소들을 창출하기 위해 노력하여야 한다. 결과적으로 고객은 이런 기업의 다양한 요소들을 통해 기업의 제품이나 서비스에 만족감을 느끼고 계속해서 기업의 상품을 구매하게 된다. 고객이 만족을 느끼는 기본요건으로는 전략, 리더십, 직원, 고객교육, 하부구조의 다섯 가지가 존재한다.

- 전략 : 전략은 고객만족의 모든 요소를 구성하는 전체 틀이다. 먼저 기업의 역량을 고객의 니즈와 기대에 맞춘다. 앞서 설명한 경쟁우위 확보를 목표로 하여 고객을 최우선으로 수립한 전략을 전체 조직에 확신시켜야 한다.
- 리더십 : 리더십은 수립된 전략이 실제로 시행되도록 만들어준다. 경영자의 고객에 대한 진실한 태도는 전체 조직에 영향을 끼쳐 기업 내의 일상적인 업무활동에도 변화를 줄 수 있다.
- 직원 : 직원은 고객이 기업의 상품을 구매하거나 사후서비스를 제공할 때 만나게 된다. 따라서 고객만족은 직원의 역량과 노력에 많은 부분 영향을 받는다. 기업은 직원을 채용할 때 기업의 가치에 적합한 인물을 선발하여야 하며, 성과보상시스템을 통해 직원을 고취시켜야 한다.
- 고객교육 : 일부 제품과 서비스의 경우 고객은 서비스의 공동 생산자이다. 즉 고객이 자신의 역할을 적절히 수행하는 것이 자신의 만족도에 영향을 끼친다는 의미이다. 기업이 서비스를 제공함에 있어 기업과 고객 모두 충분한 능력을 갖추고 있어야 한다. 고객 교육은 기업이 상품을 제공하는 데 효율성을 높여줄 뿐만 아니라 다른 고객의 서비스 인지에도 많은 영향을 준다.
- 하부구조 : 업무지원 시설 및 시스템을 뜻하며, 성과 측정이나 평가시스템도 하부구조에 속한다. 기업은 하부구조를 구축하고 활동을 수행하는 데 사용하는 자산으로 적용한다. 상품의 수요가 늘어나면 하부구조는 더욱 확대될 수 있으며, 기업은 비용을 줄이고 효율성을 높이기 위해 애써야 한다.

사례연구 1

핀테크 비즈니스모델이란?

금융을 뜻하는 파이낸셜(financial)과 기술을 뜻하는 테크놀로지(technology)의 합성어. 모바일, 소셜네트워크서비스(SNS), 빅데이터 등의 첨단기술을 활용해 기존 금융기법과 차별화된 새로운 형태의 금융기술을 의미한다. 즉 점포중심의 전통적 금융서비스에서 벗어나 소비자 접근성이 높은 인터넷, 모바일기반 플랫폼의 장점을 활용하는 송금, 결제, 자산관리, 펀딩 등 다양한 분야의 대안적인 금융서비스다.

전통적인 금융기관들은 오프라인 점포를 통한 고객상담 및 강력한 보안시스템, 제도권 기관들과의 데이터베이스 연계에 기반을 둔 신용평가 등을 통해 금융서비스에 필수적인 접근성과 신뢰성을 확보해왔다. 반면 핀테크기업들은 기본적으로 혁신적 아이디어와 첨단기술을 결합해 기존의 금융거래방식과는 차별화된 새로운 형태의 금융 비즈니스모델을 표방하고 있다.

핀테크 비즈니스모델과 사업영역을 분류하는 기준은 크게 은행업 및 금융 데이터분석(banking & data analytics), 지급결제(payment), 자본시장관련 기술(capital market tech), 금융자산관리(finance management) 등 네 가지 영역으로 구분한다.

핀테크의 등장은 기존의 금융질서를 파괴하며 창의와 혁신에 바탕을 둔 비즈니스모델들을 쏟아내고 있다. 통화의 종류, 결제시스템 같은 기존의 장벽을 허물고 보다 간편하고 보안 이슈까지 잡은 기술들이 속속 등장하기 때문이다. 최근 들어서는 단순한 결제나 송금서비스뿐만 아니라 고객의 개인정보 · 신용도 · 금융사고 여부 등을 빅데이터 분석으로 정확하게 파악하는 알고리즘기술까지 등장해 개인자산관리서비스까지 그 영역을 확대 중이다.

삼성전자의 모바일 결제서비스 '삼성페이'를 비롯해 알리페이(알리바바), 애플페이(애플), 구글월렛(구글) 등이 핀테크시장을 선점하기 위해 경쟁 중이다.

자료 : 네이버 지식백과, 핀테크(FinTech)

사례연구 2

비즈니스모델혁신의 대표주자 – 블록체인기술

세계 최대 금융거래 정보저장소인 DTCC(Depository Trust & Clearing Corporation)는 2017년 1월 9일, 파생상품의 거래정보 모두를 '블록체인'이라는 기술을 이용해 저장하고 관리하겠다고 밝혔다. DTCC가 관리하는 금융상품의 총액은 무려 11조 원에 달한다. 이렇게 어마어마한 돈을 운용하는 데 새로운 방식의 기술을 도입한다는 것은 DTCC의 입장에서도 엄청난 모험이다. 도대체 블록체인기술에 어떤 특징이 있기에 이런 파격적인 결정을 내렸을까.

공인기관 없는 직접거래 장부

블록체인은 거래정보를 하나의 덩어리(블록)로 보고 이것을 차례차례 연결한(체인) 거래장부다. 이 장부는 거래자만 보관하는 현실 속 장부와 달리 내용이 모두에게 공개된다. 공개라니, 언뜻 생각하면 개인의 거래내용이 만인에게 노출돼 위험할 것 같다. 하지만 반대로 훨씬 안전하고 편리한 것이 특징이다.

블록체인은 거래를 할 때 은행과 같이 정부가 신뢰성을 인정한 '제3의 공인기관'이 필요 없다. 은행을 거치지 않고 개인과 개인이 직접 거래할 수 있다. 이런 방식을 P2P(Peer to Peer)라고 한다. '소리바다' 같은 음악 다운로드 사이트, 동영상 다운로드 사이트, 토렌트까지 모두 P2P 네트워크를 이용한다. 이런 사이트들은 우리에게 편리함을 제공하지만, 사용할 때마다 약간의 찝찝함이 남는다. "내가 지금 다운받는 파일이 어디서 오는 거지? 믿을 수 있는 건가?" 아마도 나와 연결된 미지의 상대방을 신뢰할 수 없기 때문일 것이다.

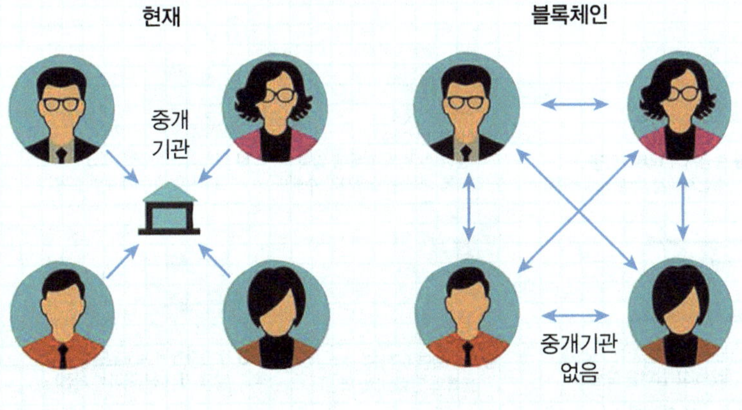

여기서 안전성문제가 나온다. 우리가 인터넷 쇼핑을 할 때 누군지도 모르는 사람에게 아무 의심도 없이 돈을 보내는 것은 내 돈의 이동과 거래내역을 은행이 보증해주기 때문이다. 만약 은행이 없다면 다른 무엇인가가 거래내역이 위조되지 않았음을 증명해줘야 할 것이다. 블록체인은 바로 이런 보증의 기능을 독특한 개방형 알고리즘을 이용해 해결하는 것이다. 네트워크 참여자들에게 합의의 기능을 분산해 나눠주는 방식이다.

블록체인은 모두가 거래장부를 갖게 됨으로써 해킹에 안전하다. 간혹 비트코인이 해킹되는데, 이는 블록체인이 아니라 거래소 시스템이 해킹된 것이다.

블록체인의 핵심은 '신뢰 네트워크'

예를 들어보자. 블록체인의 가능성을 처음으로 증명한 '비트코인'의 경우, '작업증명(Proof of Work : PoW)'이라는 과정을 통해 신뢰를 확보한다. 2009년 1월 3일 처음으로 거래를 시작한 전자 화폐인 비트코인은 블록체인을 이용해 거래장부를 저장하고 관리한다.

비트코인에서 새로운 블록은 10분에 한 번씩 생성되고 검증된다. 10분간 오고 간 모든 거래내역은 한 개의 블록에 담긴다. 이 블록은 아무나 만들 수 없다. 블록을 만들려면 일종의 수학문제를 풀어야 하는데, 가장 먼저 푼 사람이 블록을 생성할 권한을 얻는다. 이 과정을 '채굴(mining)'이라 하고, 채굴하는 사람을 채굴자라고 한다. 채굴자는 블록을 하나 생성할 때마다 거래 수수료를 받는다. 수학문제를 빨리 풀어 블록을 만들려면 높은 컴퓨팅 파워가 필요하기 때문에, 채굴을 전문으로 하는 기업이 있을 정도로 경쟁이 치열하다.

만약 누군가 월등한 계산 자원을 투입해 항상 그 사람만 채굴을 하게 된다면 비트코인은 은행과 같은 신뢰를 얻을 수 없다. 누군가가 블록에 저장된 거래내역을 매번 마음

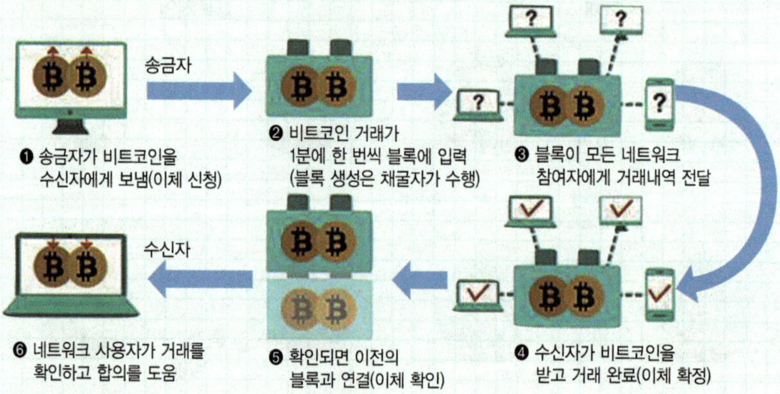

자료 : KB금융지주

대로 수정할 수 있는 (마치 독재자와 같은) 권한을 갖기 때문이다. 하지만 이것이 가능하려면 이론적으로 전체 채굴자 계산 자원의 과반 이상인 51%를 점유해야 한다. 블록체인기술을 개발하는 핀테크기업인 코인플러그 어준선 대표는 "구글 데이터센터의 모든 계산 자원을 다 합쳐도 전체의 1만 분의 1밖에 되지 않는다"며 "사실상 불가능하다"고 말했다.

비트코인은 거래내역을 위 · 변조하려는 악의적인 해킹에서도 자유롭다. 두 가지 이유가 있는데, 하나는 블록체인의 구조다. 블록체인은 새로운 블록이 생성될 때 이전의 블록이 가진 고유한 값(해시 값)을 저장하게 돼 있다. 즉 해시 값을 통해 모든 블록이 연결되는 셈이다. 만약 누군가 거래내역을 악의적으로 변조한다면 그 거래내역이 담긴 블록의 해시 값이 바뀔 것이고, 그 해시 값을 저장하고 있는 다음 블록의 해시 값도 변경된다. 해킹된 블록 이후의 모든 블록정보가 연쇄적으로 다 바뀌어야 하는데, 이는 대단히 어려운 일이다.

더구나 블록체인 장부는 모든 사용자에게 공유돼 있다. 한 개인이 가진 거래 장부가 바뀐다 하더라도 이미 수많은 사용자들이 동일한 장부를 공유하고 있기 때문에 바로 원래대로 복구할 수 있다. 즉 거래내역을 바꾸고자 한다면 전체 사용자의 과반수 이상의 장부를 동시에 수정해야 한다.

블록체인 적용분야 무궁무진해

비트코인은 매우 안전한 편이지만, 금융권에서 사용하기에는 적합하지 않다. 비트코인처럼 아무나 참여할 수 있는 개방형 블록체인은 거래 승인까지 너무 오래 걸리기 때문이다(거래된 비트코인을 사용하려면 최소한 10분은 기다려야 한다. 하필 10분인 이유는 비트코인을 설계한 익명의 개발자 '나카모토 사토시'가 그렇게 설계했기 때문이다).

금융기관들은 컨소시엄을 구성해 사용자를 제한하는 폐쇄형 블록체인을 운영할 계획이다. 작업증명방식을 생략하고, 대신 거래내역에 대해 다른 사용자(금융기관)들이 합의만 하면 블록으로 생성할 수 있게끔 설계했다.

예를 들어 증권사 10개가 모인 폐쇄형 블록체인에서 증권사 A가 고객과의 계약서를 블록체인에 저장하려고 한다. 계약서에는 계약내용에 동의한다는 고객과 증권사 A의 디지털 서명이 있을 것이다. A를 제외한 9개의 증권사들은 양쪽의 서명이 있는지 확인한 뒤 계약서에 대한 효력을 승인한다. 즉, 블록체인에 올라간 모든 계약서를 거래 당사자들이 합의했다는 것을 나머지 사용자들이 모두 확인한다. 만에 하나 계약에 서명한 고객이나 증권사 A가 계약내용을 몰래 수정하려고 해도 이미 거래에 승인한 참여자들이 거래 장부를 공유하고 있기 때문에 불가능하다.

미국의 비트코인회사 30여 개를 운영하고 있는 사업가 브록 피어스는 "블록체인이 가져올 혁신은 인터넷 혁명보다 엄청날 것"이라고 말하기도 했다. 블록체인을 이용하면 합의가 필요한 모든 금융상품을 자동화할 수 있기 때문이다.

블록체인은 합의가 필요한 모든 금융상품을 자동화할 수 있어 거래 속도를 훨씬 빠르게 할 수 있다. 많은 기관의 합의가 필요한 보험계약을 예로 들어보자. 피보험자가 보험사에 보험금을 청구하려면 사고를 증명해줄 기관, 피보험자의 건강상태를 증명해줄 병원 등의 합의가 필요하다. 보험사에서는 기관들이 제출한 서류와 계약조건이 맞는지를 확인한 뒤 비로소 보험금을 지급한다.

만약 보험사가 계약내용을 코드화해 블록체인에 저장했다면, 이 모든 합의과정에서 사람이 할 일은 없다. 병원이 진단서를 전자문서로 만들어 블록체인 네트워크에 올리면, 블록체인에 저장된 계약서의 기간, 효력조건 등 보험금을 지급할 조건들과 맞는지를 확인하고 승인한다. 그러면 자동으로 피보험자에게 보험금이 보내지고, 이 기록 역시 블록체인에 저장된다. 복잡한 모든 과정이 자동화된다.

블록체인으로 업무는 자동화, 속도는 빨라져

주식거래 역시 마찬가지다. 현재는 주식을 거래하면 그 결과가 바로 승인되지 않는다. 거래한 증권사들, 한국거래소, 한국예탁결제원, 한국증권금융 등 주식거래 사이에 여러 기관들이 걸쳐 있어 최소 3일이 소요된다.

이렇게 오랜 시간이 걸리는 이유는 각기 다 다른 장부를 가지고 있기 때문이다. 블록체인을 이용할 경우 모두 같은 장부를 공유하기 때문에 당일 정산이 가능하다. 실제 호주증권거래소(ASX)는 당일 청산할 수 있도록 블록체인시스템을 구축하고 있으며 2017년 안에 실제 거래에 적용한다고 발표했다. 글로벌 벤처 캐피털회사인 산탄데르 이노벤처스는 2015년 발표한 보고서에서 "블록체인을 적용할 경우 2022년까지 매년 150억~200억 달러(약 16조~22조 원)의 비용을 줄일 수 있다"고 밝혔다.

KEB하나은행, 신한은행, KB국민은행, 우리은행, IBK기업은행의 5곳은 미국 투자은행 골드만삭스, 글로벌 투자은행 JP모건 등이 속해있는 국제 블록체인 컨소시엄(R3CEV)에 가입했다. KB국민은행 관계자는 "은행이 매우 폐쇄적인 기관인데, 시대가 변하고 기술이 발전한 만큼 장부를 공유해 보안성과 업무효율을 높이는 블록체인기술을 적극 활용할 예정"이라고 밝혔다. KB국민은행은 2016년 10월 국내에서 처음으로 블록체인기술을 활용한 개인인증시스템을 도입했다.

자료 : 네이버 지식백과, 핀테크와 블록체인 – 거래장부 공유해 금융의 장 새로 쓴다(과학동아)

연습문제

01 기업에서 비즈니스모델이 각광받는 이유를 설명하시오.

02 비즈니스모델의 캔버스에 대하여 설명하시오.

03 Afuh & Tucci 비즈니스모델을 설명하시오.

04 VISOR 비즈니스모델을 설명하시오.

05 Amit & Zott의 비즈니스모델에 대하여 설명하시오.

06 핀테크 비즈니스모델에서 지급결제에 대하여 조사하시오.

07 블록체인기술이 비즈니스모델 관점에서 적용가능한 영역을 조사하시오.

CHAPTER 11

혁신적 비즈니스모델링

최근 주요 기업을 중심으로 지속성장을 위한 수단으로 비즈니스모델혁신에 대한 관심이 높아지고 있다. 비즈니스모델은 기업이 고객을 위한 가치를 창조하고 이를 고객에게 효과적으로 전달하여 수익을 얻는 일련의 과정을 설명하는 스토리와 같다. 여기서 중요한 것은 첫째 "고객에게 어떤 가치를 제공할 것인가"이며, 두 번째는 그 가치를 "어떤 방식으로 전달하여 수익을 얻을 것인가"이다. 이러한 고객가치를 혁신하기 위해서는 비즈니스모델혁신전략이 필수적이라고 할 수 있다. 본장에서는 이러한 비즈니스환경 변화의 시대에 비즈니스모델혁신의 의미와 방법론에 대하여 설명한다.

11.1 비즈니스모델혁신의 시대

수많은 기업 중에서 기술적으로 무장된 제품과 서비스활동으로 시장에서 경쟁력을 확보하고 지속적으로 성장하는 기업이 있는가 하면, 갑자기 경쟁력을 잃어가는 기업이 존재한다. 이러한 현상은 무엇 때문일까? 아메리칸 에어라인, 리먼브러더스, 아그파, 모토로라, 노키아, 코닥필름 등과 같은 글로벌기업들도 수십 년간 성공적인 비즈니스를 펼쳤지만 어느 날 갑자기 자취를 감추었다. 대부분의 기업들은 과거의 성공에 취해서 변화된 환경에 적응하지 못했다. 인터넷의 등장과 휴대폰의 발전을 가져온 통신기술의 획기적인 발전뿐만 아니라 변화무상한 고객 구매력의 변화에 기업이 적응하지 못하고 기술적이든 마케팅적이든 성공적인 비즈니스로부터 지속적인 수익을 내지 못하면 기업은 생존을 보장받지 못한다.

오늘날 글로벌적인 경쟁력을 유지하기 위해서는 혁신적인 비즈니스모델을 만들어낼 수 있는 능력이 있는 기업만이 생존한다. 이러한 성공적인 비즈니스모델은 실리콘밸리에 있는 구글, 애플, 페이스북 등과 같은 기업뿐만 아니라 국내 삼성전자와 LG전자, SK하이닉스 등에서 찾아볼 수 있다. 10년 전만 해도 매일 수백만 명이 방문하는 페이스북과 같은 온라인 포럼이 없을뿐더러 있다고 해도 누구도 자신의 사생활을 공개적으로 오픈하는 것은 반대하였을 것이다. 와이파이를 통해 데이터를 무료로 사용하고, 화상통화가 가능해지고, 저가항공회사들이 등장하여 항공요금이 저렴해지는 현상들과 인터넷으로 원격조정을 통한 컴퓨터유지관리 등은 상상할 수 없었던 일이었다. 이런 일들을 가능하게 한 것이 비즈니스모델혁신이다.

기업이 성장하고 경쟁력을 확보하기 위해 혁신은 언제나 중요한 요소였다. 과거에는 뛰어난 기술력 혹은 우수한 제품만 있으면 성공하기에 충분하였다. 경쟁력을 갖추기 위하여 제품 프로세스혁신을 통해 제품을 시장에 내놓는 것만으로도 가능하였지만 오늘날에는 제품이나 프로세스의 혁신에 집중하는 것만으로는 충분하지 않다. 새로운 기술, 산업 간 경제의 붕괴, 변화하는 시장, 새로운 경쟁자와 규제 변화 등은 기존의 제품과 서비스관련 프로세스를 쓸모없게 만들고 있다.

보스턴컨설팅그룹(BCG)에 따르면 비즈니스모델을 혁신하는 기업들은 프로세스혁신보다 큰 성공 잠재력을 가지고 있다. 이는 [그림 11-1]과 같이 실증적 연구로 보여주고 있다. 비즈니스모델혁신이 성공하기 위하여 지속적인 혁신이 중요한 원동력이 되며, 이를 통해 수익률이 증가하였다. 물론 좋은 품질과 서비스, 프로세스의 중요성을 간과해서는 안 된다 해도 이러한 것들이 미래의 성공에 핵심은 아니다. 향후 미래의 성공전략은 비즈니스모델혁신전략이다. 이를 가장 핵심적인 요인으로 하여 차별화된 환경으로 만들어나가야 한다.

그림 11-1 새로운 비즈니스모델의 추가적인 혁신 잠재력

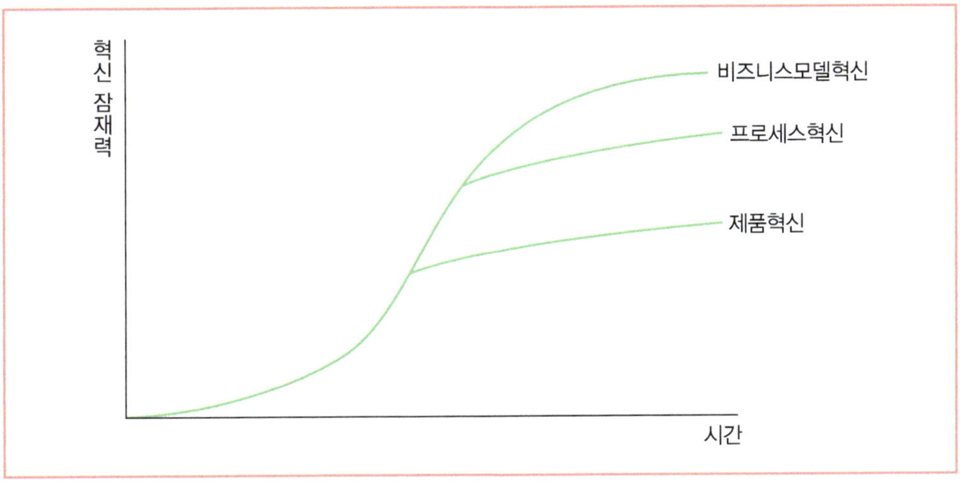

자료 : 올리버 가스만 외 2인, 비즈니스모델 내비게이터, 아이큐브플랫폼연구소, 2016.

비즈니스모델혁신에 성공한 기업 중에서 그냥 단순히 놀라운 제품이 아니라 혁신적인 비즈니스모델에 성공한 사례는 다음과 같다.

- 아마존(Amazon) : 전통적인 오프라인 매장의 서점이 아닌 온라인서점으로 세계에서 가장 큰 도서판매 전자상거래업체가 되었다.
- 애플(Apple) : 컴퓨터회사가 스마트폰(아이폰 시리즈와 탭)으로 세계에서 가장 규모가 큰 시장으로 성장하였으며, CD도 팔지 않으면서도 가장 커다란 음악 소매업인 아이튠즈(iTunes)를 만들었다.
- 유튜브(YouTube) : 무료 동영상 공유사이트로 사용자가 영상클립을 업로드하거나 보거나, 공유할 수 있는 전 세계 최대의 동영상 사이트의 자리를 고수하고 있다.
- 스타벅스(Starbucks) : 커피제품을 고가에 판매하고, 테이크아웃 커피와 매장 내

원두커피를 처음으로 판매하였고, 세계에서 가장 큰 커피전문점이 되었다.

• 스카이프(Skype) : 네트워크 인프라를 전혀 소유하지 않고서도 세계에서 가장 큰 통신사업자가 되었다.

11.2 비즈니스모델혁신이란 무엇인가

11.2.1 비즈니스모델혁신의 환경과 구성

비즈니스모델혁신을 의미하는 요소는 뭔가 다르게 하는 것, 즉 변화에 관한 것이다. 비즈니스모델혁신은 수익창출을 위해 변화하는 가치를 더욱 잘 창출하고 확보할 수 있는 기회를 만들어내거나 활용하는 것과 관련된다. 이러한 변화들은 하나 이상의 비즈니스모델요소들을 명확하게 설명할 수 있다. 많은 혁신제품들은 경쟁사의 제품이나 부차적인 것들로부터 고객들의 마음을 빼앗아올 수 있을 정도의 새로운 고객가치 제안을 수반한다. 이러한 고객가치제안은 새로운 아이디어나 역량 또는 기존의 아이디어와 역량의 재결합으로부터 나올 수 있다.

사실 비즈니스모델혁신을 추구하는 기업들의 변화를 설계해야 하는 요소들이 무엇인지, 그리고 이로 인해 어떤 변화가 일어날지를 보다 면밀하게 잘 바라봐야 한다. 비즈니스모델의 요소들에 대해 어떠한 변화가 필요한지, 그리고 이러한 변화들이 비즈니스모델의 수익성에 어떤 영향을 미칠지에 대해 보다 잘 파악하여야 한다.

비즈니스모델의 주요 핵심은 고객으로부터 수익을 창출해야 한다. 고객들로부터 구매되는 제품이 되기 위해서는 고객가치제안을 수렴하여야 한다. 고객에 만족을 주지 못하는 제품은 회사에 큰 짐이 될 수 있다. 따라서 회사가 시장 세그먼트로서 고객을 만족시킨다면 고객들은 대가를 지불할 의향이 있다. 수익모델은 고객가치제안에 제공된 제품이며 고객들이 지불한 대가가 수익이다. 잘 만들어진 제품은 고객들에게 시장 세그먼트로서 많이 팔리기 때문에 고객가치제안이 된다. 만약 고객들에게 팔리지 않은 제품은 회사의 짐이 될 수 있으며 회사가 어려운 상황에 봉착되기도 한다. 따라서 대부분의 회사의 비즈니스모델은 경쟁자들보다 이익에서 앞설 수 있는 성장모델을 추구하는 것이다.

일반적으로 비즈니스모델혁신의 핵심은 역량(활동, 자원, 자산)을 기반으로 [그림 11-2]에서 보여주는 고객, 가치제안, 가치사슬, 시장 세그먼트, 성장모델, 수익모델, 채널, 수익구조로 구성된다.

그림 11-2 비즈니스혁신모델의 환경

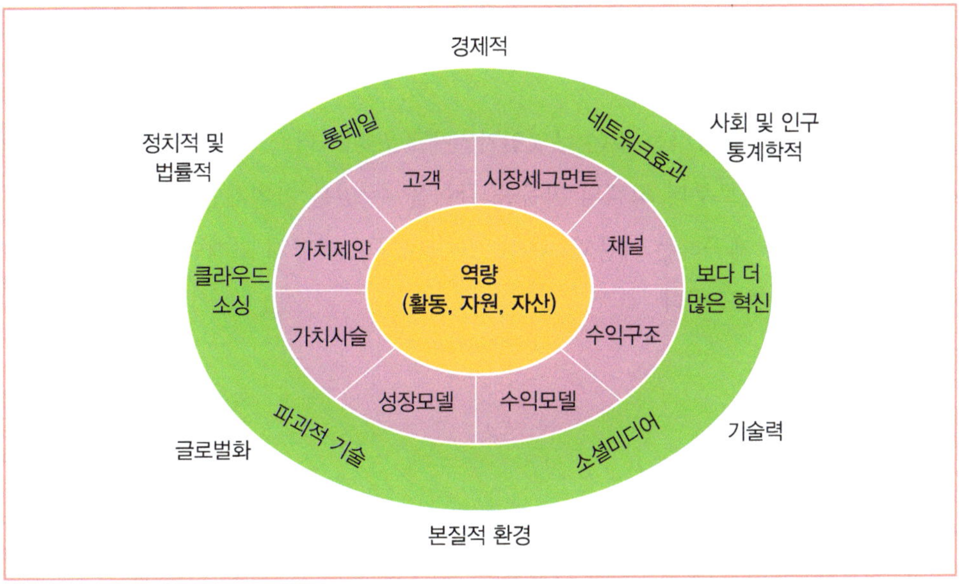

자료 : Allan Afuah, *Business Model Innovation*, Routledge, 2014, 저자 수정보완.

1) 역량(활동, 자원, 자산)

해당 기업은 탁월한 고객가치제안을 지불의사가 높은 다수의 고객들에게 전달하고 적절한 수익모델과 성장모델을 추구하는 데 필요한 역량을 갖추고 있는가? 기업의 기존 역량은 혁신을 통해 새로운 비즈니스모델을 성공적으로 수행하는 데 어느 정도나 도움이 되는가?

2) 고객

우리의 목표고객은 누구인가? 우리에게 필요한 고객군을 정확히 인식하는 것은 매우 중요하다. 우리의 비즈니스모델이 겨냥하는 혹은 겨냥하지 않는 고객은 누구인가? 고객은 언제나 모든 비즈니스모델의 가장 핵심요소이다.

3) 가치제안

우리가 고객에게 제공하는 것은 무엇인가? 새로운 비즈니스모델이 경쟁사들이나 다른 부차적인 기업들로부터 고객의 마음을 끌어올 수 있는 가치제안의 매력 포인트는 무엇인가? 우리가 제공하는 제품과 서비스를 의미하며 어떻게 고객의 필요에 맞게 제공할 것인가에 관한 것이다.

4) 가치사슬

우리가 제공하는 것을 어떻게 만들 것인가? 가치제안을 실현하기 위해 프로세스와 핵심활동이 필요하다. 이런 프로세스와 핵심활동은 관련된 자원과 시설, 그리고 기업의 가치사슬과의 조화가 절대적으로 필요하다.

5) 시장 세그먼트

새로운 비즈니스모델은 얼마나 많은 고객들을 끌어올 수 있는가? 그러한 고객 중에서 시장의 성장으로 인해 새로 생겨난 고객들은 얼마나 되는가? 기존 시장에 속했던 고객들은 얼마나 되는가? 고객들의 지불의사는 어느 정도나 되는가? 새로운 시장이 기존 시장에 비해 더 매력적인가?

6) 수익모델

비즈니스모델혁신이 새로운 수익모델에 대한 기회를 만들어주는가? 기존의 수익모델을 변화시키는가? 비즈니스모델혁신이 새로운 가격전략을 필요로 하는가?

7) 성장모델

해당 기업은 수익 측면에서 어떻게 성장할 수 있는가?

8) 채널

고객과 사용자에게 우리의 제품과 서비스를 어떻게 전달할 것인가? 즉 고객과의 접점을 통해서 제품을 제공하는 하나의 방법을 말한다. 온라인이든 전통적인 상거래활동이든 고객에게 편안하고 만족감을 제공하는 상호 보완적인 유통 채널이 개발되어야 한다.

9) 수익구조

수익구조는 비즈니스모델의 경제적 가능성을 제공한다. 모든 기업이 가져야 할 가장 핵심적인 구조로서 어떻게 우리의 주주와 이해당사자를 위해 가치를 만들어낼 것인가? 혹은 비즈니스모델이 상업적으로 성공할 수 있는가? 등의 비용구조와 수익창출의 메커니즘을 일컫는다.

11.2.2 비즈니스모델혁신의 성공미션

일반적인 기업에서 비즈니스모델혁신이 성공하기 위해서는 필요한 창의성과 다양한 사고력을 기를 수 있는 체계적인 도구가 부족하다. 특히 기업 비즈니스모델을 성공하기 위해서는 창의적인 기법의 도움이 절대적으로 필요하다. 그러나 현재 존재하는 성공미션에 대한 도구가 없지만 아푸아(Afuah, 2014)가 제안한 성공미션을 저자들이 각색하여 제시하고자 한다([그림 11-3] 참조).

그림 11-3 비즈니스 혁신모델의 성공미션

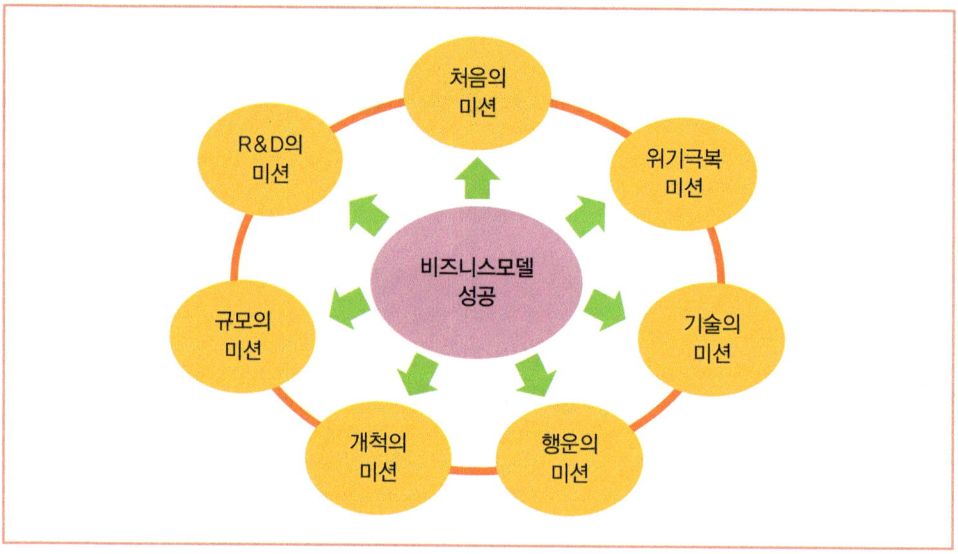

자료 : Allan Afuah, *Business Model Innovation*, Routledge, 2014, 저자 수정보완.

1) 처음의 미션

비즈니스에서의 성공미션은 완전 새로운 모델에서 나타나기도 할뿐더러 기존의 다른 산업에서 빌려오거나 벤치마킹 및 모방적인 창의적인 활동에서도 나타난다.

2) 기술의 미션

모든 비즈니스모델혁신은 제품과 서비스개발에 대한 놀라운 기술이 기반이 된다. 새로운 기술이 새로운 비즈니스모델을 끌어낼 수 있지만 오히려 기술 자체는 평범할 수도 있다. 창의적인 활동을 이루기 위해서는 혁신적인 기술이 바탕이 된다. 혁신적인 행동은 새로운 기술의 경제적 잠재력을 찾아낸다.

3) R&D(연구개발)의 미션

연구개발은 중요한 혁신의 일부이다. 비즈니스모델혁신은 다양한 분야, 즉 전략, 마케팅, 사후서비스, 정보기술, 생산, 유통, 물류, 구매 등뿐만 아니라 연구개발부서만큼 중요하다. 그러나 연구개발영역은 지속적인 혁신을 이루기 위한 매우 기초적인 분야로 가장 중요시되어야 하는 영역이다.

4) 규모의 미션

규모의 미션은 비즈니스모델이 성공하기 위해서는 어느 정도 규모의 시장, 규모의 경제, 규모의 대중화 등이 이루어져야만 한다. 비즈니스모델을 도입하고 확대하는 데는 엄청난 투자가 필요하며 성공적인 사업성공을 이루기 위해서는 아이디어 실현과 적절한 용기, 자원 등이 절대적으로 필요하다.

5) 행운의 미션

비즈니스모델혁신은 지원이 체계적으로 이루어지지 않으면 행운이 따르지 않는다. 신제품, 기술, 사후서비스과정 혹은 유통과 물류 등에 새로운 비즈니스모델을 적용하기 위해서는 커다란 노력이 수반되어야 한다. 그리고 비즈니스모델혁신은 끈기와 동기부여가 있어야 한다. 또한 계획적인 준비와 체계적인 과정이 성공을 보장하지는 않지만 성공의 확률을 높이는 계기가 된다.

6) 개척의 미션

비즈니스모델혁신은 천재에 의해서 이루어지는 것이 아니며 보통사람도 혁신대열에 합류가 가능하고 회사 차원에서 구성된 팀과 외부 전문가들과의 연결고리를 활용하여야만 성공가능성도 존재한다. 협력과 컨소시움 없이는 아무리 좋은 아이디어라도 비즈니스모델혁신이 성공하기가 매우 어렵다.

7) 위기극복의 미션

비즈니스모델혁신은 항상 급진적이고 신선하다. 그러나 한편으로 비즈니스모델혁신은 제품혁신과 마찬가지로 어느 정도 리스크한 위기극복의 미션이 준비되어야 한다.

11.3 비즈니스모델혁신의 방법론

창의성과 다양한 창의적인 사고를 기를 수 있는 체계화된 방법이 절대적으로 필요한 시기이다. 즉 가장 혁신적인 비즈니스모델을 개발하는 데 필요한 도구를 가진 방법론이 요구되는 것이다. 비즈니스모델혁신은 여전히 많은 경영자들이 어느 면에서는 두려워하는 새로운 과제일 수도 있다. 이러한 새로운 비즈니스모델혁신이 성공하기 위한 방법론을 개발할 필요가 있다. 비즈니스모델혁신의 방법론은 기존 업계의 고

그림 11-4 비즈니스혁신모델의 방법론

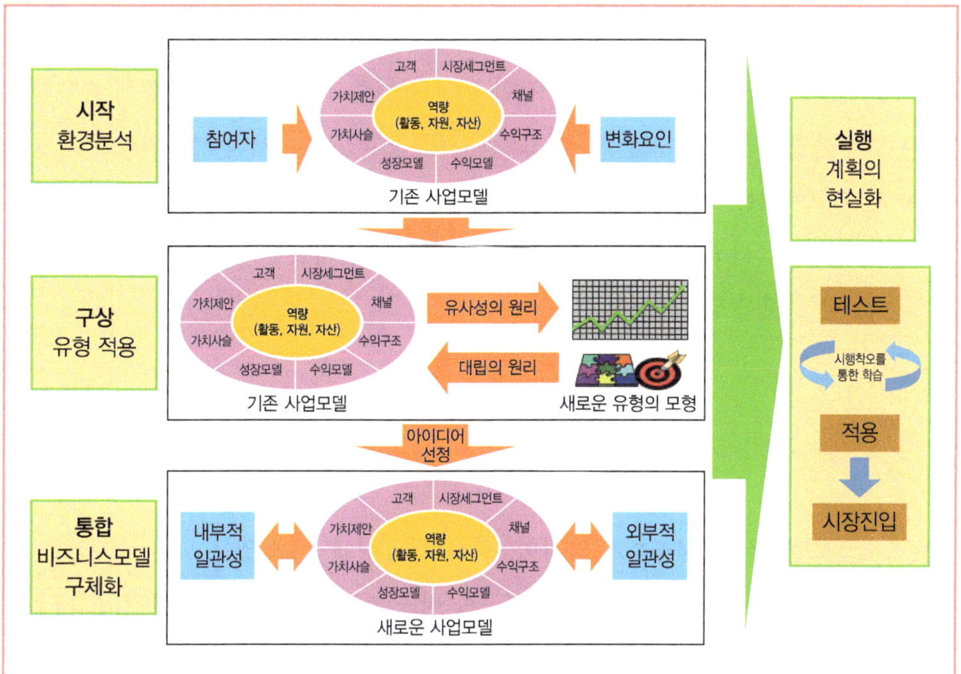

자료 : Allan Afuah, *Business Model Innovation*, Routledge, 2014, 저자 수정보완.

정관념에서 벗어난 행동론적인 방법론이다([그림 11-4] 참조). 이는 모든 종류의 조직, 산업 및 기업에 적용할 수 있다. 그 핵심 아이디어는 창의적인 모방과 재조합을 통해 비즈니스모델을 만드는 것이다. 이하에서는 비즈니스모델혁신에 성공하기 위한 새로운 방법론적인 방안을 제시하고자 한다.

11.3.1 시작 : 비즈니스환경분석

새로운 비즈니스모델을 개발하기 전에 우선적으로 고려해야 하는 첫 번째는 비즈니스환경과 앞으로 나아가야 하는 방향을 설정해야 한다. 비즈니스모델혁신은 정적인 환경이 아닌 다이내믹한 동적인 환경이기 때문에 변화에 적극적으로 대처하는 방안 수립과 복잡하게 연결된 네트워크구조로 이루어진다. 따라서 비즈니스모델방법론을 실행하기 위하여 기존의 비즈니스뿐만 아니라 비즈니스모델 그리고 이해당사자와 관련 요소들의 다양한 역할에 대하여 깊이 있게 이해하고 있어야 한다. 현행 수행되는 비즈니스현상들의 모형과 모델, 그리고 그 속에 담겨있는 업계의 기본원리를 설명하는 데 어려움이 따른다. 이 비즈니스환경을 분석하기 위해서는 충분한 시간을 가지고 이해해야 한다. 그리고 비즈니스모델과 연계된 부서의 다른 기능을 가진 사람들에게서 도움을 받는 것이 필수적이다.

1) 관계자들의 이해

비즈니스모델혁신을 성공하기 위하여 비즈니스환경에 속해 있는 모든 관계자들 간의 연계성을 이해하여야 한다. 최근에 성공한 비즈니스모델혁신기업들은 기업 내부에서 발생된 것이 아니라 외부 관계자들과의 밀접한 협력의 결과이다. 즉 기업뿐만 아니라 고객, 파트너, 경쟁자도 모두 포함되어 있다.

2) 고객의 이해

비즈니스모델혁신의 환경분석은 고객의 필요사항에 대한 철저한 이해에 기반을 두고 있다. 고객은 비즈니스모델혁신의 주역이며 고객의 아픔을 치유할 수 있는 아이디어를 만들어내는 전략을 필요로 한다. 현존고객이나 잠재고객, 미래고객에 대하여 고객을 보다 철저하게 이해하여야 비즈니스모델혁신에 기여하게 될 것이다. 기업들이 고객들에게 제품과 서비스를 개발하는 데 직접적인 피드백을 요청하거나 제품개발에 참여하도록 유도하고 있다.

3) 파트너의 이해

비즈니스모델혁신을 개발하는 데 중요한 요소는 파트너들 간의 관계를 지속적으로 유지발전시켜 나가야 하는 것이다. 파트너들은 공급업체, 유통 및 물류업체, 솔루션 제공업체, 아웃소싱업체 등 다양성에 새로운 아이디어를 창출하거나 현실화하는 데 기여할 것이다. 외부에서 자원을 보다 저렴하고 가치 있는 품질을 제공한다면 비즈니스모델은 가치 있는 제품과 서비스로 성장할 것이고 이제는 파트너들을 기업의 혁신 과정에 참여시켜야 하는 당위성이 존재한다. 성공하는 기업들 대부분은 외부 파트너들과의 협력을 통해 제품과 서비스를 개발하고 있다.

4) 기술적인 영향과 트렌드의 이해

많은 성공적인 비즈니스모델혁신은 기술의 습득 및 발전으로 시작되었거나 가능해졌다. 혁신적인 기술 습득이 성공으로 이끄는 것은 사실이나 한편으로 적시에 개발되어야 위험요인을 줄일 수 있다. 새로운 기술이나 대체기술의 잠재력을 제대로 인식하지 못하여 실패한 사례도 존재한다. 환경을 주의 깊게 살펴보고 위험을 회피할 수 있다면 오히려 독특한 비즈니스 기회로 발전시킬 수도 있다. 기술적인 영향의 이해는 미래 방향을 결정하는 중요한 요인이다.

기술은 매우 빠르게 발전하고 있으며, 현재의 매우 빠르게 진행되고 있는 기술속도의 흐름에 적절하게 대처하지 못하면 기술을 이해하고 미래 방향을 결정하는 데 악영향을 끼칠 것이다. 현재의 기술은 불과 몇 년 전의 기술과는 매우 다르게 발전하고 있으며, 시간이 지날수록 점점 더 빠르게 변화할 것이다. 따라서 잠재적으로 비즈니스모델혁신을 가능하게 할 수 있는 기술과 관련 변화를 지속적으로 주시해야만 한다. 그렇지 않으면 현재의 비즈니스모델이 스스로를 파괴할 수 있는 위험에 처할 수도 있다. 새로운 기술을 개발하기 위한 기업 내부의 연구개발과 함께 전반적인 기술 트렌드의 현재와 미래의 영향력을 찾아내고 평가하는 것은 매우 중요한 일이다. 경영자들은 미래기술과 트렌드가 새로운 비즈니스모델을 만드는 데 중심적인 역할을 하므로 주기적으로 점검하여야 한다.

11.3.2 구상 : 새로운 유형의 적용

주변환경과 현존하는 비즈니스모델을 분석해보면 새로운 시각에서 개선점을 발견하고, 새로운 비즈니스모델의 활용성을 확대하거나 축소하는 것은 매우 어려운 문제일 수 있다. 즉 현존하는 비즈니스모델이 잠재적인 가치와 실질적인 문제해결을 원활히 진행하는 것뿐만 아니라 한편으로 성공적인 모델 자체도 정반대로 움직이는 경향도 존재한다. 대부분의 기업은 실제적인 제품보다는 추상적인 사고방식을 더 필요로 하므로 종종 비즈니스모델의 카테고리를 정하는 데 어려움이 따르고 있다. 우리가 생각하는 비즈니스모델 구상은 새로운 유형의 비즈니스가 나오도록 혁신적인 차원에서 패턴들을 재조합하고 보다 체계적인 방법론과 연구를 통하여 새로운 아이디어를 만들어내는 것이다. 가장 중요한 요인은 기존의 고정관념을 깨고 기업에 맞는 적합한 비즈니스 패턴을 적용하여 새로운 유형을 만들어낼 수 있게 체계적으로 개발되어야 하는 것이다. 이때 우리는 아이디어와 창의성이 필요하며 궁극적으로 기업 외부의 새로운 아이디어와 내부의 독자적인 창의성 사이에 균형점을 찾을 수 있을 때 비로소 비즈니스모델혁신의 구상이 성공적이라고 할 수 있다.

1) 유사성의 원리를 이용하라

유사성의 원리는 내부에서 시작해서 외부로 전달되는 현상이다. 기존의 현행 비즈니스모델이 유사업체 비즈니스모델 패턴에서 시작하여 비슷한 환경의 패턴으로 진행해 나가면서 새로운 형태의 비즈니스모델에 적용하는 방식이다. 단순히 모방하는 단계가 아니며 보다 철저하게 체계적이고 분석적인 접근법이 필요하다. 유사한 점을 찾아내어

| 표 11-1 | 유사성의 원리와 대립의 원리의 비교

구분	유사성의 원리	대립의 원리
원칙	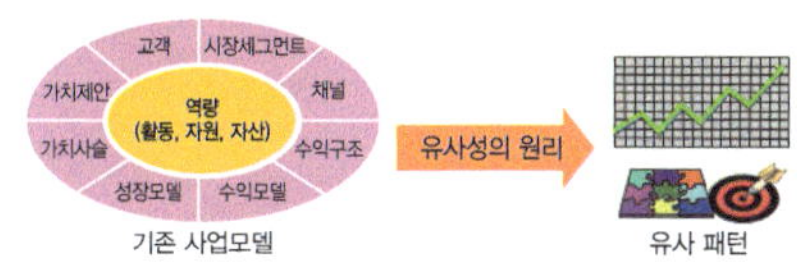	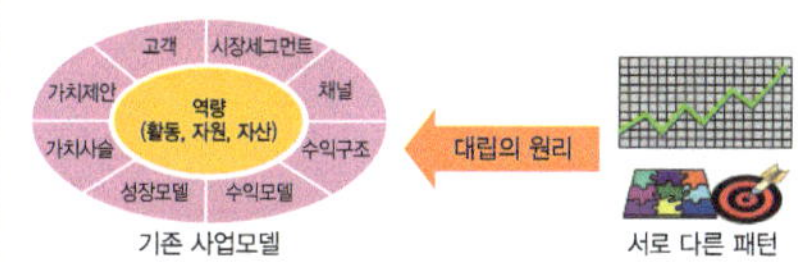
선택기준	유사산업	아주 색다른 산업
격언	알고 있는 익숙함을 버려라.	모르는 것에 대해 친숙해져라.
장점	• 비교적 체계적 • 창의력 초보자에게 적합	• 사고방식의 파괴 • 혁신 잠재력의 개방화
약점	• 문제의 추상성에 따라 일부분의 사고방식만 개선가능 • 이미 알려진 고객의 문제에서 벗어나지 못할 가능성	• 높은 수준의 창의력이 필요함 • 비즈니스모델 적용이 어려움
방향	구체적인 문제가 확인된 혁신 프로젝트에 적합	문제를 찾아내거나 부분적으로만 익숙한 혁신 프로젝트에 적용

자료 : Allan Afuah, *Business Model Innovation*, Routledge, 2014, 저자 수정보완.

새롭게 만드는 창의적인 활동으로 기존의 해결책과 아이디어를 찾아내는 방법론이다.

2) 대립의 원리를 이용하라

연관이 있는 분야에서 새로운 비즈니스모델을 신중하게 탐색하는 유사성의 원리와는 반대로 대립의 원리는 현재의 비즈니스모델과 전혀 상관이 없는 산업의 비즈니스 시나리오를 비교연구하여 현재의 비즈니스모델에 영향을 줄 수 있는 융·복합형태를 만들어내는 것이다. 이 과정은 기업 외부로부터 기존의 비즈니스모델인 내부로 초점을 맞추어 단계적으로 이동하는 것이다. 현재의 비즈니스모델환경과 새로운 비즈니스모델 사이에 존재하는 차이는 기존 비즈니스모델을 변화시킬 목적으로 대비되는 것이다. 이러한 대립의 원리는 참여자들이 기존의 사고방식을 전혀 새롭게 예상치 못한 혁신의 영역을 찾아내는 방안이다. 또한 대립의 원리는 문제가 여전히 모호하거나 구체적으로 잘 파악이 안 되었을 때 유용성이 많으며 잠재적인 비즈니스모델을 적극적으로 찾아내기에 좋은 접근방안이다.

3) 성공적인 구상을 위한 과정을 만들어라

비즈니스 패턴을 만들어내기 위해서는 개인적인 아이디어가 가능한 많은 것을 만들어내야 한다. 이러한 아이디어를 통해서 토론과 협의를 거쳐 결과적인 관점으로 수정보완을 이루어야 한다. 그리고 패턴을 도입하는 단계는 몇 가지 규칙을 따른다. 첫째, 새로운 아이디어를 만들어내는 데 시간을 보내기 전에 이미 가지고 있는 아이디어를 더 꺼내놓아 참가자들이 패턴을 만드는 데 집중해야 한다. 둘째, 창의력에는 한계가 없다는 것이다. 무엇이든 꺼내놓은 아이디어는 공감대를 형성하는 것이 필요하다. 자기가 내놓은 아이디어가 틀릴 수도 있다는 두려움에서 벗어나야 한다. 부정적인 생각이나 두려움은 아이디어 구상과정에서 완전히 배제되어야 한다. 셋째, 아이디어에는 창의성이 부여되어야 한다. 모든 아이디어는 모두 사람이 수정하거나 발전시킬 수 있다. 즉 아이디어는 개인이 제시하고 팀원이 아이디어를 지속적으로 발전시킨다. 넷째, 질보다는 양이 중요하다. 많은 아이디어를 만들어내는 것이 더욱 중요하다. 많은 아이디어가 나왔을 때 질 좋은 아이디어가 나올 수 있다. 새롭고 흥미로운 아이디어가 많았을 때 향후 좋은 평가를 받을 수 있다. 결과론적으로 질보다는 양이 우선시되어야 한다. 다섯째, 부정적인 태도는 없애야 한다. "아이디어를 내놓아도 안 될 거야, 이것 아무 소용이 없어, 네가 내놓아도 쓸모없을 거야" 등등은 구상단계에서 나와서는 안 되는 말들이다. 여섯째, 실현가능성과 전략적인 관점으로만 보지 않아야 한다. 한두 가지 아이디어를 가지고 실제 실현가능성은 없어 보이며, 많은 아이디어를 가진다면 보다 체계적으로 점진적인 아이디어를 만들어내기 쉽다.

4) 통합 : 비즈니스모델을 구축하라

새로운 유형의 비즈니스모델을 발견하였다면 통합할 수 있는 모델을 구축한다. 즉 기존의 고정관념에서 벗어나기 위해서는 새로운 패턴을 찾아 도입하는 것이 중요하다. 새로운 아이디어들은 일관성 있는 비즈니스모델에 따라 체계를 갖추어 기업 내부의 요구사항과 외부의 환경에 적합하도록 조정되어야 한다. 성공적인 비즈니스모델혁신은 기존의 고정관념을 파괴할 뿐만 아니라 새로운 모델로서 높은 수준의 내부적 일관성을 가지게 된다.

내부적 일관성이란 새로운 비즈니스모델을 이루기 위한 조화로운 활동을 내용으로 하는 것으로 정의한다. 새로운 비즈니스모델을 만들어내는 것은 어느 한 측면을 바꾸는 것으로 표현되는 것이 아니며 여러 가지 통합요소로 설명된다. 즉 고객, 이해관계자그룹, 유통경로인 채널 연계, 고객 세분화, 시장 세그먼트, 가치제안, 내부 자원, 파트너, 활동 및 경쟁력, 비용요인과 수익원 등 여러 가지가 연계되어 이루어진다. 이러한 비즈니스모델혁신이야말로 내부적 일관성이 존재한다면 경쟁자들이 쉽게 모방할 수 없는 기업 고유의 경쟁우위가 확보되어 있을 것이다.

외부적 일관성이란 새로운 비즈니스모델이 기업이 처한 환경에 얼마나 적합한가를 말한다. 새로운 비즈니스모델이 이해관계자들의 요구사항을 얼마나 잘 만족시키며, 전반적인 추세와 경쟁에 대응할 준비는 잘 되어 있는가 하는 것이다. 이 단계에서는 새로운 비즈니스모델을 바탕으로 기업이 처한 환경을 분석해야 한다. 기업환경은 지속적으로 변화하기 때문에 새로운 비즈니스모델을 개발하는 과정에서 염두에 두고 있어야 한다.

5) 실행 : 비즈니스모델을 실천하라

비즈니스모델개발과 구상을 마쳤다면 계획을 실현한다. 이 실행단계는 새로운 비즈니스 파트너와의 계약, 새로운 판매경로의 확보, 시장접근전략의 구체화 등과 여러 가지 작업경로를 요구한다. 기존의 비즈니스에서 새로운 비즈니스모델로 변경하기 때문에 여러 가지 부딪치는 현상들, 고객들, 시장과 파트너들, 모든 영역이 포함될 것이다. 비즈니스모델혁신을 단번에 실행하기보다는 프로토타입을 개발하여 소규모로 시험해 보고 단계적으로 넓히는 전략이 바람직하다. 이러한 순차적인 적용은 위험을 최소화하고, 적용과정에 대하여 시행착오를 줄일 수 있으며 전략적으로 재조정되어 추진됨으로써 시간과 비용을 절감하는 효과가 있다.

11.4 비즈니스모델혁신에 성공한 몇 가지 요소

시장의 경쟁이 치열해지고 소비자의 판단기준이 매우 엄격해진 오늘날, 경쟁 상대와의 차별화를 이루고 살아남기 위해서는 근본적인 개혁 차원의 변화가 필요하다. 기업들은 비즈니스모델혁신을 통해 소비자들에게 제공할 수 있는 가치를 증대시킬 수 있을 것이다. 오늘날의 시장상황에서 기업들은 고객에게 조금 더 가까이 다가가고 선택을 받기 위해 제품 차별화에 많은 노력을 기울인다. 그러나 차별화요인으로 부각시킬 수 있는 부분이 갈수록 줄어들고 있는 것이 오늘날의 현실이다. 제품 차별화 이외에도 비즈니스 프로세스 차별화를 꾀하거나 마케팅이나 유통의 차별화를 시도하기도 한다. 그런데 이러한 노력도 분명 결실이 있긴 하지만 프로스트 & 설리번에서 발표한 자료에 의하면 지난 10년간 기업가치를 가장 크게 축적할 수 있게 한 부분은 다름 아닌 비즈니스모델혁신이었다고 한다. 그만큼 비즈니스모델혁신은 기업의 성과를 좌우하는 매우 중요한 요소로 볼 수 있다. 비즈니스모델혁신은 다양한 방법으로 구현될 수 있으며 어느 한두 가지 방식으로 요약될 수 없는 부분이 분명 존재한다.

1) 고객의 비용부담을 최소화하라

ESCO는 Energy Service Company의 약자로 다양한 에너지 절감 프로젝트를 수행하거나 에너지 인프라 아웃소싱, 전력공급 및 리스크관리 등의 포괄적인 에너지 솔루션을 제공한다. 우리가 알고 있는 에너지 절감형 형광등부터 시작해서 공조시스템에 이르기까지 빌딩의 여러 구성요소들에 대해 빌딩 소유주들이 갖고 있는 선투자에 대한 부담은 상당히 크다. ESCO는 이를 획기적으로 줄일 수 있는 비즈니스모델을 제시하였다.

빌딩 소유주에게 에너지 절감 솔루션을 제안하고 사업이 성사되었을 경우 에너지 절감분에 대한 수익 공유 및 투자비 회수 등을 통해 빌딩 소유주의 초기 투자금을 최소화하도록 한 것이다. 과거에 에너지 절감형 형광등이 개발되었을 때 에너지 절감 효율성이나 뛰어난 성능에도 불구하고 시장은 생각만큼 늘어나지 않았다. 아무리 제품이 우수하다 하더라도 이를 도입하는 측에서는 초기 투자비용에 대해 고민하지 않을 수 없기 때문이다. 그러나 에너지 절감분으로부터 나오는 이익을 공유하는 ESCO방식이 도입되면서 시장이 폭발적으로 성장할 수 있었다. 비즈니스모델의 변화만으로도 신제품에 대한 시장의 수요를 확장시킬 수 있다는 것을 보여주는 좋은 사례이다.

2) 소비자의 요구에 빠르게 대응하라

델 컴퓨터는 주문식 방식을 컴퓨터 제조업에 도입하면서 기성복처럼 만들어져 시장에 판매되고 있던 컴퓨터 제품들의 시장판매방식 및 대응 사이클을 획기적으로 바꾸면서 기존 업체들과 차별화된 비즈니스모델을 창출한 사례이다. 델 컴퓨터는 마이클 델이 자신이 다니던 대학교 기숙사에서 시작한 것으로도 유명한 컴퓨터 제조업체이다. 델 컴퓨터는 기존 컴퓨터시장에서는 존재하지 않았던 주문식 방식을 도입하면서 재고를 줄이고 고객 맞춤화 역량을 극대화해서 성공한 비즈니스모델혁신 사례이다.

그러나 이러한 모델에도 리스크는 분명 존재했다. 주문식 방식은 고객이 사양을 선택한 뒤 주문을 완료하면 델은 이를 조립해서 완성된 제품을 인도하는 방식이었다. 이러한 방식이 성공하기 위해서는 델은 시간과 싸워야 했으며 이는 곧 충분한 부품 재고를 보유하고 있어야 한다는 제약사항을 의미하기도 했다. 이러한 부품 재고비용은 약점이 될 수 있었다. 그러나 델 컴퓨터는 일부 원가 상승에도 불구하고 빠른 고객대응이라는 쪽에 더 무게를 두고 선택과 집중을 했으며 이는 우리가 알고 있는 델 컴퓨터의 성공 신화를 창조하게 되는 원동력이 되었다. 부품 재고가 부족해서 고객의 요구사항을 들어주지 못해 잃게 되는 사업기회가 부품 재고 축적을 통해 나타나는 비용 상승을 상쇄하고도 남게 된 것이다. 더구나 이는 완성품 재고나 매장을 통한 유통비용과는 비교가 안 될 정도의 수준에 불과하다.

3) 사용자 지불비용을 제로로 하라

구글은 무료 검색엔진을 제공하고 광고 수익을 통해 이윤을 창출하면서 모두가 윈-윈할 수 있는 혁신적인 비즈니스모델의 좋은 사례를 보여주고 있다. 일반사용자들이 구글의 검색엔진을 사용하는 데 드는 비용은 제로이다. 인터넷 접속만 된다면 언제 어디서든 구글의 검색엔진을 사용할 수 있다. 구글의 성공은 혁신적인 검색성능을 지닌 검색 알고리즘과 이에 대한 전 세계 사용자들의 수요가 있었기에 가능했다. 사용자들은 무료로 검색엔진을 사용하고 기업들은 맞춤형 광고를 할 수 있게 되었다. 기존에 TV, 잡지 등을 통해 불특정 다수인 일반대중들에게 특화되지 못한 메시지를 전달할 수밖에 없는 기존의 방식과는 또 다른 차별화된 광고방식이다. 사용자에게는 비용이 들지 않지만 정말 필요로 하는 최고의 서비스를 제공하고 이를 통해 형성되는 거대한 트래픽(traffic)을 활용하여 수익을 창출할 수 있는 비즈니스모델은 사용자와 광고주 그리고 구글에게도 모두 윈-윈할 수 있게 하는 비즈니스모델이다.

4) 투자 및 재고비용을 최소화하라

영화 대여 체인인 블록버스터(Blockbuster)는 기존의 영화 대여모델에서 이해관계자 모두가 윈-윈할 수 있는 수익 공유형 모델로 전환하면서 초기 구매비용을 절감(투자비용 절감)할 수 있는 비즈니스모델을 실현하였다. 1990년대 당시 영화 제작사들은 비디오 대여점들에 비디오테이프를 개당 미화 60달러 정도에 판매했었다. 그리고 일반적으로 대여점들은 1회 대여료로 약 3달러 정도를 받았다. 대여점 입장에서는 20회 정도는 고객에게 대여를 해야 겨우 투자비를 회수할 수 있었던 것이다. 게다가 아무리 인기가 높은 영화라 하더라도 물리적인 제약 때문에 대여된 테이프는 고객이 반납하기 전까지는 추가 수입을 가져다주지 않는다는 한계를 지닌 비즈니스모델이었다. 그리고 인기가 높은 영화는 테이프를 추가 구매해서 물량을 늘려야 하는 어려움이 있었고 1~2개월 후에는 고객들이 찾지 않게 되는 악순환으로 대여점 입장에서는 고스란히 재고비용으로 남게 되었다. 이러한 경영상의 어려움을 블록버스터는 영화 제작사와 수익을 공유하는 혁신적인 비즈니스모델 도입으로 타개해나가게 된다. 초기에 영화 테이프를 구매할 때 대여점은 단 몇 달러 정도만 지불하고 실제 대여를 통해 들어오는 수익에 대해 5대 5로 제작사와 수익을 공유하는, 당시에는 존재하지 않았던 혁신적인 모델을 도입한 것이다. 이렇게 될 경우 대여점은 단기간에 여러 개의 테이프를 들여올 수 있고 더 많은 고객이 대여를 함으로써 수익이 올라가게 된다. 제작사는 1~2개의 테이프를 팔아 실현할 수 있었던 것보다 더 큰 수익을 올릴 수 있게 된다. 결과는 대성공이었다. 블록버스터는 기존 시장 점유율 25%에서 불과 2년 만에 38%까지 확대시킬 수 있었다. 그만큼 혁신적인 비즈니스모델이 기업의 성과에 큰 영향을 끼친다는 것을 증명한 사례이다.

그러나 블록버스터는 인터넷의 보급으로 인한 시장의 변화와 이에 기반한 넷플릭스(Netflix)와 같은 강력한 경쟁 상대의 등장에 적극적으로 대응하지 못해 결국 큰 어려움을 겪고 파산했다. 하지만 혁신적인 비즈니스모델 변화를 통해 수익성을 증대시키고 시장 구도에 변화를 몰고 온 점은 높이 평가해야 할 것이다.

5) 선택과 집중을 하라

2011년 'The Economist Innovation Award'를 수상한 인도의 나라야나 흐루다얄라야(Narayana Hrudayalaya)병원은 심장수술에 특화된 비즈니스모델혁신을 통해 선진국인 미국이나 인도 내에 있는 다른 사립병원들보다도 저렴하면서 높은 수술 성공률을 보이고 있다. 이 병원의 수익률은 7.7%인 데 반해 미국 병원의 평균은 6.9%이다. 게다가 수술 후 30일 이내 사망률이 미국 평균 1.9% 대비 나라야나병원은 1.4%에 불과하여 매우 우수하다는 것을 알 수 있다. 이 병원에서 시술하는 관동맥 우회로 이식술(coronary artery bypass graft surgery)의 평균 수술비는 미화 2천 달러인 것에 반해 인도의 타 사립병원에서는 미화 5천 달러, 미국 의료보장센터(U.S. Medicare)에서는 평균 미화 2만 달러에서 4만2천 달러에 달한다. 2008년 이 병원에서 시행한 관동맥 우회로 이식술은 총 3,174건으로 클리블랜드클리닉(Cleveland Clinic)의 1,367건과 하버드의대 매사추세츠병원(Massachusetts General Hospital)의 536건보다 월등히 높다는 것을 알 수 있다.

나라야나병원은 하나에 집중하면서 비용을 줄이고 효율성을 높일 수 있었다. 기존 종합병원들이 다양한 분야를 다루다 보니 여기에 수반되는 고가의 장비, 각각의 분야에 특화된 의료진, 병원 유지비용 등 원가 측면에서 전문병원 대비 비용 열세에 처할 수밖에 없었다. 그러나 나라야나 흐루다얄라야병원은 심장수술에만 특화하면서 규모의 경제를 이룰 수 있었고, 이는 병원 유지비용을 기하급수적으로 낮출 수 있는 원동력이 되었다. 그리고 심장전문의들이 심장수술만 집도하면서 축적되는 수술 노하우 및 기술, 심장질환환자케어 역량 등이 합쳐져 수술 성공률은 물론 수술 후 환자들의 회복력 또한 우수한 것으로 분석되고 있다. 때로는 선택과 집중이 사업 다각화 대비 리스크요인을 동반할 수는 있겠지만, 나라야나병원처럼 선순환 구도에 들어서게 될 경우 경쟁 상대들이 쫓아올 수 없는 엄청난 경쟁력으로 작용할 수 있다는 것을 잘 보여준다.

6) 고객중심의 사고를 재구성하라

사우스웨스트항공사(Southwest Airlines)는 고객 관점에서 가장 큰 불편함이 무엇인지를 적극적으로 파악해 이를 비즈니스모델로 실현한 대표적인 사례이다. 기존 대형 항공사들은 운영 효율성을 높이기 위한 방법으로 허브 도시를 중심으로 운항해왔다. 이로 인해 승객들은 중간 허브(hub)공항에서 다시 다른 항공편으로 갈아타야 하는 불편함을 감수해야 했다. 사우스웨스트항공은 도시와 도시를 바로 연결하여 운행하는 연계형(point to point) 방식을 도입하면서 기존 항공사들이 추구하던 허브방식에서 과감하게 탈피하였다. 이는 고객 관점에서 어떠한 불편이 있고 어떠한 니즈가 있는지를 분석하는 것에서부터 시작될 수 있었다. 그리고 고객들에게 저렴한 비용으로 가고자 하는 목적지로 곧바로 갈 수 있게 하기 위해 기내식 등 단거리 여행에서 불필요하다고 생각되는 부분을 정리하면서 원가 경쟁력 또한 갖출 수 있게 되었다. 항공기 기종을 중단거리용 보잉 737로 통일한 것은 물론이다. 식사, 라운지, 좌석 선택, 허브 연결 등이 제한된 대신에 사우스웨스트항공은 고객들에게 정시 출발, 낮은 요금, 근거리 서비스를 제공하면서 가치를 창출하였다. 비즈니스모델혁신은 고객의 불편함을 이해하고 이를 해결하기 위해 고민하는 것에서부터 시작된다.

7) 지속적인 수익 확보를 하라

질레트는 고객과의 연결고리를 지속적으로 가져가면서 추가적인 구매를 유도하는데 성공한 비즈니스모델을 선보였다. 질레트는 면도기 제품을 판매하면서 면도날을 지속적으로 구매하도록 고객을 자사 제품에 연결고리시키는 전략으로 큰 성공을 거두었다. 기존 시장에 존재하던 일회용 면도기는 1회 또는 2~3회 사용하고 나면 버리는 것으로 소비자들은 생각하고 있었다. 여기서 질레트는 더욱 고급스러우면서 면도날을 교체할 수 있는 제품을 선보이게 된다. 그러면서 자연스럽게 추가적인 판매를 지속적으로 유도하면서 고객을 자사 제품에 연결고리시키는 비즈니스모델을 완성하게 된다.

이러한 비즈니스모델은 프린터업계에까지 확산되어 오늘날 프린터를 비교적 저렴한 가격에 제공하면서 잉크 카트리지에서 수익을 창출하는 방식이 자리 잡게 되었다.

성공한 비즈니스모델도 계속 진화시켜나가야 한다. 비즈니스모델혁신의 종류는 많고 계속 진화하고 있다. 레드오션(red ocean)으로 보이던 시장이 사업모델을 달리 적용하면 전혀 다른 모습의 시장이 될 수 있다. 그러나 블록버스터나 델 컴퓨터의 사례에서도 볼 수 있는 것처럼 중요한 것은 한두 차례 비즈니스모델을 혁신했다고 그것이 지속가능한 성공을 보장해주지는 않는다는 사실이다. 기업이 얻고자 하는 성공 비즈니스모델은 시장 트렌드, 경쟁상황, 소비자 요구의 변화에 따라 지속적으로 진화되어야 하며, 그렇지 못할 경우 결국 도태된다는 것을 보여주고 있다. 시장의 경쟁이 치열해지고 소비자의 판단기준이 매우 엄격해진 오늘날 경쟁 상대와의 차별화를 이루고 살아남기 위해서는 작은 변화와 개선만으로 부족할 때가 많다. 큰 틀을 깨는 노력이 필요하며 이는 새로운 비즈니스모델에 대한 끊임없는 고민과 혁신을 통해서 달성할 수 있을 것이다.

사례연구

혁신적인 비즈니스모델

알스톰, 롤스로이스, 오리카 및 에네르콘의 공통점은 모두 일반소비자가 아닌 기업을 고객으로 하는 B2B기업이라는 점이다. 기업 고객의 경우 구매전문가가 존재하고 감성적 소비보다는 이성적 판단을 중시하기에 새롭고 혁신적인 비즈니스모델이 나왔을 때 그 이점을 명확하게 이해하고 새로운 방식에 쉽게 적응할 수 있다. 이에 반해 전문가가 아닌 일반소비자가 새로운 비즈니스모델을 이해하고 받아들이는 데에는 좀 더 많은 시간과 비용이 소요될 수밖에 없다. 이 때문에 B2C기업이 새로운 비즈니스모델을 시도하기가 쉽지 않은 것이 현실이다. 그러나 애플이 아이튠즈나 앱스토어와 같은 혁신적 서비스를 포함하는 새로운 비즈니스모델을 통해 후발주자라는 불리함을 극복하고 MP3플레이어와 스마트폰시장을 석권한 것처럼 B2C시장에 새로운 비즈니스모델을 도입하고 고객을 끌어들일 수 있다면 그 파괴력은 훨씬 크다고 할 수 있다.

미국 최고의 카펫 제조업체인 인터페이스(Interface)는 B2C기업이면서 비즈니스모델을 혁신한 사례다. 인터페이스는 미국시장에서 카펫 매출이 정체되자 소비자들이 카펫을 구매하지 않는 이유에 대해 조사했다. 그 결과 매번 먼지를 털고 빨아야 하는 번거로움과 카펫의 일부가 더러워지거나 닳았을 때 전체를 교체해야 하는 불편함 때문이라는 것을 발견했다. 인터페이스는 이 문제를 해결하기 위해 본드를 사용하지 않고 탈 · 부착할 수 있는 조각 타일형태의 카펫을 개발하여 고객 집에 깔아주고, 이것을 유지 · 관리해주는 서비스를 시작했다. 고객이 매월 일정금액의 서비스요금을 지불하면, 인터페이스가 정기적으로 찾아가 카펫이 최적의 상태를 유지하도록 관리해주는 것이다. 카펫을 조각형태로 만들었기 때문에 카펫이 더러워져도 일부분만 새 제품으로 교환할 수 있었다. 고객은 더 적은 비용으로 카펫을 관리할 수 있게 됐고, 인터페이스의 매출은 눈에 띄게 향상됐다. 이처럼 인터페이스는 혁신적인 제품과 비즈니스모델의 융합을 통해 그 제품을 사용하는 고객의 번거로움과 불편함을 해결할 수 있는 대안을 제시함으로써 높은 매출을 올릴 수 있었다.

자료 : 도은지, 비즈니스모델 혁신으로 제조업의 위기를 극복한 기업들, LG경제연구원, 2014.

연습문제

01 비즈니스모델혁신이 각광받는 이유와 혁신에 성공한 기업을 조사하시오.

02 기존의 혁신들과 비즈니스모델혁신의 차별화를 설명하시오.

03 비즈니스모델혁신의 의미와 핵심구성을 설명하시오.

04 비즈니스모델혁신의 성공미션을 설명하시오.

05 비즈니스모델혁신의 방법론을 설명하시오.

CHAPTER 12

제품혁신을 위한 트리즈 사고기법

창의력은 누구나 지니고 있는 보편적인 능력이다. 하지만 사람들은 흔히 창의력은 나하고 관련이 없고, 스스로 창의력이 없다라고 단언하기도 한다. 하지만 창의력은 소수의 천재에게만 있는 것이 아니고 태어나면서 원래 있는 것도 아니다. 모든 개인이나 기업의 창의성은 훈련 및 지식의 접목, 창의하고자 하는 동기부여를 통해서 이루어진다고 할 수 있다. 즉 창의적인 사고를 키울 수 있는 방법론적인 학습을 통해서 이루어진다. 방법론적인 학습은 문제를 다르게 이해하는 것이며, 사전적 지식이나 편견에 사로잡히지 않고 문제를 보고 문제를 새롭게 이해하며 이를 통해서 어떤 문제에 대한 해결의 실마리를 풀어가는 것이다. 본장에서는 문제를 이해하는 창의적인 관점으로 트리즈 사고기법에 대하여 학습하고자 한다.

12.1 트리즈의 태동

트리즈(TRIZ)는 러시아의 겐리히 알트슐러(Genrich Altshuller)가 개발한 '창의적 문제해결을 위한 이론'이다. 러시아어 'Teoriya Resheniya Izobretatelskih Zadach'의 머리글자이며, 영어로 TIPS(Theory of Inventive Problem Solving)라고도 불린다. 트리즈는 발명과 혁신을 이루기 위한 구조적인 접근법이다. 트리즈는 1946년부터 구소련의 알트슐러에 의해서 처음으로 연구되기 시작했다. 알트슐러는 1926년 러시아에서 태어나서 14세이던 1940년에 수중잠수장치를 발명하였고, 이듬해인 1941년에는 로켓엔진을 장착한 보트구조를 발명하면서 주목을 받기 시작하였다. 제2차 세계대전 후인 1946년에는 잠수함 탈출장치를 개발하였다. 그는 소련 해군특허청에 근무하면서 엔지니어들의 발명특허신청 업무를 도와주는 일을 했다. 그러면서 종종 엔지니어들의 기술적 문제를 해결하는 것을 도와주기도 하였다. 그러던 중에 그는 각기 다른 분야에서 동일한 기술적 문제를 갖고 찾아오는 엔지니어들을 만나게 되었다. 그리고 수많은 특허관련 업무를 하면서 다음과 같은 의문들을 품기 시작했다. 문제해결이 어려운 이유는 무엇인가? 왜 어떤 사람은 창조적이고 다른 사람은 창조적이지 못할까? 전 세계의 특허정보를 이용할 수는 없을까? 인류의 모든 지식을 이용할 수는 없을까? 결국 그는 다음과 같은 결심을 하게 되었다. "일반적이고 체계적인 문제해결이론을 만들자." 이러한 생각으로 기술적 · 공학적 모순을 발견하여 문제를 해결할 수 있는 이론적 가설을 세웠는데 이것이 오늘날 TRIZ이론으로 발전하였다.

한편 1985년에 알트슐러는 그의 연구 초점을 기술보다는 일반적인 창조성의 영역에 맞추었다. 알트슐러가 초기에 발견한 것 중의 하나는 발명문제(다시 말하면, 해결책이 알려져 있지 않은 문제)들은 최소한 하나 이상의 모순(contradiction)을 포함하고 있다는 것이다. 따라서 만일 엔지니어가 자신의 시스템에 놓여있는 모순을 해결할 수 있다면 그 시스템의 문제를 해결할 수 있을 뿐만 아니라, 더 높은 수준으로 진화할 수 있다.

알트슐러는 어려운 문제에는 모순이 존재하고 이 모순을 해결할 때 진정한 혁신을 이룰 수 있다고 주장하였다. 대부분의 특허연구를 통해 창조 및 창의적인 발명품 등의 문제해결과정은 특정 패턴 혹은 규칙에 따라 움직인다고 발견하였다. 따라서 이러한 패턴을 이해하고 이를 공학적인 시스템에 적용하면 이상적인 상품과 서비스를 더 빨리 개발하고 진화에 대해 더 나은 예측을 할 수 있다고 보고 있다. TRIZ를 통해서 주어진 문제에 대해 가장 이상적인 결과를 정의하고, 그 결과를 얻는 데 관건이 되는 모순을 극복시킬 최적의 해결안을 얻는다. 'TRIZ'는 200만 건 이상의 전 세계 특허를 분석해 창의적이라고 인정되는 특허들의 공통점을 추출해 정리한 것으로, 40가지 발명원리를 통해서 다양한 해결책과 문제해결 프로세스로 구성되어 있다.

그림 12-1 창의적인 문제해결과정

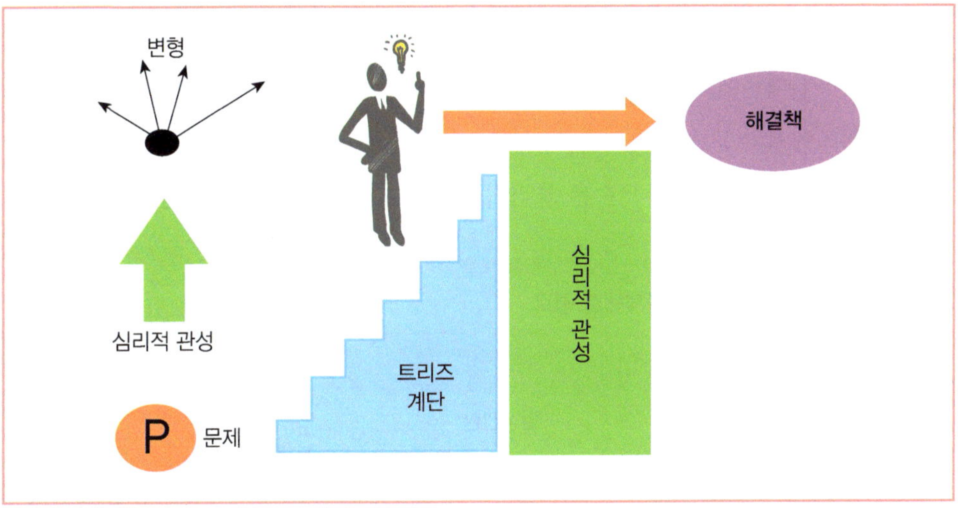

한편으로 전사적 품질경영(TQM), 6시그마 등 기존 혁신방법이 생산현장의 품질개선과 원가절감에 초점을 맞추고 있는 반면, 트리즈는 제품구성이나 생산라인, 작업시스템 등을 통째로 바꾸는 혁신을 추구한다. 최근에는 트리즈가 국내외 기업환경에서 공학적인 접근방법뿐만 아니라 다양한 응용분야에서도 필수적으로 적용되고 있으며, 특히 창의적인 발명과 혁신도구로 비즈니스에도 연구와 개발, 개선에 대한 효과적인 내용으로 주목을 받고 있다.

12.2 문제해결의 열쇠 : 모순 이해하기

트리즈이론에서 창의적인 문제해결을 이루기 위하여는 가장 중요하게 이해하여야 할 부문이 모순(contradiction)이라는 개념이다. 모순이란 어떤 문제를 해결하려면 어느 쪽은 개선되고 다른 쪽은 악화되는 현상으로 어느 쪽도 선택할 수 없는 경우를 말한다. 문제해결에 대한 개선이 쉽게 나오지 않는 이유 중의 하나가 이러한 모순 때문이다. 이러한 문제해결에 대한 모순이 존재하면 지식과 경험, 아이디어 등을 총동원하여도 해결할 수 없는 고질적인 문제가 나타난다.

그러나 트리즈이론에서는 이러한 모순이 오히려 문제를 해결하는 중요 핵심 포인트로 작용한다. 즉 문제를 철저히 분석하여 모순을 찾아내고 두 개의 요소로 문제를 단순화한 것이기 때문에 이 모순만 해결한다면 창의적인 문제해결이 이루어진다는 이론이다. 트리즈에서의 모순은 새로운 각도에서 바라보는 방법이다.

대체적으로 트리즈에서의 모순은 물리적 모순과 기술적 모순으로 구분한다.

그림 12-2 트리즈를 통한 문제해결 경로

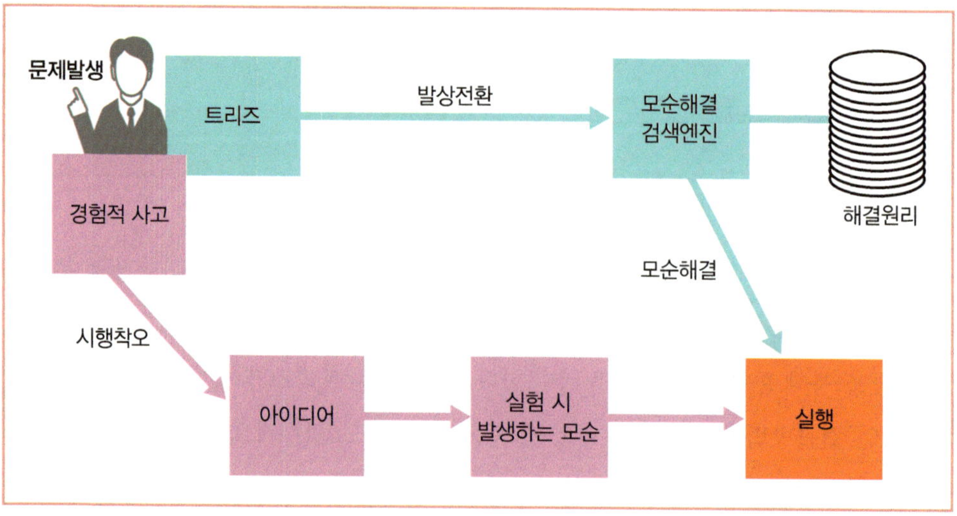

12.2.1 물리적 모순 : 분리의 원리

물리적 모순은 하나의 특성에 부과되는 상반된 요구상황으로 문제해결이 갖는 하나의 특성이 갖는 값들이 서로 충돌하는 것을 의미한다. 예를 들어 어떠한 문제에 특성값인 A가 어떠한 값인 1과 −1을 동시에 갖는 상황이 바로 물리적인 모순이다. 한편으로 물리적 모순은 서로 상반된 값을 갖는 것이다. 비즈니스에 적용하면 이해할 수 있다.

일반적으로 국내서적만을 취급하는 서점을 예로 들어 설명하면 다음과 같다. 전 세계의 모든 책을 취급하기 위해서는 고객에 대한 만족도는 매우 향상되지만 회사 측은 모든 책을 취급하기 위하여 매장관리 및 관리비용, 마케팅비용 등이 많이 든다. 이처럼 한쪽이 좋아지면 나머지 쪽은 악화되는 현상, 즉 경영과 수익을 위하여 모두 가져야 하는 상황이 바로 물리적 모순이다.

매우 인기 있는 TV 드라마를 보고 싶을 때 고객은 광고를 적게 보고 바로 드라마를 보기 원하고, 방송국 측은 인기 있는 프로그램을 통해서 광고수익을 많이 내야 하는 물리적 모순이 발생한다. 광고라는 특성을 가지고 판단하면 이 특성이 서로 다른 값(광고

| 표 12-1 | 물리적인 모순 사례들

특성	상반되는 값을 갖는 물리적 모순상황
비행기의 바퀴	비행기 바퀴는 이륙할 때 필요하지만 이륙 후에는 공기저항을 받아 연료의 20%를 더 사용하게 된다. 이는 바퀴를 접어서 해결한다.
초고층 엘리베이터	초고층 빌딩은 저층 빌딩에 비해 엘리베이터의 공간이 늘어나는 문제가 발생한다. 고층용과 저층용을 분리해서 운영한다.
호텔의 객실서비스	고객만족을 위하여 성수기를 대비하기 위해서는 객실수가 많아야 하지만 비수기에는 객실수가 적어야 한다.
미용실, 이발소 등의 서비스	고객만족을 위하여 손님이 많을 때는 서비스를 받을 종업원과 의자가 많아야 하지만 손님이 상대적으로 없을 때는 종업원과 의자를 줄여야 한다.
자동차의 안전도	자동차의 안전도를 위하여 프레임이 튼튼하고 무거워야 하지만 자동차의 연비를 고려하면 프레임이 가벼워야 한다.

를 적게, 많게)을 모두 가져야 하는 상황이 바로 물리적인 모순이다.

한 특성이 가져야 하는 상반되는 값은 사전적 의미에서 반대되는 것뿐만 아니라 비슷한 것도 가능하고, 시간에 의한 모순과 공간에 대한 물리적 모순이 나타나기도 한다. 전체와 부분에 의한 분리가능한 자전거 체인은 유연하고 동시에 단단해야 하는 모순을 극복한다.

12.2.2 기술적 모순 : 발명원리

기술적 모순은 창의적인 문제해결을 이루기 위하여 서로 다른 두 가지 특성이 충돌하는 것을 의미하며, 어떤 특성 A를 개선하면 다른 특성 B가 악화되고, 반대로 특성 B가 개선되면 다른 특성 A가 악화되는 현상을 말한다. 이때 가장 중요한 요인은 특성 A가 개선되느냐, 아니면 특성 B가 개선되느냐는 조건 C에 의하여 결정된다는 것이다.

일반적인 책을 취급하는 서점을 예로 들어 설명하자, 전 세계의 모든 책을 취급하기 위해서는 고객에 대한 만족도(특성 A)는 매우 향상되지만 회사 측은 모든 책을 취급하기 위하여 매장관리 및 관리비용, 마케팅비용(조건 C) 등이 많이 든다. 회사의 수익(특성 B)은 반대로 감소할 수 있다. 그 반대로 하면 고객만족도(특성 A)는 줄어들고 마케팅비용(조건 C)에 따라 회사의 수익(특성 B)은 오히려 늘어날 수 있다.

기술적 모순은 제약조건에 따라 달라지므로 서로 상반되는 상황하에서 결정된다. 즉 어떤 조건에서 특성 A가 장점(혹은 개선)이 된다면 특성 B가 단점(혹은 악화)이 되는 현상을 말한다. 여기서 말하는 기술적인 모순이 기계, 전기, 전자, 자동차, 중공업, 조선 등과 같은 공학적인 개념의 물리적인 시스템만을 이야기하는 것이 아니라 인문학과 경영학, 사회학적인 개념을 확대하여 해석이 가능하다. 예를 들어 축구경기를 할 때 경기에서 우승하기 위해서는 조건에 따라 문제해결을 모색하는 것이 좋다. 즉 운동훈련량을 늘리면 승리의 가능성은 증가하며, 훈련량이 적어지면 축구경기에서 실패할 확률이 높아지는 현상이다. 어떤 모순을 선택하면 훈련량과 성적이라는 두 마리 토

표 12-2 기술적인 모순 사례들

기술적인 모순상황	특성	
	개선	악화
대형서점의 경우 많은 책을 구비하는 것은 고객만족이 높아지지만 도서관리, 즉 재고관리에 어려움이 따른다.	고객만족도의 향상	도서관리(재고관리) 어려움
전기자동차에 대용량의 배터리를 장착하면 주행거리는 늘어나지만 충전시간이 오래 걸린다.	주행거리향상	충전시간 증가
은행, 마트 등의 고객만족을 위하여 서비스창구를 늘려 바로 서비스가 가능하지만 한가할 때는 인건비가 늘어난다.	고객서비스향상	인건비발생
신선제품을 유지하기 위하여 화물자동차에 냉장고를 설치 운영하면 상대적으로 비용이 증가한다.	신선도향상	비용발생
자동차에 편의적인 고급사양기능을 추가하여 제작하면 오히려 상대적으로 비용이 많이 증가한다.	편의성향상	비용발생

끼를 잡을 수 있는 해결안을 도출하는 것이 목표이지만, 구체적인 실행방안은 다를 수 있다.

기술적 모순을 정의할 때 해결해야 할 문제상황에 따라서는 조건이 불명확하거나 쉽게 알기 어려운 경우도 있다. 가령 비즈니스 마케팅에 적용할 때 설문조사나 자료조사, 정보분석 등을 통해서 사례에 적용하는 것이 한계가 따를 수도 있다. 예를 들어 많은 고객을 유치한 게임방에서 고객만족도와 수익을 높이기 위하여 두 가지 특성을 모두 향상시키고 싶은데 어떻게 할지 조건을 모르면 자료 및 정보조사를 통해서 조건을 맞출 수 있다. 가령 높은 수준의 컴퓨터 성능과 인테리어를 갖추었다면 고객만족도는 향상될 것이고, 한편으로 비용 등이 많이 발생되어 수익구조는 떨어질 것이다. 또한 일반컴퓨터 설치와 인테리어가 불편하다면 수익구조는 좋아질 수 있으나 장기적으로 고객만족도가 나빠질 가능성이 있다. 이렇듯 고객만족도와 수익 간의 기술적 모순을 통해서 문제를 해결한다. 비교적 쉽게 유추하여 어떤 조건에 맞는 것이 하나라면 쉽게 해결가능하나, 모순이 하나만 있는 것이 아니므로, 조건이 두 개이면 두 개의 기술적 모순을 각각 정의하거나, 장단점에 더 큰 영향을 미치는 조건을 기준으로 기술적 모순을 해결할 수 있다.

12.3 발명원리 40가지 이해하기

발명원리란 창조적이든 창의적이든 발명문제에 포함된 물리적 혹은 기술적 모순을 해결하는 데 가장 많이 활용된 40가지 원리를 이해하는 것이다. 40가지 발명원리는 1956년 소련 해군특허청 근무하던 겐리히 알트슐러가 동료들과 약 150만 건의 전 세계 특허를 분류하고 발명의 원리와 패턴을 찾아내 창의적 사고의 프로세스를 새롭게 정립한 이론으로 문제해결에 공통적으로 사용된 원리 가운데 가장 많이 활용된 핵심 원리를 정리한 것이다. 원래 40가지는 공학분야에 창의적인 문제해결을 위해 개발된 이론이지만 최근에는 비공학과 비즈니스에서도 연구가 활발히 진행되고 있으며 실제 비즈니스에서도 적용이 상당수 이루어지고 있다.

그러나 이 중에서 실제 고민하고 있는 문제의 대부분은 세상의 어딘가에 이미 해결책이 존재하며 특허의 2%만이 진정한 창조적인 발명임이 통계로 나타난다. 나머지 98%는 이미 알려진 아이디어와 개념을 이용해 발명된 것으로 창의적인 활용성이 특허의 대부분을 차지한다고 볼 수 있다.

문제해결을 위한 기술적 모순을 찾아 적용하기 위하여 40가지 발명원리 중 한 가지만 적용하는 것이 아니라 2~4개의 발명원리를 적용한다면 쉽게 기술적 모순을 해결하기 위한 문제해결책이 나타날 것이다.

기술적 모순을 통해 문제를 해결한 발명원리의 예를 몇 가지 설명하면 다음과 같다. 발명원리 ① 나누다 : 한 몸체였던 칼을 칼날을 쪼갤 수 있는 커터칼로 만들었다. 발명원리 ② 필요한 것만 뽑아낸다 : 식탁 없이 배달로만 매출을 올리는 피자업체가 좋은 예이다. 발명원리 ③ 부분적으로 최적화한다 : 획일적인 급여구조에서 탈피해 능력에 따라 지급한다. 발명원리 ④ 대칭이면 비대칭으로 해본다 : 신흥시장과 성숙시장의 차별화된 영업전략을 구사한다. 발명원리 ⑤ 여러 작업을 한 번에 동시에 한다 : 유통+영화+전시장+식당=쇼핑몰의 통합화로 원스톱서비스를 한다. 이상과 같이 트리즈 방법은 전 세계 특허를 분석하여 기술적인 진화의 과정을 예측할 수 있도록 40가지로 정리한 것이 특징이다([표 12-3] 참조).

표 12-3 트리즈를 통한 40가지 발명원리

번호	발명원리	설명
①	분할(segmentation)	여러 부분으로 나누다/쪼개어서 사용한다.
②	추출(extraction)	필요한(특정) 부분만 뽑아낸다.
③	국소적 품질 혹은 성질(local quality)	전체를 똑같이 할 필요는 없다.
④	비대칭(asymmetry)	대칭이라면 비대칭으로 해본다.
⑤	통합(consolidation)	한 번에 여러 작업을 동시에 한다.
⑥	다용도(universality)	하나의 부품을 여러 용도로 사용한다.
⑦	포개기(nesting)	포개본다(안에 집어넣기).
⑧	평형추(counterweight)	지구 중력으로부터 무게를 적극적으로 꾀한다.
⑨	사전 반대 조치(prior counteraction)	미리 반대 방향으로 조치를 취한다.
⑩	사전 조치(prior action)	미리 조치한다.
⑪	사전 예방 조치(cushion in advance)	미리 예방 조치를 취한다.
⑫	높이 맞추기(equipotentiality)/굴리기(rolling)	들지 말고 굴리자.
⑬	반대로 하기(do it in reverse)	반대로 해본다.
⑭	구형화(spheroidality)/곡선화(curvature)	직선을 곡선으로, 사각형은 원형으로 해본다.
⑮	역동성/자유도 증가(dynamics)	부분단계마다 자유롭게 움직인다.
⑯	초과 또는 부족 조치(partial or excessive action)	일부러 더 많게 또는 적게 해본다.
⑰	차원 변경(another dimension)	X축 혹은 Y축 등으로 차원을 바꾼다.
⑱	기계적 진동(mechanical vibration)	진동을 이용한다.
⑲	주기적 작용(periodic action)	연속적으로 하지 않고 주기적으로 한다.
⑳	유익한 작용 지속(continuity of useful action)	유용한 작용을 쉬지 않고 지속한다.
㉑	고속처리/급히 통과(rushing through)	유해하다면 빨리 진행해버린다.
㉒	전화위복(convert harm into benefit)	유해한 것은 좋은 것으로 만들자.
㉓	피드백(feedback)	피드백을 도입한다.
㉔	매개체(mediator)	직접 하지 않고 중간매개체를 이용한다.
㉕	셀프서비스(self service)	스스로 기능이 수행되게 한다.
㉖	복제/복사(copying)	비싼 것은 복제한다.

㉗	일회용품(dispose)	한 번 쓰고 버린다.
㉘	기계시스템 대체(replacement of mechanical system)	복잡한 시스템을 단순하게 만든다.
㉙	공기 및 유압 사용(pneumatics of hydraulics)	공기나 유압을 사용한다.
㉚	유연한 막(flexible membrane)/얇은 필름(thin film)	유연한 막과 얇은 필름을 사용한다.
㉛	구멍(hole)/다공성 물질(porous material)	구멍이 숭숭 뚫린 물질을 사용한다.
㉜	색 변경(color changes)	색깔 변형 등 광학적 성질을 사용한다.
㉝	동질성(homogeneity)	기왕이면 같은 재료를 사용한다.
㉞	폐기 및 재생(rejection & regeneration)	다 쓴 것은 버리거나 복구한다.
㉟	속성 변환(transformation of properties)	물질의 속성을 변화시킨다.
㊱	상(위상)전이(phase transition)	부피, 열의 방출 혹은 흡수 등 위상이 동반하는 물리적 현상을 활용한다.
㊲	열팽창(thermal expansion)	원료의 열을 높이거나 줄인다(열팽창과 수축을 이용한다).
㊳	활성화(activation)/산화가속(accelerated oxidation)	반응의 속도를 증가시킨다(산소를 촉매로 사용한다).
㊴	비활성화(inactivation)/불활성환경(inert environment)	비활성 가스를 활용한다(산소와 접촉을 피한다).
㊵	복합재료(composite materials)	단일한 재료 대신 복합재료를 활용한다.

① **분할** : 물체를 독립된 여러 부분으로 나눈다. 비즈니스시장에 맞는 상품과 서비스를 개발한다. 분할은 여러 부분으로 나누다/쪼개어서 사용한다는 개념이다. 분할을 통해서 활용도와 편의성을 높이고 개선하며 조립이나 분해를 용이하게 한다.

예 수박을 반쪽으로 나누어 판매, 피자, 치킨, 소시지 등을 나누어 낱개 및 조각으로 판매

② **핵심추출** : 중요하거나 필요한 것만 추출한다. 불필요한 것은 제거한다. 화석에너지에서 대체에너지의 핵심요소를 개발한다. 비즈니스에서 가장 중요한 요소를 뽑아서 전략화한다. 핵심추출은 서로 다른 부분으로 나누어 특정 부분을 추출해

내는 원리이다.

예 우주 로켓 발사에서 어느 정도 궤도에 진입 시 로켓 분리, 일반냉장고에서 김치영역을 빼내어 만든 김치냉장고

③ **국지적 특성** : 전체를 똑같이 할 필요는 없다. 사물 또는 시스템 등의 일부를 변화시켜 그것들이 환경에 따라 그에 맞는 특성을 갖게 한다. 국지적 특성은 일부를 변형해서 다른 것과 차별화하는 원리이다.

예 어느 지역을 여행할 때 지도앱을 가동 시 맛집이 저절로 나오도록 하는 것, 지하철의 냉난방의 온도를 객차별로 다르게 설치하여 고객에 맞도록 이용하는 것

④ **비대칭** : 대칭구조를 비대칭구조로 바꾼다. 어떤 모양이 가지고 있는 패턴적 특징을 이용하는 것이다. 대칭구조가 심리적인 안정을 준다고 가정하면 비대칭은 이런 심리적인 안정의 타성을 벗어나 물체의 형태나 구조를 기울거나 거꾸로 만들어내는 비대칭구조이다.

예 인체공학적 키보드, 강풍에도 뒤집히지 않는 우산

⑤ **통합** : 한 번에 여러 작업을 동시에 이행한다. 동일한 물질을 통합하거나 이기종간 물질 간에도 하나의 목적으로 합치는 원리이다. 비슷한 사물들을 다 함께 묶거나 통합한다. 또는 동일하거나 비슷한 부분들을 동시에 처리하도록 합쳐본다. 결합 및 통합했을 때 가장 큰 장점은 동시에 여러 작업을 수행할 수 있는 것이다. 현행 여러 대의 개인용 컴퓨터들을 인터넷 혹은 네트워크화하여 정보를 공유하도록 하는 것이 대표적이다.

예 다리미에 물을 넣어 다림질하는 다리미, 근시와 원시를 동시에 교정하는 다초점렌즈 안경, 여러 가지 요리를 한 번에 접할 수 있는 풀코스요리

⑥ **다용도** : 하나의 시스템이 여러 가지 다른 기능을 수행하게 만든다. 즉 한 부품이나 사물이 다양한 기능을 수행하도록 만들어내어 다른 부분들을 필요 없도록 만드는 것이다. ⑤의 통합원리가 유사한 목적을 위해서 합치는 것이라면 다용도는 서로 다른 목적을 위한 시스템을 하나로 합치는 원리이다. 통합원리는 합쳐지기 전의 외형적 특징이 큰 변화가 없지만, 다용도원리에서 만들어진 시스템은 대개

완전히 새로운 모양이 되는 경향이 많다.

예 스마트폰(전화기 + 카메라 + 컴퓨터 + GIS/GPS), 다기능의 복합기(전화기 + 복사기 + 팩스 + 스캐너), 맥가이버칼(칼 + 가위 + 드라이버 + 오프너), 여러 가지 요리를 한 번에 접할 수 있는 뷔페, 사우나 + 찜질방 + 마사지 + 이발소 + 수영장 + 헬스장 + 골프연습장 + 식당 + 휴식공간 등을 합쳐 종합적으로 이용할 수 있게 하는 것

⑦ **포개기** : 하나의 객체에 다른 객체를 넣는다. 효율성을 향상시키기 위해 각 개체들을 하나로 합치는 것이다. 다른 물체의 구멍을 통과하게 만든다.

예 비행기 바퀴(이착륙 중에 필요하고 비행 중에는 필요 없어 비행기 안에 들어간다), 쇼핑카트(쇼핑이 끝나면 포개기하여 부피를 줄인다), 3단 우산(평상시는 접어 가방 속에 넣었다가 비가 오면 펼친다)

⑧ **평형추** : 문제를 해결하거나 제품을 개선하기 위해 무게를 끌어당기는 것이다. 평형추는 부족한 것을 보완하거나 지구 중력을 이기도록 만드는 원리이다. 물체의 중력에 대응하기 위해 배는 부력, 비행기는 양력, 자기부상열차는 자기장, 낙하산은 공기저항, 어린이용 시소는 중력, 사람은 근력 등을 사용한다.

예 애드벌룬(광고판을 떠받치기 위해 헬륨풍선을 사용한다), 자기부상열차(자기장을 이용해 중력을 극복한다), 수중날개를 가진 배의 저항을 줄여 배를 물 위로 뜨게 하는 것

⑨ **사전 반대 조치** : 유해한 작용을 최소화하기 위해 미리 반대 조치를 취한다. 어떤 행동에 해로운 결과가 예상된다면 미리 해로운 결과는 통제가 가능한 것으로 대체한다. 사전에 대응능력을 만들어 나중에 원하지 않는 결과를 발생할 때 대응할 수 있게 한다.

예 엉덩이 주사를 놓기 전에 간호사가 엉덩이를 때리는 것은 주사바늘로 인한 통증을 최소화하기 위한 것, 성장이 둔화될 때 해고를 줄이기 위해서 직원들에게 조기 은퇴를 제안, 물에 들어가지 전에 급격한 체온 저하를 대비하기 위해 물을 적시는 행동 등

⑩ **사전 조치** : 어차피 해야 할 것을 미리 하거나, 필요할 때 바로 작동할 수 있도록

미리 준비하는 원리이다. 필요한 변화는 요구되기 전에 전체 또는 부분적으로 미리 준비한다. 미리 물건을 잘 정리해놓아 적절한 시기에 가장 편한 장소에서 알맞은 행동을 취할 수 있게 한다.

예 수술 전에 밀폐된 상자 안의 수술용 기구를 소독하는 것, 테이프 커터(가위를 쓰지 않을 수 있게 칼날을 부착한다), 도배(작업을 빨리 할 수 있도록 풀을 발라 놓는다), 예습(내일 배울 것을 대비해 미리 연습한다)

⑪ **사전 예방 조치** : 부족한 기능을 보완하기 위해 미리 안전 조치를 취한다. 미리 안전 예방 조치를 취하고 자기 스스로 해결하는 방법을 사용자에게 알려준다.

예 예방 접종(사람, 가축, 동물 등이 병에 걸릴 것에 대비한다), 알람시계(일어나지 못할 경우를 대비한다), 공사 전에 위험지대 표시판을 설치하여 사람들에게 위험신호를 알림, 웹사이트에 자주 묻는 질문 등을 등록

⑫ **높이 맞추기/굴리기** : 어떤 작용이 쉽게 이뤄지도록 동작환경(물리적 및 심리적)을 바꾼다. 힘들게 들어서 옮기는 대신 쉽게 굴려서 이동하도록 만든다. 사용자가 사용하기 쉽게 환경을 바꾼다. 조직원들이 가진 특성들의 속성에 따라 조직을 구성한다.

예 눈높이 교육, 자동 높이 조정대, 외국인을 위한 다국어서비스, 트럭과 높이가 동일한 물류창고, 비슷한 규모나 역량들을 가진 팀으로 구성

⑬ **반대로 하기** : 다른 사람들과는 반대로 한다. 그동안 해왔던 행동을 반대로 하거나 방법을 거꾸로 해보는 것이다.

예 욕쟁이 할머니 식당(과거의 향수를 기억나게 한다), 고가 및 저가전략(가격을 기존 상식보다 높게 책정하거나 아니면 기존 가격보다 파격적인 가격 제시로 고객을 사로잡는 방법), 역발상 마케팅(무조건 반대로 해보기)

⑭ **구형화/곡선화** : 형태를 곡선이나 구형으로 바꾼다. 부품, 표면, 형태를 직선 대신 곡선을 사용한다. 원심력을 사용하여 직선운동을 회전운동으로 바꾼다. 곡선화는 제품의 디자인 또는 효율성을 향상시키기 위해 사용하는 것이다.

예 건축물 설계 시 아치 또는 반구형을 사용하기, 잉크가 부드럽게 나오기 위한 볼펜, 물기를 말리기 위해 옷을 짜는 대신에 세탁기에 옷을 넣고 돌리기

⑮ **역동성/자유도 증가** : 움직일 수 없는 것을 움직일 수 있도록 만든다. 물체의 특성, 외부환경 또는 프로세스를 최적화할 수 있도록 변화시키거나 최상의 운영조건을 찾도록 설계한다. 물체를 부분으로 나누어 서로 움직일 수 있게 한다.

예 접을 수 있는 자판기(이동과 편리성을 향상시킨다), 조절이 가능한 바퀴, 좌석, 거울 위치, 굴절버스(더 많은 인원을 한 번에 이동시킨다), 구부러지는 빨대(어떤 위치에서도 음료를 마실 수 있다)

⑯ **초과나 과부족** : 딱 떨어지거나 맞추기 어려울 때는 더 많거나 더 적게 한다. 부족한 부분을 채운다. 남는 부분은 줄인다.

예 소식(건강을 위해 적게 먹는다), 불필요한 공정을 줄이는 리엔지니어링, 자원을 함께 공유해서 사용하는 창업보육센터

⑰ **차원 변경** : 물체를 다른 차원으로 변경시킨다(1차원 → 2차원 → 3차원). 물체를 단층보다는 다층으로 배열하는 방법을 사용한다. 수직을 수평으로, 수평을 수직으로 만든다. 다른 면에게 새로운 방향을 주거나, 포개거나, 움직이거나, 사용하는 것이다.

예 적외선을 이용하여 평면이 아니라 공간에서 움직이는 컴퓨터마우스, 음악을 듣는 시간과 음악의 다양성을 높이기 위해 CD를 6개가 들어갈 수 있도록 만든 오디오, 복층구조의 원룸(공간을 둘로 나눠 활용도를 높인다)

⑱ **기계적 진동** : 물체가 계속 흔들리게 하거나 진동하게 한다. 진동수를 초음파수준까지 증가시킨다. 더 나은 생산성과 이윤을 달성하기 위해 빈도를 증가시키는 것이다.

예 진동하는 칼날을 가진 전기 조각칼, 전동칫솔(진동으로 효율적인 세척이 가능하다), 전동드릴(일정한 진동으로 일의 효율을 늘린다), 초음파 세척기(초음파로 불순물을 제거한다), 휴대폰의 진동모드(강의나 회의시간에 다른 사람들을 방해하지 않으면서 전화나 문자가 온 것을 인지할 수 있는 편리한 기능이다), 커피숍의 진동 호출벨

⑲ **주기적 작용** : 연속적인 작용을 주기적 순간 작용형태로 전환한다. 이미 주기적으로 작용되고 있는 것이라면 주기의 규모나 진동수를 변화시킨다. 효율성을 높이

기 위해 행동의 단계적 조치를 높여가는 것이다.

예 스프링클러(일정한 시간에만 물을 공급하여 효율을 향상시킨다), 비즈니스감사(월, 분기별, 년 주기로 회계를 받는다), 정기검사(일정한 주기로 병의 유무를 검사한다)

⑳ **유익한 작용의 지속** : 유익한 작용을 중단 없이 지속되도록 만든다. 쓸데없는 동작이나 중간동작을 제거한다. 근본적으로 최대한의 능력을 발휘하거나 시간낭비를 제거하는 것이다.

예 24시간 근무(국가의 안전을 위한 조치 및 고객편의를 위해 24시간 개방), 스프(눌어붙지 않게 하기 위하여 지속적으로 저어준다), 잉크(잉크를 지속적으로 공급하여 프린터 사용시간을 늘린다)

㉑ **고속처리/급히 통과** : 해로운 요소를 배제시키기 위해 빨리 처리한다. 꼭 필요한 것 아니면 건너뛴다. 어떤 과정이나 특정 단계(파괴적이거나 위험한 작업)를 빠르게 진행하는 것이다.

예 우유의 2초간 살균법(138도에서 2초간 살균 : 세균을 없애기 위한 살균과정), 급속충전기(시간을 줄여 급속하게 충전), 하이패스(고속도로 톨게이트)

㉒ **전화위복** : 유해한 요소를 유익하게 이용한다. 유해한 요소를 다른 유해한 요소와 결합해서 유해성을 제거한다. 해로운 요소들을 역으로 활용하여(주변환경의 해로운 효과) 긍정적인 효과를 얻도록 한다. 제품을 더 멋지게 거래하거나 더 나은 제품이나 서비스를 제공하기 위해서 이용가능한 모든 지원을 살피는 것이다.

예 맞불(산불 진화 시 맞불을 놓아 진화한다), 퇴비(음식물 쓰레기를 비료로 만든다), 전자레인지(인체에 유해한 전자파를 음식물 가열에 이용한다), 노이즈캔슬링 헤드폰(소음제거기능을 추가하여 고부가가치상품이 되었다)

㉓ **피드백** : 현재의 상황을 알고 그에 따른 즉각적이고 적절한 대응이 가능하다. 어떤 프로세스나 행동을 개선하려면 피드백방식(뒤를 돌아보기, 교차 점검하기)을 도입한다.

예 고객에게 필요한 관련 내용을 듣는 고객의 소리, 체중계(일정한 행위를 했을 때 원래대로 돌아간다), 헬스케어시스템(사용자의 건강 및 운동정보를 스마트

폰의 앱을 통해 그 정보를 진단시스템을 통해 주기적으로 사용자의 건강상태를 알려준다)

㉔ **매개체** : 동작을 수행하거나 전달하기 위한 중간 매개체를 사용한다. 제품이나 시스템에서 임시적인 것이나 혹은 비본질적 요소로써 쉽게 제거되거나 삽입될 수 있는 것이다.

예 경매중개인(경매물건의 원활한 진행을 수행한다), 중개인(원활한 협상을 진행한다), 운동경기의 심판(경기의 원활한 진행을 도와준다), USB(메모리의 이동성이 매우 뛰어나다)

㉕ **셀프서비스** : 저절로 기능을 수행하게 만든다. 어떤 대상물이 자신에게 도움이 되는 보조기능을 갖게 함으로써 스스로 작동하게 한다. 고객이나 상품이 스스로 서비스기능을 갖는 것이다.

예 셀프세탁소(고객이 직접 세탁기를 이용한다), 셀프주유소(고객 스스로 기름 혹은 전기를 넣는다), 자동차주차시스템(자율형 자동차시스템을 통한 주차)

㉖ **복사** : 이용하기 어렵고, 비싸며, 훼손되기 쉬운 제품 대신 간단하고 저렴한 복제품을 사용한다. 제품이나 서비스 이용 시 간단하고 싼 복제품을 이용하는 것이다.

예 운동경기 중 장비는 고가의 장비는 경기할 때만 사용하고, 연습할 때는 복제품을 이용, 미니어처(큰 규모는 설치하는 데 비용이 많이 들지만 작은 규모로 하면 비용절감이 된다)

㉗ **일회용** : 이용하기 어렵고, 비싸며, 훼손되기 쉬운 제품 대신 간단하고 저렴한 복제품을 사용한다. 제품이나 서비스 이용 시 간단하고 싼 복제품을 이용하는 것이다.

예 일회용 수술도구, 일회용 수저, 컵, 젓가락, 티슈 등, 전화로 여론조사를 시행할 때 계약직의 고용

㉘ **기계시스템 대체** : 기계적 수단을 감각적(청각적, 후각적, 미각적, 광학적) 수단으로 대체한다. 물체와 상호작용하기 위하여 전기장, 자기장, 전자기장 등을 사용한다. 제품이나 서비스에서 기계적인 수단을 감각적인 수단으로 대체하는 것

이다.

예 LP가스(마늘 썩는 냄새를 섞어 새는 것을 확인이 가능하다), 베어링(마모되면 소리가 나도록 설계), 타이어 마모 한계선(타이어의 교체주기를 눈으로 확인한다), 수제가방 및 구두(대량생산보다는 직접 만드는 것이 좋다)

㉙ **공기 및 유압 사용** : 물체의 고체부분을 기체나 액체로 바꾼다. 즉 단단한 것을 유동적인 것으로 대체한다. 조직을 유동성 있게 대체한다. 공기를 부풀려서 큰 에너지로 만들 수 있는 성분을 확보한다.

예 소비자의 요구에 맞는 보험회사의 고객관리시스템 확보하기, 공기쿠션을 이용하여 항공기를 들어올리기, 에어컨(공기압을 이용하여 먼지를 밀어냄), 자동차용 에어백(충돌 시 공기의 팽창 사용)

㉚ **유연한 막과 얇은 필름** : 기존 구조물을 유연한 막과 얇은 필름으로 대체한다. 물체를 외부환경으로부터 분리시킨다.

예 프라이팬 코팅(눌어붙지 않게 바닥에 코팅을 한다), 비닐봉지(봉지 안의 내용물을 보이게 한다), 플렉시블 디스플레이(유연한 재료를 사용해서 휘거나 구부리거나 둥글게 말 수 있는 디스플레이 장치)

㉛ **다공성 물질** : 미세한 구멍을 가진 물질을 사용한다. 유용한 물질로 쓰이거나 유용한 기능을 갖도록 하기 위해 구멍을 사용하는 것이다. 물체에 구멍을 만들거나 삽입물, 코팅제 등과 같은 다공성 요소들을 첨가한다.

예 고어텍스(미세한 구멍으로 인해 공기와 습기는 통과하지만 물방울은 차단되는 소재), 극세사 걸레(빠른 물기 흡수를 위해 작업 효율을 높인다), 구멍 뚫린 벽돌(견고성과 효율을 높인다), 무게를 감소시키기 위해서 구조물에 구멍내기

㉜ **색 변경** : 물체나 주변환경의 색이나 투명도를 바꾼다. 물체의 색이나 그 외부환경을 변화시킨다. 물체의 투명도를 바꾸거나 그 주변의 환경을 변화시키는 것이다.

예 선글라스(색을 입혀 자외선을 차단한다), LED샤워기(온도에 따라 물의 색이 바뀜), 경기장 옷색깔(선수 구분을 위해서 옷을 색깔을 다르게 한다)

㉝ **동질성** : 물체와 상호작용하는 주변 물체를 물체와 동일하거나 비슷한 재료로 만든다. 어떤 대상이 동일 재료나 동일한 특성을 가진 물질들과 서로 상호작용하도록 한다. 가치관이 적합한 사람들을 충원한다.

예 동호회(같은 분야의 정보교환을 위해 모임), 광고모델(10대 광고는 10대가, 20대 광고는 20대가 하게 하라), 철근 콘크리트(열팽창률을 이용해 철근과 콘크리트로 건물을 짓는다)

㉞ **폐기 및 재생** : 물체의 요소가 그 기능을 마쳤거나 쓸모없게 되면 폐기(버리기, 녹이기, 증발)한다. 재사용이 가능하도록 하거나 회수하여 원활하게 하도록 한다. 기능을 수행하는 물체를 제거하거나, 부품을 교체할 필요가 없도록 스스로를 정비하는 것이다.

예 재생토너, 물에 녹는 의약용 알약, 녹말 이쑤시개(사용 후 녹아 없어지게 한다), 과자용기(과자를 다 먹은 후 남은 용기를 저금통으로 재사용), 폐타이어를 이용한 어린이 놀이터, 폐품을 재활용한 예술품 등

㉟ **속성 변환** : 물체의 물리적 상태를 기체, 액체, 고체상태로 변화시킨다. 농도 및 밀도를 변화시킨다. 유연성의 정도를 변화시킨다. 온도를 변화시킨다.

예 물기를 제거하여 보관기간을 늘린 건포도, 육포, 오징어, 쥐포 등, 액체형 비누를 고체형 모양의 비누로 바꾸기

㊱ **상(위상)전이** : 기체가 액체로 변화하거나 액체가 기체로 변화할 때 생기는 부피의 변화, 발열, 흡열반응을 이용한다. 상전이의 원리는 부피 변화와 열손실 또는 열흡수처럼 상태가 바뀌는 동안 일어나는 현상을 말한다.

예 조직구조 조정에서의 변화과정 활용, 깁스(석고 분말에 물을 부어 빠르게 굳게 한다), 이글루(내부에 물을 뿌려 온도를 올린다), 소프트웨어회사들이 새로운 오픈 소스 코드상태로 변화, 갱년기 때 홍조를 줄이기 위해 비타민을 복용하는 것

㊲ **열팽창** : 온도 변화에 따른 물질의 열팽창 또는 열수축 성질을 이용한다. 팽창이나 수축을 통해 균형상태를 유지하는 것이다.

예 소리 나는 주전자(물이 끓을 때 기체의 상승을 활용해 소리를 내도록 한다),

철도레일(여름에 온도 팽창을 고려하여 중간을 끊어놓는다), 팝콘이나 뻥튀기 등

㊳ **활성화/산화가속** : 산소의 농도를 증가 또는 감소시키는 것으로 산소가 다른 물질과 결합하여 촉매 역할을 하도록 한다. 긍정적인 변화를 유도하거나 작용을 활발히 하도록 한다.

예 오존살균 탈취기(옷이 상하지 않게 작업한다), 산소마스크, 산소절단기, 어항의 산소 공급장치 등

㊴ **비활성화/불활성환경** : 정상적 환경을 불활성환경으로 바꾸어본다. 어떤 물체에 중성부분 또는 불활성 첨가제를 더해본다. 산소와 결합되는 것을 억제한다. 진공속에서 처리한다. 주변환경을 부드럽게 만드는 것이다.

예 백열전구를 진공상태로 만들기, 통조림(음식물을 진공상태로 만들면 장기간 보관이 가능하다), 진공포장기(산소와의 접촉을 차단해서 저장기간을 증가시킨다)

㊵ **복합재료** : 단일재료를 복합재료로 바꾸는 것이다. 재료를 합성하여 새로운 구조를 만드는 것이다. 몇 가지 이미지들을 합성하기 위해 포토샵을 사용한다.

예 철근 콘크리트, 벌집모형으로 강화된 구조, 에폭시 복합수지, 퓨전요리(동서양의 요리를 결합), 스노타이어(섬유+고무+직물+철사를 결합하여 만든다)

12.4 창의적 문제해결과정

창의적인 문제해결을 위하여 현재의 문제에 대한 해결원리를 명확히 다루기 위하여 트리즈를 적용한 4가지 흐름도를 설명하고자 한다. 창의적 문제해결과정은 문제의 성격에 따라 창의적인 것에 대한 요구 정도가 다르게 나타난다. 사실을 요구하는 것은 창의적 사고를 요구하지 않으나 대부분이 아이디어가 필요하며, 따라서 창의적인 사

고가 요구된다. 기업이 당면한 문제를 명확히 정의한다.

트리즈를 이용한 기업의 의사결정문제에 대한 문제해결을 찾아내기 위한 방안으로 4가지 흐름도를 제시하였는데, 이는 [그림 12-3]과 같다.

그림 12-3 창의적 문제해결과정 흐름도

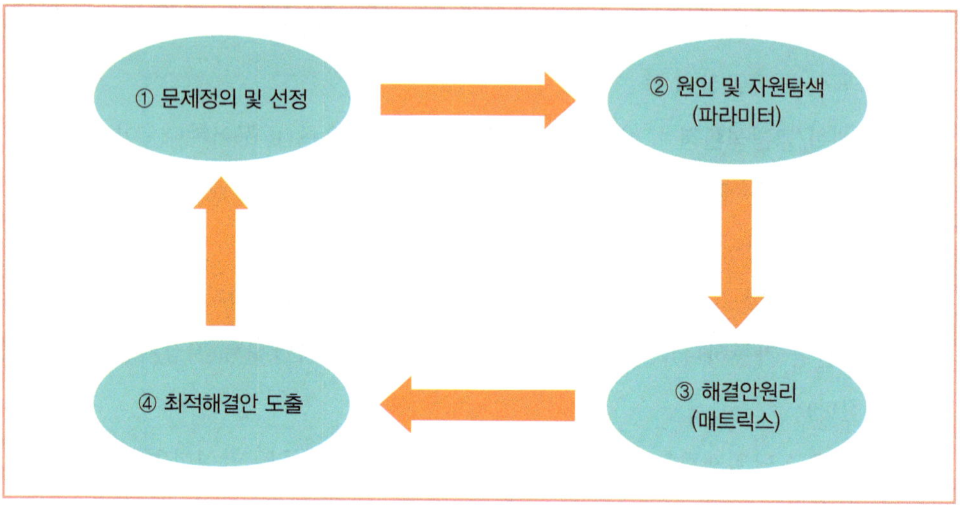

특정 환경 및 시스템이 내포하고 있는 문제점들을 찾은 다음, 그 가운데 하나를 선정한다. 원치 않는 유해한 효과가 있거나, 유용한 기능이 부족하거나 너무 과도한 경우, 큰 비용이 요구되는 상황 등이 모두 문제가 될 수 있다. 발견한 문제점들과 문제유형, 그리고 선정된 문제를 체계적으로 기록한다. 문제 유형은 유용한 효과, 유용한 기능부족, 유용한 기능, 유용한 기능과의 연계도, 비용 등으로 구분하여 작성한다.

| 표 12-4 | 창의적 문제해결과정 4단계 주요 내용

순서	단계	주요 내용
①	문제정의 및 선정	비즈니스 및 특정 시스템의 문제점들을 찾은 다음, 그 가운데 하나를 선정한다.
②	원인 및 자원탐색 (파라미터)	• 선정된 문제가 발생하게 된 근본원인을 찾는다. • 문제의 근본원인을 해결하는 데 쉽게 활용할 수 있는 내외부 자원을 찾아낸다(파라미터).
③	해결안원리 (매트릭스)	파라미터(비즈니스일 경우 전략, 프로세스, 팀워크)를 선택한 후 문제해결에 도출할 수 있는 매트릭스를 제공한다.
④	최적해결안 도출	최적의 해결안을 도출하기 위한 구체적인 해결안을 도출한다(아이디어 스케치와 설명이 부가됨).

12.4.1 문제의 정의 및 선정

문제를 정의할 때에는 구체화를 통해 문제의 본질을 찾아내는 것이 필수적이다. 즉 문제정의 시 표피적 문제가 아닌 본질적 문제를 찾아내야 한다. 이는 빙산과 비슷하여 표피적 문제는 수면 위로 떠올라 있어 보기는 쉽지만 이 문제를 해결한다고 하여도 본질적 문제가 해결되지 않는다.

예를 들어 ○○금융회사는 최근 조직 개편 이후 조직 간 의사소통문제, 업무 중복문제 등이 발생하고 있다(조직 설계와 팀워크 이슈).

그림 12-4 기업환경에서 본질적 문제와 표피적 문제에 대한 경계

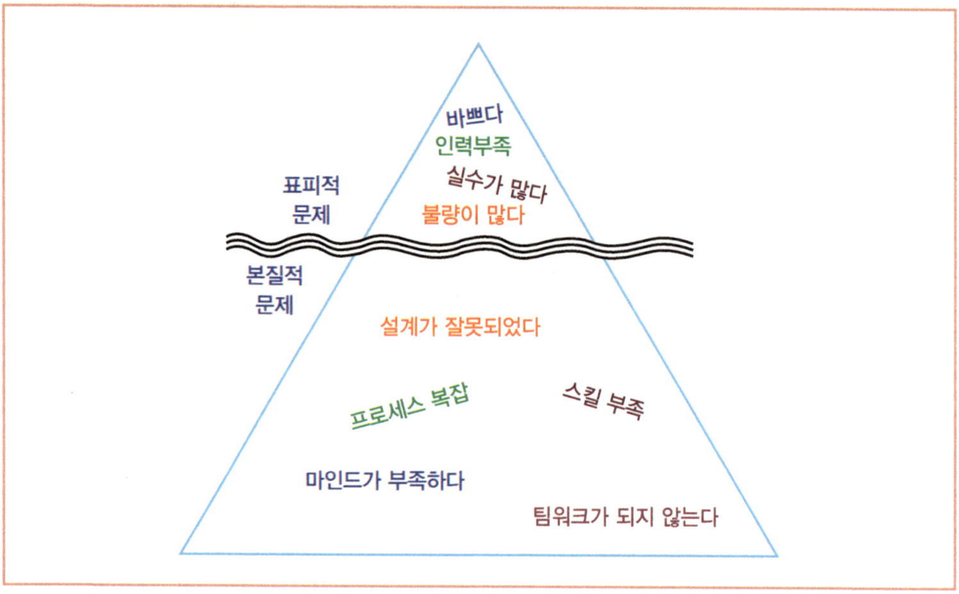

12.4.2 원인 및 자원탐색(파라미터)

원인 및 자원탐색을 위하여 파라미터란 피라미드에 기반하며, 피라미드는 기업의 비전을 달성하기 위하여 세 가지 관점의 전략, 프로세스, 워크팀에서 달성해야 할 요소들을 보여준다. 전략, 프로세스, 워크팀의 세 가지 관점은 서로 긴밀히 연관되어 있기 때문에 세 가지 관점 모두에서 어떠한 문제로 나타나는지 검토할 필요가 있다. 앞에서 정의한 본질적 문제에 대하여 해당 관점을 선택하고, 그 안에서 개선되는 파라미터와 저해되는 파라미터를 선택한다.

예를 들어 ○○금융회사의 문제는 조직 개편을 통하여 고객만족도는 높아졌지만 조직의 유연성이 저해되고 있다. 파라미터는 산업별, 기업별로 구체화하여 사용하면, 문제에 해당하는 파라미터를 쉽게 선택할 수 있다.

그림 12-5 기업환경에서 원인 및 자원탐색을 위한 내외부 효율

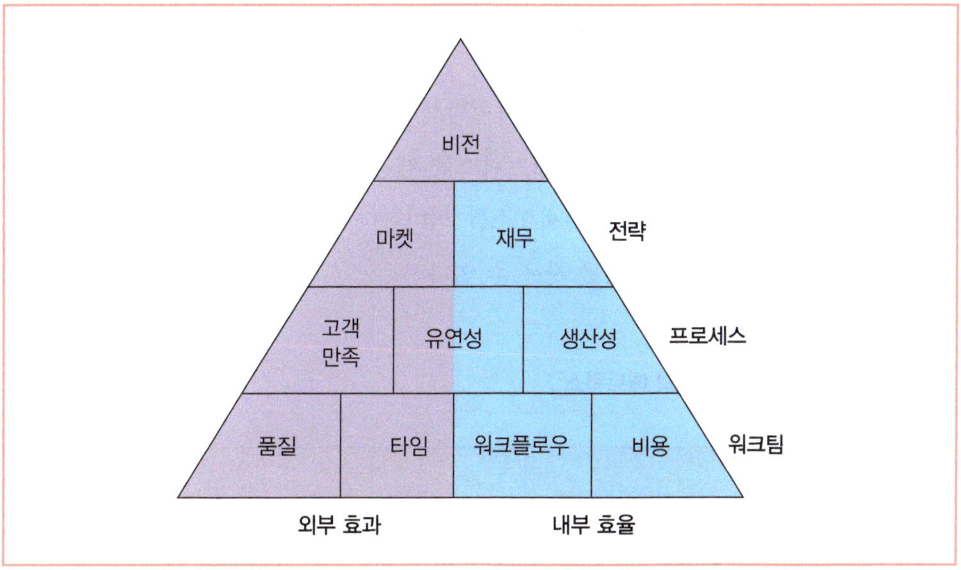

그림 12-6 기업환경에서 원인 및 자원탐색을 위한 내외부 효율의 구체화

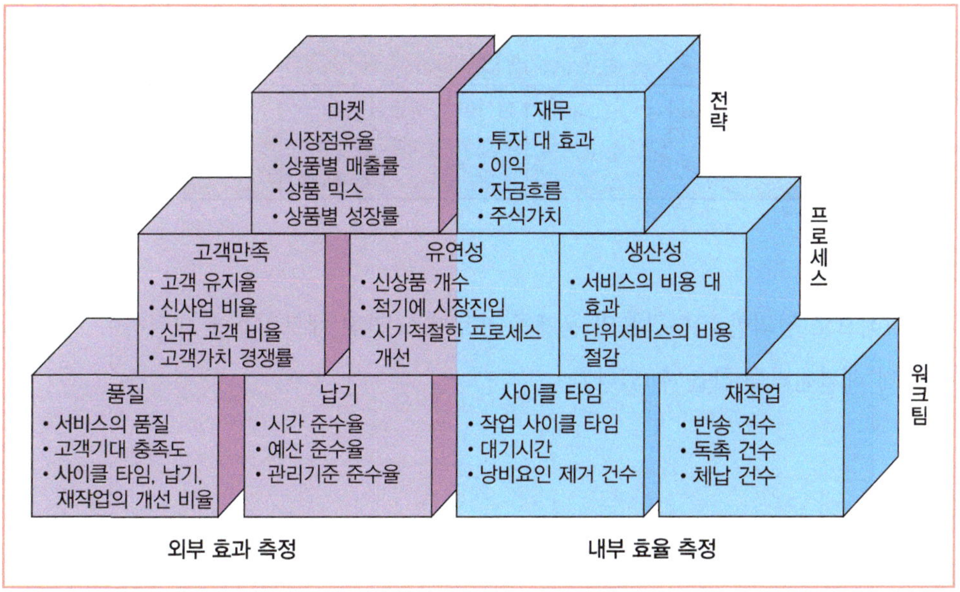

12.4.3 해결안원리(매트릭스)

문제정의와 선정, 그에 대한 원인과 자원탐색에 대한 파라미터를 선택한 후, 문제 해결책을 도출할 수 있도록 해주는 매트릭스를 제공한다. 매트릭스는 관점별로 존재하며, Y축은 개선요소를, X축은 문제요소를 의미한다. 선택한 파라미터를 통해 해당 셀을 탐색하면 해결원리 몇 가지를 찾을 수 있다.

그림 12-7 프로세스 관점의 매트릭스

개선요소 \ 문제요소	고객만족	유연성	생산성
고객만족		고객만족↑, 유연성↓ / ⑩, ⑭, ㉓, ㉖, ㊳	고객만족↑, 생산성↓ / ⑤, ⑦, ⑧, ⑩, ㊵
유연성	유연성↑, 고객만족↓ / ②, ③, ⑤, ⑪, ㉒		유연성↑, 생산성↓ / ⑤, ⑧, ⑰, ㉙, ㊳
생산성	생산성↑, 고객만족↓ / ②, ⑬, ⑮, ⑰, ㉓	생산성↑, 유연성↓ / ②, ⑮, ⑱, ㉙, ㊳	

예시적으로 정의한 ○○금융의 문제를 프로세스 관점 매트릭스에 대입하여 보면 다섯 가지 해결원리를 찾을 수 있다.

그림 12-8 트리즈 40가지 원칙을 이용한 프로세스 관점의 매트릭스

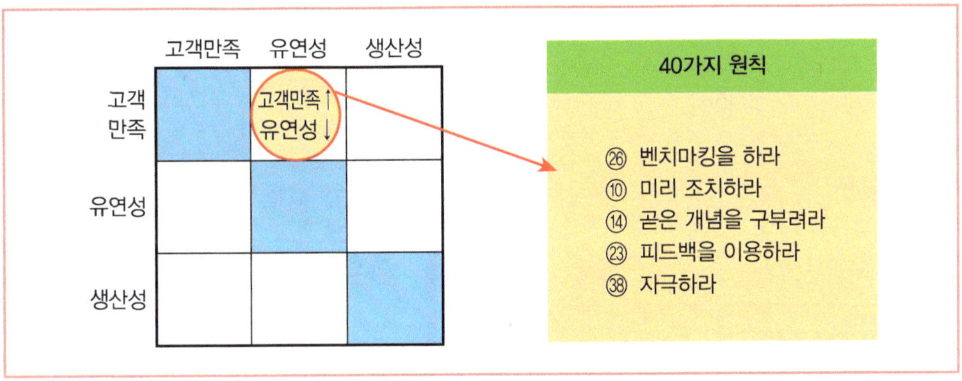

12.4.4 최적해결안 도출

매트릭스를 통해 찾아낸 해결원리를 기반으로 비즈니스상황에 적합한 해결방안을 고안한다.

표 12-5 트리즈를 이용한 최적해결안 도출

번호	원칙	비즈니스 적용	사례
㉖	벤치마킹을 하라.	팀교육	사우스웨스트항공의 팀워크 향상 교육(front line leadership 교육)
⑩	미리 조치하라.	팀에 의사결정 위임	사우스웨스트항공은 팀에 의사결정 위임
⑭	곧은 개념을 구부려라.	순환보직	골드만삭스는 내부 순환보직으로 CEO 양성
㉓	피드백을 이용하라.	팀 행동의 보상	골드만삭스는 개인보상보다 팀보상을 우선
㊳	자극하라.	즐거운 분위기	사우스웨스트항공의 Fun경영으로 직원의 상호작용 증대

그림 12-9 트리즈를 이용한 최적해결안 도출에 대한 새로운 콘셉트 도출

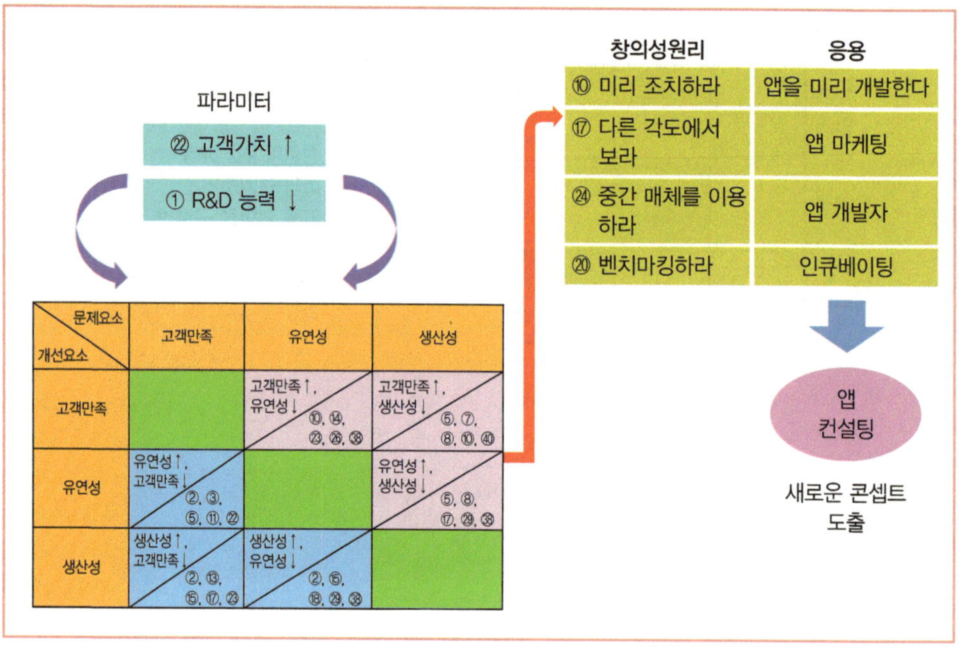

12.5 트리즈 사고기법 실습하기

기업 비즈니스영역 중에 하나를 선택하여 의사결정과정에 대한 문제를 해결하기 위한 이상적인 대안을 만들어보자.

12.5.1 문제정의 및 선정

No.	문제	문제 유형	선정 여부
1			
2			
3			
4			

12.5.2 근본원인분석 및 내외부 자원탐색

1) 근본원인분석

선정된 문제	근본원인

2) 내외부 자원탐색

구분	자원
내부 자원	
외부 자원	

3) 해결안원리(파라미터)

No.	해결안원리	파라미터
1		
2		
3		
4		

4) 최적해결안 도출

최적 아이디어 스케치	설명

사례연구

삼성전자 · 구글이 이용하는 '트리즈' 중소기업도 활용한다

삼성전자와 구글, 인텔, 제너럴 일렉트릭 등 세계적인 기업들이 신제품개발에 활용하는 '트리즈(TRIZ)'를 중소기업들도 손쉽게 활용할 수 있는 길이 열린다.

중소기업청은 "중소기업을 대상으로 '트리즈 경영확산 지원사업'을 본격 추진한다"고 발표했다. 트리즈는 '창의적 문제해결'이라는 러시아어의 줄임말로 러시아의 기술장교 겐리히 알트슐러(Genrich Altshuller)가 특허 4만여 건을 분석해 체계화한 문제해결방법론을 말한다. 신기술개발분야에 효과가 높아 최근 기업의 혁신역량을 강화하는 방법론으로 주목받고 있다.

예컨대 삼성전자가 생산하는 양문형 냉장고 홈바의 기존 이음쇠는 가격이 비싸고 손상 우려와 함께 특허침해 소지가 있었다. 삼성전자는 트리즈의 '포개기 및 사전 예방 조치'원리를 활용해 연결장치를 없애는 대신 냉장고 속으로 홈바 문을 길게 늘여 문을 열면 늘어난 부위가 냉장고 안 선반에 닿도록 만들 수 있었다.

냉장고 홈바의 문제를 해결한 트리즈

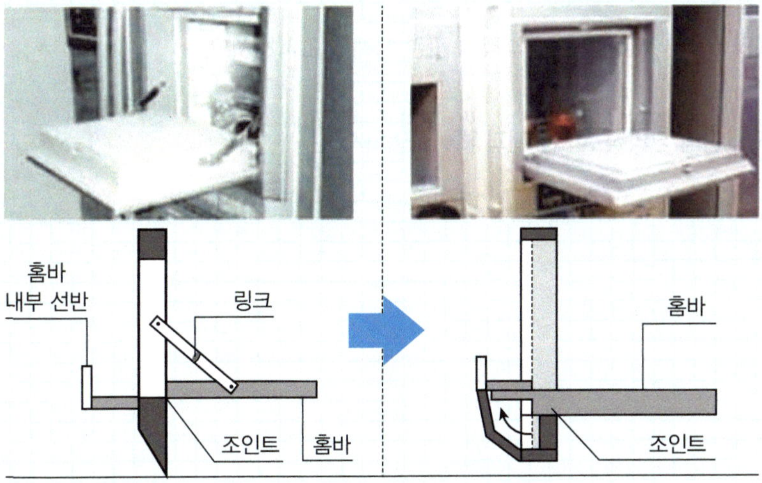

구글의 주요 수입원 중 하나인 키워드 검색광고 트리즈의 '시 · 공간에 의한 분리' 및 '속성 변화'를 응용적용했다. 이를 통해 첫 화면에는 광고를 없애고 사용자가 검색어를 입력하면 검색결과와 관련 광고가 나오도록 해 배너중심의 광고가 아닌 키워드중심으로 광고의 속성을 변화시켰다.

자료 : 이데일리, 박철근 기자, 2015.4.

연습문제

01 트리즈의 탄생 배경을 설명하시오.

02 기업에서 왜 트리즈가 중요한지 설명하시오.

03 어떠한 물체 혹은 기업 업무 등에서 문제해결을 하려면 모순이 생기는 이유와 어떻게 모순을 해결하는지 설명하시오.

04 물리적 모순과 기술적 모순을 비교설명하시오.

05 트리즈의 40가지 발명원리와 각각의 관련 사례를 조사하시오.

06 트리즈 관점의 창의적 문제해결과정을 설명하시오.

CHAPTER 13

디자인씽킹을 통한 사고혁신

최근 창조적 관점에서 미래는 디자인씽킹(design thinking)의 시대라고 이야기한다. 디자인적 사고는 실제로 문제를 해결하는 체계적인 접근법이다. 또한 고객의 관점에서 출발하여 고객들에게 더 나은 미래를 만들어줄 가능성을 찾는 작업이다. 이를 위해 새로운 생각과 도구를 이용하여 생산성을 극대화하고 그 과정을 재설계하기 위한 도구 혹은 툴을 찾고 있는 것이다. 경쟁은 커져가고 정보가 넘쳐나는 인터넷의 바다를 항해하고는 있지만 뾰족하게 창조적인 사고를 투영할만한 아이디어는 없다. 이러한 시기에 디자인씽킹 프로세스가 성장과 혁신에 미치는 영향은 중요하다. 본장에서는 디자인씽킹 관점을 보다 체계적으로 정리하고자 한다.

13.1 디자인씽킹의 배경

과거와 비교해 인간의 기본적 욕구가 쉽게 충족될 수 있는 시대가 도래함에 따라 인간의 보다 높은 심리적 욕구들을 만족시키기 위한 새로운 개념창출이 더욱 중요해지고 있다. 인간의 감성을 이해하고 이를 기반으로 창의적 개념과 새로운 가치를 창출하기 위해서는 디자인, 공학, 경영학, 인문학 등 다양한 분야의 융합이 필수적이며, 특히 과학적인 사고와 예술가적인 사고를 융합하는 것을 특징으로 하는 디자인씽킹(design thinking) 혹은 디자인사고에 대한 관심도 높아지고 있다. 그러나 디자인씽킹에 대한 높아진 관심과는 달리 학문적 논의는 아직 충분치 못한 실정이다. 기능과 감성을 모두 충족하는 새로운 유형의 창의적 발상과 혁신이 만들어지며 이를 위해서는 디자인씽킹을 적극적으로 도입하고 활용하는 과정이 필수적이다.

21세기에 접어든 지 10여 년이 지난 지금, 세상은 놀라운 속도로 변화하고 있다. 다양한 학문들도 그 저변을 넓히며 상호 융합, 통섭되면서 각 학문 간의 경계도 상당부분 허물어지고 있다. 미래학자 다니엘 핑크(Daniel Pink)에 의하면, 21세기는 풍요의 시대로, 인류의 기본적인 욕구가 이전 시대에 비해 비교적 쉽게 해결될 수 있음에 따라 인간의 보다 높은 심리적 만족을 위한 새로운 개념의 창출이 갈수록 중요해지고 있다. 이를 위해서는 창의적 개념과 정서를 창출할 수 있는 하이콘셉트, 즉 하이터치에 기반한 다양한 분야의 융합이 필수적이다. 이러한 시대적 배경과 맞물려 최근 디자인경영이 기업혁신의 새로운 화두로 부상하면서, 과학자의 생각처럼 논리적이며 분석적인 사고와 예술가의 생각처럼 감성과 직관을 중시하는 사고를 융합한 디자인씽킹 혹은 디자인적 사고에 대한 논의도 계속 증가하고 있다.

그러나 높아진 관심과는 달리 디자인씽킹에 대한 학문적 논의는 아직 충분치 못한 실정이다. 이와 관련한 연구내용도 [표 13-1]에서 볼 수 있듯 연구자의 전공 배경과 논의 대상의 성격에 따라 적지 않은 차이를 드러내고 있어 디자인씽킹에 대한 이해는 여전히 쉽지 않은 형편이다. 디자인씽킹을 기초로 한 디자인중심의 다학제적 협업을 통하여 미래사회에 적합한 창의적 발상과 새로운 유형의 혁신을 이끌어내려는 시도는 일부 디자인 선진국을 중심으로 꾸준히 논의되어 왔다. 최근에는 로저 마틴(Roger Martin), 로베르토 베르간티(Roberto Verganti), 팀 브라운(Tim Brown) 등 많은 학자와 디자이너, 기업인에 의해 좀 더 발전적인 모습으로 연구되거나 실제 기업현장에서 새롭게 시도되고 있다. 특히 위키백과사전에서 디자인씽킹 정의를 살펴보면 디자인과정에서 디자이너가 활용하는 창의적인 전략으로 전문적인 디자인 관행보다 문제를 숙고하고 문제를 더 폭넓게 해결할 수 있는 접근법이라고 강조하고 있다. 최근에 디자인씽킹은 디자인, 공학, 경영학, 인문학 등 다양한 분야가 하나의 관점에서 연구되고, 실행의 차원으로 이어질 때에만 기능과 감성을 모두 충족하는 새로운 유형의 창의적 발상과 혁신이 가능하며, 이를 실제로 실현하는 최선의 방법은 디자인씽킹을 적극 활용하는 것이다.

| 표 13-1 | 디자인씽킹의 기본개념

연구자/분야	내용
Bryan Lawson/건축	확산적 사고(divergent thinking)와 수렴적 사고(convergent thinking)를 모두 사용하지만 확산적 사고에 가깝다.
Charles Owen/디자인	사고의 유형을 분석중심의 발견(discovery)과 통합중심의 발명(invention)으로 구분한 뒤 디자인은 발명의 영역에 속한다고 본다.
Roger Martin/경영	분석적 사고(analytical thinking)와 직관적 사고(intuitive thinking)의 50/50 혼합으로 본다.
Tim Brown/디자인	사용자의 욕구(needs)와 실현가능한 기술을 조화시키기 위해 디자이너의 감각과 방법을 사용하는 것과 비즈니스전략을 고객의 가치와 시장의 기회로 변화시켜주는 것이다.
위키백과사전	디자인씽킹(design thinking)은 디자인과정에서 디자이너가 활용하는 창의적인 전략이다. 또한 전문적인 디자인 관행보다 문제를 숙고하고, 문제를 더 폭넓게 해결할 수 있기 위하여 이용할 수 있는 접근법이며, 산업과 사회적 문제에 적용되어왔다. 디자인씽킹은 기술적으로 이용가능하고, 사람들의 요구를 충족하기 위하여 실행가능한 사업전략이 고객가치와 시장기회로 바꿀 수 있는 것으로써 디자이너의 감각과 방법을 사용한다.

자료 : 장영준 · 김재범, "탐색과 활용의 관점에서 본 디자인씽킹," DIGIECO, 2014, 저자 수정보완.

디자인씽킹과 관련한 주목할만한 논자로는 경영학을 배경으로 하는 캐나다토론토 대학교 로트먼 경영대학원의 원장인 로저 마틴(Roger L. Martin) 교수와 세계 최대의 디자인 컨설팅 전문회사 중 하나인 아이데오(IDEO)사의 CEO 팀 브라운(Tim Brown)을 들 수 있는데, 로저 마틴이 주장하는 디자인씽킹에서는 분석과 직관의 균형과 융합이 핵심콘셉트(concept)인 반면, 팀 브라운의 경우에는 디자이너의 감각과 방법을 사용하여 창의적 사고(creative thinking)에 이르는 것이 중요하다고 언급하면서 인간중심적 디자인(human-centered design)을 강조하고 있다.

13.2 디자인씽킹이란 무엇인가

어떠한 새로운 아이디어를 개발하고자 한다면 늘 실시간으로 살아 움직이는 정보들을 캐낼 수 있어야 하고 살아있는 생명체의 정보가 진정한 디자인씽킹을 이루는 과정이다. 시각화과정의 핵심은 단순히 내가 알고 있는 것이나 보여줄 수 있는 것만을 가지고 시각화하는 것이 아니다. 많은 양의 데이터를 가지고 아이디어 검증과 보완과정을 거쳐 모든 가능성이 다 드러날 수 있도록 해야 한다. 기능적인 부분과 감성적인 부분을 최대한 섞어내는 상상의 단계를 거치는 것이다. 상상은 모든 마케팅의 핵심인 감성과 접목될 수 있는 최고의 가치창출 프로세스이다.

한편 디자인적 씽킹의 접근법과 비즈니스씽킹의 접근법은 차이가 크다. 이 둘의 관계는 보완관계로 유지하는 것이 훨씬 이득이다. 어떤 문제를 해결하기 위하여 비즈니스적 씽킹은 시장환경 내의 트렌드를 사회적, 기술적, 환경적, 산업적, 정치적 측면에서 우선 조사하려고 한다. 그리고 자료를 조사하고 해당 산업 전문가를 인터뷰하고 우수한 경쟁업체를 벤치마킹할 것이다. 또한 예측치와 투자수익률과 현재가치를 포함해 완벽한 추진전략과 실행계획을 수립할 것이다. 그러나 디자인적 씽킹은 어떤 문제를 해결하기 위하여 앞선 비즈니스적 씽킹처럼 트렌드를 조사하고 고객과 기업관련 사람들과 인터뷰를 한 후 몇 가지 미래 실현가능한 시나리오적인 요소를 창조해낼 것이다. 몇 가지 가상인물을 창조해서 시나리오를 만들고 향후 10년간 벌어질 가상인물들의 삶의 변화와 그에 따른 구매습관의 변화를 보여줄 것이다.

표 13-2 비즈니스씽킹과 디자인씽킹의 비교

구분	비즈니스씽킹	디자인씽킹
기본가정	합리성, 객관성, 현실은 고정적이며 양적 측정이 가능하다.	주관적 경험, 현실은 사회적으로 구성된다.
방법론	최고의 해답 하나를 입증하기 위한 분석	더 나은 해답을 향해 반복적으로 시도하는 실험
과정	계획 세우기	실행하기
의사결정 동인	논리, 수치모형	감정적 직관, 실험모형
가치	• 통제와 안전성을 추구한다. • 불확실성을 불편해한다.	• 참신함을 추구한다. • 그대로 머물러 있는 상태를 싫어한다.
관심의 수준	추상적 또는 매우 구체적이다.	추상적인 단계와 매우 구체적인 단계 사이에서 반복적으로 이동한다.

자료 : 진 리드카 · 팀 오길비, 디자인씽킹, 경영을 바꾸다, 초록비공방, 2011.

결과론적으로 비즈니스씽킹은 합리성과 객관성을 기준으로 한다. 의사결정 동인은 냉철하고 분명하며 경제적인 논리에 바탕을 둔다. 과정은 계획을 세우는 데 초점을 맞춘다. 비즈니스씽킹의 가치는 통제와 안전성을 추구하며, 한편으로 불확실성을 불편해한다. 현실은 정확하고 수치로 측정이 가능하다. 누구나 받아들여야 할 사실이 존재하고 답은 옳다 또는 그르다로 나눌 수 있다.

디자인씽킹은 복잡한 인간의 경험을 의사결정의 동인으로 사용한다. 주관적 경험이 기본가정이 되며 현실은 사회적으로 구성된다. 진정한 합리성은 망상에 불과하다고 생각한다. 디자이너에게 현실은 언제나 그 안에 있는 사람들에 의해 만들어지는 것이다. 디자인씽킹의 의사결정은 논리보다는 감정에 의해 내려지고, 욕구는 논리적 근거보다 더 강력한 동기를 부여한다고 생각된다. 디자인씽킹의 가치는 참신함을 추구하고 그대로 머물러 있는 상태를 매우 싫어한다. 그리고 이 세상에는 오직 각자가 인식하는 사실이 존재할 뿐이며, 답은 더 좋다 혹은 더 나쁘다가 된다.

디자인씽킹 개념에는 문제해결을 위한 방법(method), 프로세스(process), 사고방식(mindset)을 포함한다. 미래경영은 과거나 현재에 머무르지 않고 미래를 열어 새로운 가능성으로 성장하기 위하여 끊임없이 기회를 모색한다. 이는 사람들의 니즈를 해결하기 위해 사람들의 절박한 욕구에 초점이 맞춰진 인간중심적 활동이기 때문이다. 대부분의 기업은 완전히 새로운 제품이거나 혁신적인 제품을 원한다. 업체의 성공은 바로 새로운 제품과 서비스를 만들어내는 것이다. 또한 디자인씽킹은 사람들의 니즈를 알아내기 위해 사람들의 경험을 탐구하며, 경험을 이해하면 기존에 존재하지 않았던 새로운 것을 만들어낼 수 있다.

특히 잠재고객들의 니즈를 파악하기 위해 그들의 경험을 탐구하는 디자인씽킹과정에서 필수적으로 요구되는 것이 고객과 공감하는 능력이다. 이러한 고객경험을 기반으로 하고 자발적으로 노력한다면 제품과 서비스를 만들어낼 수 있다. 아울러 디자인씽킹이야말로 아주 체계적인 방법에 따라 창의적인 제품과 서비스를 만듦으로써 고객의 니즈를 만족시키는 것이다. 한편으로 기업은 창의적인 제품과 서비스를 만들기 위하여 경영자는 환경을 바꾸어주어야 한다. 이러한 환경을 바꾸는 요소는 기업경영의 성과를 만들어내는 작품이기도 하다. 환경적 요소를 기반으로 창의적인 결과물이 나오게 해주는 구체적인 실행도구를 필요로 한다. 몇 가지 실행도구는 다음 절에서 소개하고자 한다.

13.3 디자인씽킹을 통한 문제해결과 도구

13.3.1 디자인씽킹 문제해결 5가지 특징

디자인씽킹은 문제에 대한 실용적이고 창의적인 해결법이며, 해결법의 창조이다.

디자인씽킹은 건설적인 미래의 결과를 생산하려는 의도를 가진 문제기반 또는 문제중심 사고이다. 현재와 미래의 상황과 문제의 특성을 숙고하여 몇 가지 대안적 해결법이 탐구될 수 있다.

디자인씽킹은 모델이나 이론을 만들기 위하여 가설을 제기하고 피드백 메커니즘을 통하여 상호적으로 지속하는 과학적 방법과 크게 다르지 않다. 과학적 방법에서의 피드백은 대부분 관찰되는 증거인 반면, 디자인씽킹 피드백정보는 미래에 형성될 소비자의 제품에 대한 필요에 의해 제공된다는 점에서 다르다. 대부분의 수학이나 물리학 이론의 사례에서는 이론의 내부적 견고함이나 '아름다움' 또한 피드백 메커니즘에서 한 역할을 수행하지만 디자인씽킹은 알려지지 않은 상황과 대안적 해결책을 발견하기 위하여 현재상황에서 알려지고 애매한 측면을 식별하고 조사한다. 디자인씽킹은 상호적이기 때문에 중간적인 '해결책'은 문제와 해결책이 공진화하는 상태에서 대안적 경로의 잠재적 출발점이다

1) 수요자 니즈 및 고객의 아픔을 치유하려는 의도에서 출발

새로운 형태를 만들거나 혁신하기 위한 모든 아이디어와 비즈니스의 요소는 주어진 상황에서 어떠한 문제가 얽혀있는 것을 해결하면서부터 시작한다. 우선적으로 고객의 니즈를 파악하고 고객의 아픔을 치유하려는 의도를 기반으로 문제를 해결하기 위해 가능한 모든 대안을 먼저 구한 후 비교와 검토를 통해서 최적의 대안을 찾아내는 것이다. 고객의 니즈와 고객의 아픔을 치유하려는 것은 왜 문제에 직면하였는지 문제파악을 하는 것이고, 왜 그런 문제가 일어났는지, 누가 문제를 일으켰는지, 그 문제가 궁극적으로 달성하고자 하는 목적은 무엇인지를 파악하는 것이다. 이러한 원인파악은 우선적으로 고객의 니즈를 파악하는 것이 핵심요인이라고 볼 수 있다. 디자인씽킹은 고객이 직면한 상황을 심층적으로 파악함으로써 핵심요인을 정의하는 것이다.

2) 해답을 찾아가는 과정

성공한 제품과 서비스를 만드는 과정은 우리가 경험한 것과 거의 같다고 할 수 있다. 우리의 경쟁자는 누구인가?, 무엇을 어떻게 만들어내야 하는가?, 고객접근을 하기 위한 마케팅활동은 어떻게 해야만 하는가? 등은 어느 정도 파악되었다. 최근 이러한 성공을 따라하기보다는 창의적인 제품과 서비스, 혁신적인 제품을 만들어내기 위해서는 남이 했던 벤치마킹수준을 넘어 거의 남이 하지 않는 수준의 창의적 사고를 요구하는 형태로 변해버렸다. 무엇을 어떻게 만들어야 할지 누구도 알려주지 않은 상황에서 기존에 없던 새로운 창의적 사고가 요구된다. 프로젝트를 처음 수행할 때처럼 과거와 현재의 과정에서 완전히 떠나 기존에 없던 것을 만들려는 사람들은 두려움을 떨쳐버려야 한다. 결국에는 최종제안을 만들려는 과정, 즉 해답을 찾아가는 방안 수립 노력이 더욱 요구된다. 이러한 노력의 결과물인 기존에 없던 완전 새로운 것이야말로 새로운 시장을 선점할 수 있는 기회를 갖는다. 모호하고 불명확한 것은 효율적이지 못하다.

3) 피드백 실현

새로운 제품과 서비스를 만드는 과정은 계속해서 반복적인 피드백을 요구한다. 제품과 서비스를 시장에 내놓기 위해 들이는 노력이 오히려 더 큰 시행착오와 비용을 들이게 한다. 그러나 제품을 만들기 위해서는 시행착오를 줄이고 계획을 짜고 실행하는 능력을 키워야 한다. 핵심기능만을 갖추도록 작고 가볍게 만들어서 시장에 내놓는 전략도 필요하다. 내놓은 제품과 서비스는 사용자들의 다양한 반응을 들은 다음 개선한다. 이렇게 하면 초기 투자비용을 줄이면서 성공가능성을 높일 수 있다. 즉 제품에 최소한의 기능을 넣고 최소한의 자원을 투입하여 핵심기능만 우선 구현한 후, 시장의 반응을 보아가면서 적절하게 대응하여 만들어내는 것이다. 결국에 디자인씽킹은 완벽한 해결책을 찾으려는 활동이 아니라 전체과정을 빠른 시간 내에 실현시킨 후, 필요하다면 언제든지 전 단계의 피드백을 실현하는 최적의 대안을 만드는 과정이 필요하다.

4) 다른 분야의 전문가와 커뮤니티를 이룬다

기업이 새로운 형태의 제품과 서비스를 도출하기 위해서는 내부 자원활용도 중요하지만 상호 다양한 분야의 외부 전문가를 참여시켜 의견을 교환하고 사내 커뮤니티, 세미나, 워크숍 등 다양한 채널로 소통이 이루어져야 한다. 기존에 가지고 있던 아이디어가 다른 사람들의 다양한 경험과 비교해볼 때 생각해보지 않았던 새로운 모습으로 재창조된다. 다양한 전문가들과 상호 의견교환 등을 통해 협력적 재창조가 가능하다. 이것이 서로 상호 인지하면서 조화를 이루는 협력이다. 참여한 전문가들과 경험과 지식을 공유하고 함께 토론하며 의견교환을 거친다면 요즈음 회자되는 융 · 복합을 야기할 수 있으며 이것이 바로 디자인씽킹이다.

5) 고객의 아픔을 치유하게 만든다

어느 회사가 새롭고 혁신적인 제품과 서비스를 고객에게 제공했을 때 고객의 니즈와 아픔을 치유할만한 제품이라면 작지만 기꺼이 만족해한다. 특히 아주 작은 제품과 서비스라도 전체적인 프로세스를 완벽하게 구현해나간다면 고객은 만족할 것이다. 사용자의 아픔을 치유할만한 제품을 만든다면 사용자는 관련 제품과 서비스에 충성을 다할 것이고 대만족할 것이다. 일부 부분적인 혁신은 의미가 작을 수 있다.

고객의 경험을 관리하고 고객의 아픔을 치유할만한 제품과 서비스를 만들려면 우선적으로 설계단계부터 고객의 경험과 아픔을 탐구해야 한다. 고객이 처한 상황을 파악하고 제품과 서비스를 제공하여 고객의 충성도를 높이고, 이를 방해하는 장애요인을 없앤다. 이를 통해 최종적으로 고객의 경험을 관리하고 아픔을 치유하는 것이다.

13.3.2 디자인씽킹을 위한 도구

빠르게 변화하고 미래를 예측하기가 점점 더 어려워지는 오늘날에는 새로운 차원의 감각을 필요로 한다. 불확실한 오늘날의 세상에서 미래를 창조하려면 다양한 도구가 담긴 기법들이 필요하다.

1) 시각화

시각화(visualize)는 정보를 이미지로 변환하는 과정이다. 이미지는 글자와 숫자 또는 데이터의 일부를 그림으로 대체하여 보여줄 때도 있으며, 아이디어를 스토리보드 형식으로 그려내기도 하고 스케치북처럼 낙서 같은 형태로 표현하기도 한다. 이렇듯 시각화는 고객의 시각적인 묘사 또는 고객의 아픔을 치유할 수 있는 인간적이고 실제적인 것처럼 만드는 사고기법의 마법일지도 모른다. 어느 사물, 객체, 비즈니스영역 등의 창의적인 발명과 관련 창조적인 생각, 개선에 관한 생각과 아이디어를 전달하고 관련 분야의 문제를 해결하고, 원하는 대상이나 발명에 따른 가치와 문화를 표현하려면 제일 먼저 메시지를 한눈에 알아보기 쉽도록 통합적인 시각화, 즉 소통의 과정이 요구된다. 시각화는 시각적 이미지를 활용하여 상상 속의 가능성을 그림으로 표현하고 이들을 실존하는 장면 속으로 끌어들이는 것이다. 또한 시각화는 가능한 통합적인 요소가 내용에 포함되어야 하며 강렬한 형태나 이미지로 표현되어 나타나야 한다.

시각화의 의미는 보이지 않는 것이 일정한 형태로 나타나는 과정이나 그 결과물들이다. 시각화는 우리가 개념적인 정의를 설명하기보다는 한눈에 보여줄 수 있는 시각적인 표현이다. 예를 들어 국내 전철역의 노선을 한눈에 볼 수 있도록 만들거나, 초등학교 시절 하루 24시간을 시간표를 짜서 하루 활동을 보여주는 것, 주부들이 가계부를 적을 때 종이에 칸을 나누어 항목을 기록하는 것, 비즈니스관련 사업적인 발표자료에 파워포인트를 사용하여 표현하는 일련의 과정 등이다. 시각화는 전달할 메시지를 표현하고 내용을 정리하고 그 내용을 카테고리화하여 보여주려는 분명한 의도로서 한눈

그림 13-1 디자인씽킹에서의 시각화

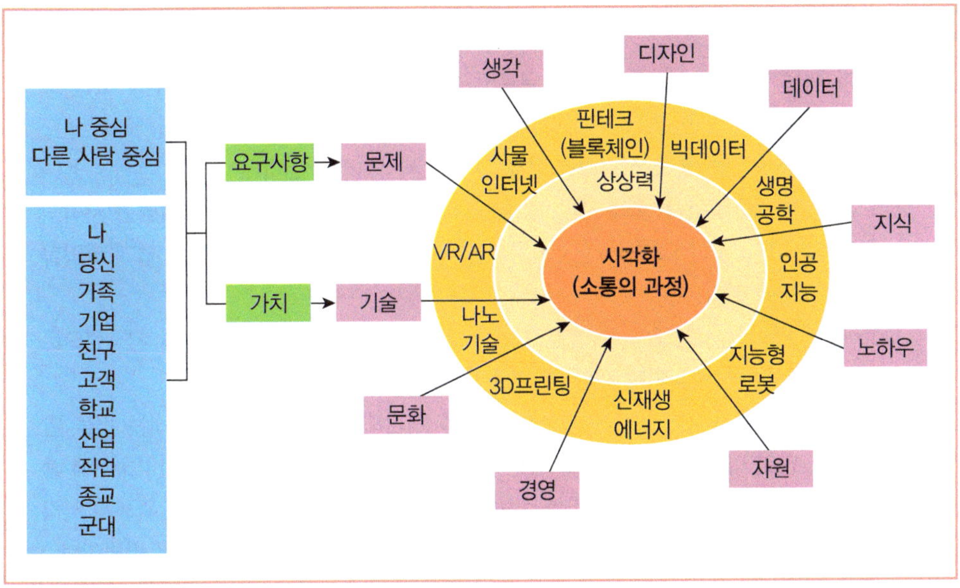

자료: 김수웅, 디자인씽킹, 들녘, 2015, 저자 수정보완.

에 보여주는 방법이라고 할 수 있다.

어느 대상을 표현하는 데 이론적인 텍스트로만 표현하면 서론 → 본론 → 결론으로 이어지는 내용을 차분히 숙지하여야만 함축적인 내용을 이해할 수 있어 이해가 어렵다. 시각화는 그래프나 도표를 통해 내용을 시각화하여 쉽게 내용전달을 하여 독자들은 함축적인 내용을 쉽게 이해가 가능하다. 사람의 뇌는 글자보다는 그림과 도표, 그래프를 더 쉽게 이해하고 반응하기 때문이다. 따라서 도표를 통해 정보를 전달하면 데이터분석결과와 작업의 의미, 목적 등을 좀 더 쉽고 명확하게 이해시킬 수 있다.

시각화는 정보수용자뿐만 아니라 정보전달자에게도 매우 유용한 작업이다. 원하는 정보를 찾아서 관련 내용을 시각화하는 과정을 통해 전달자는 누구보다 먼저 정보의 우선순위와 중요도, 전달단계, 의미와 목적 등을 구체적으로 그려볼 수 있다. 또한 각 전달할 내용 안에 들어갈 중요요소를 선택하면서 정보 상호 간의 연계성, 시너지효과, 유추 및 추론가능한 메시지의 내용과 결과물의 효과 등도 정확하게 그려낼 수 있다.

시각화하는 도구인 화이트보드, 포스트잇, 표현용 소프트웨어프로그램(예를 들어

시각화(visualize)란

우리가 책을 읽을 때 어려운 내용이 글로만 적혀있는 것보다 그것을 이해할 수 있는 도표나 그림과 함께 있으면 훨씬 이해하기 쉽다. 이처럼 데이터의 분석결과를 이해하기 쉽도록 여러 시각화 도구를 통해 전달하는 것을 데이터 시각화라고 한다.

정보를 설명함에 있어서 글과 사진, 삽화, 도표, 지도, 픽토그램, 영상 등 다양한 시각적 요소들을 잘 어우러지게 표현을 하면 사용자들이 흥미를 갖고 정보의 의미도 쉽게 파악할 수 있다는 장점이 있다.

예를 들어, 데이터 시각화의 한 방법인 인포그래픽은 정보와 데이터, 지식을 시각적으로 표현하는 것으로 교통표지판과 지하철노선도가 대표적이다.

또한 단어구름은 문서에 사용된 단어의 빈도를 계산해서 시각적으로 표현하는 것을 말하는 것으로 많이 나오는 단어는 크고 선명하게 표시가 돼서 문서를 한눈에 파악하기에 좋은 방법이다. 이처럼 데이터분석결과를 한눈에 보기 좋고 이해하기 좋게 하기 위해서 시각화 자료와 함께 표현하는 데이터 시각화는 정보를 효과적으로 전달하기에 좋은 방법이다.

자료 : 네이버 지식백과, 시각화(visualize)(천재교육)

오피스), 카메라, 그래픽관련 프로그램(포토샵, 일러스트레이터, 3D Max 등) 등으로 시각적 사고의 특별한 효과를 보여주는 것이다. 시각화하는 단계를 시작할 때 기초사항을 소개하면 다음과 같다.

첫째, 시각화표현을 단순화한다. 즉 아이디어를 매우 단순하게 만들기 위한 현실적인 과정이라고 볼 수 있다. 일단 종이에 쓰거나 그린 아이디어를 보며, 추가하고, 수정하고, 완성하고, 저장하여 다른 사람과 공유하는 과정이다. 둘째, 어떤 문제에 대한 구성요소들을 분해한다. 아이디어에 대한 사고에 관한 5W1H(who, when, where, what, why, how)로서 즉, '누가, 언제, 어디서, 무엇을, 왜, 어떻게'를 표현하는 것이다. 셋째, 사물 간에 연결고리를 찾아내는 것이다. 문헌적인 고찰도 중요하고 비유적인 연결고리를 찾아내는 방법이다. 다른 사람들과 열린 사고의 과정을 공유하고, 두 사물 간의 심도 깊은 관계의 가능성을 밝혀내고, 다른 사람들과 소통하기 위한 과정을 거친다. 넷째, 이미지 표현과 스토리보드를 만들어낸다. 가급적 문제해결에 대해 그림, 사진, 이미지, 차트와 그래프 등으로 표현을 하면 상호 간의 의사소통에 많은 도움을 준다. 아울러 문제해결에 대한 스토리보드를 작성한다. 시간마다, 요일마다 사고적 과정의 스케치로 다양한 형태의 틀로 만드는 것이 중요하다. 다섯째, 창의적인 아이디어 추가와 스토리를 구성한다. 이 단계가 창조 혹은 창의적인 생각을 위한 독특하고, 추상적이고, 개인화하는 작업이라고 할 수 있다. 즉 대상고객과 공감하고 이해하는 능력을 길러주며, 글로 표현하여야만 설득력 있는 이야기를 담아내어 상호 간에 경영진이나 이해관계자에게 해결책뿐만 아니라 문제까지도 공감하게 해준다. 마지막 단계는 형상화를 만들어보는 것으로 듣는 사람이 자신이 들은 내용을 더욱 명확하게 시각화해서 내면의 구성요소를 실감토록 해주는 창의적인 도구이다.

2) 가치사슬분석

가치사슬(value chain)은 기업이 수행하는 업무를 기술적 지원활동과 경제적 지원활동으로 구분한다. 이를 가치활동(value activities)이라 부른다. 기업이 제품을 생산하고, 마케팅하고, 유통하고, 지원하기 위한 파트너들과의 상호작용에 관한 연구내용이다. 이를 통해 파트너들의 역량, 의도, 자신의 회사가 가진 장단점과 기회에 관한 중요한 단서를 찾아낼 수 있는 매우 효율적인 분석기법이다. 즉 현재 드러나 있는 기회에 관한 가치사슬에 초점을 맞출 수도 있다. 혹은 보다 넓은 범위의 산업을 대상으로 탐색할 수도 있다.

가치사슬분석은 협력업체들과 잠재적인 파트너들, 그리고 경쟁자들의 관점으로 시장을 바라볼 수 있게 돕는 도구이다. 비즈니스접점 간의 가치사슬을 분석하는 것은 수익성 있는 성장의 기회를 찾기 위한 탐구단계에서 필요하다. 새로운 비즈니스모델이 경영진과 이해관계자들에게 매력적으로 어필할 수 있는 도구이기도 하다.

우선 최종사용자(고객)를 위한 산출물이 무엇인지 구체화한 다음 모든 참여자의 역량과 협상을 수행하기 위한 가치사슬분석의 몇 가지 단계를 설명하면 다음과 같다.

첫째, 자신이 속한 비즈니스에 관한 가치사슬을 그린다. 고객에게 가치 있는 제안을 전달하기 위하여 부품공급활동부터 생산 및 제조, 물류와 유통, 고객서비스 등을 연계하는 활동이다. 이러한 가치활동들의 분석은 프로세스를 단 하나의 비즈니스모델로 가정해서 소개하지만 각 활동은 매번 단 하나의 흐름이나 동일한 순서로 발생하지 않는다.

둘째, 경쟁환경과 전략적 핵심역량을 수립한다. 이러한 경쟁환경은 비즈니스 성공에 대한 핵심업체들과 그들의 상대적 시장점유율을 정의하여 각 분석한 내용을 기입한다. 기입내용은 산업 내부의 구조분석, 산업동향(예를 들어 경쟁기업분석 프레임워크, 시장선호도, 경쟁적 조치 등), 경쟁기업분석(산업의 진화와 변화), 구매자와 공급자 간의 분석 등을 내용으로 한다. 그리고 산업의 핵심적인 가치를 생산하기 위해서 필요한 역량을 기입한다. 대표적인 핵심역량은 수익성 확보를 위하여 차별화전략이 우선시되어 결정되어야 한다. 현재 시장을 주도하고 있는 업체는 누구인가?, 주도하고 있는 업체의 경쟁요소는 무엇이며, 향후 우리가 벤치마킹할 대상영역은 무엇인가?, 각 업체가 고객에게 가치를 무엇으로 제공하는가? 등을 분석하여야 한다.

셋째, 포지션을 찾아 우리가 할 수 있는 가능성을 찾는 것이다. 우리의 가치사슬에 무엇이 부족한가?, 가치를 창조하고 파악하는 능력을 향상시키기 위해 우리의 역할을 어떻게 변경하거나 강화할 수 있는가?, 우리가 개발하거나 능력을 키울 수 있는 새로운 영역은 존재하는가?, 누가 우리의 파트너가 되어야 할까? 등은 우리가 타 업체와 비교하였을 때 취약한 부분이 어디인지를 분석하는 것이다.

넷째, 프로젝트 입장에서 주제를 정의한다. 협상력과 가동능력, 파트너와 방어력 등과 연관시켜 주제를 정한다. 이는 가치체인 관점에 비즈니스씽킹 같은 도구를 이용해 고객 측면과 비즈니스 측면의 핵심적 속성을 구체적으로 나열하는 하나의 방법이다.

3) 마인드맵방법

마인드맵(mind map)은 마치 지도를 그리듯이, 자신이 여태까지 배웠던 내용이나 자기관리 등을 할 수 있는 방법이다. 아이디어 구름이라고 하는 마인드맵은 영국의 전직 언론인 토니 부잔이 주장하여 유럽에서 선풍을 일으킨 시각적 발상도구이론이다.

한 가지 목표나 주제를 가지고 머릿속에 연상되는 단어, 이미지를 빠르게 그리는 것으로, 성공의 비결로 기록하는 습관을 가져야 한다는 이론이 유럽의 여러 기업에서 각광을 받았다. 기록하면 시야가 넓어지고, 적는 습관은 인간 두뇌의 종합적 사고를 키워준다는 것이다. 읽고 생각하고 분석하고 기억하는 그 모든 것들을 마음속에 지도를 그리듯이 해야 한다는 독특한 방법이다. 생각의 흐름을 제한하지 않고 자유롭게 발상할 수 있어 마케터, 디자이너, 교육자, 작가처럼 유연하고 창의적인 씽킹을 요구하는 사람들이 주로 사용하는 기법이다.

마인드맵은 주제가 명확해야 한다. 중심 주제를 잘 잡아야 머릿속에 떠다니는 관련 정보를 나열하기가 쉽다. 큰 나무에서 가지가 뻗어나가듯 중심 주제로부터 카테고리별로 세부내용을 그려나간다. 명확한 주제를 잡았다면 마인드맵을 그리는 방법은 쉽다. 문장이든 이미지든 생각나는 것을 모두 적는다. 옵션, 위험성과 장단점 등 떠오르는 것을 카테고리에 따라 확장하고, 전체적인 그림을 바라보면서 평가하는 과정을 거친다. 어떤 옵션은 수많은 단점과 하나의 장점을 가지기도 하고, 그 반대일 수도 있다.

전체적인 마인드맵을 실행하는 단계는 다음과 같다.

- 중심을 정한다. 목표나 주제를 정한 다음 페이지 종이중심에서 시작한다.
- 전체적으로 이미지를 고려하여 마인드맵을 기술한다.
- 중심 생각을 나타내기 위해 가운데 키워드를 중심으로 머릿속에 연상되는 이미지나 사진, 생각 등을 여과 없이 언어로 적는다(세 가지 이상의 색깔).
- 중심 이미지에서 주가지로 연결한다. 주가지의 끝에서부터 부가지로 연결한다. 그리고 부가지의 끝에서 세부가지를 연결한다. 그리고 각 가지당 하나의 키워드만을 사용한다.

4) 콘셉트개발방법

콘셉트개발(concept development)은 수많은 아이디어 중에서 최적의 아이템을 골라 조금 더 상세한 솔루션으로 조합한 후 이들 고객의 기준과 비즈니스기준 모두를 이용해 평가하는 것이다. 콘셉트개발도 목표를 설정하는 것에서 출발하며 개인이나 기업에서 얻고자 하는 사물이나 상태를 말하며, 장래에 어떤 시점에서 달성하려고 시도하는 것을 말한다. 새로운 아디이어를 위한 서비스를 제공하려면 반드시 서비스의 목표와 창업을 하려면 창업목표가 필요하다. 여기서 궁극적인 목적과 목표를 이루기 위하여 구체적으로 실행해야 하는 것들을 말한다. 기업에서의 목표는 사업 단위의 중장기적인 목표에서 브랜드전략 등 단기적인 목표가 설정된 경우가 많다. 사업을 한다는 것은 비전을 가지고 목표를 수행하는 과정이기 때문이다. 미션을 가지고 이를 수행하기 위한 이상을 구성하는 것은 기업의 존재이유이다.

각 단위수준평가는 기업평가로 이어지고 유기적으로 진행된다. 각 사업결과들이 모여 기업의 결과가 되는 것이다. 사업별 목표는 기업의 큰 목표 아래에 있고 우리가 만들고자 하는 콘셉트 또한 이러한 방향과 맞아야 한다. 콘셉트개발을 위한 과정은 다음과 같다. 첫째, 사전조사를 통한 아이디어를 모은다. 가장 먼저 필요하다고 생각되는 핵심재료를 모은다. 핵심재료에는 실행팀의 팀원들과 디자인기준, 여러 가지 아이디어에서 핵심요소의 결과물을 포함한다. 둘째, 아이디어를 펼쳐놓는다. 마인드매핑과정에서 진행했던 방식과 같다. 모든 아이디어를 벽에 붙이고 상관관계나 일정한 패턴을 찾았을 때 항목을 이동시킬 수 있도록 여분의 공간을 남겨놓자. 다음과 같은 방법을 사용하여 아이디어를 분류해본다.

• 중복된 아이디어 제거와 새로운 형태의 아이디어 추가, 그리고 유사한 아이디어 서로 옆에 놓기
• 주제 정하고 목록 만들기
• 디자인기준을 이용하여 우선순위를 설정하기
• 반드시 필요한 아이디어와 테마에 별도로 표기하기

셋째, 고정될만한 주제를 몇 개 선정한다. 명확한 콘셉트 도출을 위해 고정장치가 될 만한 주제 몇 가지를 선택한다. 예를 들어 영업담당자의 영업능력의 향상을 위한 도구개발, 고객의 셀프서비스, 인센티브에 대한 제도개선, 거래처의 재고부담을 줄이기 위한 개발 등 여러 가지 주제를 선정한다. 마지막으로 콘셉트를 만들어보자. 여러

가지 아이디어에서 핵심요소의 결과물에서 얻은 서로 다른 요소를 결합하는 것인데, 다만 그 요소들이 주제별로 연결되고 조화로워야 한다. 또한 명확한 콘셉트가 형성되도록 해야 한다. 이 조합과정은 고객가치와 실행가능한 비즈니스모델 두 가지를 모두 충족시키기 위해 결합할 요소들을 뽑아내고 선택하는 작업이다. 그리고 세부내용을 채워 활동을 완성한다.

그림 13-2 기업의 목표와 전략

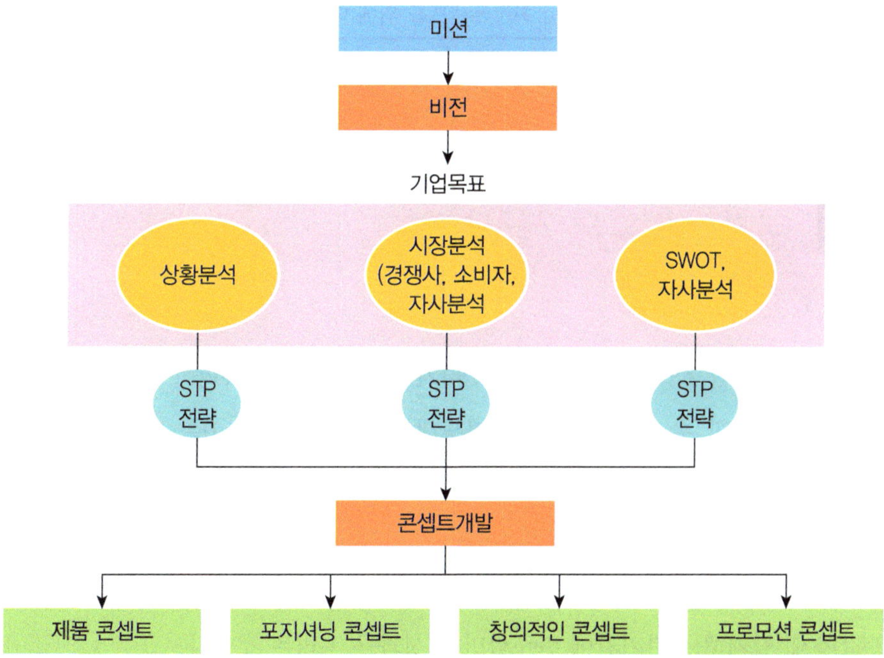

* STP : Segmentation, Targeting, Positioning

| 표 13-3 | 콘셉트 도출과정

단계	항목	내용
1단계	사전조사를 실시한다.	고객 요구조사 자료를 정리한다. 유사제품의 콘셉트를 벤치마킹한다.
2단계	아이디어를 도출한다.	• 아이디어 도출을 위한 사전내용을 검토한다. • 브레인스토밍에 의한 추가적인 아이디어를 도출한다. • 다양한 아이디어 도출을 위한 방안을 검토한다.
3단계	아이디어를 정리한다.	도출된 아이디어를 도표나 그림으로 정리한다.
4단계	아이디어를 평가한다.	효율보다는 효과 관점에서 아이디어를 선택한다.
5단계	여러 가지 콘셉트를 만든다.	최종콘셉트를 위해 다양한 콘셉트를 구상한다.

13.4 디자인씽킹의 성공요인

최근 혁신적 스타트업의 성공요인으로 디자인적 사고가 주목받고 있다. 디자인씽킹 개념의 발상지라 할 수 있는 미국 스탠퍼드대 디스쿨(D School)은 디자인씽킹과정을 5단계로 정의한다. 1단계 : 공감하기, 2단계 : 문제 정의, 3단계 : 아이디어 도출, 4단계 : 시제품 제작, 5단계 : 사용자 테스트가 그것이다. 즉 디자인씽킹은 문제 자체보다 해결책 및 빠른 시행에 중심을 두고 문제를 해결해나가는 방식으로, 실패하더라도 '빠르고 값싸게' 실패해 최단기간에 만족할만한 성과를 올리는 것이다.

1990년대 후반부터 디자인씽킹을 도입한 IDEO는 디자인씽킹을 활용한 기업의 대표적인 예로, '사람을 닮은 디자인'으로 유명한 미국 디자인 전문업체이다. 이곳을 찾는 고객들은 단순히 디자인에 관한 조언을 얻기 위해 이곳을 찾는 것이 아니다. 때로는 사업 컨설팅을 받거나 때로는 IDEO 디자이너들의 예술적 영감을 배우러 오기도 한다. 왜 이들은 전문컨설팅업체를 찾거나 미술관에 가지 않고 IDEO를 찾는 것일까? 답은 바로 IDEO만의 독특하고도 빠른 문제해결능력 때문이다. IDEO는 1990년대 초기부터 디자인, 건축, 분석, 편집 등 다양한 분야의 인력으로 팀을 꾸려 모든 문제에 브레인스토밍-현장에서의 사용자 관찰-신속한 프로토타입 제작-반복적 검증과 수정의 과정을 거치게 했다. 스탠퍼드대의 디자인씽킹방식을 개념조차 생소했던 1990년대 후반부터 적용해온 것이다. 즉 IDEO는 해결해야 할 문제가 생기면 즉시 이에 대한 해결책을 떠올리고 여러 번의 '빠른 실패'를 통해 해결책을 보완하며 현실화했다. 이 과정에서 디자이너들을 포함한 여러 직원들은 자신들의 의견을 즉각 문제해결 과정에 적용할 수 있다는 뿌듯함을 느껴 더 적극적으로 해결책 찾기에 나섰고 결과적으로 IDEO는 '빠른 시간 내에 소비자가 원하는 답을 찾는' 기업으로 유명해질 수 있었다. 대표적인 예가 IDEO가 2005년 뱅크 오브 아메리카와의 프로젝트를 통해 내놓은 'Keep the Change'라는 예금상품이다. 이름처럼 고객들은 이 상품을 통해 집 안 구석구석 돌아다니던 잔돈문제를 더 이상 걱정할 필요 없이 예금계좌로 자동이체해 적립할 수 있었다. "10달러 물품에 9.99달러를 내고 남은 잔돈이 돈의 가치를 잃고 있다"는 문제의식에서 출발한 이 프로젝트는 IDEO만의 독특한 문제해결방식으로 실마리를 찾았다.

'문제를 발견하면 그 즉시 현장 투입', 에어비앤비의 빠른 성장 비결이다. 글로벌 숙박 공유업체 에어비앤비 또한 디자인씽킹 원칙으로 도약에 성공한 기업 중 하나다. 2008년 사업 초기는 에어비앤비의 한 주 매출이 고작 200달러에 불과해 파산이 우려되는 상황이었다. 이때 초창기 멤버들은 홈페이지에 있는 숙소의 "사진 퀄리티가 좋지 않아 소비자들이 돈을 쓰지 않는다"는 문제를 발견하고 재빠르게 카메라를 대여해 홈페이지 내 모든 숙소에 찾아가 해상도 높은 사진을 찍었다. 문제를 어떻게 해결할지 회의실에서 회의만 하기보다 결과가 어떠하든 간에 직접 부딪혀 해결책을 찾기로 한 것이다. 결국 해상도 높은 사진을 업로드하고 1주일 뒤, 회사 주당 수입은 두 배로 뛰었다. 이후에도 에어비앤비는 소요비용, 회사 평판, 데이터 등 복잡한 매뉴얼에 얽매이지 않는 창의적인 가정 → 실행 → 실패 혹은 성공과정을 통해 기업가치만 300억 달러가 넘는 글로벌 거대기업으로 성장할 수 있었다.

거창하고 완벽한 해결책을 만드느라 탁상공론하는 사이에 시장은 변하고 고객은 떠나간다. 일단 당장 할 수 있는 것부터 실행하라.

13.5 디자인씽킹 실습하기

13.5.1 아이디어 정리방식

아이디어 도출	그룹핑	아이디어 정리
① ② ③	①, ②, ③의 아이디어를 그룹핑하여 유사명칭 사용	통합 아이디어를 통한 구체화 정리

13.5.2 아이디어 정리 평가

정리된 아이디어	가치요소
①	
②	
③	
④	
⑤	
⑥	

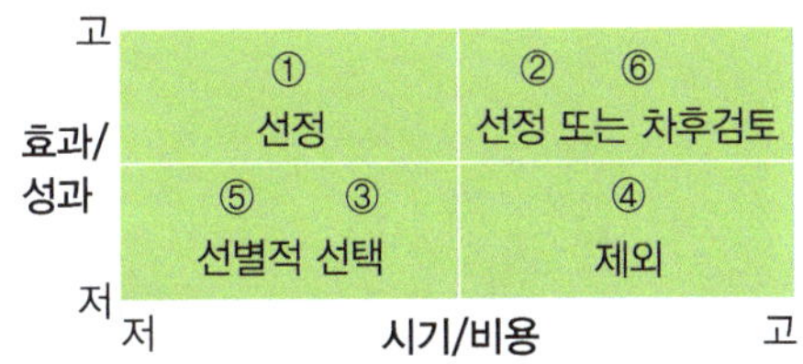

SWOT분석

		강점(S) 현재 사업의 강점요소	약점(W) 현재 사업의 약점요소
위협(T)	현재 사업의 위협요소	강점 활용 위협대처 (ST)	약점 보완 위협회피 (WT)
기회(O)	현재 사업의 기회요소	강점 활용 기회포착 (SO)	약점 보완 기회포착 (WO)

*SWOT : Strength, Weakness, Opportunity, Threat

13.5.3 아이디어 콘셉트 보드 작성

항목	내용
콘셉트	
고객 세그먼트	
가치제안	
품질	
원료	
프로세스	
디자인	
기타	

13.5.4 아이디어 평가(예를 들어 자동차 개폐문의 성능개선 : QFD와 AHP)

1) QFD

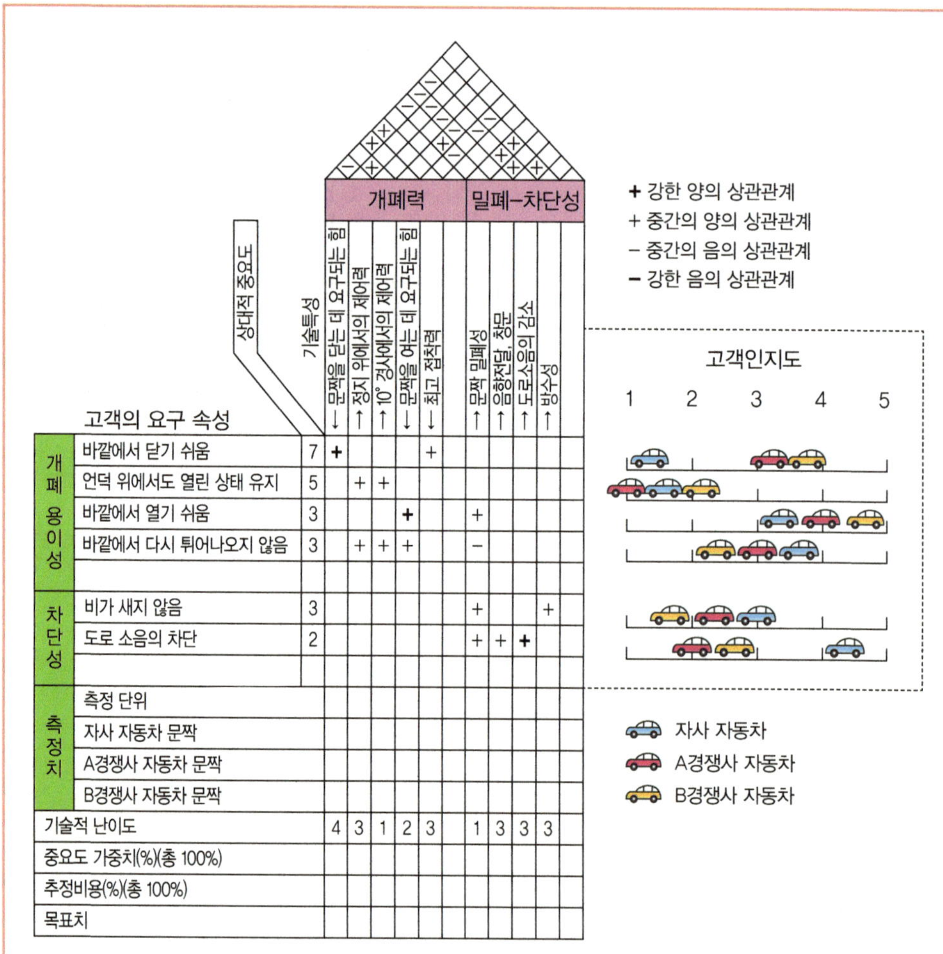

2) AHP

	카운트	확장성	프로토콜 커버리지	필수기능/부가기능	성능	가용성	사용의 편리성-설치 시	사용의 편리성-운영 시	사용의 편리성-A/S 시	콘텐츠 필터링	하드웨어 패키지(투명한 커버)	기하평균	중요도
카운트		1	2	3	4	5	6	7	8	9	10		
확장성	1	1	3	7	1/3	1/3	3	3	3	5	9	2.21	0.15
프로토콜 커버리지	2	1/3	1	7	1/3	1	3	3	3	3	7	1.84	0.12
필수기능/부가기능	3	1/7	1/7	1	1/9	1/7	1/3	1/3	1/3	1	5	0.38	0.03
성능	4	3	3	9	1	3	7	7	7	5	9	4.54	0.31
가용성	5	3	1	7	1/3	1	5	5	5	3	7	2.67	0.18
사용의 편리성-설치 시	6	1/3	1/3	3	1/7	1/5	1	1/3	1/3	1/3	3	0.50	0.03
사용의 편리성-운영 시	7	1/3	1/3	3	1/7	1/5	3	1	3	3	5	1.03	0.07
사용의 편리성-A/S 시	8	1/3	1/3	3	1/7	1/5	3	1/3	1	3	5	0.82	0.06
콘텐츠 필터링	9	1/5	1/3	1	1/5	1/3	3	1/3	1/3	1	3	0.58	0.04
하드웨어 패키지(투명한 커버)	10	1/9	1/7	1/5	1/9	1/7	1/3	1/5	1/5	1/3	1	0.22	0.01
합계												14.80	1.00

사례 연구

디자인씽킹 활용 사례

The U.S. Veteran Affairs(미국 퇴역군인 지원기관)

디자인씽킹은 군인생활을 마감한 사람들의 이후 생활을 지원하는 서비스향상을 위해 활용된 적이 있다. 일반기업과 달리 The U.S. Veteran Affairs는 경쟁이 없으므로 서비스향상을 소홀히 했었다. 물론 퇴역군인들의 의견을 듣는 조사는 꾸준히 해왔지만, 그것으로는 퇴역군인이 안고 있는 불만이나 니즈의 본질까지 파악할 순 없었다. 그래서 디자인씽킹방법의 하나로 사람들의 행동이나 생활양식을 관찰하여 기록하는 사회학적 조사방법을 이용해 좀 더 복잡한 부분까지 이해가능하게 되었다. 이것은 한 사람 한 사람의 생활 스타일이나 성격을 알게 됨으로써 개개인의 의견과 그 속에 잠재된 경험이나 기대를 연결하기 쉬워졌기 때문이다.

예를 들어 퇴역군인 정신건강서비스의 향상을 위해 약 70명의 맨투맨 인터뷰를 미국 각지에서 실시했다. 65%는 퇴역군인, 37%는 그 가족이나 The U.S. Veteran Affairs 임직원, 나머지는 헬스케어서비스 제공자(정신과 의사나 기타 스태프)에게 했다.

또 조사대상자의 생활을 관찰하는 조사나 그 조사를 토대로 페르소나(조사대상자 개인으로 특화한 프로필) 작성도 했다. 나아가 이들 조사의 결과를 그들의 케이스별(종군중, 터닝포인트, 헬스케어를 필요하다고 느껴 찾기 시작한 시기, 서비스를 받고 있는 기간)로 나눠 분석하여 소위 커스터머 저니 맵을 만들었다. 페르소나나 커스터머 저니 맵은 디자인씽킹의 한 가지 수단이며 핵심이다.

그 결과 The U.S. Veteran Affairs에서는 퇴역군인들이 서비스 이용 시 프로세스가 매우 복잡하고 많은 사람이 도중에 서비스받기를 단념해버린다는 것이나 서비스를 받아도 매번 담당자가 바뀌어 몇 번이나 같은 얘기를 반복하여 설명해야 한다는 것을 알게 되었다.

디자인씽킹에서는 단순한 앙케트조사의 데모그래피가 아니라 유저들의 라이프스타일이나 서비스경험에 주목하고 있으므로 해결을 위한 실마리를 찾기 쉽다. The U.S. Veteran Affairs는 조사결과를 토대로 가능한 한 서비스받기까지의 프로세스를 짧게 하도록 연구하고 나아가 그것이 어떻게 유저의 경험을 변화시키는지를 확인하면서 개선을 반복했다.

펩시코(음료 & 식품회사)

펩시코는 1898년 펩시콜라로 설립되어 1965년에 감자칩이나 스낵 등을 제공하는 회사와 합병한 후 음료와 식품을 제공해온 회사로 대략 26만 명의 직원을 보유한 대기업이다.

펩시코는 2012년에 디자인씽킹을 회사에 도입하기로 하고 3M에서 수석디자이너였던 마우로 포치니를 역사상 최초의 CDO로 채용했다. 그가 참여한 프로젝트로는 펩시 오리지널 이모티콘 Pepsimoji 제작, 유저가 직접 여러 개의 음료를 믹스해서 자신 취향의 음료를 만들 수 있는 PEPSI SPIRE라는 기계, 스포츠선수들의 수분 보충을 조절하는 디바이스 부착 음료병시스템 등을 들 수 있다.

그가 입사하고 나서 깨닫게 된 것은 "수없이 많은 프로젝트 안이 비즈니스팀에 의해 끊임없이 거절되고 있다는 것"이었다. 그가 가장 먼저 바꾼 것은 아이디어의 좋고 나쁨을 논의하기 전에 아이디어의 프로토타입을 만드는 것이었다.

실제로 Pepsimoji 프로젝트의 프로토타이핑을 하고 있을 때 경영진 레벨에서는 마케팅 프로젝트의 외부 발주를 별도로 진행하고 있었다. 그럼에도 불구하고 마우로 포치니는 프로토타입을 속행했고 최종적으로는 디자인팀의 아이디어로 경영진을 납득시켜 허락을 받아내는 데 성공했다. 이는 프로토타입 제작 전에 시안만을 보여주고 가부 논의를 했다면 실현되지 못했을 것이다.

중요한 것은 디자인씽킹 프로세스에 의해 좋은 아이디어를 버리지 않게 되었다는 것이다. 그리고 유저 이해와 그 니즈를 토대로 아이디어를 만들어내는 프로세스가 좀 더 소비자가 가깝게 느끼도록 해주는 체험 제작에 공헌한다.

생활에 상품을 받아들이도록 하기 위해 소비자에게 좀 더 좋고 즐거운 경험을 디자인하는 것이 펩시코의 디자인씽킹 이용법이었다.

자료 : 모바일경제연구소, 네이버 블로그, k-meri 모바일경제연구소, 어떻게 도입하면 될까?, 디자인씽킹 활용 사례, 모바일경제연구소팀 & 앱매거진

연습문제

01 최근에 디자인씽킹이 기업에서 각광받는 이유를 설명하시오.

02 디자인씽킹의 개념을 설명하시오.

03 비즈니스씽킹과 디자인씽킹을 비교설명하시오.

04 디자인씽킹 문제해결 다섯 가지를 설명하시오.

05 디자인씽킹 사고기법을 설명하시오.

06 디자인씽킹 사고기법을 적용하여 아이디어를 개발해보시오.

CHAPTER 14

비즈니스계획 및 비즈니스모델 실습

제4차 산업시대가 요구하는 문제해결능력을 보유한 인재양성의 필요성이 크게 대두되고 있다. 창의적인 혁신과 비즈니스모델 혁신을 통해서 창업이라는 교육의 중요성이 부각되고 있다. 실제 창의적인 개발을 하기 이전에 우리는 비즈니스계획과 사업적인 비즈니스모델을 보다 체계적으로 분석할 필요성이 있다. 실제 사업에서는 매우 어려운 상황이 많지만 사전계획을 잘 세울 수만 있다면 실패요소가 훨씬 줄어들 것이다. 창업에 성공하기 위해서는 조직문화, 창업팀 구성, 영업전략, 재무관리, 리더십 등 다양한 변수가 영향을 미친다. 그렇지만 뭐니 뭐니 해도 혁신과 비즈니스모델을 기반으로 하는 창업의 토대는 제품이다. 제품이 유형이든 무형이든 고객이 제품에서 얻는 가치가 가장 중요하다. 본장에서는 비즈니스적인 계획을 통해서 비즈니스모델을 어떻게 구현가능할지에 대하여 학습하고자 한다.

14.1 비즈니스 개요

비즈니스의 전반적인 상황에 대하여 기술하는 비즈니스 개요 부분은 모든 비즈니스 계획을 작성한 뒤 마지막으로 작성하는 것이 좋다. 제품이 어떻게 만들어질 것인가?, 누가 고객이 될 것인가?, 누가 우리의 고객인가?, 누가 경영을 하게 될 것인가?, 미래 기업과 산업군의 전망에 대해서 어떻게 생각하는가? 등과 같은 비즈니스의 주요 요소에 대하여 설명한다. 열정적이고, 전문적이며, 완벽하게 작성하되 간결해야 한다.

만약 투자를 목적으로 하는 비즈니스계획의 경우에는 자금이 얼마가 필요한지, 어떻게 자금을 사용하게 될 것인지, 투자되는 자금으로 인하여 기업의 이윤이 어떻게 증가하고, 어떻게 상환될 예정인지에 대하여 정확하게 명시한다. 또한 어떠한 비즈니스가 탄생되고, 사업을 위해 팀원들은 어떠한 역할을 수행할 것인가에 대하여 기술한다.

14.1.1 비전

기업이 무엇을 위해서 존재하고, 기업 운영의 원칙과 철학이 무엇인지, 즉 기업의 비전에 대하여 간단히 언급한다. 비전에 따른 구체적인 기업의 개요에 대하여 다음과 같이 서술한다.

14.1.2 목표와 목적

비즈니스의 목적은 궁극적으로 달성하고자 하는 지향점이며, 목표는 목적을 이루기 위해 구체적으로 실행해야 하는 것을 말한다. 즉 기업의 비즈니스가 나아가고자 하는 최종종착지가 비즈니스 목적을 의미한다. 예를 들어 최고의 고객서비스를 제공하고,

충성도 높은 많은 고객을 보유한 건강하고 성공적인 회사가 되는 것은 목표이다. 목적은 이를 위한 연간 판매량 또는 고객만족지표 등의 측정방법을 의미한다.

14.1.3 기업형태

개인사업자, 합자회사, 주식회사, 유한회사, 창업형태 등 기업의 (법적)형태에 대하여 기술한다. 또한 왜 그러한 형태를 선택하게 되었는지에 대하여 간략히 작성한다.

14.2 제품과 서비스

기업의 제품 또는 서비스에 대하여 자세히 기술한다. 예를 들면 기술적인 특성, 환경적인 특성, 산업적인 특성, 사회적인 특성 등과 더불어 도면, 이미지, 사진, 판촉물, 전자상거래 등을 이용해 설명하고 보다 자세한 내용들을 기술한다.

제품 또는 서비스의 차별화된 특징 및 장점에 대하여 기술한다. 또한 보완 및 개선해야 할 사항에 대하여도 서술한다. 이전까지의 제품 또는 서비스와는 다르게 본제품 또는 서비스가 갖고 있는 특성 또는 고유의 특성, 질적인 특성에 대하여 기술한다. 제품의 가격 또는 서비스의 수익률에 대하여 작성한다.

제품 또는 서비스 항목은 경영자의 관점보다는 제품 또는 서비스를 실제로 이용하게 될 고객 관점에서 묘사하는 것이 적절하다.

주요 제품 또는 서비스의 모든 특징과 장점에 대해서 자세히 기술한다. 가장 중요한 특징은 무엇인가?, 무엇이 제품 또는 서비스를 특별하게 하는가?, 제품 또는 서비스를 사용했을 때의 효용이 무엇인가?, 제품 또는 서비스는 고객을 위하여 무엇을 해줄 수 있는가? 등에 대하여 나열한다.

특징과 효용의 차이점을 알고 구분하여 명시한다. 예를 들어 집이라는 제품의 특징은 고객에게 안식처를 제공하고, 특정 물질과 특정 인테리어로 이루어져 있다는 점이다. 반면 집이라는 제품의 효용은 소유의 자부심, 재무적 가치의 저장, 이웃과의 관계, 가정의 안정 등이다. 효용은 기업이 고객에게 제품을 판매했을 때 고객이 얻게 될 것을 의미하고, 이 제품에 담겨 전달되는 것이 특징이다.

제품 또는 서비스 항목 자체에 대한 설명과 더불어, 어떠한 A/S를 고객에게 제공할 것인지, 어떻게 배송되고, 교환/반품기간은 언제까지이고, 어떻게 보장되며, 추후서비스를 위한 연락처 등에 대해서도 함께 기술한다.

14.3 마케팅계획 및 조사

기업의 제품 또는 서비스가 얼마나 잘 만들어졌는지와는 별개로 효과적인 마케팅계획 없이는 성공하기가 매우 힘들다. 또한 마케팅계획은 체계적인 사전조사를 통해 이루어져야 한다. 반드시 국내외 시장의 동향에 대해 조사하는 과정을 거치는 것이 바람직하다. 비즈니스계획 작성과정을 마케팅을 위한 노력이자 새로운 정보를 파악하는 기회로 삼는 것이 적절하다.

시장조사방법은 크게 외부 조사와 내부 조사 혹은 전문가의 인터뷰와 브레인스토밍 방법 등을 사용한다. 외부 조사는 산업군에 대한 잡지, 신문, 저널, 조사보고서, 통계청 자료 등 공개된 정보를 이용하는 조사방법을 의미한다. 인터넷, 도서관, 관련 단체, (소)상공회의소, 기업연구소, 정부기관 및 출연연구소 등을 통해 자료를 얻을 수 있다.

마케팅계획은 가능한 정확하고 구체적이어야 하고, 통계 또는 수치와 그 자료의 출처를 제시할 수 있어야 한다. 비즈니스계획의 마케팅계획은 이후의 실제 판매활동의 토대가 될 중요한 부분이다.

그림 14-1 마케팅조사

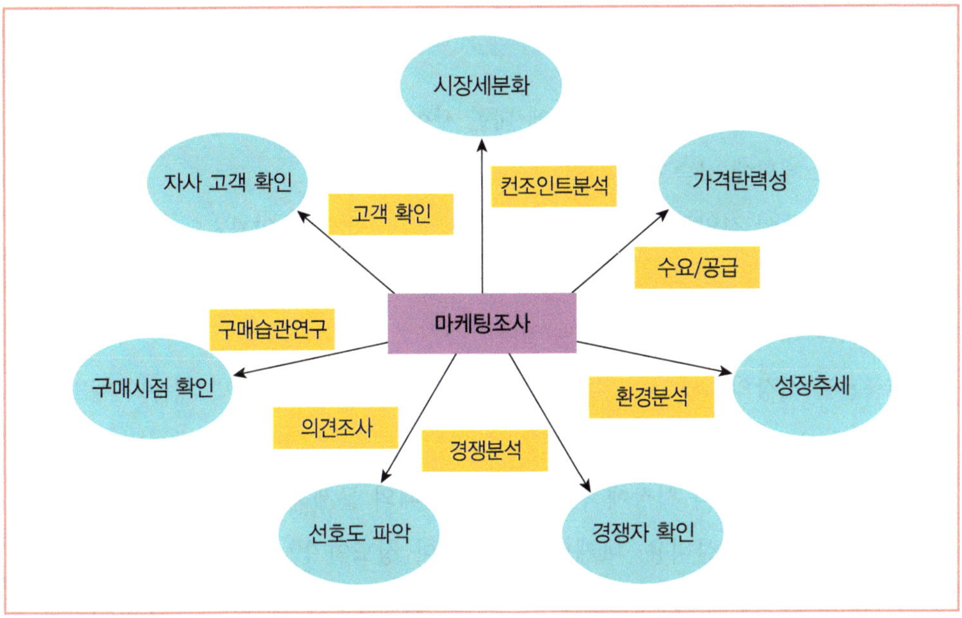

컨조인트분석(conjoint analysis)

어떤 제품 또는 서비스가 갖고 있는 속성 하나하나에 고객이 부여하는 가치(효용)를 추정함으로써, 그 고객이 어떤 제품을 선택할지를 예측하는 기법으로 구체적인 소비자행동의 요인을 측정하기 위한 방법의 하나이다. 소비자행동이 특정한 목표를 갖고 유발될 경우, 여기에는 소비자의 여러 가지 심리적 요인이 관계한다. 또한 구매결정의 메커니즘이 보다 복잡하기 때문에 사전에 조사를 실행하고, 고객 선호도와 그 결과를 분석하여 신상품의 콘셉트를 결정한다.

14.3.1 경제적 분석

경제적 분석은 다음과 같은 항목들에 대한 사항을 의미한다. 다음의 질문에 대한 고민이 비즈니스계획에 서술되어야 한다.

- 새로운 제품이 진입하고자 하는 시장의 전체 규모는 얼마인가?
- 본제품이 향후 얼마의 시장점유율을 갖게 될 것인가?
- 현재와 미래 타깃 마켓의 수요는 얼마인가?
- 제품관련 시장의 동향(성장률, 고객의 기호 변화, 관련 기술 및 제품의 개발 진행 정도 등)은 어떠한가?
- 제품과 관련 국내외 시장에 진입하고자 할 때의 문제해결에 관한 장벽은 무엇인가?(자본비용, 생산비용, 마케팅비용이 얼마 정도인가? 브랜드 인지도와 고객의 선택가능성이 낮지 않은가? 기술이 부족하지는 않은가? 특허 또는 고유기술을 갖고 있는가? 유통 및 배송비용이 크지는 않은가? 관세장벽이 있지는 않은가? 등)
- 국내외 시장진입장벽이 있을 경우 어떻게 그것을 극복해나갈 것인가?
- 외부 환경의 변화(기술적인 변화, 정부의 규제, 경제적 변화, 산업의 변화, 환경적인 변화 등)가 기업에 어떻게 영향을 미칠 것인가? 또한 그러한 변화에 어떻게 대

| 표 14-1 | 타깃 마켓분석

시장평가기준	중요도	세분시장 A	세분시장 B	세분시장 C
시장매력도 (시장규모/성장속도/수익률)				
자사와의 적합성 (성공요건/추구 방향 일치성)				
경쟁 정도 (경쟁사 마케팅력/상품의 위협 정도)				
고객 편익 정도				
총합	10			
순위				

처해나갈 것인가?

14.3.2 고객

제품 또는 서비스를 이용하게 될 주요 고객층에 대해서 정의하고, 그들의 특성과 지리적 위치, 인구통계학적 특징을 서술한다.

고객 항목은 기업이 판매하게 될 제품 또는 서비스의 특성에 따라 달라진다. 가령 B2B기업인지 B2C기업인지에 따라 전혀 다른 비즈니스계획을 세우게 된다. 또한 직접적으로 일반소비자용 제품 또는 서비스를 판매할 것인지, 다른 유통 채널을 통해 판매하게 될 것인지, 도소매상을 거칠 것인지, 온라인을 통한 유통 또는 온라인서비스인지에 따라서 최종소비자는 같지만 유통 중간단계의 기업이 달라지므로 이에 따른 계획을 작성해야 한다.

한편 주요 고객층이 여러 그룹에 나누어 존재할 수 있다. 이러한 경우에는 가장 중요한 고객 그룹에 대하여 정의한다. 그 뒤에 각각의 그룹에 대하여 인구통계학적 특징을 기술한다. 고객의 주요 인구통계학적 특성에는 다음과 같은 항목 등을 포함한다.

- 나이
- 성별
- 위치
- 소득수준
- 사회적 지위/직업
- 교육수준
- 기타 정보(비즈니스 또는 산업군의 특성에 따라 고려해야 할 항목)

| 표 14-2 | 시장 및 고객분석

구분		전체 시장	세분화시장
시장분석	동향분석		
	성장요인분석		
	수요전망		
고객분석	니즈분석		
	상품선택기준의 분석		
	기존 상품 불만족분석		

14.3.3 경쟁자

어떠한 제품 또는 기업이 잠재적으로 경쟁자가 될 것으로 예상되는지에 대해 기술한다. 잠재적 경쟁제품 또는 기업의 이름들을 나열한다.

비즈니스 전체적으로 경쟁이 일어나는지, 특정 제품에 대해서만 경쟁이 일어나는지, 특정 고객층에 대한 경쟁이 일어나는지, 또는 특정 지역에서의 경쟁이 일어나는지 등 정확한 경쟁상황에 대해 기술한다. 잠재적인 간접 경쟁자에 대해서도 고려해야 한다. 예를 들어 전자상거래 쇼핑몰은 오프라인 대형마트 및 백화점과 다른 형태의 비즈니스를 하고 있지만 직간접 경쟁자가 될 수 있다. 경쟁기업 또는 경쟁제품과 비교할 경우 본기업 또는 제품은 어떠한지에 대해 분석한다.

경쟁분석표를 이용하여 본기업과 주요 경쟁자 두 곳을 비교해본다. 첫 번째 열은 주요 경쟁요소를 의미한다. 산업군에 따라 달라질 수 있으므로 적절히 변형하여 사용한다. 이러한 요소가 기업에게 강점(strength)이 될지 약점(weakness)이 될지에 대하여 기술한다. 스스로 본기업의 약점에 대해서 분석하는 것은 매우 어렵지만 최대한 정직하고 진솔하게 작성하도록 한다. 비즈니스계획 작성과정을 통하여 스스로를 평가하는 기회를 얻을 수 있다. 모든 강점을 두루 갖춘 회사는 없다는 것을 명심한다. 비즈니스의 실패는 오히려 모든 강점을 두루 갖춘 희귀한 회사가 되고자 하는 노력에서 발생한다. 스스로의 강점과 약점에 대해 정확히 파악하는 것은 아주 중요한 과정이다.

첫 번째 경쟁자, 두 번째 경쟁자에 대해서도 동일하게 기술한다. 마지막 열에서는 사용자 관점에서 보았을 때, 각각의 요소의 중요도에 대해서 5점 척도로 기입한다.

마지막으로 위의 내용을 요약하여 기업의 경쟁우위에 대하여 한 문단 정도로 서술한다.

| 표 14-3 | 경쟁분석표

구분		A사	B사	C사
경쟁사 강 · 약점	강점			
	약점			
경쟁사 상품	속성 및 특징			
경쟁사 마케팅력	핵심기술 보유			
	신제품개발력			
	서비스			
	생산능력			
	자금력			
	유통/촉진			
	브랜드력			
STP전략	표적시장			
	포지셔닝			
	핵심전략			
판매실적	판매량			
	매출액			
	이익			

14.3.4 틈새시장

앞서의 분석 등을 통해 산업군, 기업의 제품, 타깃 고객층, 경쟁자가 분석되었다. 이를 통해 어느 지점이 기업이 뛰어들 시작점이 될지에 대해 명확한 계획이 제시되어야 한다. 한 문단 정도로 공략하고자 하는 틈새와 그 지점에서의 기업의 역량에 대해서 서술한다.

14.3.5 마케팅전략

마케팅전략은 앞서 분석된 틈새에서 출발하는 것이 바람직하다. 상기의 다양한 분석에 이어 일관된 전략이 기술될 수 있도록 주의한다.

14.3.6 프로모션

제품 또는 서비스에 대하여 고객에게 어떤 단어로 설명할 것인가를 서술한다. 광고를 통한 프로모션이라면, 어떤 매체를 선택했는지 그 이유와 빈도에 대해서 기술한다. 왜 다른 마케팅믹스가 아닌 광고이어야 하는가에 대해서 고려한다. 프로모션을 위한 예산 내에서 투자 대비 효과를 극대화할 방법인가를 고려한다. 카탈로그, 딜러 인센티브, 구전광고, 인터넷광고, 앱광고, 기존 인맥 등 광고를 대신할만한 다른 프로모션방법들을 사용할 것인지에 대해서 기술한다. 어떠한 이미지를 전달하고 싶으며, 고객이 어떻게 봐주기를 원하는지에 대해 서술한다.

로고 디자인, 카탈로그, 인테리어 디자인(오프라인 매장의 경우) 등을 통하여 전달하고자 하는 이미지가 있다면 이를 어떻게 구현할 것인지에 대해서 명시한다. 프로모션 이후에 고객과의 접점을 유지할 수 있는 대응체계가 준비되어 있는지 고려한다.

14.3.7 예산

앞서 제시된 프로모션들을 위하여 얼마의 예산을 책정할 것인지 서술한다. 제품 또는 서비스의 시작을 위해 필요한 예산이 얼마이고, 이후의 운영기간 동안의 예산이 얼마인지를 구분한다.

14.3.8 가격

가격을 책정하기 위해 사용한 방법에 대해서 설명한다. 최저의 가격을 설정하는 것은 대부분의 소규모 기업에게 적절하지 않다. 이는 적정한 이윤을 가져올 수 없다. 사용자는 기업이 가격을 책정하기 위해 어떠한 것들을 고려했는지에 대해 생각하지 않으며, 큰 규모의 경쟁자들은 보다 낮은 가격을 제시하는 것이 가능하다. 평균 정도의 가격을 책정하되 품질과 서비스 등을 통해 경쟁하는 방법이 초기에 적합하다.

경쟁자분석의 결과를 토대로 책정된 가격이 적합한지 다시 한 번 검토할 필요가 있다. 경쟁기업과 비교했을 때 기업에서 책정한 가격이 높은지, 낮은지, 왜 그러한지에 대해서 기술한다. 경쟁자분석에서의 중요도(5점 척도)가 다양한 경쟁요소 중 높은지, 낮은지를 고려한다. 소비자가 구매를 결정할 때 진정 고려되는 요소가 가격인지에 대해서 생각해본다. 책정된 가격을 통해 어느 정도의 고객서비스가 가능하고, 카드 및 할부거래 등의 구매 옵션이 얼마나 적용가능한지에 대해서 기술한다.

14.3.9 위치

아마도 비즈니스계획을 작성하는 시점에서는 위치에 대해 명확한 결정이 없을 수도 있다. 어느 장소가 필요한지에 대해 생각해보아야 할 시점이다. 대부분의 스타트업기업들은 초기에 집에서 비즈니스를 시작하기도 한다.

물리적인 공간의 필요성에 대해서는 운영계획부분에서 구체적으로 작성하게 될 것이다. 위치부분에서는 위치가 고객에게 미칠 영향에 대해서 분석해본다. 분석 시에는 다음과 같은 질문들에 대해 고려한다.

- 위치가 고객에게 중요한 요소인가? 만약 그렇다면 그 이유는 무엇인가?
- 만약 고객이 오프라인 매장 또는 사무실을 방문하게 될 예정이라면, 주차가 가능한가?, 찾아오기 수월한가?, 인테리어가 필요한가?
- 기업의 제품 또는 서비스가 추구하는 이미지와 오프라인 매장의 이미지는 일관되는가?
- 경쟁자의 위치는 어디인가?, 경쟁자와 가까운 것이 유리한가?, 멀리 떨어져 있는 것이 유리한가?

14.3.10 유통 채널

제품 또는 서비스를 어떻게 판매할 것인가에 대해 다각화가 필요하다. 고려가능한 방법은 다음과 같다.

- 소매점
- 온오프라인 판매, 메일, 웹, 앱, 카탈로그
- 도매상
- 직영 매장
- 영업사원

- 독립 판매법인
- 입찰 또는 조달

14.4 운영계획

14.4.1 생산

제품 또는 서비스가 어디서 어떻게 생산되는지에 대하여 기술한다. 구체적인 항목은 다음과 같다.

- 생산기술과 생산비용
- 품질관리방법
- 고객서비스
- 재고관리방법
- 제품 또는 서비스의 개선

14.4.2 위치

비즈니스가 이루어질 장소가 어느 정도의 수준을 만족해야 할지에 대해 기술한다. 주로 앞으로 사용하게 될 물리적인 공간에 대해 고려하는 부분이다.

- 물리적 요구사항은 다음과 같은 항목이 고려사항이다.
- 공간의 크기
- 건물의 형태

- 공간 배치
- 전력 또는 기타 물리적 서비스

오프라인 매장의 경우 접근성에 대한 고려가 반드시 필요하다. 고객의 관점에서 교통이 어느 정도 편리한 곳에 위치하고 있는지를 고려한다. 대중교통을 이용하여 걸어서 접근가능한지, 주차가 편리한지 등에 대해 생각해본다.

제품의 수송을 필요로 하는 경우에는 공항, 항만, 철도, 고속도로, 물류센터까지의 접근성을 고려해야 한다. 만약 오프라인 매장의 내외부 시설이 중요한 비즈니스라면, 도면 또는 설계도를 첨부한다. 대부분의 초기 기업의 경우 건축이 필요하지 않겠지만, 건축을 반드시 필요로 하는 경우에는 비용과 기간, 설계 등이 비즈니스계획에서 아주 중요한 부분이 될 수 있다.

또한 임대료, 보증금, 인테리어비용, 유지보수비용, 관리비, 보험료, 세금, 중개 수수료를 종합적으로 고려하여 공간이 비즈니스에 적합한지 판단한다. 이러한 수치는 재무계획에 반영되어야 한다.

마지막으로 비즈니스가 이루어지는 시간대, 요일 등의 특성이 중요한 경우 이를 반영한다.

14.4.3 규제

업종이나 비즈니스의 특성에 따라 필요한 경우 다음과 같은 규제에 대하여 기술한다.

- 허가 및 등록제도
- 건강, 환경적 규제
- 산업군 내의 특수한 규제사항
- 건축, 건물 등기 등의 요구사항

- 보험의 적용범위
- 특허, 상표권, 지적 재산권 관련 준비사항

14.4.4 인력

몇 명의 인력을 고용할 것인지 서술한다. 고용할 인력의 숙련도 또는 경력, 자격증 등에 대해 고려한다. 어떤 방법을 통해 인력을 고용할 것인지 설명한다. 기존의 팀원이 있을 경우 각 인원별 숙련도, 보유기술, 자격증 유무 등을 기술한다.

고용인력의 임금체계에 대해서도 서술한다. 인력별 업무분장과 훈련 및 교육방법, 고용 이전에 준비되어야 할 인수인계사항 등에 대해 서술한다. 인력들 간의 사내 커뮤니케이션비용을 최소화하기 위하여 대략의 업무에 대해 사전에 기술해둘 필요가 있다. 계약직, 비정규직 또는 시간제 아르바이트, 아웃소싱으로 처리할 업무에 대해 기술한다.

14.4.5 재고

원자재, 부품, 완제품 등 재고가 필요한 것들에 대해 서술한다. 그리고 평균적인 재고물량과 그 가치를 계산하여 재고비용을 산출한다. 재고 회전율을 기입하고 동종업계의 평균과 비교해본다. 계절적인 변수에 대해서 고려해야 한다. 새로운 주문이 들어올 경우 재고 확인에서 고객에게 제품이 전달되는 데 걸리는 시간을 기술한다.

14.4.6 경영관리 및 조직

기업의 일상적 경영활동을 누가 수행할 것인지에 대해 설명한다. 또한 경영자의 어떤 경험과 능력이 기업에 도움이 될 수 있는지를 생각해본다. 타 경영자에 비해 두드러지는 특별한 재능이 있는지, 지속적으로 기업을 이끌어나갈 계획을 갖고 있는지를 서술한다.

만약 10명 이상의 인력으로 이루어진 회사의 경우에는, 조직도를 제시하여 관리 및 의사결정체계, 업무의 책임, 역할을 나타내는 것이 효과적이다.

주요 인력의 경우에는 담당하게 될 역할을 구체적으로 작성한다. 만약 대출 또는 투자 유치를 위하여 비즈니스계획을 작성하고 있는 경우라면 경영자와 주요 인력의 자기소개서, 이력서를 첨부한다. 이사회 및 자문단을 갖고 있는 경우에는 나열한다.

14.5 예산안 확정과 자본 조달

실제로 비즈니스의 운영이 시작되기 이전에도 여러 가지 초기비용이 지출된다. 이러한 초기비용을 되도록 정확히 예측하고 이 비용을 어떻게 조달할지에 대한 계획이 필요하다.

초기의 연구조사를 진행하면서, 이후에 생길 수 있는 중요 지출 실수를 방지하고 계획을 구체화하는 과정은 반드시 필요하다. 그러나 대부분의 경우 예측보다 실제 비즈니스의 시작에 더 많은 비용이 지출되기 마련이다.

시행착오 등으로 인해 예상치 못한 비용이 생기는 것에 대비하는 두 가지 방법이 있다. 첫 번째 방법은 비즈니스계획상의 모든 예산항목에 여유분을 추가해놓는 것이다. 그러나 이 방법의 경우에는 계획의 정확도를 떨어뜨리는 문제를 발생시킨다.

두 번째 방법은 전체 예산은 예측치대로 작성하되, 추가의 여유분 예산항목을 통해 시행착오에 대비하는 것이다. 비즈니스의 특성에 따라 다를 수 있지만, 일반적으로 두 번째 방법을 추천한다.

여유 예산을 어느 정도 확보해야 할지에 대해서는 유사한 비즈니스를 경험해본 경영자와의 대화가 가장 좋다. 그러나 대화가 가능하지 않은 경우, 일반적으로 최소한 전체 예산의 20퍼센트가량을 여유분으로 추가해두는 것이 바람직하다.

지금까지의 조사, 준비, 예측과정을 토대로 산정한 예산안을 서술한다. 또 예산안만큼의 자본을 조달하기 위하여 사전에 준비된 금액, 기존 대출 등을 설명한다. 마지막으로 대출 또는 투자유치를 희망하는 금액을 기술하고, 이 과정이 진행될 경우에 변화될 지분구조를 명시한다.

14.6 재무계획

재무계획은 12개월 손익 예상, 3개년 손익 예상, 예상 현금흐름, 예상 재무제표, 손익분기점분석 등으로 구성된다. 기업의 재무적 미래상황을 정확히 가늠하기 위해 모든 예상지표 간의 일관성을 유지한다.

14.6.1 12개월 손익 예상

경영자 관점에서 봤을 경우 12개월 손익 예상은 비즈니스계획의 핵심이다. 서술이 아닌 수치로 기입하여 작성해야 하며, 이익을 만들어내기 위한 모든 아이디어를 반영해야 한다. 앞서 작성했던 판매 예측을 통하여 매출액, 영업이익, 비용, 순이익을 월 단위로 1년까지 작성한다. 손익 예상을 위해 필요한 주요 가설, 가정이 있을 경우 이를 함께 서술해야 한다.

14.6.2 3개년 손익 예상

12개월 손익 예상이 재무계획의 핵심이라면 3개년 손익 예상은 보조적이고 부가적인 성격을 띤다. 비즈니스의 특성에 따라 12개월 이상의 장기간 예측이 필요하거나, 12개월 전후의 기간에 급격히 수치가 변화될 것으로 예상될 때 작성한다. 12개월 손익 예상과 마찬가지로 수치로 기입하되 주요 가정에 대한 서술을 추가한다.

14.6.3 예상 현금흐름

비즈니스의 실패는 기업이 지불해야 할 금액을 지불하지 못할 때 발생한다. 비즈니스계획의 모든 항목이 중요하지만, 현금이 바닥난다면 아무 소용이 없다.

예상 현금흐름 작성의 핵심은 얼마나 많은 현금이 생산과 운영 등을 위해 지출되고, 얼마나 많은 현금이 유입될 것인지에 대한 계획을 완성하는 것에 있다. 비즈니스계획의 최초 작성 이후, 실제로 경영활동을 수행하는 동안에도 지속적으로 수치를 업데이트해 나가야 한다. 이는 비용을 절감하거나, 대출을 알아보거나, 예기치 못한 지출을 방지하는 데 도움을 준다.

예상 현금흐름을 작성하는 좋은 방법론이나 정답은 없다. 예상 현금흐름은 말 그대로 앞으로의 기업 계좌를 미리 확인해보는 과정이다. 각각의 항목에 대하여 회계 또는 장부상의 손익이 아닌, 실제의 현금 지출과 실제의 현금 유입시점을 예측하여 기입한다. 현금흐름과 직접적인 영향이 없는 일반적인 운영 데이터 중에서도 간접적으로 현금흐름 예측에 도움을 줄 수 있는 데이터는 함께 서술한다.

실제로 비즈니스가 시작되기 이전의 준비과정에서 이미 지출된 현금흐름도 기록해 둔다. 현금흐름을 예상함으로써 기업의 적절한 유동자금을 설정할 수 있다. 만약 예상 현금 잔고가 항상 충분하더라도, 실제 경영수행 중에는 추가 현금이 필요할 수 있다. 즉 예상 현금흐름을 계획해보는 것은 언제, 얼마의 자금을 대출하여 상환할 것인지에 대한 의사결정에 도움을 준다.

손익 예상과 현금흐름 예상이 서로 다르게 될 경우가 발생하는데, 이때에는 그 이유 또는 가정을 함께 기술해야 한다. 예를 들어 판매한 대금을 언제 실제로 받게 되는지, 구매를 위한 금액을 실제로 언제 지불하게 되는지의 시차에 따라 현금흐름에 영향을 미칠 수 있으므로 이를 명확히 한다. 세금, 수리비용, 유지보수비용, 계절적 영향에 따른 재고비용 등 비정기적으로 지출되는 금액이 있을 수 있다.

대출의 원리금 상환, 장비의 구입, 대표이사의 가수금 등 손익계산서에는 나타나지 않지만 현금흐름에는 영향을 줄 수 있는 변수들을 반드시 포함한다. 반대로 감가상각은 재무제표에 영향을 주지만 예상 현금흐름에는 기입할 필요가 없다. 실제로 현금이 지출되는 것은 아니기 때문이다.

14.6.4 예상 재무제표

재무제표는 재무관리와 재무보고를 위한 가장 기본적이고 핵심적인 문서이다. 재무제표는 기업이 갖고 있는 것들의 가치(자산)와 기업의 자본, 부채를 보여준다. 예산안과 자본조달계획을 토대로 기업의 운영 첫날 재무제표를 예상하여 작성한다. 추가적으로 경우에 따라 12개월 손익 예상과 현금흐름 예상 등을 토대로 12개월이 지난 시점에서의 예상 재무제표를 작성해도 좋다. 특히 12개월 예상 재무제표는 투자 유치 시에 효과적이다.

14.6.5 손익분기점분석

손익분기점은 주어진 가격에서, 비용을 모두 만회하기 위한 판매량을 의미한다. 즉 손실상황과 이익상황을 구분 짓는 점이다. 가능한 모든 가정과 예측치를 대입하여, 손익분기점을 예상하여 기술한다.

14.7 비즈니스모델 실습하기

14.7.1 문제 정의

아이디어명	문제상황 요약	문제 정의	개선된 문제 정의
①			
②			
③			
④			

14.7.2 아이디어 도출

아이디어명	기술과 물리적 모순 발견	일반 해결안 도출	특정 해결안 도출
①			
②			
③			
④			

14.7.3 아이디어 구체화과정

아이디어 스케치 :

14.7.4 아이디어 평가

<table>
<tr><th colspan="8">아이디어 평가 및 최적해 선정</th></tr>
<tr><td rowspan="5">선정된 평가기준</td><td>번호</td><td colspan="6">개선 아이디어</td></tr>
<tr><td>①</td><td colspan="6"></td></tr>
<tr><td>②</td><td colspan="6"></td></tr>
<tr><td>③</td><td colspan="6"></td></tr>
<tr><td>④</td><td colspan="6"></td></tr>
<tr><td rowspan="5">가중순위 결정법에 의한 아이디어 순위결정</td><td>평가기준(가중치) / 아이디어</td><td></td><td></td><td></td><td></td><td>가중 점수 총점</td><td>최종 순위</td></tr>
<tr><td>①</td><td></td><td></td><td></td><td></td><td></td><td></td></tr>
<tr><td>②</td><td></td><td></td><td></td><td></td><td></td><td></td></tr>
<tr><td>③</td><td></td><td></td><td></td><td></td><td></td><td></td></tr>
<tr><td>④</td><td></td><td></td><td></td><td></td><td></td><td></td></tr>
<tr><td rowspan="4">선정된 최적해</td><td colspan="2">우선순위</td><td colspan="3">평가기준</td><td colspan="2">가중치 합계</td></tr>
<tr><td colspan="2">1.</td><td colspan="3"></td><td colspan="2"></td></tr>
<tr><td colspan="2">2.</td><td colspan="3"></td><td colspan="2"></td></tr>
<tr><td colspan="2">3.</td><td colspan="3"></td><td colspan="2"></td></tr>
</table>

사례 연구

O2O서비스

O2O 트렌드의 탄생

O2O란 온라인(online)과 오프라인(offline)이 결합하는 현상을 의미하는 말이며, 최근에는 주로 전자상거래 혹은 마케팅분야에서 온라인과 오프라인이 연결되는 현상을 말하는 데 사용된다. 1990년대에 집집이 개인용 PC가 보급되고 온라인 쇼핑이 보급되기 시작하면서 나타나기 시작한 현상이 하나 있다. 바로 쇼루밍(showrooming)현상이 그것이다. 쇼루밍은 백화점이나 쇼핑몰에서 상품을 구경한 후, 똑같은 제품을 온라인에서 더 저렴하게 사는 현상을 말한다.

비싼 돈을 들여 매장을 꾸며놓은 백화점이나 쇼핑몰 입장에서는 이런 손님들이 달갑지 않은 것이 사실이다. 그러던 차에 나온 개념이 역쇼루밍(reverse-showrooming)이다. 즉 온라인이나 모바일에서 먼저 결제를 한 후, 오프라인 매장에서 실제 물건이나 서비스를 받도록 한 것이다.

물론 역쇼루밍의 경우도 온라인에서 결제하다 보니 오프라인에서 판매하는 것보다 저렴하게 팔 수밖에 없기는 하지만, 적어도 고객들을 다른 온라인 판매자에게 빼앗기지는 않게 된 것이다. 또한 물건이나 서비스를 받기 위해서는 직접 매장을 방문해야 하는데, 그 과정에서 추가적인 구매행위를 일으킬 수도 있기 때문이다.

O2O 트렌드의 활성화

O2O 트렌드가 본격적으로 활성화되기 시작한 것은 누가 뭐래도 소셜커머스 때문일 것이다. '반값 공동구매'로 유명해진 소셜커머스는 사실 전자상거래와 마케팅이 교묘하게 결합한 비즈니스모델이다. 즉 소비자들에게는 저렴하게 상품이나 서비스를 구매할 기회를 주면서, 동시에 해당 제품이나 매장을 홍보하는 수단이 되기도 했다.

이러한 O2O 트렌드는 스마트폰이 본격적으로 보급되면서 더욱 빠른 속도로 퍼지고 있다. 이제는 컴퓨터보다는 스마트폰에서의 구매행위가 더 많은 비중을 차지하고 있으며, 그런 연유로 M2O(mobile-to-Offline)라고 말하기도 한다.

O2O는 사물인터넷의 철학과 동일하다

사물인터넷은 단순히 사물들을 인터넷에 연결하는 것이 아니라, 현실세계(physical world)와 가상세계(virtual world)를 연결하는 개념이다. 즉 스마트폰이나 PC를 이용하여 가상세계의 램프를 클릭하면 현실세계의 램프가 켜지거나 꺼지는 등의 반응을 보이는 개념이다. 아직까지 사물인터넷서비스를 '구매'한다는 것이 일반적이지는 않지만, 앞으로의 사물인터넷서비스는 O2O처럼 구매를 바탕으로 하는 서비스가 다수 등장할 것으로 예상한다. 사실, 구매과정을 포함하든 그렇지 않든, 사물인터넷서비스가 온라인과 오프라인이 마치 하나인 것처럼 결합하는 모습은 O2O의 그것과 같다고 할 수 있다.

자료 : 네이버 지식백과; 국립중앙과학관, O2O(국립중앙과학관 – 사물인터넷)

연습문제

01 비즈니스 개요에 대하여 설명하시오.

02 마케팅조사를 해야 하는 이유를 설명하시오.

03 타깃 마켓분석과 고객분석을 사례를 들어 설명하시오.

04 경쟁자분석표를 사례를 들어 설명하시오.

05 비즈니스모델 실습을 전개하시오.

참고문헌
reference

강경희 · 신호진, 디자인싱킹 컨셉노트, 성안당, 2017.
김기헌 · 김현식, 창조경제의 창조산업, 범한, 2013.
김성희 · 장기진, e-비즈니스com, 제3판, 도서출판 청람, 2013.
김성희 · 장기진, 전자상거래.com, 제2판, 도서출판 청람, 2010.
김성희 · 장기진 · 한창희, 고객중시의 비즈니스모델링, 도서출판 청람, 2014.
김수웅, 디자인씽킹, 들녘, 2015.
김영한 · 김지훈, 비즈니스모델 전쟁, 헤리티지, 2011.
김은 외 11인, 4차 산업혁명과 제조업의 귀환, 클라우드나인, 2017.
김은경, 창의와 혁신의 시크릿 트리즈, 한빛아카데미, 2015.
김은경, 창의적 공학설계, 한빛아카데미, 2016.
김태성 · 김영진, 혁신바이블, 카오스북, 2014.
김형택, 옴니채널 & O2O 어떻게 할 것인가?, e비즈니스북, 2015.
노나카 이쿠지로 · 곤노 노보루, 노나카의 지식경영, 21세기북스, 2009.
다가시키 히사타카, 맥킨지 문제해결의 이론, 일빛, 2009.
래리킬리 외 3인, 비즈니스모델의 혁신, 마로니에북스, 2015.
리팅이 외 3인, 디자인씽킹 강의노트, 인서트, 2011.
마셜 밴 앨스타인 외 2인, 플랫폼 레볼루션, 부키, 2017.
민경찬, 변화와 혁신, 좋은땅, 2017.
민경찬, 창의 설계, 좋은땅, 2017.
박기우 외 5인, 경영정보시스템, 시그마프레스, 2014.
박현구 외 4인, 4차 산업혁명, 새로운 제조업의 시대, 호이테북스, 2017.
비트뱅크, 블록체인의 충격, 북스타, 2017.
빌 올렛, 스타트업 바이블, 비즈니스북스, 2015.
Saito Masanori, 4차 산업혁명, 미래를 바꿀 IT트렌드, 정보문화사, 2017.

스즈키 료스케, 빅데이터 비즈니스, 더숲, 2012.
스티브 존슨, 탁월한 아이디어는 어디서 오는가, 한국경제신문, 2010.
신철 · 노경하, 알기쉬운 정보전략계획 ISP, 미래와경영, 2003.
아카바네 요시하루 · 아이케이 마나부, 블록체인 구조와 이론, 위키북스, 2017.
안병진 · 김상익, 문제해결의 통합적 이해, 한나래, 2015.
알렉센더 오스터왈더 · 예스 피그누어, 비즈니스모델의 탄생, 타임비즈, 2011.
Allen Afuah, 비즈니스모델혁신, 시그마출판사, 2017.
오경철, 트리즈로 정주영 넘어서기, 성안당, 2017.
올리버 가스만 외 2인, 비즈니스모델 내비게이터, 아이큐브, 2016.
윌리엄 무가야, 비즈니스 블록체인, 한빛미디어, 2017.
유병철, 디자인씽킹, 한언, 2017.
UN(국제연합), 창조경제 UN보고서, 21세기 북스, 2010.
이민화, 4차 산업혁명으로 가는 길, (사)창조경제연구원, 2016.
이상문 · 김성배, 메타이노베이션, 한국경제신문, 2016.
이성렬 외 2인, 디지털 경영혁신, 시그마북스, 2017.
이영재 · 남상훈, 문제해결과 의사결정, 청목출판사, 2017.
이홍 외 3명, 지식과 창의성 그리고 뇌, 도서출판 청람, 2005.
이효수, 창조경제, 매일경제신문사, 2014.
임춘성 · 장기진, 스마트정보경영론, 제2판, 도서출판 청람, 2015.
장동인, 빅데이터로 일하는 기술, 한빛미디어, 2014.
장석호 · 이지호 · 성기윤 · 오재민, 모바일결제의 모든것, 클라우드나인, 2014.
진 리드카 · 팀 오길비, 디자인씽킹 경영을 바꾸다, 초록비, 2016.
최병삼 · 김창욱 · 조원영, 플랫폼 경영을 바꾸다, 2014.
최윤식 · 최현식, 제4의 물결이 온다, 지식노마드, 2017.
카란 지로트라 · 세르게이 네티신, 비즈니스모델의 절대강자, 전략시티, 2016.
KT경제경영연구소, 한국형 4차 산업혁명의 미래, 한스미디어, 2017.
클라우스 슈밥, 클라우스 슈밥의 제4차 산업혁명, 새로운현재, 2016.
프랭크 세스노, 판을 바꾸는 질문들, 중앙북스, 2017.
하원규 · 최남희, 제4차 산업혁명, 콘텐츠하다, 2015.
호리 기미토시, 비즈니스 프레임워크 69, 위키미디어, 2015.

산업통상자원부, htttp://www.motie.go.kr
KT경제경영연구소, http://www.digieco.co.kr/
LG경제연구원, http://www.lgeri.co.kr

A. Afuah, *Business Model Innovation*, Routledge, 2014.
C. Brown, D. DeHayes, J. Hoffer, E. Martin, W. Perkins, *Managing Information Technology*, Pearson, 2012.
David M. Kroenke, *MIS Essentials*, 3rd, Pearson, 2013.
K. Laudon, J.P. Laudon, *Management Information Systems*, 12e, Pearson, 2012.
J.A. O'Brien, *Management Information Systems*, 6e, McGraw-Hill, 2011.
R.K. Rainer, H.J. Watson, *Management Information Systems*, Wiley, 2012.

찾아보기
index

[저자약력]

■ **김광용**

고려대학교 공학사
조지아주립대학 보험수리학 석사
조지아주립대학 의사결정과학 경영학박사
한국IT서비스학회 회장 역임
서비스사이언스전국포럼 기획/비즈니스서비스 위원장 역임
숭실대학교 특임부총장(해외교육/사이버) 역임
현, 숭실대학교 경영학부 교수
SNS마케팅 연구소장
한국연구재단 사회과학단 전문위원
국방부 정보정책관 자문위원
e-mail : gygim@ssu.ac.kr

[주요 저서 및 상벌]

손해보험사의 재무리스크 관리론(공저, 보험연수원, 1997)
경영전략게임(공저, 학현사, 1999)
인터넷조사(공저, 나남출판, 2001)
로그분석과 CRM(공저, 시대와 창, 2002)
경영정보시스템(공저, 사이텍미디어, 2003)
CRM을 위한 데이터마이닝의 활용과 실습(공저, 숭실대학교 출판부, 2005)
서비스사이언스(공저, 매경, 2007)
비즈니스컨설팅 서비스의 이해와 활용(공저, 도서출판 청람, 2008)
Trends, Prospects, and Challenges in Asian E-governance(공저, IGI Global, 2015)

2007년, 경제부총리 표창장
2010년, 한국IT서비스 연구자상 수상
2015(7)년, 세계 3대 인명사전 IBC, 세계 100대 교육자 선정
2016년, 세계 3대 인명사전 Marquis Who's Who in the world(33rd Edition) 등재
2017년, Marquis Who's Who in the world, Albert Nelson Lifetime Achiever 수상

■ **장기진**

동국대학교 산업공학과 졸업
한국과학기술원(KAIST) 경영정보 공학박사
한국IT비즈니스진흥협회 책임연구원 역임
한국산업경제연구원 선임연구원 역임
국제 e-비즈니스학회 회장 역임
현, 극동대학교 정보경영학과 교수
(주)그립 사외이사, (주)플러스시스템 감사 및 기술자문위원
(사) 국제 e-비즈니스학회 고문
(사) 한국통상정보학회 부회장
기업체 등의 창의적인 혁신 및 비즈니스모델링 관련분야 전문강사활동
e-mail : kjjang@kdu.ac.kr

[주요 저서 및 상벌]

인터넷과 전자상거래(공저, 무역경영사, 2000)
e-비즈니스원론(공저, 무역경영사, 2001)
전자상거래관리사원론(공저, 무역경영사, 2002)
전자상거래.com(공저, 도서출판 청람, 2004, 2010)
e-비즈니스.com(공저, 도서출판 청람, 2008, 2013)
고객중시의 비즈니스모델링(공저, 도서출판 청람, 2014)
스마트정보기술론(공저, 도서출판 청람, 2011, 2015) 등의 도서 외 논문 다수

2009년, '대한민국 IT Innovation 대상' 지식경제부 장관상 수여
2010년, 현대 한국인물사 등재(한국민족정신진흥회)
2012년, 세계 3대 인물사전 Marquis Who's Who in the world, ABI, IBC 등재
2014년, 인물 시사주간지 '이 주의 교육전문인' 등재(주간인물)
2017년, Marquis Who's Who 평생 공로상 수상

제4차 산업혁명시대에 필요한

창의적인 사고와 혁신적 비즈니스모델링

2018년 2월 25일 1판 1쇄 인쇄
2018년 2월 28일 1판 1쇄 발행

저　　자 | 김광용 · 장기진
발 행 인 | 이수영
발 행 처 | 도서출판 청람
서울시 마포구 독막로 288(대흥동, 세양상가 109호)
전　　화 | 02)3272-2601~2
팩　　스 | 02)3272-2603
이 메 일 | crbooks@daum.net
홈페이지 | www.crbooks.co.kr
등　　록 | 2000년 8월 26일 제6-0509호

ISBN 978-89-5972-629-5　93320　[정가 29,000원]